课程思政经典案例选编

（一）

沈 赤 主编

图书在版编目（CIP）数据

课程思政经典案例选编 / 沈赤主编．—杭州：浙江大学出版社，2020.9(2023.10 重印)
ISBN 978-7-308-20525-2

Ⅰ.①课… Ⅱ.①沈… Ⅲ.①思想政治教育—教学研究—高等学校 Ⅳ.①G641

中国版本图书馆 CIP 数据核字(2020)第 163899 号

指导委员会

编辑委员会

前　言

培养什么样的人、如何培养人以及为谁培养人，是高等教育的根本问题。习近平总书记在全国高校思想政治工作会议上指出，要用好课堂教学这个主渠道，思想政治理论课要坚持在改进中加强，提升思想政治教育亲和力和针对性，满足学生成长发展需求和期待，其他各门课程都要守好一段渠、种好责任田，使各类课程与思想政治理论课同向同行，形成协同效应。绍兴文理学院秉持修德求真校训，一直重视德育教育。2010 年，绍兴文理学院在全国率先将"廉洁教育进课堂"纳入学生思政必修课，通过编写教材、培育队伍、建设基地、优化考核等，对全体学生开展职业道德、社会公德、家庭美德、个人品德和廉洁警示等教育。2017 年以来，绍兴文理学院坚持立德树人中心环节，把思想政治工作贯穿教育教学全过程，强化课程育人导向，深入挖掘和拓展各门专业课程的"思政元素"，发挥各门课程的思想政治教育功能，把专业课程育人工作作为新形势下提高应用型人才培养质量的重要举措。

绍兴文理学院针对专业课程育人存在的主要问题，提出以"部门协同、课程协同、师生协同、知行协同"这"四个协同"为抓手，推进专业课程育人全覆盖的工作举措。一是凝练"思政元素"。聚焦社会主义核心价值观，挖掘提炼各门专业课程蕴含的德育元素和承载的德育功能，共梳理出 106 条与"课程思政"相关的"思政元素"，编制了"课程思政"教学设计编制指南。二是填写"教学设计表"。党委主导，教务牵头，教师主体，每位教师结合专业课程特点填写"课程思政"教学设计表，梳理出 3～5 条专业课程与思政的结合点。绍兴文理学院在 2018 版本科专业人才培养方案中，强化"课程思政"内容，在教学大纲编制时增设了价值情感目标。三是示范引领。开展"课程思政"示范课程建设，组建"课程思政"示范教学团队，举办"课程思政"说课比赛，汇编《"课程思政"经典案例选编》工具书，开发"课程思政"微信程序，建立教师"教学随记"和学生"学习随感"案例库。四是考核评价。在人才培养方案、教学大纲设计、课程授课计划、课堂教学日记中体现专业课程育人要求，在示范课评选标准中体现育人考核要求，根据课程教学标准开展听课，在课程教学中明确"课程思政"要求。

绍兴文理学院"课程思政"工作目标明确，着眼于全覆盖，主要解决了知识教育与价值引领融入不充分的问题，以及专业课程育人的理念、路径、机制等方面存在的问题，探索了专业课程与思政课程同向同行的路径与举措，初步实现了"课程门门讲思政，教师人人讲育人"的格局，得到了上级教育主管部门的肯定，获评教育部思想政治工作司2020年度高校思想政治工作精品项目。该项目实施以来，学院的“课程思政”水平和效果整体提升。全校有3823门课程、2018人次的教师完成了“课程思政”教学设计表，1.5万名师生积极参与案例库建设，撰写了教学随记和学习随感20万余条，学生思想政治素质得到了明显提升。相关人员在《人民日报》《光明日报》等报纸或期刊上发表论文10余篇，且都被省高等教育学会主编的《新时代一流本科教育改革的浙江实践》(浙江大学出版社，2020年1月版)收录。

抓好“课程思政”，突出示范引领，要有好的工具书。绍兴文理学院在前期工作的基础上，汇编完成本书。全书分为两册。

第一册是绍兴文理学院2017年推行“课程思政”建设工作以来的实践探索过程与经验总结，旨在通过交流分享达到相互借鉴、共同提升的效果。内容包括“经验交流”“制度建设”“经典案例”“理论探索”四个部分。其中“经典案例”部分又包括三块内容：一是“课程思政”教学设计表选编。授课教师根据“课程思政”教学设计编制指南，结合专业课程特点，填写“课程思政”教学设计表，作为课程讲义的必要章节、课堂讲授的重要内容和学生考核的关键知识。二是“课程思政”教师教学案例随记选编。授课教师及时归纳总结课程育人中形成的教学感悟和体会，撰写“课程思政”教师教学案例随记，并上传至“课程思政”微信小程序，形成“课程思政”教学案例库。三是“课程思政”学生课堂学习随感选编。学生根据教师在课堂上讲授的“课程思政”内容，结合学习体会，填写“课程思政”学生课堂随感——老师在课堂上的一句良言，并上传至“课程思政”微信小程序。

第二册聚焦“课程思政”在新冠肺炎疫情防控期间的专题应用，重点介绍教师把疫情防控经典案例当作最鲜活的“课程思政”素材，将其引入专业课的课堂，讲好战“疫”故事，传递大爱真情，使教师和学生形成运用社会主义核心价值观去应对重大现实问题的思维自觉和行动自觉的“肌肉记忆”。内容包含“思政元素案例解读”“‘课程思政’案例”“‘课程思政’示范课程建设”三个部分。其中“‘课程思政’案例”包括“课程思政”新冠肺炎疫情防控专题教学设计方案和“课程思政”学生学习随感两部分。“‘课程思政’示范课程建设”部分收录了五门不同学科“课程思政”示范课程视频，授课教师用生动的教学实例，展示了自己如何结合专业课程的特点梳理和提炼思政元素，如何进行课程思政教学设计，如何实施课程思政等。读者可以扫码观看这五门示范课程。

由于思想政治教育是一项“常做常新”的工作，因而本书的内容也难免有这样或那样的局限，如书中关于教学实施路径的表述，尚需进一步推敲和完善，将会在今后的工作中和广泛的交流中进一步解决。期待同仁们共同努力，更好建设“课程思政”，为高校更好落实立德树人根本任务，培养德智体美劳全面发展的社会主义建设者和接班人做出贡献。

目　　录

一、经验交流

二、制度建设

三、经典案例

四、理论探索

一、经验交流

课程门门有思政 教师人人讲育人

——绍兴文理学院"课程思政"工作的探索与实践①

绍兴文理学院党委书记　汪俊昌

(2019 年 10 月 24 日)

绍兴文理学院深入贯彻落实全国教育大会和全国高校思想政治工作会议精神,坚持立德树人中心环节,把思想政治工作贯穿教育教学全过程,强化课程育人导向,全面落实"课程思政"工作要求,把"课程思政"的要求落实到每一门专业课程、每一位专业教师,初步实现了"课程门门有思政,教师人人讲育人",实现了思政教育与知识体系教育的有机统一。

一、实施背景与意义

习近平总书记在全国高校思想政治工作会议上指出,要用好课堂教学这个主渠道,思想政治理论课要坚持在改进中加强,提升思想政治教育亲和力和针对性,满足学生成长发展需求和期待,其他各门课都要守好一段渠、种好责任田,使各类课程与思政课同向同行,形成协同效应。学校党委认真贯彻落实习近平总书记重要讲话精神,深入挖掘拓展学校各门课程的思政元素,充分发挥各门课程的思想政治教育功能,把"课程思政"工作作为加强和改进新形势下学校思想政治教育的重要举措。

(一)推进"课程思政"是培养社会主义合格建设者和接班人的要求

大学课程教学具有鲜明的价值取向和意识形态属性。一方面,思政课作为主渠道,是对大学生进行思想政治教育的主要方式,肩负着系统学习、研究、宣传马克思主义科学理论的重要使命。另一方面,其他各门专业课程都深深烙进了中国特色社会主义大学的理念、精神和信仰等。这就要求在教学中,努力使各学科专业的学生掌握科学的世界观和方法论,为学生一生成长奠定科学的思想基础。因此,挖

① 汪俊昌在全国艺术职业院校加强和改进思想政治工作暨"课程思政"交流研讨会上的发言。

掘并用好各学科融入的思想政治教育元素,充分发挥各门课程的思政功能,对加深学科理解、提升教学质量、提高人才培养水平、确保社会主义办学方向不偏移,具有十分重要的意义。

(二)推进“课程思政”是构建“三全育人”格局的内在需要

教育的根本在育人,育人的核心在育德。育德的内涵丰富,外延广博,既包括理想信念这一核心要素,又包括人格养成、文化素养、心理健康等诸多内容。“三全育人”要求各学科的教师不仅作为教授知识技能的传道者,更要成为学生品格养成、品行塑造、品味提升的“大先生”。学科理念、学科认同、学科能力、学科体验,是学生为人处世、求真悟道的终身财富,是高校思想政治教育不可或缺的传导因素。只有坚持不懈地把这些宝贵资源挖掘出来、运用起来、拓展开来,充分发挥各门课程的思政功能,才能真正把“三全育人”落到实处。高校教学中80%以上的教师在从事专业课的教学,80%以上的课程是专业课程,学生80%以上的学习时间是用于专业学习的,这就要求各学科教师要把知识传授、能力培养、思想引领融入每一门学科课程的教学之中,全面提高人才培养的能力和水平。

(三)推进“课程思政”是提高人才培养质量的要求

由于高等教育专业高度分化,容易出现重智育轻德育、重专业轻育人的现象,这在一定程度上已经影响到中国特色社会主义大学立德树人的初衷与使命。“课程思政”将思想政治教育有机融入各门课程的教学和改革,实现知识传授与价值引领的有效结合,实现立德树人的润物无声。“课程思政”以课堂教学为切入点,以教师作为思想政治教育工作的最活跃要素,着力优化课程设置,修订专业教材,完善教学设计,把思想政治工作体系贯通于学科体系、教学体系、教材体系、管理体系等之中,其建设的逻辑思路也充分体现了把思想政治工作贯通于人才培养体系的可能与价值。

二、基本做法

(一)工作目标

着眼于“课程思政”全覆盖,主要解决了专业教师育人认识不到位、专业课程育人机制不健全、知识教育与价值引领融入不充分等问题,初步实现了“课程门门讲思政,教师人人讲育人”的格局。

(二)主要内容

以“四个协同”为抓手,全面推进“课程思政”工作。其主要内容体现在两个层面。

一是以路径为导向的“课程思政”做什么。

1. 凝练“思政元素”

聚焦社会主义核心价值观，挖掘提炼各门专业课程蕴含的德育元素和承载的德育功能，共梳理出了106条与“课程思政”相关的思政元素，编制成“课程思政”教学设计编制指南。

2. 填写“教学设计表”

在党委主导、教务牵头、学院配合下，要求每位教师结合专业课程特点，梳理出3～5条所授课程的“思政元素”，填写“课程思政”教学设计表。

3. 纳入培养方案

在制订2018版本科专业人才培养方案的指导意见中，强化了“课程思政”内容，教学大纲编制增设了价值情感目标，为“课程思政”工作提供了制度保障。

4. 示范引领

开展“课程思政”示范课程建设，共确立了10门A类项目，36门B类项目。开发“课程思政”微信小程序，建立教师“教学随记”和学生“学习随感”案例库。通过相互交流、相互借鉴，教师“课程思政”质量得到提高，学生“课程思政”效果得到检验。

二是以机制为导向的“课程思政”怎么做。

通过探索实践，确立了部门协同、课程协同、师生协同、知行协同的“四个协同”工作机制，使“课程思政”工作得到有效推进。

1. 部门协同

党委主导，学科引领，教务部门落实，团委组织学生参与，教师有效执行，学生反馈体验，凝聚起“课程思政”合力。

2. 课程协同

坚持思政课在课程体系中的政治引领和价值引领作用，推动各类课程与思政课建设形成协同效应，建立思政课、专业课、通识课“三位一体”的思政教学体系。

3. 师生协同

授课教师撰写“教学案例随记”，丰富“课程思政”教学资源，形成“课程思政”教学案例库；学生填写“课程思政”学生课堂随感——老师在课堂上的一句良言，并上传至微信小程序，进一步提升课程育人实效。师生积极参与案例库建设，1.5万名师生参与注册，共填写了教学随记和学习随感13万余条。

4. 知行协同

工作推进和研究深化同步进行，立项省、市哲学社会科学规划课题各1项，发表教改论文10篇，不断探索完善机制路径，形成“实践—总结提升+研究深化—实践”的螺旋上升式推进过程。

(三)工作方法

1. 循序渐进

通过试点起步、整体推进、深化提升“三步走”的路径机制，着重解决了专业教师育人认识不到位的问题。

(1)试点起步：在培养卓越工程师、卓越教师的两个学院开展先期试点，形成了“五个一”的工作经验(一场“课程门门有思政，教师人人讲育人”大讨论活动、一次社会主义核心价值观学习会、一张“课程思政”教学设计表、一次“课程思政”教研活动、一场“课程思政”主题研讨会)。

(2)整体推进：在试点基础上细化工作方案，在全校范围内整体推进，提出“三个百分百全覆盖”的“课程思政”工作要求，即明确每一门课程的思政功能，落实每一位教师的育人职责，达到每一门专业课程的“课程思政”育人效果，打造专业教育与思政教育的协同机制，使得课程思政与思政课程形成同心同向同行的育人格局。

(3)深化提升：开发设计微信小程序，建立“课程思政”案例库专题网站，教师将课堂上实施课程思政形成的教学方法、感悟和体会上传至“教学随记案例库”；学生汲取教师讲授的影响最深的一句良言、一段故事、一个道理和一些感悟，上传至“学习随感案例库”。这些做法的实施，从整体上提高了专业教师育人的认识水平和能力。

2. 协同创新

通过确立部门协同、课程协同、师生协同、知行协同的工作机制，解决了专业课程育人机制不健全的问题。

(1)部门协同：成立由宣传部牵头，教务处、学工部、团委、马克思主义学院和各二级学院共同参与、各司其职的“课程思政”领导小组。

(2)课程协同：通过思政课程和通识课程的“显性教育”与专业课程的“隐性教育”的耦合，实现了三者同向同行的协同育人效应。

(3)师生协同：在“课程思政”的推进过程中，教师和学生做人、做事都得到了共同提升。

(4)知行协同：在理论研究的同时，与浙江日报绍兴分社联合开发了“时政进校园”APP，实现了理论研究与创新实践的协同发展。

3."互联网+"的手段

通过建网站、搭平台、显主题的手段,解决了知识教育和价值教育融合不充分问题。

(1)建网站:运用PC互联网,建立"课程思政"专题网站,使其成为"课程思政"学习平台。

(2)搭平台:利用移动互联网,开发设计"课程思政"微信小程序,使其成为"课程思政"交流平台。

(3)显主题:把社会主义核心价值观作为教室的电脑桌面壁纸,教师上课打开电脑就能够显现出来,师生都能够看到,起到润物细无声的作用。

三、工作成效

推进"课程思政"是一项创新性的工作探索,我校这项工作成效明显。这主要体现在以下五个方面。

(一)成效彰显

"课程思政"使社会主义核心价值观深入所有的课程和所有的学生,加深了学生对社会主义核心价值观的认知认同,实现了思政教育与知识体系教育的有机统一。"课程思政"工作成效彰显,学生学习积极性和主动性明显提高,学生思想道德水平提高,毕业生成才率显著提高。学生毕业率从2016届的97.7%提高到2019届的98.09%;毕业生获得学位率从2016届的95.75%提高到2019届的96.73%;毕业生考研录取率从2016年的5.57%提高到2019年的8.63%。学生学业预警率从2016年的3.33%下降到2019年的2.25%。

(二)上级肯定

副省长成岳冲两次就我校"课程思政"工作做出批示:"'课程思政'如何有效落地,绍兴文理学院做了有益探索,很有意义,请省委教育工委跟踪调研,并将其成功做法向各高校推广。""绍兴文理学院从自身实际出发,系统探索'课程思政'建设,很有借鉴价值。请省教育厅总结推广。"绍兴市委向11所在绍高校推广我校"课程思政"工作经验。2018年10月,绍兴市委召开全市高校思想政治工作会议暨"课程思政"工作推进会,我校介绍了推进"课程思政"的做法与体会。市委书记马卫光要求:"积极推广'课程思政'做法,把思想政治工作贯穿高校教育教学全过程。"绍兴市委教育工委印发《进一步推进"课程思政"工作的实施意见》,向全市11所高校推广我校"课程思政"工作的做法和经验。

(三)理论研究

获批浙江省哲学社会科学规划课题1项、绍兴市哲学社会科学研究课题1项;获绍兴市高校德育成果奖一等奖1项;在《人民日报》《光明日报》《绍兴文理学院学报》等知名报纸杂志上发表教改论文10篇,对国内"课程思政"改革提供了可借鉴的观点与举措。

(四)媒体关注

2018年3月29日,《人民日报》刊发我校理论研究文章《找到从"思政课程"到"课程思政"的密钥》。2019年8月27日,《光明日报》"教育周刊·思想"版面刊发我校理论研究文章《思政课的育才功能应该强化》。2018年1月14日,中央电视台《新闻联播》报道浙江高校思政工作"组合拳",指出我校创新思政教学模式引广泛关注和热议。2017年6月30日,新华网报道我校"课程思政"工作。教育部门户网站、《浙江日报》、《浙江新闻联播》、浙江省教育厅官网、浙江新闻客户端等媒体也纷纷予以报道。

(五)经验推广

2017年以来,我校多次在"浙江省厅长会客室"和省市有关会议上介绍学校"课程思政"工作经验。浙江农林大学、常熟理工学院、德州学院等10所国内兄弟高校领导率团来我校考察交流"课程思政"工作。宁波财经学院、浙江医药高等专科学校、浙江艺术职业学院等9所国内高校邀请我校领导、专家前去做"课程思政"工作报告,介绍"课程思政"工作经验。

四、下一步工作打算

"课程思政"是一项系统化的长期工程。下一步我校"课程思政"工作的重点如下。

(一)进一步做实"课程思政"

(1)加强思政课程与"课程思政"协同,实现双提升。思政课是学校思想政治工作的主渠道,要把思政课作为"课程思政"的重要支撑,两者齐抓并重,不可割裂。加强制度建设,修订出台《关于加强思政课改革创新的实施意见》《"课程思政"建设工作条例》。

(2)进行"课程思政"的示范教学,树立"课程思政"教学典范,为教师开展"课程思政"工作提供借鉴学习的模板。开设"课程思政"相关的试点课程,组建试点课程教师与思政课教师共建的教学团队，由思政课教师作为课程共建人，为试点课程提供理论支持。以学校教务部门为主导，在全校组织讲课大赛，评选“课程思政”示范课程，充分调动所有教师的积极性、主动性、创造性。

(3)激发二级学院的积极性，凝练特色品牌。以二级学院为主体，基于学科专业特点，凝练各自“课程思政”主题，打造富有学院特色的“课程思政”品牌。

(二)进一步做深“课程思政”

(1)加强教师培训，提升思政能力。建立完善全方位、多层次教师培训与发展体系，定期对授课老师进行“课程思政”理论培训，充分运用入职培训、专题培训、专业研讨、集体备课等手段，打造一支高素质的“课程思政”教师队伍，提升教师的“课程思政”能力和水平。

(2)强化理论研究。在工作推进的同时，加强经验总结，强化理论研究，夯实理论基础，加快形成研究成果，打造工作品牌，强化示范引领。

(3)加强分析研判，提高师德师风建设成效和学生成才率。加强大学生思想政治状况年度报告机制建设，加强校风学风、师德师风监控机制建设，及时反馈、分析研判，检验“课程思政”工作效果，促进工作改进与完善。

(三)进一步做久“课程思政”

(1)加强与完善制度设计，把思想政治工作和“课程思政”制度建设作为学校治理体系现代化的重要政策内容，把全员育人理念纳入学校事业发展的规划和发展战略之中，协调办学治校各领域、教育教学各环节、人才培养各方面的育人资源和育人力量，继续探索“课程思政”行之有效的工作方法和载体，协同育人、整体育人、发展育人，建立健全“课程思政”常态化工作机制。

(2)将“课程思政”实施情况作为听课、“学评教”和教师考核的重要内容，将“课程思政”的内涵融入人才培养方案之中。

(3)充分发挥工作机构职能，统筹推进全校“课程思政”教育教学改革工作。划拨专项经费保障工作开展，通过项目的形式对“课程思政”工作提供支持;鼓励各学院设立专项经费，为“课程思政”工作有序推进提供保障。

绍兴文理学院“课程思政”全覆盖[①]

绍兴文理学院党委书记　汪俊昌

(2018年5月25日)

党的十八大以来,特别是深入贯彻习近平总书记在全国高校思想政治工作会议上的重要讲话以来,高校思想政治工作不断加强,取得了显著成效。我们认为“课程思政”是指所有课程的知识体系都体现思政德育元素,所有教学活动都肩负起立德树人的功能,全体教师都承担起立德树人的职责,是从以往单纯的思政课教育转变为覆盖各专业、各学科、各课程体系的大思政体系,将“课程育人”提升为“全课程育人”。要提高高校思想政治工作的实效,必须在发挥思政课作为德育教育主阵地和主渠道的主要作用的同时,让所有课堂都肩负起育人功能,每位教师都守好一段渠、种好责任田,切实将“思政课程”向“课程思政”转变。

绍兴文理学院开展“课程思政”工作的特点是:**把“课程思政”的要求落实到每一门专业课程、每一位专业教师,发挥各门课程的思想政治教育功能,落实每一位教师的育人职责,实现了“课程门门有思政,教师人人讲育人”,实现了“课程思政”全覆盖**。2017—2018学年第一学期,全校有1900门课程、1060名教师填写了“课程思政”教学设计表;第二学期,全校有1923门课程、1048名教师填写了“课程思政”教学设计表,做出“课程思政”承诺,学校建立教师教学随记案例库和学生课堂学习随感案例库,供师生相互学习、相互借鉴,共同提高。

我们的做法如下。

一是聚焦社会主义核心价值观,认真凝练各专业课程的“思政元素”。为了做好这项基础性工作,帮助专业课程教师找好课程与思政的结合点,明确课程的思想政治教育功能,我们借助我校马克思主义学院和相关领域专家的力量,围绕“社会主义核心价值观”,深入挖掘提炼各门专业课程所蕴含的德育元素和承载的德育功能,共梳理出了106条与“课程思政”相关的“思政元素”,精心编制成“课程思政”教学设计编制指南,把做人做事的基本道理、社会主义核心价值观的要求、实现民族复兴的理想和责任融入各类课程教学设计中。在这个过程中,要特别强调的是,教师在教学过程中要在专业学科知识体系中寻找与德育知识体系的“触点”,顺其自

① 汪俊昌在浙江省部分高校书记座谈会上的发言。

然而不是牵强附会、生搬硬套，用学生喜闻乐见的方式，润物细无声地开展思政教育。

二是填写教学设计表，明确课程与思政元素的结合点，明确教师的育人使命，提升课程育人的成效。授课教师结合专业课程特点，梳理出3～5条所授课程的“思政元素”，填写《“课程思政”教学设计表》，作为教材讲义的必要章节、课堂讲授的重要内容和学生考核的关键知识。

三是通过建立教师教学随记和学生学习随感案例库，起到相互学习、相互启发、共同提高的作用，提升“课程思政”能力。授课教师及时归纳总结课程育人中形成的教学感悟和体会，撰写“教学案例随记”，丰富课程思政教学资源，形成“课程思政”教学案例库。学生按照教师课堂讲授的“课程思政”内容，结合自己的体会和感悟，填写《“课程思政”学生课堂随感——老师在课堂上的一句良言》，并上传至微信小程序，进一步提升课程育人的实效。

此外，我们通过开展“课程门门有德育，教师人人讲育人”大讨论活动；实施“思政课教学质量提升计划”；建设一批思政功能明显的重点示范课程；建立一套“课程思政”育人评价体系；推动“第二课堂”“第三课堂”建设，发挥育人功能等行动，进一步推进“课程思政”工作。

工作成效主要体现在三个方面：一是让所有的教师都明确教书育人完整使命的履行，特别是专业课教师建立起了牢固的育人意识，培育起了育人能力，提升了育人效果。二是使社会主义核心价值观深入所有的课程和所有的学生。三是通过见机行事、借题发挥、春风化雨的方式，让学生在专业知识的学习中得到做人做事道理的传授，让思想政治教育的亲和力变得行之有效。四是推动思想政治理论课、通识课、专业课建设的同向而行，成为体制机制的工作保障。五是引入社会力量参与思政课程改革，破解了思政教育“象牙塔”困局。依托“浙江新闻客户端”APP手机学习平台，观看“时政进校园”视频，帮助学生正确理解党的路线、方针、政策，正确认识世界、中国、浙江的发展大势，把学生学习时事的情况作为思政课(包括形势政策课)实践教学的重要内容，受到了学生的广泛欢迎。截至目前，该栏目共播出113期，累计阅读量达到3619万，点赞173万，评论172万余条。

下一步工作打算：一是进一步深化“课程思政”的全覆盖，让“课程思政”工作发挥更加显著的效果。二是进一步改革和推动思政课的建设工作，让思政课真正能够支撑专业课教师的育人功能。三是进一步提升教师的素质，特别是加强专业教师的思政能力建设。四是建设一批通识教育课程和“课程思政”示范课程，通过通识课程和示范课程的引领作用，使所有课程的教学内容强调专业伦理、社会主义核心价值观等德育内容，在授课过程中传播正能量。五是构建“三位一体”的大思政格局，让全体教职工发挥育人作用。

在全市高校思想政治工作会议暨“课程思政”工作推进会上的发言

绍兴文理学院党委副书记　沈　赤

(2018年10月22日)

绍兴文理学院党委深入学习贯彻习近平新时代中国特色社会主义思想和党的十九大精神,贯彻落实全国全省高校思想政治工作会议等精神,全面落实党委主体责任,健全工作机制,理论武装不断强化,课程育人有效突破,教师思政工作不断深化,文化育人扎实推进,党建基础进一步夯实,学校思政工作呈现出良好的发展态势。特别是,我们在扎实推进“课程思政”工作,打造专业教育与思政教育的同向同行上做了一些积极探索,取得了较好成效。

根据会议安排,下面我代表绍兴文理学院党委重点把我校推进“课程思政”的一些做法和体会向大家做一个汇报。

一、精准把握、正确认识开展“课程思政”工作的重大意义

结合“两学一做”,以总书记最经典的几句话指导我们的探索。

(一)不忘初心,让教师回归教书育人,让高校回归立德树人,这是扎实推进“课程思政”工作的逻辑起点

高校立身之本在于立德树人,教师的完整职责和使命是教书育人。习近平总书记指出,要把立德树人融入思想道德教育、文化知识教育、社会实践教育各环节,贯穿基础教育、职业教育、高等教育各领域,学科体系、教学体系、教材体系、管理体系要围绕这个目标来设计,教师要围绕这个目标来教,学生要围绕这个目标来学。凡是不利于实现这个目标的做法都要坚决改过来。高校教学中80%以上的教师在从事专业课的教学,80%以上的课程是专业课程,学生80%以上的学习时间是用在专业学习上的,这就要求各学科的教师不仅作为教授知识技能的传道者,更要成为学生品格养成、品行塑造、品味提升的“大先生”。

（二）保持定力，以社会主义核心价值观引领育人导向，这是这项工作得到广大师生积极响应的重要基础

实践证明，我们当时在众多的育人要求中选择了聚焦社会主义核心价值观是正确的，我们十分注重遵循教育规律，注意将社会主义核心价值观所提炼的德育元素与专业课程有机结合，我们也注重诸如试点起步、理论研究同步、"课程思政"设计任务书、随感随记案例库等有效的工作方法。

（三）落细落小，通过"课程思政"全覆盖实现"三全育人"

这是这项工作探索的关键环节。我们一开始就确定了非常高的工作目标，全校必须达到"三个百分百全覆盖"，100％的课程都明确育人要素，100％的教师都履行育人职责，100％的课程都要体现育人效果，从而实现全部课程、全体教师、育人效果"全覆盖"。

二、把握重点，扎实推进"课程思政"工作全覆盖

在工作中，我们结合实际，精心设计，统一部署，层层落实，精准实施，做细做实"课程思政"工作。

（一）围绕"三个一"，明确工作目标

构建一个"大思政"格局。将思想政治工作融入人才培养各环节，使专任教师具有思政意识和育人能力，使教职工都践行思政工作职责，思政课教师落实思想政治教育主体责任，哲学社会科学教师发挥文化育人作用，马克思主义学院强化基础支持功能，学校层面构建全方位大思政工作格局。

构架一个"课程思政"育人体系。通过"三个百分百全覆盖"达到专业课程与思政课程形成同心同向的育人格局。

探索一套行之有效的工作方法和载体。通过建立思政课、专业课、通识课"三位一体"的"课程思政"工作体系，建设形成"课程思政"教学案例库，与市委宣传部共建马克思主义学院，将"时政进校园"纳入"形势政策课"课改等，不断探索和改进"课程思政"的有效工作方法。

（二）实施"三个步骤"，优化工作方法

试点起步、理论研究同步。学校确定机械与电气工程学院和教师教育学院两个学院开展先期试点，形成了"五个一"的工作经验：开好一场"课程思政"动员部署会，举办一次"课程门门有思政，教师人人讲育人"大讨论活动，开展一次"课程思

政”主题教研活动,结合一次社会主义核心价值观辅导学习会,完成一张“课程思政”教学设计表。同时,注重理论研究的支撑,在《人民日报》、新华网、校报等媒体上推出一系列理论研讨文章,不少学院召开了一系列专题研讨会。

全面推进。在试点基础上细化工作方案,2017 年 7 月在全校全面推进。同时,还实施了“思政课教学质量提升计划”,推进了一批重点示范课程建设。探索建立“课程思政”育人评价体系,推动“第二课堂”“第三课堂”建设,发挥育人功能等六项行动计划。

深化提升。“课程思政”绝不是要把专业课上成思政课,更不能生搬硬套、误导学生,以免导致学生抵触和无视,从而影响学习。学校十分注重解决教师有了“课程思政”意识以后的“课程思政”能力建设,开发设计了微信小程序,让教师将课堂上实施“课程思政”形成的较好的教学方法、感悟和体会及时上传至教学随记案例库;同时,让学生按照教师讲授的影响最深的一句良言、一段故事、一个道理和一些感悟,上传至学习随感案例库。目前,已建设形成了拥有 5 万多条案例的交流平台,大家在这个上面可以相互启发、相互学习、共同提高“课程思政”的整体能力水平。此外,我们还通过设置教学电脑屏保画面、建立网上学习园地、完善考核办法等,强化工作要求,营造浓厚的气氛,多措并举,深化提升工作效果。

(三)建立“三张表单”,形成工作特色

一张是德育元素表,聚焦社会主义核心价值观,认真凝练各专业课程的“思政元素”。我们聚焦“社会主义核心价值观”,共梳理出了 106 条与“课程思政”相关的思政元素,精心编制成“课程思政”教学设计编制指南。

二是要求填写“教学设计表”,每个授课教师结合专业课程特点,梳理出 3～5 条所授课程的思政元素,填写“课程思政”教学设计表。

三是通过建立教师“教学随记”和学生“学习随感”案例库,起到相互学习、相互启发、共同提高的作用,提升“课程思政”能力。

(四)开展“三项行动”,进一步凝聚思政合力

“一项计划”提升思政课质量。学校积极推进思政课教学改革,目前主要通过与浙报传媒联合开展“时政进校园”,推动形势政策课的课改,建立起“课堂讲学、专家辅导、实践教学”的新形势政策课建设体系。与绍兴市委宣传部共建马克思主义学院,加强马克思主义学科建设。

“一项建设”提高课程育人成效。开展“课程思政”示范课程建设工作,评选出 47 门课程为示范课程建设项目。

“一批通识教育课程”发挥示范引领作用。利用绍兴深厚的历史文化底蕴和名人辈出的资源,开设“越地名人 家国情怀”系列通识课程。围绕鲁迅、秋瑾、王阳

明、陆游等越地名人，在全校选修课中开设一批通识教育课程。

三、春风化雨，“课程思政”工作成效明显

推进“课程思政”是一项创新性的工作探索，其主要效果体现在以下五个方面。

(一)营造了“课程思政”浓厚氛围

“课程思政”使得每一位教师加强了对教书育人完整使命的认知与理解，进一步明确了社会主义核心价值观在育人中的地位和作用，加强了对社会主义核心价值观的理解和践行，把握了社会主义核心价值观与工作的结合点，“课程思政”已经成为每一位教师的自觉行动。

(二)强化了每一位教师的“课程思政”工作责任意识

按照工作要求，每一门课程都充分挖掘蕴含思想政治教育的内容，每一位教师都承担育人的责任。活动开展的第一学期，全校就有 1900 门课程、1060 名教师完成“课程思政”教学设计表；第二学期，全校有 1923 门课程、1048 名教师完成“课程思政”教学设计表，建立意识，明确要求，做出承诺。

(三)整体提升了“课程思政”能力水平

学校“课程思政”工作形成了我们认为比较好的方法，就是“见机行事”(一有机会就切入思政元素)、“借题发挥”(以一句话、一段故事、一个道理适当解读)、“春风化雨”(顺其自然，用学生喜闻乐见的方式，润物细无声地讲授做人做事的道理)的工作方法。师生积极参与案例库建设，截至目前，共有 1.5 万名师生参与注册，共计填写教学随记和学习随感 5.3 万余条，“课程思政”水平和效果得到整体提升。

(四)丰富了“课程思政”工作抓手

注重建立思政课、专业课、通识课三位一体的“课程思政”工作体系。我们制定出台文件，引入了社会力量参与思政课的教学改革。“时政进校园”受到了学生的广泛欢迎，截至目前共播出 197 期，累计阅读量达到 4470 万，点赞 188 万个，评论 172 万余条，平均每期阅读量达 22.6 万。

(五)产生了一定的社会影响

绍兴文理学院“课程思政”工作还受到了上级部门、社会媒体和兄弟院校的高度关注、充分肯定。《人民日报》、《新闻联播》、人民网、新华网、中国青年网、参考消息、环球网、新浪网、中国社会科学网、教育部门户网站等 40 余家媒体和平台报道

了我校的探索。

浙江省副省长成岳冲就绍兴文理学院开展"课程思政"工作批示:"'课程思政'如何有效落地,绍兴文理学院做了有益探索,很有意义,请省委教育工委跟踪调研,并将其成功做法向各高校推广。"学校率先提出的"课程门门有思政,教师人人讲育人"等理念也得到有关领导的肯定,在教育部部长陈宝生的讲话、浙江省教育厅厅长郭华巍的讲话和"新时代高教40条"中都有相应体现。我们还与湖州师范学院、嘉兴学院等10余家高校开展了"课程思政"工作经验交流。

以上是我们的一些工作思考、探索和初步成效的汇报。就在工作中如何有效改善学风、校风、师德师风,切实增强实施效果,如何形成长效机制,如何得到更多的理论支撑等问题,我们愿意与在座高校的各位专家、同仁们一起,在市委、市教育工委的统一领导下,在贯彻落实本次大会的精神,特别是马书记即将要做的重要讲话精神之下,进一步统一思想认识,加强合作,共同开展积极有效的探索,在努力构建德智体美劳全面培养的教育体系,形成更高水平的人才培养体系的伟大建设事业中,贡献绍兴高校思政工作者积极探索的实践和经验。

找到从“思政课程”到“课程思政”的密钥①

绍兴文理学院　沈　赤

“办好人民满意的教育”被写入2018年的《政府工作报告》。而要“办好人民满意的教育”，立德树人是重中之重。党的十九大报告指出，要全面贯彻党的教育方针，落实立德树人的根本任务，发展素质教育，推进教育公平，培养德智体美全面发展的社会主义建设者和接班人。

德是做人之本，德育是教育之魂。司马光在《资治通鉴》中说：“才者，德之资也。德者，才之帅也。”“君子挟才以为善，小人挟才以为恶。”“德”之重要，就在于它决定了“才”的使用。高校的根本任务是育人，育于民族、国家、社会、人民有益之人。这就要求高校从时代担当、对历史负责的高度，深刻认识和把握立德树人的内涵，把德育作为学校育人的“第一要务”。

党的十八大以来，高校思想政治工作不断加强，取得了显著成效。但我们也看到，无论在思想认识层面还是在实际操作层面，高校思政工作还面临诸多挑战。比如，一些大学生的理想信念淡化、道德选择偏差、道德行为欠缺等。造成这些问题的原因是多方面的，但最深层的还是在于高校德育的格局不够大、资源不够多、力量不够强。

在这样的背景下，我们更要强调，在发挥思政课作为德育教育主阵地和主渠道作用的同时，让所有课堂都担负起育人功能，让每位教师都守好一段渠、种好责任田，切实将“思政课程”向“课程思政”转变。

“课程思政”是指所有课程的知识体系都体现思政德育元素，所有教学活动都肩负起立德树人的功能，全体教师都承担起立德树人的职责，是从以往单纯的思政课教育转变为覆盖各专业、各学科、各课程体系的大思政和大德育，将“课程育人”提升为“全课程育人”。

推动“思政课程”向“课程思政”的转变，首先要仔细梳理各专业课程的“思政元素”，将其列入教学计划的重要条目和课堂讲授的重要内容，将知识教育同价值观教育结合起来，使各类课程与思政理论类课程同向同行，形成协同效应，构建起全课程育人的格局。要特别强调的是，教师在教学过程中应在专业学科知识体系中

① 原载《人民日报》2018年3月29日第17版。

寻找与德育知识体系的“触点”,顺其自然,而不是牵强附会、生搬硬套,要用学生喜闻乐见的方式,润物细无声地开展德育。创建“课程思政”的“课堂教学案例库”是一个行之有效的方法。

同时,在“思政课程”向“课程思政”推进的过程中,还要做好几个结合:要结合立德树人这一根本任务,既提升思政课程的主渠道作用,又发挥通识课程和第二课堂的育人功能;要结合教职工思想政治工作,提高“课程门门有思政,教师人人讲育人”的责任认知;要结合办学特点和教育规律,依托地域文化,结合大学生成长成才的需要,遵循规律,做好教学实施工作;要结合德育和思政工作的能力提升,加强队伍建设,全方位打造有理想信念、道德情操、扎实知识和仁爱之心的教师队伍。

苏格拉底认为“知识即美德”,即一切知识都具有“善性”,问题在于是否有发现的慧眼。在教育史上,价值作为一个目标,很早就被纳入教学活动。教学活动的价值性客观存在,而从“思政课程”到“课程思政”,让课程门门有德育,教师人人讲育人,通过教学活动潜移默化地影响学生,正是我们当下要做的努力。

课程门门有德育,教师人人讲育人[①]

记者　陆　健　严红枫

“教育内容:孝心、上进、诚实、认真;教学方法:显性插播、隐性植入……”C语言课程专业教师沈红卫教授完成了“课程思政”教学设计表,并详细阐释,工整批注,然后认真地签上了自己的名字。

一张3页纸的“课程思政”教学设计表,蕴含着一位专业教师对立德树人的深入思考。在绍兴文理学院,每一位教师都要结合专业课程特点,梳理出3～5条所授课程的思政元素,填写“课程思政”教学设计表,并在课堂教学中施行。

走进校园,记者感受到这里的思政教育不再是枯燥的理论灌输,而是一个个鲜活生动的实践体验、润物无声的文化滋养。“从课堂到宿舍,从线下到线上,学校整合所有资源,全面统筹办学治校各领域、教育教学各环节、人才培养各方面的育人资源和育人力量。”校党委书记汪俊昌说,“通过积极探索新时代高校思想政治工作的密钥,将思想政治工作融入人才培养各环节,使专任教师具有思政意识和协同育人理念,教职工履行思政工作职责,构建“大思政”工作格局,把“三全育人”真正落到了实处。”

为了推动“思政课程”向“课程思政”转变,学校实施的“课程思政”行动计划提出了“三个百分百全覆盖”的工作要求,即明确每一门课程的德育功能,落实每一位教师的育人职责,形成一套行之有效的“课程思政”教学评价体系,打造专业教育与思政教育的协同效应,使得专业课程与思政课程形成同心同向的育人格局。

“课程门门有德育,教师人人讲育人,消弭了思政课与专业课在育人功能上的分离。每位教师都守好一段渠、种好责任田,通过教学活动潜移默化地影响学生。”校党委副书记沈赤说,“启明心智、引导三观,把思想政治工作贯穿教育教学全过程,思想政治教育与专业教育的协同推进,实现了知识传授、能力培养与价值引领有机统一。”

针对思想政治理论课教学形式相对单一、师资力量普遍不足的困境,学校两年前主动引入浙报绍兴分社,以“时事播报＋新闻延伸阅读”为形式,将“互联网＋”概念融入思想政治工作,以喜闻乐见的视听同步播报这一教学方式,帮助学生正确理

① 原载《光明日报》2019年12月6日第8版。

解党的路线、政策、方略,构建大思政教育教学格局。

“时政进校园”栏目通过进实践课堂、进二级学院公众号、进书院、进师生手机,构建起一张全覆盖的宣传网络,此举有效提高了形势政策课和教学内容的契合度。通过收看一档视频节目,使课堂气氛活跃了起来,学生的学习兴趣也随之提高,思想政治课的课堂也就“活”起来了。

寝室不仅是学生学习、生活的重要场所,更是学生进行自我管理、自我教育、自我服务的重要场所。9 年前,该校就启动了学生公寓书院制改革,陆续将学生公寓改造为“十大书院”,其核心是以转变传统学生公寓生活住宿功能为切入点,赋予书院管理新的要求和内涵。

聘请专家教授担任书院院长,每个书院打造六室两房育人阵地,系统构建文明寝室创建评比机制,建立领导干部联系寝室制度,开展教师进社区指导学生学业活动,实施领导干部、教师与学生“相约星期三”制度,打造公寓文化长廊,建设书院学生议事会……在多措并举之下,学校将思政教育平台建到了学生寝室里,打通了思政育人的“最后一公里”,让学生寝室的每个角落都浸润于教育关爱之中。

思政课的育才功能应该强化[①]

绍兴文理学院　沈　赤

消弭思政课与专业课在育人功能上的分割

学校的课程教学是否能满足学生成人成才的需要，直接决定着他们对待这些课程的态度。长期以来，随着人类知识体系高度分化的发展态势，各门课程的功能不断地被狭隘化，知识的分门别类变成各门课程在育人功能上的互不相关，似乎一类知识只与成人相关，而另一类知识只是用来满足成才的需要。这导致了长期以来，在我国高校的课程教学中，专业课程把满足大学生成人需要推给思政课，思政课也把满足大学生成才需要推给专业课，人为造成了成人教育与成才教育的分离和思政课与专业课在育人功能上的分割。这种状态不能充分满足学生成长发展的需要和期待。

大学生成长发展的需要本质上是对成人与成才的需要。这两种需要相互联系、互相促进。一方面，成人需要蕴涵着成才需要，一个有益于他人、人民和国家民族的人，必须拥有满足他人、人民和国家民族需要的才干，才能真正成为有德之人，即成人必须成才；另一方面，成才需要也蕴涵着成人需要，真正的“才”，不是只知道满足一己私欲而是要有造福人民和民族的才能，而科学的世界观和方法论，是成人的第一要素，同时也是成才的必备条件，因为任何才能都必须以正确的世界观和方法论作为价值理性的根基，所以成才也必须成人。

时下，思政课程以“课程思政”的形式向专业课程拓展和延伸，通过发掘专业课中的德育元素，以期在专业课程教学中实现成人教育与成才教育的统一。此举凸显出专业课程本来就有的“德育”功能，在占比很大的专业课程中实现了成人教育的“全覆盖”，其意义重大而深远。由此反观思政课，在坚持价值性和立德树人主阵地的同时，也不应囿于成人教育而无视大学生成才需要，而应该基于马克思主义的革命性和科学性的统一，在思想政治教育过程中加强成才教育。

① 原载《光明日报》2019年8月27日第13版。

成才教育是思想政治教育的题中应有之义,也是成人教育内生的必然要求。问题在于,大学生对思政课的成才功能是否有所期待?答案是肯定的。毋庸讳言,当下大学生对专业课的重视程度普遍高于思政课。调查分析显示,主要原因之一是他们觉得思政课对专业学习和成才没有帮助,在思政课上没有获得成才需要的满足。部分学生用逃课、上课不认真听讲等消极方式,表达对这种忽视成才教育的思政课的不满。

诚然,各门课程都有自己的学科背景和知识体系,有特定的教学内容和目标,然而无论这方面的差异有多大,都无法改变它的成人与成才相统一的教育功能,也就是说,任何课程教学都必须坚持价值性和知识性的统一,在这一点上思政课也概莫能外。

思政课具有强大的育才功能

基于马克思主义的思政课,具有强大的成才教育功能。习近平总书记在中共中央政治局第五次集体学习时强调,马克思主义理论的科学性和革命性源于辩证唯物主义和历史唯物主义的科学世界观和方法论。作为世界观,辩证唯物主义与历史唯物主义提供了以总结自然科学和社会科学最新成就为依据的、关于整个物质世界的科学图景,从根本上揭示了自然界、社会和思维发展的一般规律;作为方法论,辩证唯物主义和历史唯物主义与各门科学和实践活动紧密联系,给予科学研究和无产阶级认识世界和改造世界以锐利的思想理论武器。

马克思主义以具体科学的发展成果为依据,反过来又指导具体科学进一步发展。这种休戚与共的关系,决定了思政课程应当、必须、也能够满足大学生的成才需要。大学生接受的是专业教育,这种教育通常以若干门具体学科为支撑,有其特定的知识视野和思维范式,与马克思主义的世界观和方法论相比,其无疑是一种“个别”或“特殊”。大学生要想真正成为某一专业或学科的“行家里手”,就必须掌握马克思主义的世界观和方法论,在专业学科的认识和实践中自觉接受其指导,强化运用能力,培养科学的思维方式,这无疑是大学生成才的内在要求,是建功立业的必要条件。从这个意义上讲,思政课是“授人以渔”的基础理论课,专业课的学习其实是马克思主义方法论的不断强化和实际运用。

从专业知识学习本身看,大学生也必须接受马克思主义思维方式的洗礼。20世纪90年代,安德森等人将认知目标从低阶到高阶依次排列为记忆、理解、应用、分析、评价和创造。前三者为低阶学习,后三者为高阶学习。高校日益重视提高大学生培养的质量,注重大学生高阶学习能力的培养。高阶学习能力的核心是高阶思维,主要指创新能力、问题求解能力、决策力和批判性思维能力,集中体现了知识时代对人才素质提出的新要求,是适应知识时代发展的关键能力。高阶学习能力必须建立在哲学思维尤其是马克思主义哲学思维的基础之上，这是其他学科和课程无法替代的。高阶学习能力的培养，极大凸显了思政课在大学生成才教育中的重要地位。

此外，作为一种思维方式，马克思主义哲学坚持实践性原则，关注现实世界，主张认识来源于实践，人的认识的正确与否也要以现实为检验标准；坚持辩证性原则，认为任何事物都包括同一性和斗争性两个方面，要坚持适度原则，促进二者的统一；坚持批判性原则，肯定发展的无限性和上升性，不故步自封，对真理抱真诚客观的态度，不盲从权威。马克思主义哲学能以三大功能满足大学生成才的需要：从认识功能来看，通过哲学思维，人们可以对具体活动进行一般规律及本质的认识，这便克服了表象认识的缺陷，从而科学地指导人的认识活动和实践活动；从批判功能来看，哲学思维可以通过批判活动，引导人们对具体活动进行反思，从而不断指引人们寻求正确、科学的解决方法；从建构功能来看，哲学的任务不仅在于解释世界，更重要的是改造世界，通过哲学思维，可以指导人们掌握改造客观活动的实际方法。

如何发挥思政课的育才功能

思政课成才功能被弱化有着复杂的历史和现实原因，但其中一个重要原因是专业课学习对思政课学习高阶思维培育的内生需求被遮蔽或抑制了。

我们要在教学中让马克思主义的立场和观点在实践中“活”起来，恢复其自然科学和社会科学智慧结晶的本来面貌，充分发挥其对大学生成才教育的作用。

马克思主义方法论是一个博大精深的学科体系，只有把它转化为教学体系，才能有效地开展教育教学。邓小平指出，学马列要精，要管用的。“精”即精髓，“管用”强调实践性导向。因此，在思政课程的教学中，应当重点突出实事求是方法、调查研究方法、全面历史分析问题方法、矛盾分析方法、系统方法、辩证思维方法、创造性思维方法、价值评价方法、社会分析方法、人的分析方法。这十大方法虽然不是马克思主义方法论的全部，但却是它的核心部分，体现了辩证唯物主义与历史唯物主义的统一，是人们认识世界、改造世界的强大思想武器，也是大学生增加学科专业造诣所必备的科学素养。

在思政课教学中有效开展马克思主义方法论教学的关键是，不仅要向学生说清楚“是什么”，更要说清楚“为什么”和“如何用”。只有坚持学理阐述和实践应用并重的原则，马克思主义方法论才能彰显出独特魅力，学生才能真切感受到马克思主义方法论的科学性，自觉自愿地接受教育。

在专业课程中开展的专业教学，也必须同时基于马克思主义方法论运用的实践应用和巩固强化展开教学活动。在专业课教学中，可以运用“触点式思维”，即在专业学科知识体系中寻找学科方法与马克思主义方法论的“触点”,顺其自然而不牵强附会,使学生在不经意间、犹如春雨润物般地受到马克思主义方法论的教化,心智得以开启,视野得以开阔,境界得以提升。

笔者认为,马克思主义方法论教育是“三全育人”的重要推进器。由于方法的本性决定了马克思主义方法论广泛渗透在所有教育教学环节,能有效贯穿教育教学全过程。因此,思政课老师要深入研究马克思主义方法论的教学体系,在各门思政课程的教学中,积极主动地引导大学生学习和掌握辩证唯物主义和历史唯物主义方法,培养科学的思维方式;专业课老师要把马克思主义方法论的教育教学视为自己的“正业”,强化对马克思主义方法论的理解和实践应用能力,做好与本学科方法有机结合的工作,把专业知识和方法的传授过程同时变成马克思主义方法论的教育和应用的过程。

绍兴文理学院:思政教育融入云课堂[1]

记者 金 澜

"钉钉和阿里云在疫情中发挥了至关重要的作用,科教兴国战略显实效……"近日,绍兴文理学院正式迎来线上开学。学生们欣喜地发现,网络上的每一堂课都紧密结合新冠肺炎疫情防控,听起来很接地气。

围绕疫情防控工作,此前教育部印发通知,要求将党中央重大决策部署、各地区各部门联防联控措施的成效贯穿融入思政课教学,引导教师及时将防疫抗疫中涌现出来的先进人物、典型事迹作为教学案例融入思政课教学,讲好中国抗击疫情的故事。

在绍兴文理学院,这项要求得到了扎扎实实的贯彻执行。"疫情防控是当前全社会的一件大事,其中蕴含着不少思政元素。"该校党委副书记沈赤介绍说,学校组织教师进行挖掘提炼,与专业教学相结合,在"停课不停学"的基础上,实现"停课不停育"。

为了帮助教师打开思路,学校准备了参考资料和教学设计示范方案,并设立专题网站,建立"课程思政"案例库。参考资料足足有200多页,涉及习近平总书记关于新冠肺炎疫情防控的重要讲话、疫情防控背景下的社会治理以及防疫中的典型人物、感人故事、优秀事迹等。

而提供借鉴的15份教学设计,则是该校"课程思政"核心群的几十位教师在开学前两周不断打磨研讨的成果。该校党委宣传部副部长金一鸣说,近年来学校通过举办"课程思政"示范课和"课程思政"说课比赛,培养了一批骨干教师。虽然他们能力突出,但面对这一新任务,大家都打起了十二分精神。

记者了解到,为深入推进"课程思政",教师们在设计新冠肺炎疫情防控专题教学方案时,除要填写常规的教学目标、内容和实施路径等项目外,还要剖析课程中涉及的疫情防控典型案例,标注出其中的思政元素。用沈赤的话来说,每位教师都要守好一段渠、种好责任田,只有把思政工作贯穿于教育教学全过程,协同推进思政教育与专业教育,才能实现知识传授、能力培养与价值引领的有机统一。

从钉钉、阿里云的广泛运用引出科学技术是第一生产力,从中国在无线电能传

---

① 原载《浙江教育报》2020年3月20日第1版。

输、汽车充电电池领域的国际领先引出制度自信,从疫情暴露诸多短板引出培养忧患意识……机械与电气工程学院教师赵伟强将一堂专业基础课上出了浓浓的思政味。他说,假期里自己很关注在线平台如何服务企业与学校,被技术人员的创新意识、服务意识所感动,也深感科学技术对一个国家的重要性。

疫情就是命令,也是一本生动的活教材。绍兴文理学院附属医院的医护人员出征援鄂,艺术学院教师黄耀文创作公益歌曲讴歌英雄,视觉传达专业2016级学生创作防疫漫画……还有很多师生响应学校号召,或捐款捐物,或加入所在地区的志愿服务队。

“又一次面对安危,半步不后退,这是我伟大的民族……”艺术学院教师宋凯琳把学校原创的防疫歌曲《爱的长城》作为声乐课的练习曲目。这样的练唱不仅要唱准音、唱对词,更要将自己代入其中,吃透歌曲内涵。绍兴市中心医院大内科护士长曹玲玲是绍兴文理学院的优秀校友,她的抗疫事迹也走进了课堂。

这些熟悉的面孔、近在身边的事例,让新冠肺炎疫情背景下的课堂更有亲和力。护理学专业大三学生程潇琦说:“学长的身影让人心生向往,我要化感动为力量,早日成长起来,与他们并肩作战。”

绍兴文理学院抓实“课程思政”工作构建大思政格局①

“课程思政”教育的内容：孝心、上进、诚实、认真、包容、坚持；教学方法：显性插播、隐性植入……绍兴文理学院机械与电气工程学院沈红卫教授完成了他深思熟虑后的专业平台课程“C语言”的“课程思政”教学设计表，并详细阐释、工整批注，认真签上了自己的名字。

一张3页纸的“课程思政”教学设计表，蕴含着绍兴文理学院对于“立德树人”的深入思考。全国高校思想政治工作会议召开后，绍兴文理学院深入贯彻落实会议精神，坚持把立德树人作为中心环节，探索推动“思政课程”向“课程思政”转变、“使各类课程与思想政治理论课同向同行，形成协同效应”的有效载体，并在试点基础上向全校全面推广，通过抓实“课程思政”工作，构建大思政格局。“人才培养是一个全要素过程，立德树人是人才培养过程中的中心环节。要进一步深化对人才培养这一高校中心任务、核心使命的认识，把思想价值引领贯穿教育教学全过程和各环节，把学生培养成为德才兼备、全面发展的人才。”绍兴文理学院党委书记汪俊昌在该校的多次会议上表示。

“‘课程思政’既是一种教育理念，也是一种思维方法，是做好高校思想政治工作的重要环节。”2017年以来，伴随着一场“课程门门有德育，教师人人讲育人”的大讨论，在绍兴文理学院校园内掀起了关注“课程思政”、思考“课程思政”的热潮。该校党委副书记沈赤认为，从逻辑起点看，德是做人的根本，德育是教育的灵魂，立德树人是大学的立身之本，要使“德”统帅“才”，把大学生真正培养成为社会主义核心价值观的坚定信仰者、积极传播者、模范践行者，就必须把德育作为学校教育的“第一要务”；从方法论角度看，“课程思政”的实践早就先于理论而存在，从古代的“传道、授业、解惑”到现代的“教书育人”，教学和教师的职责从未改变过。因此，“课程思政”的提出，并没有给教师和课程“做加法”，只是把早就在做的事情变得更自觉、更规范和更有效，把原来隐性化的事情变得显性化、效果化。要通过“课程思政”工作，明确目标和效果导向，使得教师提高思政工作能力和水平，完整履行立德树人使命。该校马克思主义学院院长章越松认为，“课程思政”是立德树人的题中

① 文章出处：http://news.xinhuanet.com/local/2017-06/30/c_1121240864.htm.

要义，也是高校教师的天然使命。

凝聚了共识，再经过多番论证、几易其稿，2017年5月底，该校出台了《关于实施“课程思政”行动计划的通知》，提出了“三个一”——也被具化地称为“三个百分百全覆盖”的工作要求，即明确每一门课程的德育功能，落实每一位教师的育人职责，形成一套行之有效的“课程思政”教学评价体系，打造专业教育与思政教育的协同效应，使得专业课程与思政课程形成同心同向的育人格局。

这项“课程思政”行动计划主要包括6项内容，即实施“思政理论课教学质量提升计划”，深化“课程门门有德育，教师人人讲育人”大讨论活动，开展“课程思政”教学设计，培育一批思政功能明显的示范专业课程，建立一套“课程思政”育人评价体系，推动“第二课堂”“第三课堂”建设，发挥育人功能。其中，“开展‘课程思政’教学设计，是‘课程思政’工作的基础，也是‘课程思政’工作的重点”。这取得了大家的共识。

为了做好教学设计这个基础而重要的工作，帮助教师尤其是专业课程教师找好课程与德育的结合点，明确课程的德育功能，该校深入挖掘提炼各门专业课程所蕴含的德育元素和承载的德育功能，精心编制了《“课程思政”教学设计编制指南》，条分缕析、一一对应列出了“社会主义核心价值观”等与“课程思政”德育元素的结合内容，把做人做事的基本道理、社会主义核心价值观的要求、实现民族复兴的理想和责任融入各类课程教学设计中。以“富强”为例，就对应列举着“物质现代化、科学技术现代化、共同富裕、生产力标准、勤劳致富、综合国力、基本国情、中国梦”等关键词。而“课程思政”教学设计表则包含教学目标、“课程思政”教育内容、教学方法与举措、具体方法与举措等内容。

为了顺利实现“课程思政”行动计划工作目标，该校审慎地选了两个学院作为试点学院。6月14日，绍兴文理学院“课程思政”试点工作推进会上，机械与电气工程学院亮出了自己重点设计的“五个一”工作内容：一项有效保障制度，一张“课程思政”教学设计表，一场“课程思政”主题研讨会，一次学生对任课教师专项评选，一次全院性的总结、表彰交流会。教师教育学院还推出了“课程思政、党员先行”为主题的支部创新活动。两个学院共计126门课程、87位老师做出“课程思政”承诺，填写“课程思政”教学设计表。学校鼓励各课程见仁见智、各自解读，因事而化、因时而进、因势而新；春风化雨，将思政元素转化到课程全过程；打铁还需自身硬，课程教师必须提升自身思政素质和工作能力。

据该校党委副书记沈赤介绍，接下来学校将在试点基础上，坚持“五个结合”的工作方法，全面推进“思政课程”向“课程思政”转变，“一要结合‘两学一做’学习教育常态化制度化建设，重点抓好全国高校思想政治工作会议精神的学习贯彻，这是夯实理论基础；二要结合立德树人这一根本任务，构建‘三位一体’的大思政格局，提升思政课程主渠道作用，发挥通识课程和第二课堂的育人功能，做实课程思政工作，这是抓住核心关键；三要结合教职工思想政治工作，开展‘课程门门有思政，教师人人讲育人’大讨论，达到“三个百分百全覆盖”，这是落实责任；四要结合办学特点和教育规律，依托地域文化，结合大学生成长成才需要，做好教学实施工作，这是遵循规律；五要结合德育和思政工作能力提升，加强理论研究，加强队伍建设，开展提升德育能力的教师教育培训，全方位打造有理想信念、道德情操、扎实知识和仁爱之心的教师队伍，这是建好主力军队伍”。

绍兴文理学院扎实推进“课程思政”①

专项行动推动教学转变。实施“课程思政”专项行动计划,提出“三个一”工作目标,即明确每一门课程的德育功能、落实每一位教师的育人职责、形成一套行之有效的教学评价体系。采取六项具体行动,包括实施“思政理论课教学质量提升计划”、深化“课程门门有德育、教师人人讲育人”大讨论活动、开展“课程思政”教学设计、培育一批示范专业课程、建立一套“课程思政”育人评价体系、加强“第二课堂”建设,全面推动“思政课程”向“课程思政”转变。

先行试点确保行动实效。在两个学院开展行动试点,指导试点学院根据学校部署设计开展“五个一”工作,即一项有效保障制度、一张“课程思政”教学设计表、一场“课程思政”主题研讨会、一次学生对任课教师专项评价、一次全院性的总结表彰交流会。在试点学院开展“课程思政,党员先行”支部创新活动,126门课程、87位教师做出“课程思政”承诺,填写“课程思政”教学设计表。深入挖掘各专业课程的德育功能,编制《“课程思政”教学设计编制指南》,把社会主义核心价值观等德育内容融入课程教学设计。

抓好结合推进工作深化。结合推进“两学一做”学习教育常态化制度化,重点抓好全国高校思想政治工作会议精神的学习贯彻,落实立德树人根本任务,发挥思政课主渠道作用及通识课和第二课堂育人功能,做实“课程思政”工作。结合教育规律和大学生成长成才需求,依托地域文化,做好教学实施工作。结合德育和思政工作能力提升,加强理论研究,加强队伍建设,开展教师教育培训,全方位打造有理想信念、道德情操、扎实知识和仁爱之心的教师队伍。

---

① 文章出处:http://www.moe.gov.cn/jyb-xwfb/s6192/s222/moe.1742/201712/t20171213_321199.html[2017-12-06].

绍兴文理学院积极推进“课程思政”全覆盖①

绍兴文理学院深入落实立德树人根本任务，履行教师“教书育人”使命，以社会主义核心价值观为核心，积极创新思想政治工作思路、步骤和方法，推动思政课程向“课程思政”转变，努力实现“课程思政”全覆盖。

紧扣“三个结合”。紧密结合学习贯彻习近平新时代中国特色社会主义思想和党的十九大精神，重点抓好全国高校思想政治工作会议精神的贯彻落实。紧密结合立德树人这一根本任务，构建思政课、通识课、专业课“三位一体”的大思政格局，提升思政课程主渠道作用，发挥通识课程和第二课堂的育人功能。紧密结合办学特点和教育规律，依托绍兴深厚历史文化底蕴推进“课程思政”实施，将课程思政实施情况作为听课、学评教和教师考核的重要内容。

采取“三个步骤”。一是试点起步。2017 年 5 月部署“课程思政”试点工作，推出一次“课程门门有思政，教师人人讲育人”大讨论活动、一次社会主义核心价值观学习会、一张“课程思政”教学设计表、一次“课程思政”教研活动、一场“课程思政”主题研讨会等“五个一”活动，探索并总结试点工作经验。二是全面推进。2017 年下半年在学校范围内全面推开“课程思政”，开展“课程思政”教学设计，实施“思政课教学质量提升计划”，建设重点示范课程，建立“课程思政”育人评价体系，把试点经验加以推广运用。三是深化提升。强化“课程思政”能力建设，将“课程思政”润物细无声和潜移默化地渗透于课程教学各环节。专门建设“课程思政”案例库，开发微信小程序，引导教师上传教学随记、学生上传学习随感，起到相互学习、相互启发、共同提高的作用，提升“课程思政”能力和水平。

创建“三张表单”。一是凝练思政元素表。紧密围绕社会主义核心价值观形成 106 条内容的思政元素表，制定《“课程思政”教学设计编制指南》，引导教师把坚定理想信念的要求、做人做事的道理、道德法制的规范、民族复兴的责任和使命等融入各类课程教学设计中。二是填写教学设计表。通过认真学习、研讨、教研组活动，让每位教师明确各专业课程与思政元素的结合点，填写“课程思政”教学设计表，作为教材讲义必要章节、课堂讲授的重要内容和学生考核关键知识。三是撰写

---

① 文章出处：http://www.moe.gov.cn/jyb-xwfb/s6192/s222/moe_1742/201812/t20181226-364873.html[2018-12-26].

课堂案例表。教师在课堂上将“课程思政”实施过程中的心得写成案例随记,学生将最有感悟的课堂体验写成案例随感,统一上传到学校的“课程思政”案例库。截至目前,案例库共有13000名师生参与注册,共计填写教学随记和学习随感25000余条,强化了“课程思政”效果。

实现“三个百分百”。明确“课程思政”工作目标,要求百分百的课程都明确育人要素,百分百的教师都履行育人职责,百分百的课程都要体现育人效果。2017—2018学年,每学期开设1900余门课程,所有专任教师均填写了“课程思政”教学设计表,做出“课程思政”承诺,完成了专业课“课程思政”任务,实现了全部课程、全体教师、育人效果“全覆盖”。

绍兴文理学院以学习贯彻十九大精神为契机，六大举措深入推进“课程思政”工作[①]

为深入学习贯彻十九大精神，进一步贯彻落实全国和全省高校思想政治工作会议精神，坚持立德树人中心环节，把思想政治工作贯穿教育教学全过程，绍兴文理学院采取六大举措，挖掘梳理各门课程的德育元素，完善思想政治教育的课程体系建设，充分发挥各门课程的育人功能，切实推动思政课程向“课程思政”转变。

一、实施“思政理论课教学质量提升计划”

创新教学模式，凝练教学内容，强化问题意识，构建重点突出、贴近实际的教学体系，积极推进专题式教学方式。合理设置教学规模，严格落实课时规定，积极推进小班化教学，改革完善考试评价办法。积极实施“互联网＋教育”背景下基于慕课的思政课混合式教学模式改革，打造一批思政精品微课和精品教案，提供教学示范。建立思政课教学资源库，开发思政课在线课程，建设一批名师网络示范课，推进优质教学资源共享。推进思想政治理论课社会实践改革，在完善已有的“双环一体”思想政治理论课教学体系基础上，推动思政课实践教学与大学生社会实践活动有机结合。开展“时事进校园”系列学习教育活动，联合“浙江新闻客户端”开发“时事进校园”APP学习平台，把学生学习时事的情况作为思政课实践教学的内容。开展优秀教案评选、公开课观摩、示范课培训、优秀实践成果展示等活动。制定思想政治理论课教师培养培训规划，坚持和完善实践锻炼制度、外出学习考察制度、暑期集中备课制度和基层挂职调研制度。改革思政理论课教师年度考核办法，侧重课堂教学和育人效果。

二、开展“课程门门有德育，教师人人讲育人”大讨论活动

一是组织一次专题辅导，邀请相关专家、学者对“课程思政”深入解读，加深对

---

① 文章出处：http/jvt. zj. gov. cn/avrt/2017/11/2/art. 1543974_21575955. html[2017-11-02].

“课程思政”的内涵、目标及原则等的理解;二是开展一次专题讨论,以周三下午教职工理论学习制度为载体,以二级学院为单位组织广大专任教师开展学习讨论活动;三是撰写一篇学习体会,鼓励广大专任教师围绕“课程思政”的内涵,积极撰写体会文章,及时总结经验。

三、开展“课程思政”教学设计

明确每一门课程的德育功能,落实每一位教师的育人职责。具体分两个阶段组织实施:第一阶段在教师教育学院和机械与电气工程学院开展试点,第二阶段在全校所有课程中实施。专任教师根据《“课程思政”教学设计编制指南》,认真填写《“课程思政”教学设计表》,深入挖掘提炼各门专业课程所蕴含的德育元素和承载的德育功能,充分梳理各门课程的德育元素,列入教学计划的重要条目和课堂讲授的重要内容,把社会主义核心价值观、做人做事的基本道理和要求融入所授课程的教学之中。

四、培育一批思政功能明显的示范专业课程

在各二级学院推荐的基础上,在公共平台课、专业基础课、专业选修课、全校选修课中遴选并培育一批思政功能明显的示范课程,并对示范课程给予一定的经费支持。通过示范课程的引领作用,使所有课程的教学内容强调专业伦理、社会主义核心价值观等思政内容,在授课过程中传播正能量,突出爱国主义、社会主义、集体主义教育。同时开设马克思主义宗教观教育等选修课程。

五、建立一套“课程思政”育人评价体系

结合学校2018版人才培养方案的修订,将“课程思政”理念充分融入学校2018版人才培养方案中,建立“课程思政”教学效果评价体系。认真执行《关于严守课堂政治纪律的规定》,进一步严格执行领导干部听课制度,在《听课笔记》中充分体现“课程思政”的内容。在“学评教”体系中体现育人评价元素,使德育元素成为“学评教”中的重要内容。

六、推动“第二课堂”“第三课堂”建设,充分发挥育人功能

推进文化校园建设,优化校园育人环境,建设一批集党团活动、学术交流、学业指导、心理辅导、社团文化等为一体的文化园地。组织开展形式多样、健康向上、格调高雅的校园文化活动。加强创业学院建设,构建学生学术科技创新活动体系。整合思政课实践教学、大学生社会实践和专业课实习实训等实践教学环节,形成统

一规划、分层实施、分类管理的实践教育体系。深化“双百双进”“百校联百镇”活动,引导师生走进基层,走进群众,参与“五水共治”、“三改一拆”、美丽绍兴建设等重点工作,让广大师生在社会实践中接受思想政治教育。加强实践育人基地建设,完善实践育人长效机制。加强对思政工作队伍的教育培训。

在工作推进中,绍兴文理学院切实做好了以下“五个结合”:一是结合学习贯彻十九大精神和“两学一做”学习教育常态化制度化建设,重点抓好全国全省高校思政工作会议精神的贯彻落实;二是结合立德树人这一根本任务,构建“三位一体”的大思政格局,提升思政课程主渠道作用,做实课程思政工作,发挥通识课程和第二课堂的育人功能;三是结合教职工思想政治工作,开展“课程门门有思政,教师人人讲育人”大讨论,达到三个“百分百”全覆盖,即全部课程都明确育人要素,全体教师都明确课程育人职责,所有课程都体现育人效果;四是结合办学特点和教育规律,依托地方文化,结合大学生成长需要,做好教学实施;五是结合德育和思政工作能力提升,加强理论研究,加强队伍建设,开展提升德育能力的教师教育培训,全方位打造有理想信念、道德情操、扎实知识和仁爱之心的教师队伍。

二、制度建设

绍兴文理学院关于实施"课程思政"行动计划的通知

绍学院党宣〔2017〕1号、绍学院教〔2017〕45号

为贯彻落实《中共绍兴文理学院委员会 绍兴文理学院关于加强和改进新形势下思想政治工作的实施意见》(绍学院党委〔2017〕18号)精神,把思想政治工作贯穿教育教学全过程,发挥广大教师在课程教学中的育人作用,承担起"课程思政"工作的主体责任,现将实施"课程思政"行动计划的相关事项通知如下。

一、工作目标

明确每一门课程的德育功能,落实每一位教师的育人职责,形成一套行之有效的"课程思政"教学评价体系,打造专业教育与思政教育的协同效应,使得专业课程与思政课程形成同心同向的育人格局。

二、参加对象

全校专任教师。

三、活动内容

1. 实施"思政理论课教学质量提升计划"

创新教学模式,凝练教学内容,强化问题意识,构建重点突出、贴近实际的教学体系,积极推进专题式教学方式。合理设置教学规模,严格落实课时规定,积极推进小班化教学,改革完善考试评价办法。积极实施"互联网+教育"背景下基于慕课的思政课混合式教学模式改革,打造一批思政精品微课和精品教案,提供教学示范。建立思政课教学资源库,开发思政课在线课程,建设一批名师网络示范课,推进优质教学资源共享。推进思想政治理论课社会实践改革,在完善已有的"双环一体"思想政治理论课教学体系基础上,推动思政课实践教学与大学生社会实践活动有机结合。开展"时事进校园"系列学习教育活动,联合"浙江新闻客户端"开发"时事进校园"APP学习平台,把学生学习时事的情况作为思政课实践教学的内容。

开展优秀教案评选、公开课观摩、示范课培训、优秀实践成果展示等活动。制定思想政治理论课教师培养培训规划,坚持和完善实践锻炼制度、外出学习考察制度、暑期集中备课制度和基层挂职调研制度。改革思政理论课教师年度考核办法,侧重课堂教学和育人效果。

牵头单位:教务处、党委宣传部、马克思主义学院

2.开展"课程门门有德育,教师人人讲育人"大讨论活动

组织开展"课程门门有德育,教师人人讲育人"学习讨论活动。一是组织一次专题辅导,由党委宣传部和马克思主义学院牵头,邀请相关专家、学者对"课程思政"深入解读,加深对"课程思政"的内涵、目标及原则等的理解;二是开展一次专题讨论,以周三下午教职工理论学习制度为载体,以二级学院为单位组织广大专任教师开展学习讨论活动;三是撰写一篇学习体会,鼓励广大专任教师围绕"课程思政"的内涵,积极撰写体会文章,及时总结经验。

牵头单位:党委宣传部

协同单位:马克思主义学院

3.开展"课程思政"教学设计

开展"课程思政"教学设计,明确每一门课程的德育功能,落实每一位教师的育人职责。"课程思政"教学设计分两个阶段组织实施。第一阶段在教师教育学院和机械与电气工程学院开展试点,第二阶段在全校所有课程中实施。专任教师要根据《"课程思政"教学设计编制指南》,认真填写《"课程思政"教学设计表》,深入挖掘提炼各门专业课程所蕴含的德育元素和承载的德育功能,充分梳理各门课程的德育元素,列入教学计划的重要条目和课堂讲授的重要内容,把社会主义核心价值观、做人做事的基本道理和要求融入所授课程的教学之中。

牵头单位:教务处、党委宣传部

协同单位:教师教育学院、机械与电气工程学院

4.培育一批思政功能明显的示范专业课程

由教务处牵头,在各二级学院推荐的基础上,在公共平台课、专业基础课、专业选修课、全校选修课中遴选并培育一批思政功能明显的示范课程,并对示范课程给予一定的经费支持。通过示范课程的引领作用,使所有课程的教学内容强调专业伦理、社会主义核心价值观等思政内容,在授课过程中传播正能量,突出爱国主义、社会主义、集体主义教育。同时开设马克思主义宗教观教育等选修课程。

牵头单位:教务处、党委宣传部、马克思主义学院

5.建立一套"课程思政"育人评价体系

结合学校2018版人才培养方案修订,将"课程思政"理念充分融入学校2018

版人才培养方案中,建立"课程思政"教学效果评价体系。认真执行《关于严守课堂政治纪律的规定》,进一步严格执行领导干部听课制度,在《听课笔记》中充分体现"课程思政"的内容。在"学评教"体系中体现育人评价元素,使德育元素成为"学评教"中的重要内容。

牵头单位:教务处、党委宣传部

6. 推动"第二课堂""第三课堂"建设,发挥育人功能

推进文化校园建设,优化校园育人环境,建设一批党团活动、学术交流、学业指导、心理辅导、社团文化等为一体的文化园地。组织开展形式多样、健康向上、格调高雅的校园文化活动。加强创业学院建设,构建学生学术科技创新活动体系。整合思政课实践教学、大学生社会实践和专业课实习实训等实践教学环节,形成统一规划、分层实施、分类管理的实践教育体系。深化"双百双进""百校联百镇"活动,引导师生走进基层,走进群众,参与"五水共治""三改一拆"等重点工作,让广大师生在社会实践中接受思想政治教育。加强实践育人基地建设,完善实践育人长效机制。加强对思政工作队伍的教育培训。

牵头单位:党委宣传部、党委学工部、团委

协同单位:党委研工部、马克思主义学院

四、实施步骤和要求

1. 宣传发动阶段

2017 年 6 月初至 6 月上旬,召开动员会议进行全面部署,通过各种途径开展宣传工作。

2. 组织实施阶段

2017 年 6 月上旬至 6 月底,相关部门和试点学院根据任务分配,结合实际情况,制订具体的实施方案,推动工作开展。

3. 总结提高阶段

2017 年 12 月,对活动做全面总结,对照目标和要求,检查各项工作的完成情况,分析短板和不足,明确下一步活动长效化建设的内容。

五、组织保障与活动要求

1. 加强组织领导

为保证活动的顺利开展,学校成立推动"课程思政"工作领导小组。党委副书记、分管教学的副校长担任组长,成员由各相关部门负责人组成。领导小组下设办

公室,办公室设在党委宣传部,具体负责活动的日常工作,指导相关学院的工作开展。

2. 加强宣传发动

党委宣传部要充分利用校报、广播台、校园网、“两微一端”、电子屏等校园媒体,大力营造“课程门门有德育,教师人人讲育人”的舆论氛围,为“课程思政”工作的推动营造好舆论氛围。各二级学院要高度重视,把推进“课程思政”工作摆到重要位置,切实加强组织领导,精心组织,统筹安排,确保工作扎实有效。

3. 加强探索创新

要探索形成一套行之有效的“课程思政”教学评价体系,通过教育引导、制度激励等手段转变教师观念,动员广大专业教师在课程教学中发挥育人作用,承担起“课程思政”工作的主体作用。学校各职能部门形成合力,推动“课程思政”目标落小、落细、落实。

4. 加强总结考核

各单位要认真总结活动中的好做法、好经验。党委宣传部将通过校园媒体集中展示在活动中涌现的先进集体和个人,并把活动的开展情况作为各二级学院思政工作考核的重要内容。

附件:1.“课程思政”教学设计编制指南
　　2.“课程思政”教学设计表
　　3.“课程思政”教学电脑桌面图

中共绍兴文理学院委员会宣传部
绍兴文理学院教务处
2017 年 5 月 31 日

附件 1

“课程思政”教学设计编制指南

为深入贯彻落实全国和全省高校思想政治工作会议精神，坚持立德树人这一中心环节，把思想政治工作贯穿教育教学全过程，推动“思政课程”向“课程思政”转变，挖掘梳理各门课程的德育元素，完善思想政治教育的课程体系建设，充分发挥各门课程的育人功能，实现学校全程育人、全方位育人和全员育人的大思政格局，特制定本指南。

一、“课程思政”的含义

“课程思政”，即课程德育，指的是学校所有教学科目和教育活动，以课程为载体，以立德树人为根本，充分挖掘蕴含在专业知识中的德育元素，实现通识课、专业课与德育的有机融合，将德育渗透、贯穿教育和教学的全过程，助力学生的全面发展。

“课程思政”既是一种教育理念，表明任何课程教学的第一要务是立德树人，也是一种思维方法，表明任何课程教学都肩负德育的责任。

“课程思政”不是将所有课程都当作思政课程，也不是用德育取代专业教育，而是充分发挥课程的德育功能，运用德育的学科思维，提炼专业课程中蕴含的文化基因和价值范式，将其转化为社会主义核心价值观具体化、生动化的有效教学载体，在“润物细无声”的知识学习中融入理想信念层面的精神指引。

二、“课程思政”的目标

以马克思主义理论为指导，坚持知识传授与价值引领相结合，运用可以培养大学生理想信念、价值取向、政治信仰、社会责任的题材与内容，进一步融入社会主义核心价值观，全面提高大学生缘事析理、明辨是非的能力，让学生成为德才兼备、全面发展的人才。

三、“课程思政”的内容

围绕“课程思政”目标，通过积极培育和践行社会主义核心价值观，运用马克思主义哲学的方法论，引导学生正确做人和做事，各教学科目和教育活动，应结合以下内容进行教学设计。

核心价值观	“课程思政”德育元素结合内容
富强	物质现代化、科学技术现代化、共同富裕、生产力标准、勤劳致富、综合国力、基本国情、中国梦等
民主	制度现代化、生存权、发展权、言论自由、宗教信仰自由、宽容、协商、人民民主专政、人民代表大会制度、中国共产党领导的多党合作制度、民族区域自治制度、基层民主制度等
文明	人的现代化、以人为本、物质文明、精神文明、政治文明、社会文明、生态文明、社会秩序、国家软实力、国民素质、科学精神、人文精神、工匠精神、公序良俗、优秀传统文化、社会风尚等
和谐	真善美、和而不同、以和为贵、依道而和、妥协等
自由	集体主义、人的自由全面发展、实践、马克思主义指导思想、意志自由、行动自由、政治自由、言论自由、出版自由、集会自由、结社自由、游行自由、示威自由等
平等	社会平等、人格平等、众生平等、权利平等、公平正义、经济平等、政治平等、文化平等、机会平等等
公正	起点公正、过程公正、结果公正、程序公正、社会公正等
法治	依法治国、以德治国、权利意识、责任意识、纪律意识等
爱国	爱祖国、爱人民、爱家乡、爱学校、道路自信、理论自信、制度自信、文化自信、政治意识、大局意识、核心意识、看齐意识、民族精神、时代精神等
敬业	热爱劳动、热爱工作、热爱岗位、职业道德等
诚信	守信、说老实话、办老实事、做老实人、谦逊、社会公德、家庭美德等
友善	包容、协作、团结、尊重、和气、宽厚、推己及人、己所不欲勿施于人等

四、“课程思政”的原则

“课程思政”不是体系化、系统化地进行德育教育活动，而是结合各门课程内容，寻找德育元素，进行非体系化、系统化的教育。在此，应坚持如下原则：(1)实事求是原则；(2)创新思维原则；(3)突出重点原则；(4)注重实效原则。

五、“课程思政”的要求

“课程思政”教学设计，不仅应遵循一般社会科学研究的原则，而且也应适合于思想政治教育学科的特殊性原则。根据“课程思政”的内容和原则，提出如下基本要求。

1. 灌输与渗透相结合

灌输应注重启发，是能动的认知、认同、内化，而非被动的注入、移植、楔入，更非填鸭式的宣传教育。渗透应注重贴近实际、贴近生活、贴近学生，注重向社会环境、心理环境和网络环境等方向渗透。灌输与渗透相结合就是坚持春风化雨的方式，通过不同的选择，从被动、自发的学习转向主动、自觉的学习，主动将之付诸实践。

2. 理论与实际相结合

"课程思政"教育元素不是从抽象的理论概念中逻辑地推论出来的，而应从社会实际中寻找，从各学科的知识与社会实践结合度中寻找，不是从理论逻辑出发来解释实践，而是从社会实践出发来解释理论的形成，依据实际来修正理论逻辑。坚持理论与实际相结合，因事而化，因时而进，因势而新。

3. 历史与现实相结合

历史是过去的现实，是现实的前身，现实是历史的延伸，是未来的历史。"课程思政"的教学设计，从纵向历史与横向现实的维度出发，通过将世界与中国发展的大势比较、中国特色与国际比较、历史使命与时代责任比较，使思政教育元素既源于历史又基于现实，既传承历史血脉又体现与时俱进。

4. 显性教育与隐性教育相结合

"课程思政"教学设计应坚持显性教育与隐性教育的结合。显性教育和隐性教育不是具体、单个方法的名称，而是一类方法的称谓。其中，前者指的是教师组织实施的，直接对学生公开进行的道德教育的正规工作方式的总和。后者指的是引导学生潜移默化地获取有益于学生个体身心健康和个性全面发展的教育内容的活动方式及过程。在此，通过隐性渗透、寓道德教育于各门专业课程之中，通过润物细无声、滴水穿石的方式，实现显性教育与隐性教育的有机结合。

5. 共性与个性相结合

任何事物的发展都是共性与个性的结合、统一性与差异性的融洽。就思想政治教育而言，教育目的的价值取向是一种共性、统一性，个体的独特体验则是事物的个性、差异性。"课程思政"教学设计必须遵循共性与个性相结合的原则，既注重教学内容的价值取向，也应尊重学生在学习过程中的独特体验。

6. 正面教育与纪律约束相结合

正面说服教育是指通过摆事实、讲道理，使学生明辨是非、善恶，提高认识，形成正确观念和道德评价能力的一种教育方法。"课程思政"教育和教学，必须坚持以正面引导、说服教育为主，积极疏导，启发教育，同时辅之以必要的纪律约束，引导学生的品德向正确、健康方向发展。

附件 2

“课程思政”教学设计表

<table>
<tr><td>学　　院</td><td></td><td>学　　科</td><td></td><td>课程名称</td><td></td></tr>
<tr><td>授课教师</td><td></td><td>授课班级</td><td></td><td>学　　分</td><td></td></tr>
<tr><td>课程类别</td><td colspan="5">A. 公共平台课　B. 专业基础课　C. 专业选修课　D. 全校选修课</td></tr>
<tr><td>教学目标</td><td colspan="5">1. ________________________________;
2. ________________________________;
3. ________________________________。
说明:教学目标是指课程育人的教学目标,即课程的育人目标。</td></tr>
<tr><td>课程育人
教育内容</td><td colspan="5">一、课程育人教育内容:
1. ________________________________;
2. ________________________________;
3. ________________________________;
4. ________________________________;
5. ________________________________。
二、课程育人的其他教育内容:
1. ________________________________;
2. ________________________________。
说明:课程育人教育内容按附件 1 课程育人内容所列的德育元素结合课程特点选择,其他教育内容可结合学生和课程特点自行确定。</td></tr>
<tr><td>教学方法
与举措</td><td colspan="5">1. ________________________________;
2. ________________________________;
3. ________________________________。
说明:达到课程育人教学目标和教育内容要求所采取的教学方法与具体举措。</td></tr>
</table>

教师签名:________

附件 3

“课程思政”教学电脑桌面壁纸

绍兴文理学院关于开展2017—2018学年第二学期“课程思政”工作的通知

绍学院党宣〔2018〕2号、绍学院学〔2018〕7号、绍学院教〔2018〕9号

根据《关于加强和改进新形势下思想政治工作的实施意见》(绍学院党委〔2017〕18号)、《关于实施“课程思政”行动计划的通知》(绍学院党宣〔2017〕1号、绍学院教〔2017〕45号)精神,进一步强化课程育人导向,全面落实“课程思政”工作要求,现将2017—2018学年第二学期“课程思政”相关工作通知如下。

一、工作目标

明确每一门课程的德育功能,落实每一位教师的育人职责,形成一套行之有效的“课程思政”教学评价体系,使专业课程与思政课程同心同向,形成协同效应。

二、参加对象

全校专任教师。

三、活动内容

1.继续做好“课程思政”教学设计表的填写

授课教师要根据专业课程特点,结合《社会主义核心价值观课程德育元素表》,梳理和提炼专业课程所蕴含的德育元素和承载的德育功能,并把它列入教学计划和课堂讲授的重要内容。“课程思政”教学设计表经学院审核后,于3月30日前以学院为单位用电子稿形式交至党委宣传部。

2.扎实开展“教学案例随记”的撰写

为进一步提升课程育人的实效,按照“相互启发、共同提高”原则,授课教师要将课程育人中形成的教学感悟和体会及时归纳总结,撰写“课程育人”教学案例随记,上传至校“课程育人”教学网络案例库,并定期做修改和补充。教学案例随记情况将作为“课程思政”考核的重要内容。教学案例随记具体操作方法见附件。

3. 开展"课程思政"示范课程建设项目申报

通过建立课程标准、完善课程教学大纲、优化课程教学设计，改进课堂教学模式，开展研究性学习、互动课堂和混合式教学，实现思政教育与专业教育的协同效应，知识传授、能力培养与价值引领的有机统一，提高课堂育人质量。各学院推荐"课程思政"示范课程建设项目原则上不超过2门。校级"课程思政"示范课程建设项目建设期2年，经费4000元/门。

四、工作要求

1. 加强组织领导

各二级学院要高度重视，精心组织，统筹安排，确保"课程思政"教学设计表的填写百分之百全覆盖，教学案例库建设和示范课程建设项目扎实有效推进。

2. 加强探索创新

要积极探索"课程思政"推进的创新举措，通过教育引导、制度激励等手段切实转变教师观念，动员广大专业教师在课程教学中发挥育人作用，主动承担起"课程思政"的主体责任。

3. 加强总结考核

教务处将教师履行"课程思政"情况作为听课和"学评教"的重要内容，列入教学业绩考核。学校将各二级学院开展"课程思政"工作情况作为年度思政工作考核的重要内容。

附件："课程思政"教师教学案例随记具体操作方法（略）

中共绍兴文理学院委员会宣传部
中共绍兴文理学院委员会学生工作部
绍兴文理学院教务处
2018年3月12日

绍兴文理学院关于开展“课程思政”示范课程建设项目申报工作的通知

绍学院党宣〔2018〕3 号、绍学院教〔2018〕10 号、绍学院研〔2018〕1 号

各二级学院：

为深入贯彻落实党的十九大精神和全国、全省高校思想政治工作会议精神及《关于加强和改进新形势下思想政治工作的实施意见》(绍学院党委〔2017〕18 号)，根据《关于实施“课程思政”行动计划的通知》(绍学院党宣〔2017〕1 号、绍学院教〔2017〕45 号)的要求，强化课程育人导向，全面落实“课程思政”工作要求，决定开展“课程思政”示范课程建设项目申报工作。现将有关事项通知如下。

一、指导思想

坚持以立德树人为根本，以社会主义核心价值观教育为主线，以构建全员、全过程、全方位育人的思政工作格局为目标导向，深入挖掘提炼各类课程所蕴含的思政要素和德育功能，强化“课程思政”的科学化、规范化与体系化，实现思政教育与专业教育的协同效应，知识传授、能力培养与价值引领的有机统一，提高课堂教学质量，提升育人成效。

二、申报对象

1. 申报课程须是 2017—2018 学年第二学期开课的 32 学时以上(含)的非思政类课程。

2. 课程负责人须具有丰富的教学经验和较高的学术造诣，近两年教学业绩考核为 B 及以上。

3. 课程负责人近三年来没有被中止的教学建设项目，两年内没有退休等可预见的人事安排。

4. 课程建设团队结构合理、人员稳定、素质优良，能确保投入足够时间和精力。

三、课程建设要求

1. 紧扣“立德树人”，落实思想政治工作贯穿教育教学全过程的要求，实现全员

育人、全过程育人、全方位育人。

2. 强化课程育人功能，优化课程教学目标定位；挖掘提炼课程的思政要素，完善课程教学内容；选择多种教学方法和手段，提高课程育人的针对性和有效性。

3. 设计“课程思政”教学设计表，至少撰写 10 条“教学案例随记”，及时将课程育人中形成的教学感悟和体会归纳总结，丰富课程思政教学资源，形成“课程思政”教学案例库，作为其他授课教师的学习交流材料。

四、建设期限

项目建设期为 2 年。项目验收时须至少经过 2 个学期的课程教学实践；通过验收后，应开展不少于 2 年的课程教学实践，扩大改革试点课程的受益面和示范性。

五、申报程序及资助

1. 教师自愿申报，填写《绍兴文理学院“课程思政”示范课程建设项目申报表》(附件 1)，报送至各二级学院。

2. 二级学院对申报课程组织论证并经学院教学委员会审定、推荐后报教务处或研究生处。推荐项目分 A 类和 B 类，其中 A 类项目原则上每学院不超过 2 门。

3. 校党委宣传部、教务处、研究生处联合组织专家对 A 类项目进行评审。A 类项目立项确定 10 门左右，每个项目给予 4000 元资助经费(上虞分院经费自筹)。未被立项的 A 类项目自动纳入 B 类项目，B 类项目由所在学院资助。

六、材料报送时间

各二级学院于 3 月 30 日前完成申报课程的推荐工作，将《绍兴文理学院“课程思政”示范课程建设项目申报表》《绍兴文理学院“课程思政”示范课程建设项目汇总表》上报至教务处(本专科生课程)或研究生处(研究生课程)。

附件：1. 绍兴文理学院“课程思政”示范课程建设项目申报表(略)
2. 绍兴文理学院“课程思政”示范课程建设项目汇总表(略)

中共绍兴文理学院委员会宣传部
绍兴文理学院教务处
绍兴文理学院研究生处
2018 年 3 月 12 日

绍兴文理学院院长办公室关于公布“课程思政”示范课程建设项目的通知

绍学院办发〔2018〕23号

各二级学院、部处、直属单位：

经个人申报、学院推荐、专家组评选、学校批准，确定“纺织品整理学”等10门课程为“课程思政”示范课程建设A类项目，“Web编程基础”等36门课程为B类项目。现予以公布(具体名单详见附件)。

A类项目由学校给予4000元/门的资助经费并接受学校验收；B类项目由所在学院资助并接受学院验收。项目建设期为2年，希望各项目组按要求做好项目建设工作。

附件：“课程思政”示范课程建设项目汇总表

绍兴文理学院院长办公室
2018年5月28日

附件

“课程思政”示范课程建设项目汇总表

序号	课程名称	课程性质	课程负责人	所在学院	立项类别
1	纺织品整理学	专业平台课	刘艳春	纺织服装学院	A类
2	单片机原理	专业平台课	朱敏杰	数理信息学院	A类
3	公共政策学	专业平台课	程　隽	商学院	A类
4	医学生物化学B	专业平台课	丁志囡	医学院	A类
5	大学英语A2	公共平台课	吴小林	外国语学院	A类
6	小学语文课程与教学论	专业方向模块课	闫瑞祥	教师教育学院	A类
7	药理学	专业平台课	张　剑	医学院	A类
8	世界通史	专业方向课	欧阳云梓	马克思主义学院	A类
9	手工刺绣	全校选修课	曾　真	纺织服装学院	A类
10	意笔花鸟画	专业方向模块课	陈　清	艺术学院	A类
11	Web编程基础	专业平台课	叶晓彤	机械与电气工程学院	B类
12	概率论与数理统计A	专业平台课	刘焕香	数理信息学院	B类
13	古典书法欣赏	全校选修课	陈文龙	兰亭书法艺术学院	B类
14	行草3	专业平台课	董舒展	兰亭书法艺术学院	B类
15	交际法语	全校选修课	王姗姗	外国语学院	B类
16	公体健美操2	公共平台课	郑立新	教师教育学院	B类
17	Office高级应用	专业方向模块课	叶银兰	上虞分院	B类
18	上装结构与上装工艺	专业方向模块课	刘雪林	上虞分院	B类
19	品牌服装商品企划	专业平台课	戴淑娇	纺织服装学院	B类
20	纺织工艺设计	专业平台课	缪宏超	纺织服装学院	B类
21	女装设计	专业平台课	雷文广	纺织服装学院	B类
22	染整标准与检测	专业方向模块课	白　刚	纺织服装学院	B类
23	服装史	专业平台课	胥筝筝	纺织服装学院	B类

续表

序号	课程名称	课程性质	课程负责人	所在学院	立项类别
24	马克思主义政治经济学	专业平台课	袁海平	马克思主义学院	B类
25	中国近代史	专业方向课	张　权	马克思主义学院	B类
26	金工实习	专业平台课程	吕森灿	机械与电气工程学院	B类
27	预防医学 C	专业平台课	谈荣梅	医学院	B类
28	病原生物学与免疫学	专业平台课	岳文燕	医学院	B类
29	高等数学 B2	公共平台课	胡金杰	数理信息学院	B类
30	数学分析 2	专业平台课	宋　明	基础数学学科	B类
31	大学物理 D	公共平台课	俞立先	数理信息学院	B类
32	大学英语 A2	公共平台课	王子颖	外国语学院	B类
33	大学英语 A2	公共平台课	谢上连	外国语学院	B类
34	第二外语 2	专业平台课	朱　颖	外国语学院	B类
35	英语听力测略 2	专业平台课	任亮蛾	外国语学院	B类
36	劳动和社会保障法	全校选修课	陈亚东	商学院	B类
37	团体咨询	全校选修课程	谢敏芳	教师教育学院	B类
38	公体排球 2	公共平台课	王志鹏	教师教育学院	B类
39	中外教育简史	专业平台课	王玉生	教师教育学院	B类
40	气排球 2	公共平台课	周　赞	教师教育学院	B类
41	教育统计学与 SPSS 实用技术	专业平台课	李　黎	教师教育学院	B类
42	公体传统特色体育 2	公共平台课	刘小明	教师教育学院	B类
43	公体乒乓球 2	公共平台课	王潇逸	教师教育学院	B类
44	小学教学案例写作	专业方向模块课	陆有海	教师教育学院	B类
45	网球	公共平台课	许　诚	教师教育学院	B类
46	武术 2	专业平台课	曾世华	教师教育学院	B类

关于开展2018年度"课程思政"教师教学案例随记征集活动的通知

各二级学院分党委、党总支：

为深入贯彻落实全国全省高校思想政治工作会议精神，根据《关于开展2017—2018学年第二学期"课程思政"工作的通知》(绍学院党宣〔2018〕2号、绍学院学〔2018〕7号、绍学院教〔2018〕9号)要求，进一步强化课程育人导向，全面落实"课程思政"工作要求，决定开展2018年度"课程思政"教师教学案例随记征集活动，现将有关事项通知如下。

一、工作目标

明确每一门课程的德育功能，落实每一位教师的育人职责，达到每一门专业课程的"课程思政"效果，实现思政教育与知识体系教育的有机统一。

二、参加对象

全校专任教师。

三、活动内容

按照"相互启发、共同提高"的原则，授课教师要将课程育人中形成的教学感悟和体会及时归纳总结，通过微信小程序填写"课程思政"教学案例随记(操作方法见附件)，并定期做修改和补充。填写情况将作为"课程思政"考核的重要内容。

四、活动安排

1.2018年6月12日—6月19日：教师注册阶段，各二级学院认真组织教师参与活动，完成全校专任教师注册工作。

2.2018年6月19日—7月11日：活动推进阶段，各二级学院组织教师填写教学案例随记，每名教师填写2条以上。

3.2018年9月—12月：深化落实阶段，根据本学期课堂教学情况，扎实开展教学案例随记的填写工作。

4.2019 年 1 月：总结表彰阶段，对活动中表现突出的二级学院及教师进行表彰。

五、工作要求

1.高度重视

各二级学院要高度重视，精心组织，统筹安排，确保“课程思政”教师教学案例随记征集活动扎实有效推进。

2.加强探索创新

要积极探索推进的创新举措，通过教育引导、制度激励等手段切实转变教师观念，动员广大专业教师在课程教学中发挥育人作用，主动承担起“课程思政”的主体责任。

3.加强总结考核

教务处将教师履行“课程思政”情况作为听课和“学评教”的重要内容，列入教学业绩考核。学校将各二级学院开展“课程思政”工作情况作为年度思政工作考核的重要内容。

附件：“课程思政”教师教学案例随记操作指南

绍兴文理学院党委宣传部
绍兴文理学院教务处
2018 年 6 月 12 日

附件：

“课程思政”教师教学案例随记操作指南

1. 关注“绍兴文理学院”微信公众号，打开微信扫描二维码，或搜索公众号“绍兴文理学院”；

2. 打开“绍兴文理学院”微信公众号主界面，点击右下角的“课程思政”栏目；

3. 输入账号、密码(账号、密码均为工号),点击"确定",登录微信小程序,完成注册;

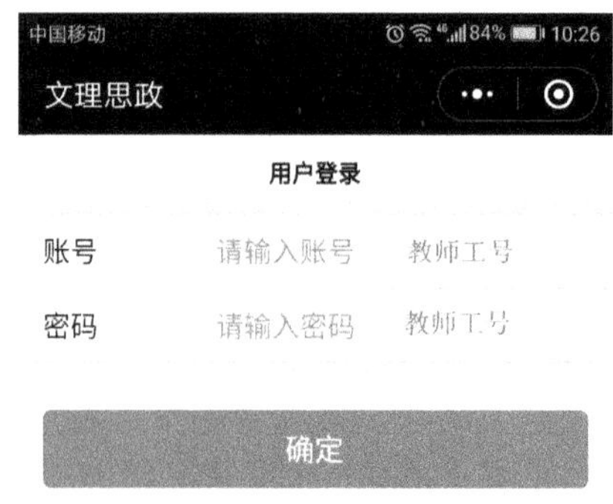

4. 登录成功后,点击"老师随记",并添加"教师教学案例随记";

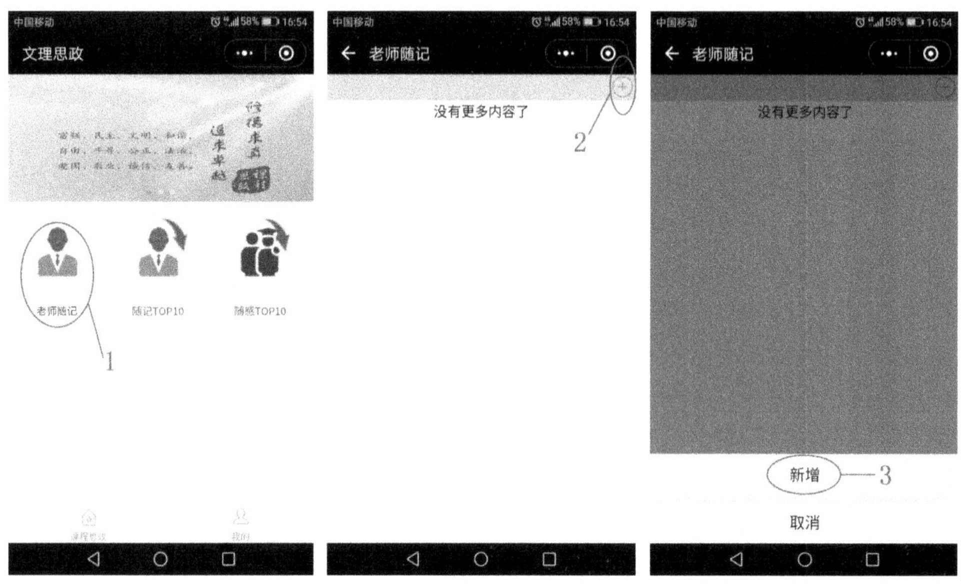

5. 选择学院、课程名称、授课班级,填写课程切入点(第 章第 节)、德育元素应用、教学内容方法及实施过程、教学体会感悟。确认后,点击最下方的"提交"。

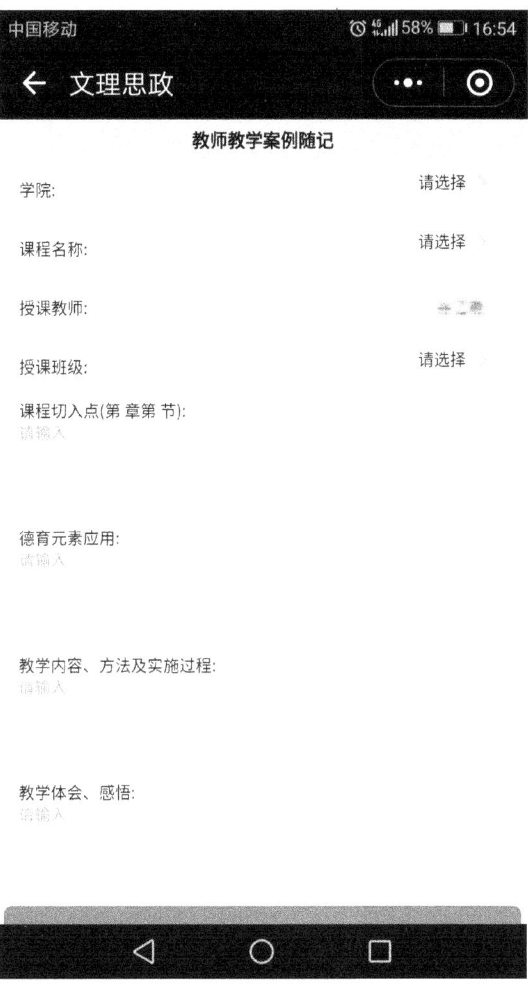

关于开展“课程思政”2018年度学生课堂随感征集活动的通知

绍学院党宣〔2018〕5号、绍学院学〔2018〕34号、绍学院团〔2018〕14号

各二级学院分党委、党总支：

为深入贯彻习近平总书记在全国高校思政工作会议上的讲话精神，实现课程思政育人导向，强化课程思政育人效果，根据《关于加强和改进新形势下思想政治工作的实施意见》(绍学院党委〔2017〕18号)、《关于实施“课程思政”行动计划的通知》(绍学院党宣〔2017〕1号、绍学院教〔2017〕45号)精神，全面落实“课程思政”工作要求，现将组织开展“课程思政”2018年度学生课堂随感征集活动相关工作通知如下。

一、参加对象

全体在校大学生。

二、活动时间及步骤

活动时间：2018年5月—2019年1月。

具体步骤：

1. 2018年5月：宣传阶段，完成全体在校学生100%注册工作。

2. 2018年5—7月：推进阶段，各二级学院认真组织学生参与活动，并进行初步总结，为下一阶段工作开展进行深入设计。

3. 2018年9—12月：深化落实阶段，进一步开展落实工作，根据活动实施情况进行各类评选申报工作。

4. 2019年1月：总结表彰阶段，对活动中表现突出的二级学院及学生进行表彰。

三、活动内容

1. 提升听课效果

广大学生认真听取老师在课堂上讲授的专业知识与课程思政的内容，做到学有所思、学有所悟。

2. 撰写课堂随感

为进一步提升课程育人的实效，结合专业课程特点，通过学校官方微信网络平台，全体在校大学生针对在课堂上的感悟和体会及时归纳总结，认真填写课堂随感（具体操作指南详见附件），尽量做到及时填写记录，原则上每位学生每周至少完成1篇课堂随感记录。

3. 组织开展先进评选与表彰

学校定期评选优秀案例若干，在官微、校报等媒体进行刊登宣传；评选二级学院优秀组织工作奖若干，进行统一表彰。

四、工作要求

1. 高度重视

各二级学院党组织要高度重视，把此次活动作为加强和改进新形势下大学生思想政治工作的重要抓手，切实加强组织领导，积极引导广大教师将隐性的"德育"内容显性化，准确把握要求，找准结合点，履行好思政知识传播的职责；充分发挥学生党员、团学干部在活动中的先锋模范作用，多措并举，精心组织，统筹安排，确保工作扎实有效。

2. 做好宣传动员

各二级学院通过召开专题班会、团日活动、新媒体推送等形式进行广泛动员，充分激发大学生参与"课程思政"学生课堂随感的积极性与主动性，并组织引导学生通过绍兴文理学院官微——课程思政认真参与此项活动。

3. 加强总结考核

活动正式启动后，学校将定期公布各二级学院的参与人数、参与率，定期评选优秀案例，根据学生注册率、活动参与率、"优秀案例"获奖率（具体权重分别占20％、40％、40％）评选二级学院优秀组织奖，把本次活动的整体情况纳入二级学院学生工作考核。

附件："课程思政"学生课堂随感操作指南

绍兴文理学院党委宣传部
绍兴文理学院党委学工部
共青团绍兴文理学院委员会
2018年5月15日

附件:

“课程思政”学生课堂随感操作指南

1. 关注“绍兴文理学院”微信公众号,打开微信扫描二维码,或搜索公众号“绍兴文理学院”;

2. 打开“绍兴文理学院”微信公众号主界面,点击右下角的“课程思政”栏目;

绍兴文理学院

《光明日报》报道我校聚焦立德树人推进“课程思政”等工作

2019年12月7日 晚上19:02

我校接受本科教学工作审核评估整改回访

2019年12月8日 晚上19:01

走进文理　课程思政

3. 输入账号、密码（账号、密码均为学号），点击“确定”，登录小程序；

4. 登录成功后，点击“学生随感”，并添加“学生课堂学习随感”；

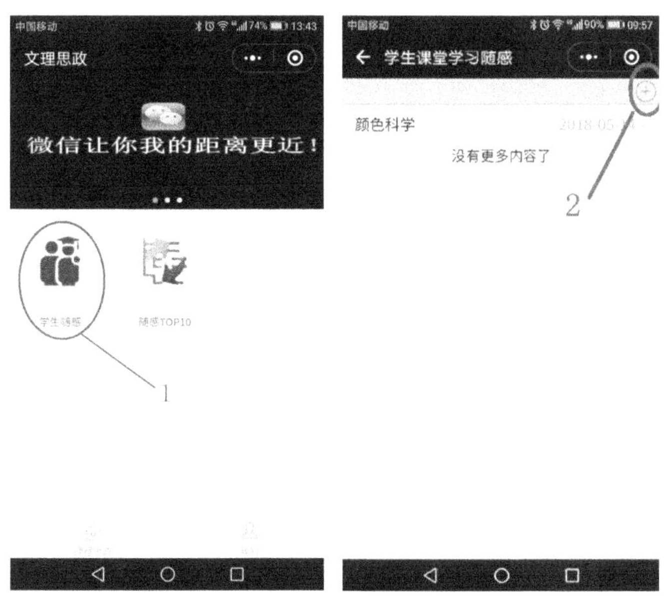

5.选择授课时间、授课教师、课程名称，填写课程育人切入点(课程内容)、一句良言、老师讲的道理、我的感悟。确认后，点击最下方的“提交”。

中共绍兴市委教育工作委员会关于印发《进一步推进“课程思政”工作的实施意见》的通知

绍教工委〔2018〕60号

各在绍高校：

为全面贯彻落实全国教育大会和全国、全省高校思想政治工作会议精神，进一步深入实施中共绍兴市委、市人民政府《关于加强和改进新形势下绍兴高校思想政治工作的实施意见》（绍市委发〔2017〕65号），进一步提升在绍高校思政德育工作水平，现将《进一步推进“课程思政”工作的实施意见》予以印发，请认真组织实施。

中共绍兴市委教育工作委员会

2018年12月20日

进一步推进“课程思政”工作的实施意见

为全面贯彻落实全国教育大会和全国、全省高校思想政治工作会议精神，进一步深入实施中共绍兴市委、市人民政府《关于加强和改进新形势下绍兴高校思想政治工作的实施意见》（绍市委发〔2017〕65号），进一步提升在绍高校思政德育工作水平，现就深化“课程思政”教育教学改革工作提出如下实施意见。

一、指导思想

高举中国特色社会主义旗帜，以党的十九大精神为指引，坚持社会主义办学方向，落实立德树人根本任务，充分发挥思想政治理论课主渠道作用，深入挖掘通识课程、专业课程及各教学环节育人功能，形成各类各门课程协同育人格局，把思想政治工作贯穿教育教学全过程，坚持全员育人、全过程育人、全方位育人，实现知识传授、能力培养与价值引领的有机统一，着力培养德智体美劳全面发展的社会主义建设者和接班人。

二、基本原则

1.坚持社会主义办学方向,坚守立德树人教育使命

坚持党管高等教育不动摇,确保办学方向不发生偏移。深入学习习近平总书记系列重要讲话精神,全面推进中国特色社会主义理论体系进教材、进课堂、进头脑。引导师生深刻领会党中央治国理政新理念新思想新战略,坚定中国特色社会主义道路自信、理论自信、制度自信、文化自信。坚持不懈培育和弘扬社会主义核心价值观,深刻认识和把握立德树人根本使命,按照"四个服务"的培养要求,使高校真正成为锻造优秀青年的大熔炉。

2.遵循高等教育发展规律,深化教学改革推进协同育人

结合学校办学特点及人才培养目标,正确处理"课程思政"与学科专业的关系,优化课程设置,创新教学模式,凝练教学内容,完善教学设计,加强教学管理,提升思政课程主渠道作用,梳理专业课程所蕴含的思想政治教育元素和所承载的思想政治教育功能,融入课堂教学各环节,实现思想政治教育与知识体系教育的有机统一。

三、工作目标

进一步明确广大高校教师的育人职责,争做"四有好老师"、当好"四个引路人"。进一步明确每一门课程的德育功能,深化课堂教学改革,形成一套行之有效的"课程思政"教学评价体系。全面统筹办学治校各领域、教育教学各环节、人才培养各方面的育人资源和育人力量,探索行之有效的方法载体,形成在绍高校思想政治工作新格局,进一步落实高校立德树人根本使命。

四、强化思想理论教育和价值引领,牢固构筑师生精神支柱

1.深入开展习近平新时代中国特色社会主义思想学习教育

引导师生深入学习党的十九大精神和习近平新时代中国特色社会主义思想,正确认识世界和中国发展大势,正确认识中国特色和国际比较,正确认识时代责任和历史使命,正确认识远大抱负和脚踏实地。

2.深入培育和践行社会主义核心价值观

把培育和践行社会主义核心价值观融入教书育人全过程,拓展载体,丰富形式,为立德树人提供内驱动力、载体平台和有效途径。

3.大力弘扬社会主义先进文化、中华优秀传统文化和革命文化

深化国史、党史、改革开放史、社会主义发展史及浙江改革发展实践教育，充分利用绍兴本土文化资源，加强中华优秀传统文化教育。

五、把握工作重点，提高"课程思政"工作水平

1.广泛开展学习研讨

组织开展"课程门门有德育，教师人人讲育人"学习讨论活动，加深对"课程思政"内涵、目标及原则等的理解，鼓励广大教师积极开展课程思政理论研讨，撰写有分量的研究报告和理论研究文章，把研究成果融入教学实践。

2.切实提升思政理论课质量

加大马克思主义理论学科建设力度，制定思想政治理论课教师培养培训规划，加强思想政治教育前沿性、规律性研究，积极实施"互联网＋教育"背景下思想政治理论课教学模式改革，打造一批思政理论精品课程。探索绍兴高校思想政治课共建共用机制，建立思政课教学资源库，推进优质教学资源共享。

3.着力培育示范课程

在公共课、专业课、选修课中遴选并培育一批思政功能明显的示范课程，并根据各校实际，酌情对示范课程给予一定的经费支持。建立教师教学随记案例库和学生课堂学习随感案例库，鼓励相互学习、相互启发，提升"课程思政"整体工作水平。

4.积极探索评价体系

完善课程设置管理制度，健全课堂教学管理办法，建立课程标准审核和教案评价制度，落实校领导和教学督导听课制度，使思政德育元素成为"学评教"中的重要内容，探索建立"课程思政"教学效果评价体系。

5.扎实推进实践育人工程

整合思政课实践教学、大学生社会实践和专业课实习实训等实践教学环节，形成统一规划、分层实施、分类管理的实践教育体系。鼓励各高校借鉴绍兴文理学院"时政进校园"活动的有关做法，持续加大文化校园建设。

六、强化工作保障，建立健全长效机制

1.加强组织领导

各高校要切实加强"课程思政"工作的组织领导，成立推动"课程思政"工作领导小组，加强对学校"课程思政"工作的顶层设计和总体部署。领导小组下设办公

室,指导相关工作开展,确保工作扎实有效。

2.加强宣传总结

充分利用校园宣传阵地,大力营造“课程门门有德育,教师人人讲育人”的浓厚氛围,及时总结学校“课程思政”工作中的好做法、好经验,推动提升全市高校“课程思政”工作的总体水平。

3.凝聚思政合力

强化“立体化”“大思想政治”的工作理念,建立健全高校思想政治工作的协同育人机制。学校各职能部门要形成工作合力,推动“课程思政”目标落小、落细、落实。

绍兴文理学院关于
进一步加强“课程思政”工作的实施意见

绍学院党委〔2019〕36号

为全面贯彻落实全国教育大会和全国、全省高校思想政治工作会议精神，根据《中共中央国务院关于加强和改进新形势下高校思想政治工作的意见》、《高校思想政治工作质量提升工程实施纲要》（教党〔2017〕62号）、《浙江省高校思想政治工作质量提升工程建设标准和管理办法》（浙教工委〔2018〕29号）等文件精神，结合学校实际，制定本实施意见。

一、目标原则

第一条　指导思想。坚持以习近平新时代中国特色社会主义思想为指导，以立德树人为根本，以理想信念教育为核心，以社会主义核心价值观为引领，以全面提高人才培养能力为关键，把思想政治工作贯穿教育教学全过程，形成全员、全过程、全方位育人格局。按照知识传授、能力培养与价值引领有机结合的总体要求，强化课程育人导向，深化“课程思政”教学改革，发挥各门课程的思想政治教育功能，着力培养德智体美劳全面发展的社会主义事业建设者和接班人，不断开创新时代学校思想政治工作新局面。

第二条　总体目标。围绕社会主义核心价值观，构建“课程思政”育人体系，明确每一门课程的思想政治教育功能，落实每一位教师的育人职责，达到每一门专业课程的“课程思政”育人效果，打造专业教育与思想政治教育的协同效应，使得专业课程与思想政治理论课程形成同向同行的育人格局，形成“课程门门有思政，教师人人讲育人”工作格局，实现“课程思政”全覆盖。

第三条　基本原则。坚持育人导向，突出价值引领。全面统筹办学治校各领域、教育教学各环节、人才培养各方面的育人资源和育人力量，推动“课程思政”的科学化、规范化与体系化建设，实现思想政治教育与专业教育的协同推进，知识传授、能力培养与价值引领的有机统一。坚持遵循规律，勇于改革创新。遵循思想政治工作规律、教书育人规律和学生成长规律，坚持以师生为中心，把握师生思想特点和发展需求，明确课程育人目标、优化课程设置、健全评价体系，激活课程育人的内生动力。坚持问题导向,注重精准施策。聚焦重点任务、重点群体、重点领域、薄弱环节,强化优势、补齐短板,加强分类指导、点面结合,着力提升“课程思政”育人成效,不断提高学生的培养质量和师生的文明素养。坚持协同联动,强化责任落实。加强党对高校思想政治工作的领导,落实主体责任,建立党委统一领导、部门分工负责、全员协同参与的责任体系。加强督导考核,坚持协同联动。

二、主要内容

第四条　发挥教师主体作用。教师是实施“课程思政”的主体。教师要以“四有好老师”“四个引路人”“四个相统一”为要求,自觉践行社会主义核心价值观,学高为师,身正为范,用自身的言行和高尚的品德去影响和感染学生,增强教书育人的使命感和责任感。教师要把“课程思政”内涵和要求有效融入教学大纲和授课计划,根据“课程思政”要求,结合专业特点凝练思想政治教育元素,完善教学设计,撰写“课程思政”教学随记案例,在教材选用、备课、课堂讲授、课后辅导等教学环节落实“课程思政”要求,确保课程的育人导向。要讲究教育艺术,通过潜移默化、春风化雨的方式,引导学生树立“四个正确认识”,坚定“四个自信”。

第五条　加强课堂教学管理。课堂是开展“课程思政”的主要阵地。要完善课程设置管理、课程标准和教案评价制度,充分挖掘和运用各门课程蕴含的思想政治教育元素,作为教材讲义必要章节、课堂讲授重要内容和学生考核关键知识。要加强教风学风建设、课堂考勤和课堂纪律教育,建立常态化的线上答疑与互动交流机制,给予学生答疑解惑和思想引领。在科技竞赛、社会实践等课外育人工作中给予有效的服务指导,在解决学生实际问题的同时解决学生思想问题。课程考核评价应将“课程思政”教学目标的达成和效果作为主要内容。立项建设一批“课程思政”重点示范课程,开展“课程思政”说课比赛,评选专业课程育人的特色示范课程,为教师开展“课程思政”提供学习借鉴模板。

第六条　加强教学团队建设。课程教学团队建设是落实“课程思政”工作的重要保障。要充分认识课程教学团队建设的重要性,选拔德才兼备的教师担任团队负责人,组建“课程思政”教师与思想政治理论课教师共建的教学团队,由思想政治理论课教师作为课程共建人,为“课程思政”提供理论指导。落实“课程思政”教研活动的要求,通过集体备课、团队研课、相互听课等教研方式改进教学方法,提升教师“课程思政”能力。加强“课程思政”教学督导,落实校、院两级教学督导和领导干部听课制度,检查评估“课程思政”开展及落实情况。

第七条　加强课程教材管理。教材等教学资源是“课程思政”建设的重要载体。要加强教材使用和课堂教学管理,建立哲学社会科学专业核心课程教材目录,选用紧扣时代发展、体现社会主义核心价值观的优秀教材，将“马工程”重点教材作为指定教材统一征订使用。成立学校教材审核工作领导小组，负责全校教材选用和审查工作，对教材选用、采购实行严格的审查和备案制度。

第八条　加强工作平台建设。依托部分学院建设一批理论和实践研究中心，推动开展“课程思政”工作理论创新和实践探索。建立“课程思政”专题网站，开发设计“课程思政”微信小程序，丰富“课程思政”教师教学随记和学生课堂学习随感案例库。推动“社会主义核心价值观”进教室、进课堂电脑屏幕，进一步引入了社会力量参与思想政治理论课改革，完善“时政进校园”“时政大课堂”活动，为“课程思政”建设搭建平台和载体。推动“课程思政”向“第二课堂”“第三课堂”延伸，发挥育人效应，提高育人成效。

第九条　完善考核评价体系。建立科学评价体系，定期对“课程思政”工作实施情况进行考核评价，使各门课程思想政治教育功能融入全流程、全要素可查可督。把教师开展“课程思政”教学改革及其实际成效作为教师教学评价、职务(职称)评聘、岗位聘用、考核奖励的重要依据。建立“课程思政”教学效果评价体系，在人才培养计划中体现素质要求，在《听课笔记》中体现“课程思政”的内容，在“学评教”体系中体现思想政治教育元素。强化学校“课程思政”工作督导考核，把“课程思政”工作纳入各级党组织党建与思想政治工作考核的重要内容。

三、实施保障

第十条　加强组织领导。成立由校党委书记任组长、党委分管副书记和分管教学工作副校长任副组长、相关部门负责人为成员的“课程思政”工作领导小组。加强党委宣传部、教务处、党委学工部、党委研工部、党委教师工作部、校团委等相关部门和各二级学院的工作联动，明确职责，协同推进。各二级学院承担本学院“课程思政”主体责任，要完善工作机制，优化评价激励，强化实施保障，党政共同推进本学院“课程思政”工作，不断探索具有本学院学科专业特点的“课程思政”工作体系。

第十一条　加强示范引领。发挥思想政治理论课“主渠道”作用，建设一批学生真心喜爱、终身受益、毕生难忘的思想政治理论课。开发一批具有我校特点的“课程思政”特色示范课程。培育一批既与地方历史文化相结合，又充满思想政治教育元素、发挥思想政治教育功能的通识课程。培养一批具有亲和力和影响力的“课程思政”教学团队和教学名师。建设一套科学有效的“课程思政”教育教学质量考核评价体系，形成“课程思政”教育教学改革典型经验和特色做法。充分发挥“课程思政”教育教学改革中涌现出来的先进典型的示范引领作用，激发广大教师的认同感和积极性，营造浓厚的“课程思政”工作氛围。

第十二条　提供条件保障。设立学校“课程思政”工作专项经费,保证“课程思政”各项目顺利实施。定期对教师进行“课程思政”理论培训,打造一支高素质的“课程思政”教师队伍。对开展“课程思政”工作表现突出的单位和个人,学校予以表彰和奖励。

本办法自发布之日起执行,由党委宣传部、教务处负责解释。

中共绍兴文理学院委员会　绍兴文理学院

2019 年 11 月 22 日

关于举办“课程思政”说课比赛的通知

各二级学院分党委、党总支：

为进一步强化课程育人导向，全面落实“课程思政”工作要求，根据《关于加强和改进新形势下思想政治工作的实施意见》(绍学院党委〔2017〕18号)要求，经研究，决定举办“课程思政”说课比赛。现将有关事项通知如下。

一、参赛人员

参赛人员为在编在岗专任教师(包括公共课教师)。近年来获得“师德标兵”“师德先进个人”“教学名师”“教坛新秀”等各类荣誉称号的教师要率先参与，做出示范。

二、比赛形式

比赛分初赛和决赛。初赛由各二级学院自行组织，决赛由学校统一组织，采取现场说课的形式，由参赛教师对选取课程某一典型思政案例进行说课教学展示(限时20分钟)。

教学设计和现场说课，要突出显示各专业课程所蕴含的思想政治教育元素和所承载的思想政治教育功能，以专业技能知识为载体加强大学生思想政治教育，将思想政治教育融入课堂教学各环节，实现思想政治教育与知识体系教育的有机统一。

三、比赛流程

1.各二级学院推荐1～2名教师参加学校决赛，于11月29日前将比赛推荐表(附件1)、教学设计表的纸质和电子稿集中送交党委宣传部。

2.决赛由党委宣传部、教务处、马克思主义学院共同组织专家评委根据教学设计表和说课评分标准(附件2)进行现场独立打分。决赛时间另行通知。

3. 本次比赛设一等奖 2 名，二等奖 4 名，三等奖 6 名，优秀奖若干名。获奖情况将纳入各分党委、党总支党建与思想政治工作考核。

附件 1:“课程思政”说课比赛推荐表(略)
附件 2:“课程思政”说课比赛参考评分标准(略)

绍兴文理学院党委宣传部
绍兴文理学院教务处
2019 年 11 月 13 日

关于公布绍兴文理学院 2019 年“课程思政”说课比赛获奖名单的通知

绍学院党宣〔2019〕2 号、绍学院教〔2019〕49 号

各二级学院：

经各二级学院推荐、学校组织专家评审，绍兴文理学院 2019 年“课程思政”说课比赛已圆满结束，现将获奖教师名单公布如下。

一等奖(2 人)：

魏雪蕊(数理信息学院)、余凯丽(元培学院)

二等奖(4 人)：

赵伟英(医学院)、徐肖东(商学院)、赵伟强(机械与电气工程学院)、程隽(商学院)

三等奖(6 人)：

吴小林(外国语学院)、缪宏超(纺织服装学院)、张华芳(医学院)、高越青(土木工程学院)、陈利(元培学院)、王玉洁(人文学院)

优胜奖(12 人)：

张权(马克思主义学院)、吴春雷(化学化工学院)、宋源(土木工程学院)、欧阳云梓(马克思主义学院)、章杰瑛(上虞分院)、彭祺(生命科学学院)、冯晟(机械与电气工程学院)、张希平(兰亭书法艺术学院)、黄晖(数理信息学院)、宋凯琳(艺术学院)、刘艳春(纺织服装学院)、刘小明(教师教育学院)

希望获奖教师再接再厉，遵循思想政治工作规律、教书育人规律和学生成长规律，带头做好“课程思政”建设工作，发挥好示范引领作用，将思政元素融入专业课教学，使各类课程与思想政治理论课程同向同行。

中共绍兴文理学院委员会宣传部

绍兴文理学院教务处

2019 年 12 月 20 日

绍兴文理学院关于开展第二批“课程思政”示范课程建设项目申报工作的通知

绍学院办发〔2020〕3号

各二级学院：

为深入贯彻落实党的十九大精神和全国、全省高校思想政治工作会议精神及《关于加强和改进新形势下思想政治工作的实施意见》(绍学院党委〔2017〕18号)，根据《关于实施“课程思政”行动计划的通知》(绍学院党宣〔2017〕1号、绍学院教〔2017〕45号)的要求，强化课程育人导向，全面落实“课程思政”工作要求，决定开展第二批“课程思政”示范课程建设项目申报工作。现将有关事项通知如下。

一、指导思想

坚持以立德树人为根本，以社会主义核心价值观教育为主线，以构建全员、全过程、全方位育人的思政工作格局为目标导向，深入挖掘提炼各类课程所蕴含的思政要素和德育功能，强化“课程思政”的科学化、规范化与体系化，实现思政教育与专业教育的协同效应，知识传授、能力培养与价值引领的有机统一，提高课堂教学质量，提升育人成效。

二、申报对象

1.申报课程须是2018—2019学年第二学期开课的32学时以上(含)的非思政类课程。

2.课程负责人须具有丰富的教学经验和较高的学术造诣，近两年教学业绩考核为B及以上。

3.课程负责人近三年来没有被中止的教学建设项目，两年内没有退休等可预见的人事安排。

4.课程建设团队结构合理、人员稳定、素质优良，能确保投入足够时间和精力。

三、课程建设要求

1.紧扣“立德树人”，落实思想政治工作贯穿教育教学全过程的要求，实现全员育人、全过程育人、全方位育人。

2.强化课程育人功能，优化课程教学目标定位；挖掘提炼课程的思政要素，完善课程教学内容；选择多种教学方法和手段，提高课程育人的针对性和有效性。

3.设计“课程思政”教学设计表，至少撰写10条“教学案例随记”，及时将课程育人中形成的教学感悟和体会归纳总结，丰富课程思政教学资源，形成“课程思政”教学案例库，作为其他授课教师的学习交流材料。

四、建设期限

项目建设期为2年。项目验收时须至少经过2个学期的课程教学实践；通过验收后，应开展不少于2年的课程教学实践，扩大改革试点课程的受益面和示范性。

五、申报程序及资助

1.教师自愿申报，填写《绍兴文理学院“课程思政”示范课程建设项目申报表》(附件1)，报送至各二级学院。

2.二级学院对申报课程组织论证并经学院教学委员会审定、推荐后报教务处或研究生处。推荐项目分A类和B类，其中A类项目原则上每学院不超过2门。

3.校党委宣传部、教务处、研究生处联合组织专家对A类项目进行评审，A类项目立项确定10门左右，每个项目给予4000元资助经费(上虞分院经费自筹)。未被立项的A类项目自动纳入B类项目，B类项目由所在学院资助。

六、材料报送时间

各二级学院于11月29日前完成申报课程的推荐工作，将《绍兴文理学院“课程思政”示范课程建设项目申报表》《绍兴文理学院“课程思政”示范课程建设项目汇总表》上报至教务处(本专科生课程)或研究生处(研究生课程)。

附件：1.绍兴文理学院“课程思政”示范课程建设项目申报表(略)

2.绍兴文理学院“课程思政”示范课程建设项目汇总表(略)

中共绍兴文理学院委员会宣传部

绍兴文理学院教务处

绍兴文理学院研究生处

2019年11月13日

绍兴文理学院关于公布第二批“课程思政”示范课程建设项目的通知

绍学院办发〔2020〕3号

各学院、部(处):

经个人申报、学院推荐、专家组评选、报学校批准,确定“高级听力策略2”等11门课程为第二批“课程思政”示范课程建设A类项目,“现代汉语1”等15门课程为B类项目。现予以公布(具体名单详见附件)。

项目建设期为2年。A类项目由学校给予4000元/门的资助经费并接受学校验收;B类项目由所在学院资助并接受学院验收。请各项目组抓紧做好项目建设工作。

附件:第二批“课程思政”示范课程建设项目汇总表

绍兴文理学院办公室

2020年1月24日

附件：

第二批“课程思政”示范课程建设项目汇总表

序号	课程名称	课程性质	课程负责人	所在学院	立项类别
1	高级听力策略 2	专业平台课程	谢小伟	外国语学院	A 类
2	中国古代文学 3	专业平台课程	邢蕊杰	人文学院	A 类
3	电路原理	专业平台课程	李伟波	机械与电气工程学院	A 类
4	药事管理学	专业平台课程	吴春雷	化学化工学院	A 类
5	特殊实验手段及应用	专业基础课程（研究生课程）	许映杰	化学化工学院	A 类
6	动物学实验	专业平台课程	沈文英	生命科学学院	A 类
7	健康教育学	专业平台课程	赵伟英	医学院	A 类
8	西方哲学史	专业平台课程	王明亮	马克思主义学院	A 类
9	电磁场与微波技术	专业方向模块课程	卢新祥	数理信息学院	A 类
10	纺织物理	专业学位课（研究生课程）	李曼丽	纺织服装学院	A 类
11	财务会计	专业平台课程	徐群飞	上虞分院	A 类
12	现代汉语 1	专业平台课程	胡彩敏	人文学院	B 类
13	中国画欣赏	全校选修课程	王　月	艺术学院	B 类
14	基础护理学 1	专业平台课程	潘一楠	医学院	B 类
15	人类生命密码的解码和应用	全校选修课	金　欣	医学院	B 类
16	疾病与营养	全校选修课	谢小燕	医学院	B 类
17	马克思主义伦理学	专业平台课程	肖会舜	马克思主义学院	B 类
18	笔译	专业平台课	金　俊	外国语学院	B 类
19	大学日语	公共必修课	吴香淑	外国语学院	B 类
20	印染质量控制与管理	专业平台课	王维明	纺织服装学院	B 类
21	织物后加工（双语）	专业平台课	金恩琪	纺织服装学院	B 类

续表

序号	课程名称	课程性质	课程负责人	所在学院	立项类别
22	新型染整技术	专业学位课（研究生课程）	白　刚	纺织服装学院	B类
23	高等数学H	公共平台课	魏雪蕊	数理信息学院	B类
24	酒店市场营销	专业平台课程	林小燕	上虞分院	B类
25	跨境电子商务	专业平台课程	李勇燕	上虞分院	B类
26	学前儿童发展心理学	专业平台课程	马　静	上虞分院	B类

关于开展“课程思政”新冠疫情防控专题教学工作的通知

绍学院党宣〔2020〕2号、绍学院教〔2020〕2号

各二级学院：

为进一步落实“停课不停教”“停课不停学”和“停课不停育”、加强新冠疫情防控期间“课程思政”工作，学校决定开展“课程思政”新冠疫情防控专题教学工作，现将相关事项通知如下。

一、工作目标

充分利用新冠疫情防控中涌现出来的优秀事迹、先进典型、感人故事等典型案例，聚焦社会主义核心价值观，凝练思政元素，紧密结合专业学科特点，在传授教学内容和学科知识的基础上，将习近平新时代中国特色社会主义思想、中国特色社会主义制度优势和本次抗疫所体现出来的“一方有难、八方支援”的家国情怀、人道主义精神、团结精神、奉献精神、科学精神等要素有机融入各门课程之中，提升“课程思政”的实效。

二、工作内容

结合专业学科特点，以教学设计示范方案和新冠疫情防控参考资料为基础，引导教师认真填写《“课程思政”新冠疫情防控专题教学设计方案》。根据学校的整体部署，切实抓好“课程思政”专题教学工作的组织与实施，通过专题研讨、翻转课堂、撰写教学随记和课堂随感等形式，进一步体现教学效果，力求取得实效。

三、工作要求

1.加强组织领导

各二级学院要高度重视，精心组织，统筹安排，做到“停课不停育”，确保“课程思政”工作扎实有效推进。要围绕二级学院的实际和专业学科的特点，形成有专业特点的“课程思政”主题和育人主线。

2.鼓励创新探索

各二级学院动员专业教师结合专业学科特点，把新冠疫情防控中的典型事例作为课程思政的重要内容，切实承担起“课程思政”的主体责任。教师可以根据下发的新冠疫情防控参考资料撰写教学设计方案，也可通过其他途径收集案例材料，积极探索推进的方式和举措。

3.加强总结考核

要进一步落小、落细、落实，力求“课程思政”新冠疫情防控专题教学工作取得实效。二级学院开展“课程思政”新冠疫情防控专题教学设计方案工作的开展情况将作为年度思政工作考核和教学工作考核的重要内容。各二级学院于3月9日前汇总好，发送至党委宣传部邮箱。

附件1:绍兴文理学院“课程思政”新冠疫情防控专题教学设计示范方案(略)
附件2:绍兴文理学院“课程思政”新冠疫情防控专题教学设计方案(略)

中共绍兴文理学院委员会宣传部
绍兴文理学院教务处
2020年2月26日

关于进一步做好疫情防控期间网络教学工作的通知

各二级学院：

为贯彻落实习近平总书记关于“打赢疫情防控阻击战”的重要指示精神，保障师生健康与安全，按照“停课不停学，停课不停教”要求，自学校决定于2月24日起开展网络教学至今近四周时间。在学校领导高度重视、各二级学院周密安排、有关部门全力协助下，学校网络教学有序进行，教学质量能够得到较好保障。尤其是广大教师勇于担当，克服“备课资料不充分，网络教学能力不充分、网络平台不稳定、学生自主学习能力不强”等种种问题，多个线上平台齐上阵，各用其长；录播、直播，两手准备；讲课、研讨、答疑、作业，多管齐下，老师们做足了预案，争做疫情战“疫”下学校网络教学“好老师”。但课堂教学简单搬家、在线教学优势发挥不充分、“学生中心”落实不完全、学生线上学习质量监控不到位等问题，仍然一定程度存在。为及早做好与学生返校上课的教学衔接工作，进一步提升下一阶段疫情防控期间学校网络教学质量，并巩固这次大规模线上教学实效，特制订本通知。

一、指导思想

以“学生中心、产出导向、持续改进”为指导，在清晰认识线上与线下教学特点的基础上，通过转变教学理念、完善教学方案设计、丰富线上教学资源、改进教学方式、优化教学评价办法等措施，不断提升“停课不停教、停课不停学”期间的教学质量。同时，利用本次大规模网络授课的开展机会，积极探索、总结、固化网络授课成果，推动现代信息技术与教学的深度融合，促进学校“互联网＋教学”背景下“高阶性、创新性、挑战度”一流课程建设，提高课程教学质量，提升人才培养能力。

二、指导意见

1.正确把握课程“在线教学”的历史方位

随着5G、人工智能、大数据时代的到来，高校课堂也面临着新的发展要求。以现代信息技术与教育教学深度融合的“国家精品在线开放课程”建设为标志的“中国慕课”建设与应用，为破解校际教学质量差距大、区域之间发展不平衡等问题提供了有效方案，推进了教育公平，促进了教育质量提升，已经成为新时代加速高等教育教学改革的重要引擎，是实现中国高等教育"变轨超车"的关键措施。2019 年 4 月 9 日，教育部吴岩司长在"中国慕课大会"上发出《中国慕课行动宣言》，总结中国慕课建设的重要经验为"质量为王、公平为要、学生中心、教师主体、开放共享、合作共赢"，并提出慕课发展的中国经验、中国标准、中国模式可以提供给世界各国借鉴和分享。为此，教育部在前期"国家精品在线开放课程、示范性虚拟仿真实验教学项目"认定的基础上，于 2019 年启动了一流课程"双万计划"——有"高阶性、创新性、挑战度"的"线上、线下、线上线下混合式、虚拟仿真和社会实践"一流课程。

2. 正确把握"在线教学"的实质内涵

深化高校课程教学改革的关键是改革以知识传授为主的传统教学模式，有效支持并引导好大学生自主性学习、能动性学习和发展性学习，培养新时代德智体美劳全面发展的社会主义建设者和接班人。在线课程教学注重以学生为中心建立教与学新型关系，注重学生批判性思维、合作能力、复杂问题解决能力的培育，并非是课堂教学的简单搬家，也不等于 BBS，不等于网络放大版的广播式教学，它重在构建体现信息技术与教育教学深度融合的课程结构和教学组织模式。通过课程平台，教师按照学校的教学计划和要求为学习者提供在线测验、作业、考试、答疑、讨论等教学活动，及时开展在线指导与测评，按时评定成绩。学习者在线学习响应度高，师生互动充分，能有效促进师生之间、学生之间的资源共享、互动交流和自主式与协作式学习。在线教学的实质内涵绝非微教学视频拍摄制作以及相应的碎片化教学，而是基于现代信息技术实现高等教育教学理念、教学方法、教学技术、教学方式、教学模式变革，是实现"学生中心、产出导向、持续改进"的有效载体，是让"学生忙起来、教师强起来、管理严起来、效果实起来"的有效手段，是实现"高阶性、创新性、挑战度"金课目标的有效路径。

3. 正确把握优质课程"在线教学"的建设重点

加强现代信息技术与教育教学的深度融合，利用现代信息技术建设优质课程，是学校既定的教学改革方向。以国家级、省级一流课程认定为契机，大力推动具有"高阶性、创新性、挑战度"的金课建设，进一步加强课堂教学模式创新，提高课堂教学质量，提升人才培养能力，是学校坚定不移的目标。线上一流课程，即国家精品在线开放课程，突出优质、开放、共享，旨在打造中国慕课品牌，投入大，要求高，除特殊通识课程外，一般非地方普通高校建设的重点。线上线下混合式一流课程，既是国家级、省级一流课程的认定重点，也是学校在线优质课程的建设重点，它依托"国家精品在线开放课程"优质资源，基于慕课、专属在线课程(SPOC)或其他在线课程，运用适当的数字化教学工具，结合本校实际对校内课程进行改造，安排 20%～50%的教学时间实施学生线上自主学习，与线下面授有机结合，开展翻转课堂、混合式教学，打造在线课程与本校课堂教学相融合的混合式“金课”。而线下一流课程，尽管是以面授为主的课程，但如果不是以在线课程建设为基础，“提升学生综合能力为重点，重塑课程内容，创新教学方法，打破课堂沉默状态，焕发课堂生机活力”让“学生忙起来、管理严起来”，要达到具有“高阶性、创新性、挑战度”的金课标准的目标是很难实现的。

三、工作要求

要求各学院近期对前期网络教学的实施情况进行一次全面的梳理总结，把下一阶段网络教学工作重心，转到“在线优质课程建设、提高在线课程教学质量”，为一流课程建设培育、与返校开学课堂教学的有效衔接，打下扎实的基础。

1.引导教师进一步理解教学理念

教师应进一步理解与实践“学生中心、产出导向、持续改进”的教育教学理念，进一步明确互联网背景下“高阶性、创新性、挑战度”课程建设要求与目标。

2.引导教师进一步优化在线课程教学方案

教师应尽可能选择操作简单、适合自己使用的网络平台或者媒体技术来为自己的在线教学服务；通过参加在线培训与基层教学组织活动，不断提高在线教学能力，及时优化线上课程教学目标以及相应的课程教学设计与网络教学方法，不断丰富课程在线平台的资源；更加积极地利用线上教学打破师生交流时间和空间的局限，通过课前、课中、课后多个时间段，加强互动、答疑、指导，主动引导学生积极参与在线学习，促进学生逐步适应和掌握在线学习模式，增强自主学习、交流互动、吸收和构建知识的能力。

3.进一步加强学生在线学习质量管理

要积极利用在线课程平台过程性评价数据管理功能，把学生在线学习状态、在线资料阅读、在线互动、作业（测试）等纳入课程学习评价；把在线作业（测试）布置、批改与反馈作为课程网络教学的规定要求。要加强对在线学习困难学生的个性化指导帮扶。

4.进一步明确一流课程建设培育思路

要加强现有网络课程教学优秀案例的挖掘与宣传，营造良好的优质在线课程教学氛围。要进一步明确各学院专业一流课程建设的课程名称、类型、教学团队与建设计划。要研究一流课程建设要求，进一步加强指导与培训，明确具体建设思路，查漏补缺，突出优势。一流学科点、一流专业以及专业认证专业，要特别重视基于在线的核心课程一流课程建设的数量与质量；要积极引导、鼓励基于在线的通识课程一流课程建设。

5.进一步推进"课程思政"工作

因疫情防控开展的网络教学,属于学校正常的教学活动,要继续落实学校"课程思政"教学要求,实现"课程思政"与思政课程同向同行,实现课程"素质"教学目标。在新冠疫情防控战疫中彰显的"中国精神",为专业课程教学的"课程思政"提供了鲜活的元素,各任课教师应根据各专业各门课程的特点,寻找新冠疫情防控"课程思政"的切入点,通过适合的教学设计积极实践"课程思政"。

绍兴文理学院教务处

2020年3月19日

三、经典案例

“课程思政”教学设计表(选编)

为帮助专业课程教师找准课程与思政的结合点，明确课程的思想政治教育功能，借助马克思主义学院和相关领域学者的力量，围绕“社会主义核心价值观”，深入挖掘提炼各门专业课程所蕴含的德育元素和承载的德育功能，共梳理出106条与“课程思政”相关的思政元素，精心编制成“课程思政”教学设计编制指南，将做人做事的基本道理、社会主义核心价值观的要求、实现民族复兴的理想和责任融入各类课程教学设计中。授课教师根据“课程思政”教学设计编制指南，结合专业课程特点，梳理出3～5条所授课程的思政元素，填写“课程思政”教学设计表，作为教材讲义的必要章节、课堂讲授的重要内容和学生考核的关键知识。

“课程思政”教学设计表(C 语言)

<table>
<tr><td>学　　院</td><td>机械与电气
工程学院</td><td>学　　科</td><td>控制科学与工程</td><td>课程名称</td><td>C 语言</td></tr>
<tr><td>授课教师</td><td>沈红卫</td><td>授课班级</td><td>自动化类 17 级</td><td>学　　分</td><td>3</td></tr>
<tr><td>课程类别</td><td colspan="5">A. 公共平台课　B. 专业平台课程　C. 专业选修课　D. 全校选修课</td></tr>
<tr><td>教学目标</td><td colspan="5">目标一:专业认同
通过课程的内容组织、环节设计、案例实施,了解和认识所学专业的基本内容、学习方向和就业领域,对专业认识逐渐清晰,不断加深学生的专业认同感。
目标二:学习意识
通过课堂示范、作业实施、项目设计,逐步转变学生的学习习惯,强化自主学习的意识,锻炼学习能力,初步建立适合自己的学习方法。</td></tr>
<tr><td>“课程思政”教育内容</td><td colspan="5">德育与思政内容一:诚实
经验和教训都表明,大学生在作业、测验、论文和考试中都普遍存在抄袭和作弊的现象,究其原因,无外乎:(一)学生放松了学习,平时不努力,所以只能抄袭应付;(二)学校和教师缺少平时的引导,抄袭和作弊之风被传递,学生心存侥幸,不把抄袭、作弊与人生品德、品性挂钩,视之为小节。
德育与思政内容二:认真
工科学生必须树立工匠精神。工匠精神的核心是认真、追求极致、一丝不苟。在大学的每一个教育环节中,都应该渗透“匠心”的育成。
德育与思政内容三:坚持
教师通过作业点评、课堂讲练、榜样示范等形式加以认真引导,让学生学会坚持,明白“百步者半九十”的人生道理。</td></tr>
<tr><td>教学方法与举措</td><td colspan="5">实施课程思政的原则:注重成效,言传身教,因势利导
注重成效——既不是为思政而思政,更不是要思政而应付。只有教师自己明白并坚定教书育人的责任和使命,视学生为己出,发自内心地想为学生做些什么,晓之以理、动之以情,才能真正产生成效。
言传身教——对学生进行思想政治教育和德育引导,不仅要看教师是怎么说的、说了什么,更要看教师自己是怎么做的、做得怎么样。教师的一言一行、一举一动、举手投足,都会对学生的学习乃至人生产生影响。
因势利导——形式上不能太生硬,内容上不能太刻板,过程上不能太随意,既有事先的精心设计,又有进程中的即兴发挥。学会善于利用时机,不愤不启,不悱不发,举一隅不以三隅反,则不复也。
具体方法与举措一:开好局,结好尾
开好局——良好的开始是成功的一半。精心设计第一堂课,给学生留下深刻的第一印象,至关重要。所以,第一课主要讨论:为什么要学这门课程,课程在专业中的地位和作用,课程学习的方法和考核的办法,如何真正学好课程(孝心、决心、恒心、诚心)。让学生们明白,想要通过该课程,不靠平时的认真和努力,指望投机取巧和临门一脚,一定走不通。</td></tr>
</table>

<table>
<tr>
<td>教学方法与举措</td>
<td>
结好尾——在课程的最后，告诉学生，C语言的学习暂时告一段落，但这只是真正学习和应用的起点，C语言将贯穿大学四年的学习和实践，更将对未来的工作和学习产生十分重要的影响。一定要善始善终，脚踏实地复习，为这一阶段的学习划一个满意的句号。
在上述这两个阶段，学习案例、实物演示、学长作品、学长典范等素材的准备和载体的挖掘尤其需要用心。
具体方法与举措二：显性插播，隐形植入
显性插播——在教学过程中，在半数以上的课堂中，结合与学科专业或课程所学计算机语言关联度较高的新闻和话题，或在开课前，或在两节课中，显性插播一些小故事，师生共同讨论感受和感悟。结合阶段性学习的内容，针对每次作业中的共性问题，分析原因，查找解决办法。
隐形植入——在课堂讨论中，或是在程序现场展示时，肯定会遇到问题，此时抓住解决问题的过程和过程中要坚持的品性，将其作为教育学生的良好契机和素材：让学生们认识到坚持、努力、认真、细致、沟通等是如此重要。
具体方法与举措三：教育监督，率先垂范
教育监督——在作业实施、项目设计、报告撰写、测验考试等环节中，蕴含着很多德育元素。在布置、实施、验收的各个阶段，都可以对学生通过正面教育与纪律约束加以引导，通过正面榜样和反面教材加以启发。
率先垂范——在直接相关的教育载体，如提前到课15分钟以上，认真设计好每堂课，每个课件、每个文档、每个通知和提醒、每个程序演示、每个项目展示；在间接相关的教育载体，如发的每条说说、每个空间日志、每条微信、每个举止（课后随手关灯、关闭多媒体设备、电风扇、门窗，或带走视野中的垃圾），都以高于要求学生做到的标准，认真加以完成和呈现。
努力不给学生说的和做的相矛盾的不良示范。有的时候，说千遍，不如亲身示范一遍。
</td>
</tr>
</table>

“课程思政”教学设计表(计算机应用技术)

<table>
<tr><td>学　　院</td><td>机械与电气
工程学院</td><td>学　　科</td><td>计算机科学技术</td><td>课程名称</td><td>计算机应用技术</td></tr>
<tr><td>授课教师</td><td>郑厚天</td><td>授课班级</td><td>创客空间学生</td><td>学　　分</td><td>2</td></tr>
<tr><td>课程类别</td><td colspan="5"><u>A.公共平台课</u>　B.专业基础课　C.专业选修课　D.全校选修课</td></tr>
<tr><td>教学目标</td><td colspan="5">1.爱国主义、科学精神、创新创业、技术为本:课程思政的首要目标是爱国主义和科学精神,因为对国家和社会的责任感和使命感是长期不惧艰难、不怕吃苦、不计名利、勇于科技创新的强大动力,而科学精神是尊道敬业、科技研究和团队合作的精神基础。
2.培养学生学习和应用科学技术的能力:通过介绍大量的企业实际项目案例和指导学生掌握相关技术和科学思想,使学生充分体会到科学技术对推动社会发展的重要性,并能够积极主动地学习相关知识,明白只有依托最先进的科学技术,才能实现服务一流、诚信一流的目标的道理。
3.强调爱国家和爱家乡的意识:在课程教学中,要让学生自觉认识到不应参与对国家、对百姓、对社会、对环境等方面不利的商业行为,要积极主动地思考,并以实际行动来爱国家、爱家乡、爱学校。使学生认识到:爱国家、爱家乡是高于任何商业活动的,追求经济利益并不是人生价值的最高体现,对国家、对家乡的贡献是人生最大的骄傲!</td></tr>
<tr><td>“课程思政”
教育内容</td><td colspan="5">1.诚信为本、服务为体:通过对国内外企业客户关系管理的案例分析,阐述相关道理,以阿里巴巴为例,其成功发展的重要原因之一就是:想客户所想,并有一支电子商务行业中最一流的服务团队。阿里云、阿里旺旺、阿里钉钉等均是阿里巴巴已推出的国内一流的客户关系管理平台。
2.相关计算机技术素质和能力的培养:结合教学内容以及实际案例,讨论计算机客户关系管理系统的设计思想、方法和技术,同时讨论在互联网+和工业4.0时代的客户关系管理的信息技术应用问题。在教学中针对不同学生的素质和能力提出学习和应用相关技术的个性化建议。
3.从应用实际出发,学用相结合:孔子云:“三人行,必有吾师。”市场拓展中的客户关系管理是实践性很强的课程,课堂的学习只占很小一部分,更多的是在实践中感悟,向行业前辈请教,本课程将提供部分案例,如2009年阿里巴巴名人堂的绍兴精英陶某,他虽然只是中专毕业,但在业务上刻苦钻研,在实践中不断与人沟通交流,最终取得了骄人的成就。</td></tr>
<tr><td>教学方法
与举措</td><td colspan="5">1.不断引入最新的教学案例:在日常实践中,与行业人士不断交流和探讨,积累丰富的实践知识和经验,并将其引入教学中。
2.不断引入学生实践平台:依托企业存在的客户关系管理应用平台,将实验室建设、校企合作和课程教学有机结合,取得良好教学效果。
3.组织学生参加课外实践:课堂的思政教育和专业教育仅以说教为主,而学生的职业精神和个人品质需要耳濡目染、潜移默化地深刻体会,所以应通过课外实践活动来培养。</td></tr>
</table>

“课程思政”教学设计表(教育统计学与SPSS实用技术)

<table>
<tr><td>学　　院</td><td>教师教育学院</td><td>学　　科</td><td>教育学</td><td>课程名称</td><td>教育统计学与SPSS实用技术</td></tr>
<tr><td>授课教师</td><td>李　黎</td><td>授课班级</td><td>学前141</td><td>学　　分</td><td>3</td></tr>
<tr><td>课程类别</td><td colspan="5">A.公共平台课　<u>B.专业基础课</u>　C.专业选修课　D.全校选修课</td></tr>
<tr><td>教学目标</td><td colspan="5">1.形成不畏艰难、勇于探索的科学信念；
2.培养唯真求实、尊重数据的科学态度；
3.训练逻辑一致、推断合理的理性思维；
4.养成平等宽容、团结协作的合作意识。</td></tr>
<tr><td>“课程思政”教育内容</td><td colspan="5">1.核心价值观——文明：科学精神、人文精神；
2.核心价值观——敬业：爱岗乐业、遵循职业道德；
3.核心价值观——诚信：守信、诚实、说老实话、做老实事；
4.核心价值观——友善：包容、协作、团结、尊重。</td></tr>
<tr><td>教学方法与举措</td><td colspan="5">1.讲授统计学基本概念、基本原理时注重逻辑，严谨推导，得出可信的结论，教师板书注意规范书写，示范唯真求实的态度。
2.在加强练习的学习中注重答案的唯一性，在本学期的学习中约定所有计算过程保留四位小数、呈现的结果保留两位小数，养成尊重数据的严谨作风。
3.分组学习，培养团结协作的意识。在描述统计、平均数推断、非参数推断三个阶段共随机分组3次，每组5人形成学习小组，共同完成课内疑难问题讨论、课外作业研讨等任务。每次课外作业的质量检查采取抽查方式，每组抽查1人，该同学的作业成绩就是本组其他4人的作业成绩，作业共3次，占总评成绩的30%。
4.在统计软件SPSS讲解阶段，教师把个人的科研实例摆进去，用实际的数据库演示操作步骤，分享学有所用、学有所长的感受，传播本学科的价值感和运用于一线科研的成就感，强化学术道德意识。
5.本课程在实验室上课，要求每次上课后由3人小组负责实验室地面、黑板、白板、讲台、电脑操作台的清洁工作，保持实验室环境整洁，为下一位使用者提供便利。养成“心中有他人”“与人方便与己方便”“尊师重教”的行为习惯和保持意识。</td></tr>
</table>

"课程思政"教学设计表(化学与生活)

<table>
<tr><td>学　　院</td><td>化学化工学院</td><td>学　　科</td><td>有机高分子</td><td>课程名称</td><td>化学与生活</td></tr>
<tr><td>授课教师</td><td>张耀红</td><td>授课班级</td><td>全校选修课</td><td>学　　分</td><td>2</td></tr>
<tr><td>课程类别</td><td colspan="5">A.公共平台课　B.专业基础课　C.专业选修课　D.全校选修课</td></tr>
<tr><td>教学目标</td><td colspan="5">1.培养学生以诚信为本的理念,严肃、严谨、认真和实事求是的科学精神;
2.培养学生形成良好的爱国爱家的思想意思,学以致用的能力,利用所学知识服务国家和社会,为创建和谐社会做贡献;
3.培养学生养成理解宽容、平等团结协作的合作意识,形成与人为善的品质,善待亲友、他人、社会、自然,为构建和谐人际关系和社会关系做贡献。</td></tr>
<tr><td>"课程思政"教育内容</td><td colspan="5">1.诚信:诚实守信、实事求是;
2.敬业:爱岗乐业、遵循职业道德;
3.友善:理解、信任、包容、尊重、团结和协作;
4.爱国:热爱国家,宣传爱国情怀,为国家建设做贡献。</td></tr>
<tr><td>教学方法与举措</td><td colspan="5">1.本课程属于科普性课程,所以将结合生活实际挖掘与生活密切相关的生活化学知识,通过知识讲授,让学生感受化学在现代生活中的重要作用和地位,拓宽学生的知识面,提高学生的科学素养,挖掘学生的个性潜能,培养学生的创新意识,培养学生对社会的责任心和使命感;
2.在教学中遵循"贴近生活"的原则开展探究活动,通过多媒体教育技术,更加通俗易懂和有说服力地传授知识,努力使课程集知识性、技术性、实用性、趣味性于一体;期望通过对生活中的化学、化学技术等内容的介绍,使学生认识到化学与生产生活的密切联系,认识到化学在解决生产生活问题中的重要作用,从而认识化学学习的重要意义,激发学生学习化学的兴趣;
3.通过对相关社会生活知识多方面的了解、多角度的考察,探究其中蕴含的化学知识,进一步增强科学健康的生活观念;在社会实践活动中,培养和发展学生运用知识解决问题的实际能力;
4.利用"课程思政"教育环节,丰富教学内容,开阔学生视野,通过分析生活中的化学相关专业的发展案例,拓宽学生的视野,使学生进一步体会到我国近年来化学相关专业取得的巨大成就,从而激发学生的学习激情和爱国热情,进一步提高学生的爱国主义情怀;
5.本课程结束后要做好黑板、讲台和电脑操作台的清洁工作,保持教室环境整洁,为下一位使用者提供便利。养成"心中有他人""与人方便与己方便""尊师重教"的行为习惯和保持意识。</td></tr>
</table>

“课程思政”教学设计表(分析化学)

学　院	化学化工学院	学　科	无机材料	课程名称	分析化学
授课教师	盛国栋	授课班级	化学类171、172	学　分	2
课程类别	A.公共平台课　**B.专业基础课**　C.专业选修课　D.全校选修课				
教学目标	1.培养学生不畏困难、勇于探索的学习态度； 2.培养学生实事求是、尊重数据的科学态度； 3.培养学生互相尊重、包容协作的团队合作意识。				
“课程思政”教育内容	1.富强:物质现代化,科学技术现代化。了解学科技术发展前沿,把握时代发展脉搏,在夯实基础的同时明确努力方向； 2.诚信:守信,诚实,说老实话,做老实事。分析化学的目的是求真,对于数据造假、抄袭等不诚信行为严惩不贷； 3.法治:责任意识,纪律意识。无规矩不成方圆,循规蹈矩,明确自身的定位,履行相应责任义务是学生应尽的职责； 4.文明:科学精神,工匠精神。探索求知,严谨认真,是一种生活工作的方法态度,也是通往成功的捷径。				
教学方法与举措	1.培养学生形成“分析”的学习生活方式,能够看清事物的本质,考虑事物的缘由和发展方向,学会思考和反思,学会有理由有目的地去做一件事； 2.培养学生形成“严谨,认真”的学习生活态度,全面考虑问题,认真分析,不仅仅是准确完成分析作业的要点,更是日后在工作生活中取得成功的态度； 3.因势利导,显性插播:在教学设计过程中,结合专业方向和课程知识点,在课程的开始或中间过程插入相关的科技新闻或最新的研究成果。从基础知识到应用范例,再到科技前沿,厘清知识脉络,拓展学生的认知。同时,明确学习目的和方向,激发学生的求知欲； 4.言传身教,推己及人:用分析的眼光看世界,辩证的观点看问题。追本溯源,以化学的世界观了解事物是本课程的教学目的;严肃认真、细心全面地看待事物,是本课程的育人核心。课程示范,教学解答,教师在教学过程中,做好课程示范,教学解答起到示范、标杆和引导性的作用。因此,认真细心地完成课程设计的每个环节,言行合一,有益于提高课程认可度,达到相应的教学目的。				

“课程思政”教学设计表(音乐美学)

<table>
<tr><td>学　　院</td><td>艺术学院</td><td>学　　科</td><td>音乐学</td><td>课程名称</td><td>音乐美学</td></tr>
<tr><td>授课教师</td><td>夏元勇</td><td>授课班级</td><td>音乐学专升本17级</td><td>学　　分</td><td>2</td></tr>
<tr><td>课程类别</td><td colspan="5">A. 公共平台课　<u>B. 专业基础课</u>　C. 专业选修课　D. 全校选修课</td></tr>
<tr><td>教学目标</td><td colspan="5">1. 提高学生的音乐美学素养
通过音乐美学的相关学习,使学生了解中外音乐美学的基本流派及其相关理论;理解中外音乐审美意识的嬗变;能够对一些基本的音乐美学问题做出自己的思考和解答,具有初步的美学思维能力;能够结合音乐美学的基础知识对中外音乐史以及当代的一些音乐现象做出思考和解释;同时,通过较为系统的音乐美学学习,能从总体上提高音乐鉴赏能力和水平。
2. 培养学生对中国音乐文化的热爱,树立文化自信
在音乐美学的教学过程中,引导学生比较中外的音乐美学思想,同时通过对中外音乐文化现象的理解和分析,建立正确的音乐文化观。在此过程中,深入理解中国音乐文化的基本特点,在复杂的文化环境中,建立起对中国传统文化的正确认知和理解,从而使得学生在吸收优秀的世界音乐文化遗产的同时,树立对中国音乐文化的热爱,建立发展中国音乐的信心。在古今中外的音乐文化熏陶、借鉴、传承中,树立文化自信。
3. 关注学生的学习过程,帮助理解社会主义核心价值观
通过对学生在课程学习过程中学习反馈的跟踪,结合课堂上的教学互动,帮助学生树立良好的世界观、人生观和价值观,从而帮助学生正确理解社会主义核心价值观。</td></tr>
<tr><td>“课程思政”教育内容</td><td colspan="5">1. 树立爱国的信念,奉献祖国音乐事业
通过对音乐美学思想的学习、思考和归纳,教导学生思考和认识中国传统音乐文化的意义,在一系列的学习过程中,逐步树立坚定的爱国自信,建立为祖国音乐事业奋斗的职业意识,从而提升主动学习的动力。
2. 培养平等的音乐价值观
在音乐美学课程的教学过程中,对比古今中外的各种音乐思想和现象,帮助学生正确认知不同的音乐文化思想的根本价值,从而以正确平等的态度对待各种音乐类型,进而树立多元、和谐、平等的价值观。
3. 从对音乐美学问题的思辨出发,培养研究精神
在音乐美学课程教学过程中,培养学生分析音乐美学问题的能力,并掌握正确的研究方式,培养学生具备进行理论研究的基本素质和规范,从而建立起科学、严谨的研究精神。</td></tr>
</table>

教学方法与举措	**1. 体验与思辨相结合,注重文化认知和熏陶** 音乐美学教学的难点在于如何把理性经验和感性经验结合起来,在教学过程中需要把知识讲解和音乐欣赏进行合理的穿插和渗透。鉴于当今学生的欣赏习惯,在音乐欣赏的部分中需要适当加强视频欣赏的内容,以提高教学效果。另外,还应在教学中注意使学生理解音乐与音乐文化之间的联系。 **2. 构建丰富的课堂互动,潜移默化地教育学生** 本课程另一难题是如何帮助学生正确地理解音乐现象和音乐思想之间的联系,尤其是音乐理论中所包含的价值观。通过课堂上丰富的师生互动,在交流过程中潜移默化地帮助学生树立正确的人生观、价值观。 **3. 课堂内外结合,树立正确的社会认识** 在课程教学中,加入当代音乐文化最新发展的介绍,帮助学生接触崭新的音乐文化实践,并加以引导,使其树立正确的社会认知,更好地理解社会主义核心价值观。

“课程思政”教学设计表(工程测量实验)

<table>
<tr><td>学　　院</td><td>土木工程学院</td><td>学　　科</td><td>建筑工程</td><td>课程名称</td><td>工程测量实验</td></tr>
<tr><td>授课教师</td><td>黄曼、邵彩军</td><td>授课班级</td><td>工管161、造价161</td><td>学　　分</td><td>0.5</td></tr>
<tr><td>课程类别</td><td colspan="5">A.公共平台课　B.专业基础课　C.专业选修课　D.全校选修课</td></tr>
<tr><td>教学目标</td><td colspan="5">1.培养学生责任意识
由于工程测量实验使用的仪器大都是一些光学、电子精密仪器,价格高,一旦损坏,不仅给学校造成很大的经济损失,还会影响其他科研工作的正常开展,因此,对学生进行安全教育非常重要。在实验实训课之前,要向学生介绍仪器、工具借还办法和使用仪器注意事项,讲明仪器、工具损坏赔偿责任。教育学生时刻注意保护仪器设备的安全,养成一种责任意识。
2.培养学生吃苦耐劳精神
工程测量实验通常在野外进行,受天气影响较大,夏季酷暑难熬,细嫩的皮肤晒得发亮;逢冬季低温寒风,外露的手脚冻得发抖,即使在这样的外界自然条件下,测量工作也容不得半点马虎,迁站的时候,仪器装箱、经纬仪加上三脚架常常让女生搬起来觉得吃力。如果没有一种吃苦耐劳的精神和百折不挠的作风,就难以圆满完成测量任务。面对这样艰苦的野外实习,环境差,受外界自然因素影响大,对学生是难得的历练。要教育学生不畏艰险、艰苦奋斗、知难而进,培养学生坚忍不拔的毅力和吃苦耐劳的精神。
3.教育学生对实验数据必须科学严谨、诚实守信
测量实验对测量数据有一定的精度要求,少数同学由于测量方法不当、经验不足、操作不熟练,往往会出现一些常见的测错、记错、算错或误差超限等测量问题,在对待这些常见问题上,他们不去仔细分析原因,一味地追求高精度,随意更改数据,甚至抄袭课本上已有的数据,应付了事。这种不负责任、不科学的工作态度,如不及时纠正,将会给今后工作造成不可估量的损失。
4.对学生进行集体主义教育,培养学生团结协作的精神
测量工作是集体性工作,测量成果是作业小组成员共同劳动,集体智慧的结晶。如果某作业组不团结或者不能够很好地分工协作,学生就不会有一个良好的心理状态去顺利完成实验,比如在水准测量实验中,需要观测的人员、记录计算的人员、立尺的人员等,少了哪个人都不行,哪个人员不认真都测不准。如果小组的团结搞不好,或者不能够很好地分工协作,组织工作做不好,那么会出现仪器操作抢着干,跑点立尺没人去,这样的话学生难以完成实验任务。因此,小组成员必须齐心协力、共同努力、互助互爱才能圆满地完成实验任务。学生必须具备学会谦让、理解;学会互助、互爱;学会协作、配合的精神。</td></tr>
<tr><td>“课程思政”教育内容</td><td colspan="5">1.法治:责任意识、纪律意识;
2.敬业:热爱劳动、热爱工作、热爱岗位、职业道德;
3.自由:集体主义;
4.诚信:实事求是;
5.友善:包容、协作、团结。</td></tr>
</table>

教学方法与举措	**1. 教学方法与举措一:在实验教学前做好相关动员工作** 工程测量实验是一门技术性和操作性较强的实践性课程,其主要任务是仪器的使用和地面点位的确定。一方面通过工程测量实验,验证、巩固学生在课堂上所学的知识,另一方面通过基本操作技能的训练,使学生能熟练地使用各种测量仪器,为以后工程测量实习做一个铺垫,能正确地完成土木工程各阶段的测量工作。 为了圆满完成实验任务,教师在课前动员时,除了要让学生明确工程测量实验的实验时间、实验地点、实验分组、实验考核等要求外,还要对学生进行综合素质的教育如安全教育、责任教育、团队教育,特别要强调测量数据容不得半点虚假,否则就会酿成"差之毫厘,谬以千里"的后果。对待每个测量数据要有科学的态度,实事求是的作风,有误差、有问题不要紧,关键是要能够分析误差产生的原因,找出解决问题的方法。 **2. 教学方法与举措二:从学号为序组建实验小组团队** 考虑学生毕业工作后,无法挑选同事,且同事的年龄、性别不同,个性、脾气差异犹大,仍要一起完成工作,所以必须教会学生改变自己,学习与人相处,学会与不同的人相互合作,克服困难,共同做好一件事情,更要相互协调,甚至是妥协,在合作的氛围中各自发挥长处,最终取得团队合作的成功。 改变以往自由组合的方式,以学号为序进行团队分组,以培养学生的集体主义观念和团结协作的能力。要完成实验必须协调好团队成员之间的关系,对待团队小组成员必须具备友善、包容的精神。 **3. 教学方法与举措三:全方位过程化实验考核** 实行全方位过程化实验考核,充分调动每个学生在实验教学活动中的积极性,确保学生的主体地位,培养学生的团队合作能力,促使学生建立良好的人际关系。特别是在实验课程结束时,对重要实验进行操作考核,迫使学生不管野外天气如何,劳动强度多大,必须积极主动参与实验,必须有吃苦耐劳的工作精神,最终达到熟练使用测量仪器,掌握各种实验技巧的目的。 **4. 教学方法与举措四:建立相对固定的实验场地** 连续几次在同一场地进行相同内容的教学实验,有利于教师更好地熟悉该场地的情况,减少前期的准备时间,更加便于教师判断学生的实验数据是否精确,防止测量数据做假,以及时发现问题、分析产生问题的原因;有利于学生积极主动参与实验,真实地汇报测量数据,及时分析测量实验数据超限原因,培养事实求是的科学精神。

“课程思政”教学设计表(纤维材料加工设备)

<table>
<tr><td>学　　院</td><td>纺织服装学院</td><td>学　　科</td><td>纺织材料
与纺织工程</td><td>课程名称</td><td>纤维材料
加工设备</td></tr>
<tr><td>授课教师</td><td>孟　旭</td><td>授课班级</td><td>高分子材料与
工程(高技术
纤维材料方向)</td><td>学　　分</td><td>2</td></tr>
<tr><td>课程类别</td><td colspan="5">A. 公共平台课　B. 专业基础课　C. 专业选修课　D. 全校选修课</td></tr>
<tr><td>教学目标</td><td colspan="5">1. 将纤维材料加工的原理知识与大学生社会实践、社会责任有机结合;
2. 引导学生了解我国高性能纤维加工技术与国际先进水平的差距,增强学习科学技术现代化本领的紧迫感;
3. 将纤维加工技术与技术创新有机结合,引导学生开展科研活动,培养理想信念、价值取向和学习兴趣。</td></tr>
<tr><td>“课程思政”
教育内容</td><td colspan="5">1. 科学技术现代化。通过学习纤维材料加工设备的理论知识,掌握化学纤维的基本概念及其成型加工的基本原理,为我国科学技术现代化贡献智慧和力量;
2. 协作、团结。通过纤维加工实验,培养学生的团结协作意识和动手能力,提升团队塑造力和团队执行力,提高政治理论水平和综合知识能力素养,更好地适应将来工作需要;
3. 言论自由、宽容。在课堂讨论过程中,做到宽容异见、容忍错误、允许批评并鼓励学生自由讨论、畅所欲言、发表自己的见解,对学生宽容,耐心解答学生提出的问题。</td></tr>
<tr><td>教学方法
与举措</td><td colspan="5">1. 结合纤维材料加工的理论知识,组织学生开展“课堂讨论”,自由发言,既谈学习体会,又谈人生理想,激发学习兴趣,提升能力素质;
2. 结合课程内容,组织学生进“实验室”,以小组形式做实验,培养学生的团结协作精神和实际操作能力;
3. 组织学生进企业“实习锻炼”,到现代化大企业去实际操作和锻炼技能,让学生知道创业的艰辛,在头脑中形成比较清晰的概念,有意识地诱发学生的创业需要和创业动机,激发学生的创业思想和创业信心。</td></tr>
</table>

"课程思政"教学设计表(中华诗文经典诵读)

<table>
<tr><td>学　　院</td><td>人文学院</td><td>学　　科</td><td>鲁迅与中国现代文学</td><td>课程名称</td><td>中华诗文经典诵读</td></tr>
<tr><td>授课教师</td><td>傅红英</td><td>授课班级</td><td>校选班级</td><td>学　　分</td><td>2</td></tr>
<tr><td>课程类别</td><td colspan="5">A. 公共平台课　B. 专业平台课程　C. 专业选修课　<u>D. 全校选修课</u></td></tr>
<tr><td>教学目标</td><td colspan="5">1. 明确学习目标
在了解经典诵读基本技能的基础上，进一步明确学习目标，激发中华经典诵读学习与训练的兴趣和动力，更好传承中华文化。
2. 提高学习意识
通过古今诗文诵读学习和训练，培养学生经典诵读能力，强化自主学习训练意识，提高中华诗文经典诵读和鉴赏水平。</td></tr>
<tr><td>"课程思政"教育内容</td><td colspan="5">1. 增强文化自信
通过对中华诗文经典的诵读学习与训练，加强学生对中华文化的认同，提高学生诵读能力，同时增强学生对中华文化的自信。
2. 陶冶情操，勇于创新
经历应试教育后，学生普遍存在认知不求甚解、独立思考不足等问题，通过经典诵读，有意识地陶冶学生的情操，培养学生独立分析能力，鼓励学生大胆表现、敢于创新。
3. 健全与完善自我人格
自我人格的独立与完善是学习的最终目标，因此教学中要注意培养学生对不同境遇中人的思想、情感的了解与把握，进一步健全与完善自我人格，学习以同理心平等对待生命。</td></tr>
<tr><td>教学方法与举措</td><td colspan="5">实施课程思政的原则：注重实效，因势利导
明确自己的立场，坚定教书育人的责任和使命，不为思政教育而思政教育，注意通过切实的故事讲解与分析，因势利导，适时对学生进行思想政治教育和德育引导，以期对学生产生潜移默化的影响。
具体方法与举措
1. 课外布置经典诵读与分析讲解等任务，培养学生经典诵读习惯，注意锻炼学生思考与表达能力，巩固其专业思想，提升专业能力；
2. 以小组方式分工合作，组织交流和讨论，并进行课堂展示，培养学生合作意识，增强学生自信心；
3. 结合学科专业、课程所学的政治性关联度较高的作品和话题，抓住契机，显性或隐性插入思政教育，使得师生能及时沟通，共同交流，讨论感受和感悟，教学相长，共同提高；
4. 加强教育监督，率先垂范。对于学生作业实施、论文撰写、考试等环节，加强正面教育与纪律约束，注意榜样示范和反例启发教育。教师认真教学，为人师表。</td></tr>
</table>

“课程思政”教学设计表(古代汉语 2)

<table>
<tr><td>学　　院</td><td>人文学院</td><td>学　　科</td><td>中国古典文献学</td><td>课程名称</td><td>古代汉语 2</td></tr>
<tr><td>授课教师</td><td>王敏红</td><td>授课班级</td><td>汉语言文学(师范)
171、172、174</td><td>学　　分</td><td>3</td></tr>
<tr><td>课程类别</td><td colspan="5">A. 公共平台课　B. 专业平台课程　C. 专业选修课　D. 全校选修课</td></tr>
<tr><td>教学目标</td><td colspan="5">1. 培养学生阅读文言文的基本能力。
2. 培养学生分析古代汉语语言现象的基本能力。
3. 指导学生掌握一定的古代文化常识。
4. 引导学生自觉肩负起传承与传播祖国语言文化的重任。
5. 在授课过程中,注意将中华民族的传统美德与新时代社会主义核心价值观结合起来,通过言传身教潜移默化地影响学生。</td></tr>
<tr><td>“课程思政”教育内容</td><td colspan="5">1. 社会主义文明观:弘扬和践行社会主义文明观。充分挖掘以人为本、以义制利、集体主义、平等和谐、天下关怀等思想内涵。
2. 社会主义爱国观:增强民族自信心,提升国家自豪感。自觉将爱国主义与社会主义制度、经济全球化形势、国防观念、民族精神等主题联系起来,传播新时代的爱国观。
3. 社会主义敬业观:弘扬中华民族勤勉努力、尽职尽责、乐于奉献的传统美德。
4. 社会主义诚信观:从古代文化与当代先进人物事迹中汲取精神养料,传扬诚信观念,构建信用社会。</td></tr>
<tr><td>教学方法与举措</td><td colspan="5">1. 结合课程内容,将中华传统礼乐文化与新时代社会主义文明观紧密结合,传承仁爱、和合、敬重、尊师重道等积极思想。
2. 通过学习中国古代语言文化,了解中华民族对世界文化发展做出的巨大贡献,让学生树立文化自信,提升民族自豪感,将朴素爱国主义情感与新形势下的时代要求紧密结合,为实现中华民族的伟大复兴而不懈努力。
3. 在课程讲解中,适当穿插职业生涯规划教育,积极传播社会主义敬业观念。
4. 结合新时代信用社会的建设要求与学校的相关制度,积极引导学生形成讲求诚信的行为准则。要求学生从基础做起,上课守时、认真完成作业和参加考试不弄虚作假等。</td></tr>
</table>

“课程思政”教学设计表(质量管理)

学　院	商学院	学　科	企业管理	课程名称	质量管理
授课教师	王晓婷	授课班级	工商管理151、152	学　分	2
课程类别	A.公共平台课　B.专业基础课　**C.专业选修课**　D.全校选修课				
教学目标	**1.质量强国、爱国主义:**质量管理课程旨在通过质量管理学相关原理、方法的讲授,帮助学生系统了解质量成本与经济性分析、服务质量管理、精益生产等内容,从大质量的视角审视企业的决策和运营;强调质量强国的理念,增强学生的爱国主义精神。 **2.科学分析、务实管理:**通过介绍大量的企业实际项目案例和指导学生掌握相关管理知识和科学思想,帮助学生充分体会管理知识对推动企业质量发展的重要性,从而能够积极主动地学习相关科学技术知识。 **3.培养学生学以致用的能力:**将有关质量管理的实际平台引入课堂教学中,引导学生学习相关知识,掌握基本技能。				
“课程思政”教育内容	**1.工匠精神、脚踏实地:**通过对企业质量管理的案例分析,阐述相关的道理,强调工匠精神在质量管理过程中的重要性,鼓励学生在今后的学习工作中脚踏实地、扎扎实实地完成本职工作。 **2.理论和实践并行,发挥协同优势:**工商管理专业是理论学习和管理实践紧密结合的专业,既有优势,又有劣势。学好该课程的关键在于学生自身,如果学生得过且过、泛泛而学、不求甚解,那么在学校阶段不知自己学了些什么,毕业以后也将无可适从,不知道自己能做些什么,相反,如果学生能够根据自身的能力和特点,在相对广阔的专业领域内找到自身学习和发展能力的重点,积极实践,做到理论与实践相辅相成,在实践中发挥更大的专业优势。				
教学方法与举措	**1.不断引入最新的教学案例:**在日常实践中,通过与行业人士不断交流和探讨,积累丰富的实践知识和经验,并结合本课程的教学关注相关教学案例,将它们引入教学中。 **2.不断引导学生进行实践观察与思考:**将社会报道中关于企业质量管理实践的案例融入课堂教学中,并引导学生进行实践观察与思考。				

“课程思政”教学设计表(危机管理)

<table>
<tr><td>学　　院</td><td>商学院</td><td>学　　科</td><td>企业管理学科</td><td>课程名称</td><td>危机管理</td></tr>
<tr><td>授课教师</td><td>畅铁民</td><td>授课班级</td><td>工商管理161、162</td><td>学　　分</td><td>2</td></tr>
<tr><td>课程类别</td><td colspan="5">A.公共平台课　B.专业基础课　<u>C.专业选修课</u>　D.全校选修课</td></tr>
<tr><td>教学目标</td><td colspan="5">1.明确塑造学生企业危机管理文化,强化学生企业危机管理通识、技能和能力,增强学生的忧患意识,培养爱国、爱社会、爱人民的高尚情操。
2.强化学生社会主流文明价值观。
3.提升学生敬业意识,培育学生团队协作能力。</td></tr>
<tr><td>“课程思政”教育内容</td><td colspan="5">1.塑造高度文明的大学生形象,培育学生以组织危机管理的科学态度为支点,构建尊重知识、崇尚真理的学术精神,以及为国分忧、为民请命的精神要素。
2.强化学生的创新意识,引领学生追求贡献、追求卓越成长的职业发展定位,从而学以致用,提高企业经营管理水平。
3.开展居安思危、敬业奉献价值观训练,提高学生关爱个体生命,珍惜物质文明的意识。
4.凝聚善良互助理念,探索学习团队,提升学生互相学习、互相帮助的人格魅力。
5.知行合一的企业危机管理专业活动与实践锻炼,引导学生立足国情民意,开展社会危机应对实践实训系列活动。</td></tr>
<tr><td>教学方法与举措</td><td colspan="5">1.通过学生演讲、案例教学、情景模拟等方法,开展文明价值观、科学态度训练。
2.通过学习当地先进创业个人事迹、走访成功企业,培养学生爱国、爱社会、积极创业创新、报效国家社会的家国情怀,增强学生危机管理实战机会,强化学生重要危机防范意识和技能。
3.通过共同鉴赏经典影视作品、共同学习典型企业危机管理文化案例、布置研究型作业等方法,培育学生危机管理团队协作能力。</td></tr>
</table>

“课程思政”教学设计表(医学导论)

学　　院	医学院	学　　科	康复医学与理疗学	课程名称	医学导论
授课教师	张宏卫	授课班级	临床医学 161、162、163	学　　分	1
课程类别	A.公共平台课　**B.专业平台课程**　C.专业选修课　D.全校选修课				
教学目标	**1.“医者仁心,大医精诚”理念培养** 医务工作者的职业特点更加注重人文关怀及医者仁心的职业信念。对待每一位患者、每一个诊疗环节,都需要具有科学的态度和敬重生命的理念。 **2.医学职业素养培育** “医者仁心”是社会对医学从业人员的基本职业素质要求和理想定位。临床医学专业学生的未来面对的是人,是生命,作为临床课程在教学中要贯彻“健康所系,性命相托”的使命感。 **3.团队协作能力培养** 临床医疗岗位分工细致,特别需要医师、护士、医技人员等的紧密配合和有效合作才能完成复杂的临床诊疗工作。所以,团队协作意识和合作能力的培养是必不可少的环节。				
“课程思政”教育内容	1.文明:科学精神、人文精神。 2.敬业:爱岗乐业、遵循职业道德。 3.诚信:诚实、守信、说老实话、做老实事。 4.友善:包容、协作、团结、尊重。				
教学方法与举措	**1.“医者仁心,大医精诚”理念培养** 通过学习医学发展史,了解医学的人本属性。根据教学进度,结合教学内容,引入生活事件和医学案例教学,理论联系实际,分析总结,学以致用。让学生了解专业特色,认识到作为医学从业人员“精益求精学技、仁爱之心待人”的职业素质的必要性,并自觉自愿贯彻在行动中。 **2.结合临床案例,隐性渗透、循序渐进** 结合我国医疗发展历史和成就,引入医学发展案例,宣讲我国新医疗改革的规划、政策和成就,引导学生热爱医学职业,理解国家以健康为中心的人文医学发展战略。使学生在对待每一位患者,每一个诊疗环节时,都养成科学的态度和敬重生命的理念。着力培养学生人文关怀及医者仁心的职业信念。 **3.组织病例讨论,培育团队协作能力** 结合临床学科的特点,以病例讨论形式组织教学,增强学生对临床诊疗过程和工作特点的理解,培养学生的团队意识,提升学生团队合作的能力,增强合作共赢的集体荣誉感。 **4.安排角色体验,提升医者仁心理念** 依托附属医院教学资源优势,安排学生通过角色体验,了解患者疾苦和诉求,思考作为一个医学从业人员应该具备的职业素质,树立敬畏生命、捍卫健康的使命感。				

“课程思政”教学设计表(高等代数 2)

<table>
<tr><td>学　　院</td><td>数理信息学院</td><td>学　　科</td><td>基础数学</td><td>课程名称</td><td>高等代数 2</td></tr>
<tr><td>授课教师</td><td>方小利</td><td>授课班级</td><td>数学与应用
数学 171</td><td>学　　分</td><td>4</td></tr>
<tr><td>课程类别</td><td colspan="5">A. 公共平台课　B. 专业平台课程　C. 专业选修课　D. 全校选修课</td></tr>
<tr><td>教学目标</td><td colspan="5">1. 使学生对该专业从了解到接受最后喜欢转变。
2. 使学生的学习方式从被动到主动再到自主转变。
3. 使学生的身份从学生到准老师转变。</td></tr>
<tr><td>“课程思政”教育内容</td><td colspan="5">1. 数学与国家强盛的关系
历史证明,世界强国无一例外都是数学强国和数学大国,反之,一个数学强国和数学大国必将成为引领未来的世界强国,大到卫星、军事,小到网络购物,无一能离开数学。
2. 数学与学生优良品质的形成
数学是一门比较难学的学科,对概念的理解、对命题的证明都需要静下来去做并需要有足够的毅力去克服。培养学生不怕困难、不轻言放弃的精神,在坚持和坚守中,逐步建立对大学的自信、对人生的自信。
3. 提高学生的教学技能与教师修养相结合
数学专业的学生基本上以后要走上讲台。学生走上讲台后,教学技能的好坏决定教学质量,所以在课程中要不断训练学生的教学技能,如三笔字、口才与演讲等技能。同时言传身教,以身作则,树立典范。教学技能会影响学生的成绩,但教师修养则可能影响学生后半辈子,所以在讲课时适当渗透如何提高教师修养的内容。</td></tr>
<tr><td>教学方法与举措</td><td colspan="5">1. 在高等代数内容的教学中,适当地引入一些真实小故事进行思想教育和德育引导,同时调动学生的学习积极性。例如:在上课前,看到黑板没有擦,就引入我碰到的真实故事。在我上初中时,有一名英语教师只给我们班上过一节课,但由于我们没有擦干净黑板,在英语课上必须写的几个英文单词都写在黑板上没有擦干净的地方,为的是让学生懂得学生应该尊重老师。那节课令我终生难忘。
2. 在教育监督中进行思想政治教育和德育引导,根据作业的完成情况和利用课程测试中,也可以进行思政教育,如:可以抽取一些字写得很差的学生,委婉地进行点评,慢慢地引导其提高教师技能和教师修养等。</td></tr>
</table>

“课程思政”教学设计表(中国文化概览(英))

学　　院	外国语学院	学　　科	外国语言文学	课程名称	中国文化概览(英)
授课教师	梁　易	授课班级	英语175、161—163	学　　分	2
课程类别	**A. 公共平台课**　B. 专业基础课　**C. 专业选修课**　D. 全校选修课				
教学目标	1. 明确学好英语的目的是为实现“中国梦”贡献力量;构建正确的价值观,具备国际视野,为“一带一路”建设服务,向世界传递中国声音、中国正能量。 2. 引导学生了解中国文化概况,熟悉中国古代文化和近代文化相关知识,并熟练掌握相应的英语表达,提高学生的英语表达能力和跨文化交际能力,成为中西方文化交流的使者。 3. 提升学生的辩证分析能力和批判思维能力,鼓励学生辩证地分析、评判中国文化的相关内容,并在跨文化交际中熟练运用所学的中国文化知识,以规范、流畅的英语对外宣传介绍中国文化。 4. 明确奋斗目标,走出国门;培养有理想、有追求、有思想、有创新、善合作、能自律、能坚守的精神。				
“课程思政”教育内容	**1. 富强**:通过学习中国传统文化的形成因素、历史背景,了解中国传统文化中的价值观、世界观和思维方式,从而了解当代中国的基本国情,以及贯穿中华文明的“促和谐、求平衡”的理念。引导学生更好地理解什么是“中国梦”? 为什么要实现“中国梦”? 如何实现“中国梦”? **2. 民主**:在中国传统文化元素中发现中华文明的民主意识和精神,体会中华文明的包容和大度,了解、分析虽经历数千年的风霜雪雨、内外交困,中华文明依然屹立于世界文化之林的根本原因,即“多元一体”的文化特质和“取其精华,弃其糟粕”的能力。 **3. 文明**:通过学习优秀传统文化,向学生传授以人为本的文化精神,倡导中华文明独特的公序良俗、人文精神和社会风尚。 **4. 爱国**:对比分析中、西方文化差异,提升学生的文化自信,培养学生的政治意识、大局意识,强调爱国情怀、励志人生、社会责任、民族精神等要素。 此外,立足引导学生关心国内外大事,了解社会热点,丰富学生的知识储备,培养学生独立思考能力和是非判断能力。通过以小组为单位布置作业和开展讨论,培养学生的团队合作精神,引导学生养成良好的学习、生活习惯,具备终身学习能力。				

教学方法与举措	本课程采用启发式、任务式、交际式、研究式等教学方式，发挥教师的主导地位，让学生成为课堂的主体。根据不同的章节内容和教学环节采用教师精讲、学生自主学习和小组合作学习相结合的方式，输入、输出有机结合，在引导学生掌握中国文化概况的基础上，设计形式多样的课堂课外活动和自主学习任务促使学生灵活运用所学内容，同时注重培养和提高学生用英语介绍中国文化的表达能力、跨文化交际能力和自主学习能力，提升学生的思辨能力，鼓励学生发表个人观点、互享心得。 立足本课程的学术内涵，发挥课程特色，例如从教学材料中，提炼出爱国情怀、励志人生、社会责任、文化自信、人文精神等要素，转化成核心价值观教育最具体、最生动的有效载体；注重课堂话语传播的有效性，力避附加式、标签式的生硬说教，悉心点亮学生对专业课程学习的专注度，同时引发学生认知、情感和行为的认同。

“课程思政”教学设计表(书法创作 2)

<table>
<tr><td>学　　院</td><td>兰亭书法艺术学院</td><td>学　　科</td><td>书法学</td><td>课程名称</td><td>书法创作 2</td></tr>
<tr><td>授课教师</td><td>沈　伟</td><td>授课班级</td><td>书法 153、154</td><td>学　　分</td><td>2</td></tr>
<tr><td>课程类别</td><td colspan="5">A. 公共平台课　<u>B. 专业基础课</u>　C. 专业选修课　D. 全校选修课</td></tr>
<tr><td>教学目标</td><td colspan="5">1. 通过培育和践行社会主义核心价值观,引导学生正确做人做事;
2. 培养学生爱国主义情怀和民族情怀;
3. 针对专业技能学习及道德情操培养,有机结合两者间的共通之处,助力学生价值观的完善。</td></tr>
<tr><td>“课程思政”教育内容</td><td colspan="5">1. 笔法体系的学习应用结合“心正笔正”个人修养观照;
2. 笔法体系演变及书法风格史的演变与衍生,与“持续发展”及“和谐”发展相观照;
3. 草书用笔技巧与社会主义核心价值观“自由”相参照;
4. 创作气局的“中正”“气象”等与中华民族气质相观照;
5. 书法创作和个人风格形成与外界环境及社会背景相关性与民族情怀相观照。</td></tr>
<tr><td>教学方法与举措</td><td colspan="5">1. 教学案例讲解与实践行为相结合(书写技巧与社会主义核心价值观一致);
2. 历史文化的理论讲解及书法家的个案例证与当前现状相结合;
3. 学生个性与共性相互解析及讨论与教师参与组织讨论相结合。</td></tr>
</table>

“课程思政”教学设计表(幼儿园课程)

<table>
<tr><td>学　　院</td><td>上虞分院</td><td>学　　科</td><td>学前教育</td><td>课程名称</td><td>幼儿园课程</td></tr>
<tr><td>授课教师</td><td>孙　燕</td><td>授课班级</td><td>学前 17 级</td><td>学　　分</td><td>2</td></tr>
<tr><td>课程类别</td><td colspan="5">A. 公共平台课　B. 专业平台课程　C. 专业选修课　D. 全校选修课</td></tr>
<tr><td>教学目标</td><td colspan="5">1. 爱岗敬业的品德：热爱幼儿、热爱幼儿园、热爱幼儿教育事业，有良好的教育价值观。
2. 阳光乐观的心态：耐心、童心，关注幼儿教育领域的大事要事，将理论与实践融为一体，有爱的感染力，积极参与课程学习和幼儿园实践工作。
3. 积极实践的精神：勤于思考、乐于探究、注重积累。
4. 脚踏实地的品质：学习老一辈幼儿教育家认真做学问，为幼教事业做奉献的高尚情操。</td></tr>
<tr><td>“课程思政”教育内容</td><td colspan="5">1. 爱、责任心、使命感
幼儿教师的基本素养就是具有童心、爱心和耐心。对幼儿的爱一方面来自对职业的向往和自我定位，另一方面来自教学过程中的培养。幼儿园课程中有许多活动体现了幼儿教师的智慧和教学技巧，引导学生体会发自内心的“爱”。
2. 敬业钻研
教学是一门艺术，课程中不仅要学习教学的技能与技巧，更要研习教学的艺术。教学有法但无定法，只有在多次深入思考、钻研、探究的基础上，才能深刻领会教学的奥秘，感受幼儿园课程的魅力。
3. 言行一致，有良好的道德修养
幼儿年龄小，身心发展尚未成熟，同时幼儿善于模仿、可塑性强。作为幼儿教师应关注自身的一言一行、一举一动，与幼儿平等相处，建立融洽、亲切、和谐的师幼关系，促进幼儿身心健康成长。
4. 认真踏实、善于观察、乐于思考
对课程学习有明确的目标、认真的态度、坚持不懈的精神，学好每堂课，积极参加每次实践训练，在教学活动中勇于锻炼自己，一步一个脚印，不折不扣地完成实践作业并保证质量，在一学期的课程学习中取得进步。</td></tr>
</table>

教学方法与举措	**1. 在课程教学内容中渗透思政教育** 幼儿园课程具有鲜活的案例和内容，幼儿园的教育活动具有具体生动、形象趣味的特点。在课程教学中，要让学生感受到幼儿教师的智慧、爱心，对幼儿年龄特征的了解，以此激发学生在课程内容选择、教育活动设计等过程中将爱、责任和使命体现出来，达到润物无声的效果，起到内化于心、外化于行的作用。 **2. 在随机教育中融入思政教育** 随机教育是指抓住课堂教学和课后交流中的小环节、小细节，适时地加以引导和提升，让学生心有所悟、情有所感。更好地体会幼儿教师职业在辛苦的背后充满乐趣，在童声和笑语中充满智慧和挑战。同时，幼儿园课程既是一门理论课，也是一门实践课，结合学生在幼儿园实习中遇到的问题、难题，组织课堂讨论，鼓励学生充分发表意见和观点，在教学过程中引导学生在工作中以幼儿为本，关注幼儿的内心，与幼儿建立平等尊重的师幼关系。 **3. 在课内外沟通和交流中融入思政教育** 课内外沟通和交流是融入思政教育的重要途径。幼儿教师以自身的教育素养和对幼儿园课程的理解和把握引导学生正确认识实践问题。在本课程学习中，通过欣赏和分析经验丰富、师德高尚、充满智慧的优秀教师的教学案例，结合实践引导学生去思考、去体会、去模仿，从中领悟和感受幼儿教育的魅力和艺术。

“课程思政”教学设计表(基础会计)

<table>
<tr><td>学　　院</td><td>上虞分院</td><td>学　　科</td><td>数学</td><td>课程名称</td><td>基础会计</td></tr>
<tr><td>授课教师</td><td>袁淑峰</td><td>授课班级</td><td>会计 174</td><td>学　　分</td><td>5</td></tr>
<tr><td>课程类别</td><td colspan="5">A. 公共平台课　B. 专业基础课　C. 专业选修课　D. 全校选修课</td></tr>
<tr><td>教学目标</td><td colspan="5">1. 提高学生“诚信为本，操守为重，坚持准则，不做假账”的道德意识。
2. 培养学生热爱本职工作，安心本职岗位，并为做好本职工作锲而不舍、尽职尽责的敬业精神。
3. 加强学生的职业素养，如诚信意识、职业技能、职业判断力、协调能力、敬业精神和工作责任心等。</td></tr>
<tr><td>“课程思政”教育内容</td><td colspan="5">1. 法治：廉洁自律、坚持准则。
2. 公正：客观公正。
3. 诚信：守信、诚实、说老实话、做老实事。
4. 敬业：热爱工作岗位、遵守职业道德、提高技能、参与管理、强化服务。</td></tr>
<tr><td>教学方法与举措</td><td colspan="5">1. 挖掘蕴含在教材中的德育因素，探讨在专业知识中蕴涵的相关德育材料和施教方法，注重课堂渗透。在基础会计课程中，贯穿会计法纪、法规教育，培养学生守法观念；进行会计职业道德教育，培养学生树立正确的人生观、价值观；进行中华民族传统美德教育，培养学生修身理念；进行辩证唯物主义思想观点和思想方法教育。
2. 强化案例和实践教学，将德育内容渗透到专业知识中。在专业教学过程中，贯穿会计职业道德教育的内容，结合相关典型案例开展教学，在提高学生对专业技术知识的掌握程度的同时，加深对会计职业道德内容的理解，从而提高学生的专业技术能力，并逐渐形成较强的会计职业道德意识。
3. 营造会计仿真的模拟环境，一方面锻炼学生自主进行会计处理的能力，提高趣味性，培养学生会计综合能力，另一方面使学生在市场环境下感受遵守会计职业道德的重要性，感受利益与道德冲突的考验，要求学生坚持准则、不做假账。
4. 以身作则，用专业人格感染学生，使学生逐步积淀会计文化底蕴。教师授课不仅是教授专业知识和技能的过程，实际上也是用自身的专业人格感染学生，引导和激发学生热爱会计专业、积淀会计文化的过程。</td></tr>
</table>

“课程思政”教师教学案例随记(选编)

按照“相互学习、相互启发、共同提高”原则，授课教师及时归纳、总结教学感悟和体会，撰写“课程思政”教师教学案例随记，并上传至“课程思政”微信小程序，丰富“课程思政”教学资源，形成“课程思政”教学案例库。

“课程思政”教师教学案例随记(声乐)

学　　院	艺术学院	课程名称	声乐
授课教师	沈佳文	授课班级	音乐学(师范)162
课程切入点	第二章第一节　连音训练		
德育元素应用	爱祖国爱家乡,传承中国传统音乐文化		
教学内容、方法及实施过程	要求学生学唱京剧《红灯记》中的选段《都有一颗红亮的心》。要求学生首先自学京剧《红灯记》的创作背景、故事内容和表现手法等;在交流《红灯记》的创作背景时插入这一段历史知识,既开阔了学生的视野,又增添了朴实的情感。		
教学体会、感悟	对于1998年生的孩子来说,很少有机会接触和了解我国的传统音乐文化。通过本次强化学习,让学生对我党的艰苦岁月有了深入的了解,通过演唱也有了深刻的体会。		

“课程思政”教师教学案例随记(财务会计)

<table>
<tr><td>学　　院</td><td>上虞分院</td><td>课程名称</td><td>财务会计</td></tr>
<tr><td>授课教师</td><td>徐群飞</td><td>授课班级</td><td>会计(高职)172</td></tr>
<tr><td>课程
切入点</td><td colspan="3">第一章第二节　财务会计认知</td></tr>
<tr><td>德育元素
应用</td><td colspan="3">1.树立正确的会计职业观:会计必须遵章守法、实事求是,不做假账;
2.树立责任意识;
3.强化服务理念。</td></tr>
<tr><td>教学内容、
方法及实
施过程</td><td colspan="3">会计职业素养的养成是一个长期的过程,因此在教学时结合教学内容,适时通过案例分析与讨论的方式,帮助学生形成良好的职业素养和职业道德。如,在学习“会计信息质量要求”内容时引入如下案例:
河滨工业锅炉厂是一家市属国有企业,财经学院应届毕业生赵小丽在该厂进行毕业实习。有一天,赵小丽在翻阅以往会计凭证时,发现该厂一张记账凭证上的会计分录为:
借:原材料—生铁 198600 元
贷:应收账款—东方汽车有限公司 198600 元
由于购进生铁没有发票,也没有收料单,只是在记账凭证下面附了一张由该厂开具给东方汽车有限公司的收款收据,而东方汽车有限公司并不对外经销生铁。后来,赵小丽从一位老会计那里了解到真实情况,原来是该厂以购生铁为名,行购车抵债之实。东方汽车有限公司以一台自产东方牌小轿车抵偿了欠该厂的货款。看到赵小丽一脸的疑惑,老会计不以为意,认为这在企业都是正常的,没什么大不了的,并劝赵小丽多学点实际的东西。
要求:以小组为单位,分析以上案例,并讨论分析以下问题。
1.河滨工业锅炉厂的会计处理,违背了哪些会计核算原则?
2.河滨工业锅炉厂应怎样纠正发生的差错?
3.谁应对河滨工业锅炉厂会计信息的真实性负责?
4.对赵小丽遇到的事情,请给予评价。</td></tr>
<tr><td>教学体会、
感悟</td><td colspan="3">学生通过案例分析与讨论,既掌握了课程内容“会计信息质量要求”,又对会计职业和会计职业素养有了感性的认识,并意识到“做人要正直,做事要敬业,尤其是做会计人更应如此”。会计人员基本每天都与钱和物打交道,必须有强烈的法律意识和过硬的思想品德,要禁得住诱惑,丝毫马虎不得。会计作为企业中一项重要的管理活动,承担着为企业管理当局、企业外部信息使用者提供可靠信息的重要任务,所以必须树立责任意识、强化服务理念。</td></tr>
</table>

“课程思政”教师教学案例随记
(教育统计学与 SPSS 实用技术)

学　　院	教师教育学院	课程名称	教育统计学与 SPSS 实用技术
授课教师	李　黎	授课班级	学前教育(师范)151
课程切入点	第三节　差异量数		
德育元素应用	核心价值观——友善		
教学内容、方法及实施过程	相对差异量是计算标准差占平均数的百分比,没有单位,当两列数据单位相同但平均数相差太大时,可用相对差异比较。举例说明,首先谈到人手的压觉感知,人很容易分辨 5 两重的苹果和 4 两重的苹果的差别,但不容易对 10 斤重的西瓜和 10 斤 1 两重的西瓜产生差异感觉。同样是相差 1 两,差异感觉却不同。同理,对于我们有时举手之劳的一个动作,对别人可能是很大的尊重。垃圾纸屑不乱扔窗外,就是对环卫工人劳动的尊重;在公交车上给老年人、孕妇让座位,是对他们的帮助;在生活中帮助遇到的急事的同学;等等。勿以善小而不为,道理在此。		
教学体会、感悟	课堂效果很好,学生喜欢听例子。“心存善念,推己及人”符合师范生“友善”的职业理念。帮助学生培养爱心和耐心,树立正确的儿童观。		

“课程思政”教师教学案例随记(大学物理实验 A1)

学　　院	数理信息学院	课程名称	大学物理实验 A1
授课教师	吴海飞	授课班级	科教 172
课程切入点	力学实验		
德育元素应用	辩证的方法论:对立和统一。		
教学内容、方法及实施过程	在学生做力学实验时,通过对作用与反作用、加速与减速、合成与分解的掌握,使学生了解事物内部时刻充满着矛盾,学会用辩证的对立统一观点来看待事物。		
教学体会、感悟	物理实验教学其实就是解释物理现象、分析物理过程,教会学生在认识事物时,坚持唯物主义立场和辩证法观点的过程。只不过以往教师在教学过程中强调的是知识和技能的培训而忽视了辩证唯物主义的教育,忽视了引导学生树立辩证唯物主义的世界观和方法论,正确认识社会发展的规律和国家的前途命运。因此,教师应在教授教材的基本理论和基础知识的同时,教育学生用辩证唯物主义的思想去看待、认识事物。		

“课程思政”教师教学案例随记
(教育统计学与SPSS实用技术)

学　　院	教师教育学院	课程名称	教育统计学与SPSS实用技术
授课教师	李　黎	授课班级	学前教育(师范)151
课程切入点	上机课:在SPSS中“选择数据”时,系统默认选中的个案用“1”赋值,未选中的个案用“0”赋值。系统自动产生一个新变量filter_MYM。		
德育元素应用	核心价值观——文明:人文精神。及时做该做的事,不拖拉、不拖欠、不拖延。		
教学内容、方法及实施过程	在SPSS的数据整理这一节,讲到“选择数据”功能,系统执行“选择”命令后自动产生一个新变量filter_MYM,用于储存选择后的结果。叮嘱学生执行完“选择”命令后,做“两个立即”:一是立即更改变量名,把filter_MYM改成自己熟悉的名字;二是立即恢复“全部个案”,否则,接下来的操作将只针对刚才被选中的个案进行。但在上机练习时,有很多同学并未做到“两个立即”,导致最终结果出错。 借题发挥,该做的事情要立即做,犹豫不得、等不得,一等待很可能坐失良机或前功尽弃。几次练习以后,所有同学老老实实做好“数据整理”,不忙着进入推断命令。		
教学体会、感悟	还可以再延伸一下:我们要追求结果的简单,必须以过程的规范和严谨作为基础,这是所有学科的共识。人机互动时,表面上看只是敲了一下,桌面就出现了你想得到的结果。殊不知,在敲了此键之后,后台调用了多少程序进行运算。编辑运算的命令又该是多么的缜密和严谨,才能在最短的时间内呈现出如此“简单”的输出?		

“课程思政”教师教学案例随记(大学生心理健康教育)

学　　院	商学院	课程名称	大学生心理健康教育
授课教师	鲁志鲲	授课班级	国际经济与贸易 173(中英)
课程切入点	第六章第三节　二、外部学习动机的激发		
德育元素应用	中国梦,时代精神,民族自豪感		
教学内容、方法及实施过程	在介绍外部学习动机的激发理论时,引入少年周恩来“为中华之崛起而读书”的故事,与其他同学不同的外部学习动机,诸如“为明理而读”“为做官而读书”“为挣钱而读书”“为吃饭而读书”等对比,形象直观地理解周恩来具有的远大理想、爱国情操、坚强意志等人格特质在外部学习动机体系中的作用和力量。		
教学体会、感悟	通过案例教学,学生更直观形象地理解外部学习动机在大学生学习中的作用。		

“课程思政”教师教学案例随记(体育2)

学　　院	上虞分院	课程名称	体育2
授课教师	莫巍峰	授课班级	会计(高职)172
课程切入点	武术基本功练习		
德育元素应用	团队协作、顽强拼搏、吃苦耐劳。		
教学内容、方法及实施过程	首先,发展和培养体育骨干,利用他们调动和影响身边的同学,在教学过程中学会互帮互助,充分发挥体育骨干的桥梁纽带作用。其次,在教学中充分重视对学生意志的锻炼与训练,培养吃苦耐劳精神,使学生学会忍耐与坚持,通过运用竞争性与对抗性的思想教育方法,在培养学生竞争合作意识的同时,培养学生的抗挫折能力、永不言败的意志以及顽强的拼搏精神。		
教学体会、感悟	通过引导课渗透集体主义思想教育,大大提高了学生的团队协作精神,并在锻炼中陶冶情操、磨炼意志,培养了学生顽强拼搏、吃苦耐劳的体育精神,从而更好地开展教学。		

“课程思政”教师教学案例随记(财务管理)

学　　院	商学院	课程名称	财务管理
授课教师	魏　刚	授课班级	信息管理与信息系统 1511
课程 切入点	第二章第一节　货币时间价值		
德育元素 应用	诚实劳动，勤劳致富。		
教学内容、 方法及实 施过程	本部分内容是风险与收益的关系，通过案例教学、数据模拟等方法进行教学，首先是用生活中的案例说明风险与收益的对称性规律，然后通过真实数据，模拟数据以及原理的讲授，深入分析这一规律，让学生深刻明白，有付出才有回报，只有诚实劳动，勤劳付出，才能取得自己想要的未来。		
教学体会、 感悟	理论教学必须与实践相结合，教学过程的案例必须来源于学生能够有感性认识的素材，将教学内容与培养学生正确认识自己和认识世界的能力结合起来，真正发挥教书育人的作用。		

“课程思政”教师教学案例随记(药理学)

学　　院	医学院	课程名称	药理学
授课教师	俞朝阳	授课班级	临床医学162
课程切入点	药物是预防、诊断、治疗疾病的化学物质。在机体自身抗病能力的基础上,发挥对生理机能的兴奋或抑制作用。		
德育元素应用	1.药物是外因,机体生理机能是内因,两者结合才起作用。 2.打铁还需自身硬。		
教学内容、方法及实施过程	通过对药物概念的阐述,不断深入,启发滋生贪腐、私欲重也是一种“疾病”,结合多媒体视频,生动再现生理意义上的疾病与思想政治上的“疾病”的关系。金钱、美色、美食、小便宜等这些都好比是“药”,这些“药”只有通过与人本身就有的“贪欲”结合才能起作用。所以,控制自身的“贪欲”才是治腐之本,这与药的作用机理相似。		
教学体会、感悟	收效快,对学生的震撼大,使学生对药物概念的认识得到了升华,并渗透了反腐倡廉的思想。		

“课程思政”教师教学案例随记(生活方式与健康)

学　　院	医学院	课程名称	生活方式与健康
授课教师	张　衡	授课班级	全校选修课
课程切入点	绪论:影响人体健康的主要因素——环境因素		
德育元素应用	通过讲授有关十九大报告生态文明建设的相关知识,树立学生保护环境的意识,自觉不断学习生态文明方面的政策理论,鼓励学生在实践中践行生态规划思想,为中国的生态文明建设、绿色发展事业贡献自己的绵薄之力。		
教学内容、方法及实施过程	内容:影响人体健康的主要因素;环境因素与目前我国几种主要死因的关系;结合中国国情实施《维多利亚宣言》,防治不良生活方式的危害。 方法及实施:组织学生观看2005年时任浙江省委书记的习近平同志在浙江省湖州市安吉县考察时,提出“绿水青山就是金山银山”这一科学论断的视频;学习习近平总书记在十九大报告中提出的加快生态文明体制改革,建设美丽中国部署,保护生态环境,人与自然和谐相处。		
教学体会、感悟	通过讨论交流,学生的学习兴趣进一步提高,对知识的掌握和运用能力提高,树立了保护环境的意识,自觉不断学习生态文明方面的政策理论,在实践中践行生态规划思想,以后为中国的生态文明建设、绿色发展事业贡献自己的力量。同时,学生意识到要养成健康的生活方式,并为人民大众有美好的生活环境而不懈努力。		

“课程思政”教师教学案例随记(交际法语)

学　　院	外国语学院	课程名称	交际法语
授课教师	王姗姗	授课班级	全校选修课
课程切入点	导学:讲法语的国家和地区		
德育元素应用	文化包容、团结协作。学一门外语,多一个世界。全世界讲法语的国家与地区有42个。全球化背景下,中国梦的实现必然要求我们与世界各国人民团结协作,包容多元文化,共同发展。上百名不同肤色的国际学生来到绍兴文理学院校园,同为文理学子,要和谐互助、团结友好、包容大气。		
教学内容、方法及实施过程	1.小视频:春晚上两位法语国家总统用法语送祝福。 2.电影截图:《红海行动》中的法语国家摩洛哥。 3.2018中非合作论坛北京峰会。 4.我校迎来上百名国际学生。 方法:用学生熟悉的素材或社会热点激发学习兴趣,自然切入德育元素,课后用微信推送让学生自主阅读中法双语文章。 实施过程:借助春晚上法国与布隆迪两位总统的祝福视频以及热门影片《红海行动》告诉学生世界文化的多样性,法语不仅在法国,从而提及很多法语国家将参加中非合作论坛2018北京峰会。再从中非友好合作过渡到学校国际留学生的到来,教育学生践行文化包容、团结协作。 自主阅读:2018中欧中非关系往哪走?(选自CCTV法语国际频道微信公众号)		
教学体会、感悟	从国内外新闻时事热点到身边案例的导入,让学生增长见识、开阔视野。希望学生以开放包容之胸怀拥抱身边的朋友、同学,团结协作,共同进步!		

“课程思政”教师教学案例随记(科学实验研究)

<table>
<tr><td>学　　院</td><td>数理信息学院</td><td>课程名称</td><td>科学实验研究</td></tr>
<tr><td>授课教师</td><td>徐海涛</td><td>授课班级</td><td>微电子科学与工程151</td></tr>
<tr><td>课程
切入点</td><td colspan="3">第三章　第一代半导体材料硅</td></tr>
<tr><td>德育元素
应用</td><td colspan="3">爱国敬业,自主自强。</td></tr>
<tr><td>教学内容、
方法及实
施过程</td><td colspan="3">2018年4月16日,中兴通讯被美国商务部制裁,这给中兴造成了灾难性的损失。结合该事件,激励学生爱国敬业,自主自强,努力拼搏,将先进的集成电路技术掌握在自己手中,同时激发学生对本专业的热爱。</td></tr>
<tr><td>教学体会、
感悟</td><td colspan="3">对本专业更加热爱,也激励我本人要做好教书育人的本分,为祖国的集成电路事业贡献一份力量。</td></tr>
</table>

“课程思政”教师教学案例随记(数学分析 2)

学　　院	数理信息学院	课程名称	数学分析 2
授课教师	李峰伟	授课班级	应用统计学 171
课程切入点	第八章第一节　平面点集与 n 维空间		
德育元素应用	培养学生的爱国主义情怀。		
教学内容、方法及实施过程	1. 教学内容：平面点集。 2. 方法与实施过程：在教学中，挖掘提炼出一系列与团结、凝聚力、协同合作等关系密切的实际问题，作为典型的数学应用问题在课堂上讲解。例如，在讲授聚点的概念时，特别说明如果点 P 的任意去心邻域函数 $U^{\circ}(P)$ 均满足 $U^{\circ}(P)\cap E\neq\varnothing$，则称 P 为 E 的聚点，让学生明白所谓聚点就是除了自己以外在其周围一定还包含别的点，从而让学生在学习数学概念的同时明白一个道理，我们要实现中国梦就必须有一个强有力的核心，使得大家凝聚在核心的周围。		
教学体会、感悟	通过这样的理论联系实际的教学，提高了学生学习的积极性，鼓励学生将自己的学习与社会主义现代化建设的需要紧密联系起来，使学生感受到在大学所学习的思想、方法是如此有用，从而调动学生主动学习的积极性，同时培养了学生的爱国主义情怀。		

“课程思政”教师教学案例随记(单片机课程设计)

学　院	数理信息学院	课程名称	单片机课程设计
授课教师	朱敏杰	授课班级	电子信息工程 161
课程切入点	单片机课程设计硬件调试		
德育元素应用	科学精神、工匠精神、责任意识、纪律意识。		
教学内容、方法及实施过程	1. 该部分内容对于初学单片机的同学会比较难,特别是在硬件芯片上编程是第一次遇到,学习中会有不适应,难免会有畏难情绪。这时候可以适时引入学长们学习单片机的经验和心得,由此强调“科学精神”“工匠精神”的可贵,同时指出,每个人都具有“科学精神”和“工匠精神”。我们人区别于一般生物的所在,并不“高大上”,鼓励学生挖掘自己内在的潜力。 2. 从该部分内容开始,向学生强调“责任意识”和“纪律意识”。要求学生从基本的“准时到实验室——保持实验室卫生——完成自己的代码——调试自己的电路”做起,逐步养成良好的实验习惯和编程习惯。		
教学体会、感悟	大学生还处于行为养成阶段,要利用课堂随时对学生灌输正确的行为准则。		

“课程思政”教师教学案例随记(考研数学1)

学　　院	数理信息学院	课程名称	考研数学1(概率、线性代数部分)
授课教师	方小利	授课班级	电子信息工程151
课程切入点	线性空间的定义		
德育元素应用	班级的凝聚力,同班同学要建立深厚友情。		
教学内容、方法及实施过程	教学内容:集合与线性空间的区别。集合,只谈个体,不谈个体与个体之间的联系,线性空间除了对象,更重要的是集合中元素与元素之间的关系。如我们班,所有同学可以看成一个集合,而班级要像一个线性空间。除了同学自身以外,更多要看班级的凝聚力和同学之间的深厚情谊,这才是你20年以后值得留恋的班级。		
教学体会、感悟	学生领悟了集合与线性空间的区别,同时也明白了同学之间要相互帮助,四年内要建立深厚同学之情的重要性。		

“课程思政”教师教学案例随记(计算机最新编程技术)

学　　院	机械与电气工程学院	课程名称	计算机最新编程技术
授课教师	郑厚天	授课班级	计算机 161、162
课程切入点	计算机应用作品讨论		
德育元素应用	追求科学、强调实践;存在即为合理。		
教学内容、方法及实施过程	截至目前,学生提交的作品全部是虚拟作品,包括各类竞赛作品,而且学生从思想上没有认识到应用实践的重要性。这堂课通过将学生作品和实际作品进行对比,指出学生作品中的不合理性,并结合作品说明造成不合理性的原因是脱离实际。因为真正好的计算机作品是基于现实存在的客观需求开发的,这种需求还在不断深化,所以开发者追求作品科学性、合理性是不断研究探索的过程,而且要经过用户在实践中不停地测试和检验。		
教学体会、感悟	实践是最好的教学平台,研究是最有效的学习方法,社会需求是最长久的学习动力。		

“课程思政”教师教学案例随记(学年论文)

学　　院	艺术学院	课程名称	学年论文
授课教师	杨小燕	授课班级	音乐学(师范)152
课程切入点	小学音乐教学实践,以CUPS杯子游戏教学活动为例。		
德育元素应用	上进,诚实,认真,坚持。		
教学内容、方法及实施过程	1.加强师生沟通,确立研究方向 经过多次与学生深层次地交流中小学音乐教学理念与看法,最后确定研究主题为CUPS的音乐节奏教学实施。 2.细心指导学生搜集、查阅资料 从CUPS杯子游戏背后的奥尔夫音乐教学思想,到CUPS音乐游戏多种表现形式,最后到CUPS的教学研究,查阅这三个方面相关资料。 3.多次面对面,详细讲解、讨论、修改论文 面对面地交流,认真严谨地对待课题研究,尊重学生的研究思维路线,让学生大胆阐述自己的想法,让学生主动发挥研究性学习能力。适当提点学生研究方法及写作技巧。 4.严格要求论文写作规范 严格要求学生按照艺术学院音乐系学年论文写作规范,进行论文写作。要求格式、字体等零失误。		
教学体会、感悟	严格的要求,不仅是对学生,更是对自己。以身示范,学生看在眼里,学在心里。在教学过程中,不能仅用言语来要求学生做到上进、认真、坚持、诚实,还要以身作则,这样才能正确引导学生在学年论文的写作中养成正确的基本科研思维习惯及写作习惯,为第四学年的论文写作及今后工作中的教学研究打下坚实、良好的基础。		

“课程思政”教师教学案例随记(声乐)

学　　院	艺术学院	课程名称	声乐
授课教师	张晓红	授课班级	音乐学 151、152
课程切入点	学会将情感融入歌唱。		
德育元素应用	用歌曲的情感激发学生的歌唱欲望,在歌唱中体验对祖国的深情。		
教学内容、方法及实施过程	歌曲《梅娘曲》,反映 20 世纪二三十年代中国人民反抗黑暗统治,反对外来侵略的愿望,演唱该曲目时,要更多地表现出人民不堪忍受压迫的痛苦呼唤。 歌曲《大森林的早晨》,歌颂祖国,歌唱大自然,歌唱四季,运用歌唱技巧,来恰如其分地表现艺术,表达情感,体现了作者的爱国之心,引导学生,以声带情,以情传声,充分体现歌唱者的激情。		
教学体会、感悟	通过学唱以上歌曲,学生既学到了历史知识,也懂得了用情感体现对祖国的热爱,用情感表达对侵略者的憎恨。		

“课程思政”教师教学案例随记(计量经济学)

学　　院	数理信息学院	课程名称	计量经济学
授课教师	郑　彬	授课班级	信息与计算科学151
课程切入点	第八章　异方差的检验和纠正		
德育元素应用	学习耐心、认真、严谨的工作态度。模型的设计和调校是反复尝试和检验调整变量的过程，需要学生以认真的态度、极大的耐心来一步一步操作，过程中数据不能弄虚作假，每个指标都需要严谨治学的态度。培养工匠精神，认真、严谨、一丝不苟。在大学的教育环节中，耐心、细致、严谨是重要一环。		
教学内容、方法及实施过程	异方差的怀特检验、BP检验和WLS法。通过两个检验验证线性回归模型假设中同方差假设是否满足，如果无法通过检验，则需要进一步通过WLS法进行模型调整，直到得到稳健的标准差。学生需要耐心细致地工作，不能弄虚作假。		
教学体会、感悟	同学们态度严谨，积极提问，不断改进模型，最终完善模型。		

“课程思政”教师教学案例随记(单片机原理)

学　　院	数理信息学院	课程名称	单片机原理
授课教师	朱敏杰	授课班级	电子信息工程 161、162
课程切入点	第一章　单片机概述		
德育元素应用	科学技术现代化,中国梦,中国智造。		
教学内容、方法及实施过程	单片机从 20 世纪 70 年代末开始,在世界范围内得到广泛应用。虽然单片机是美国英特尔公司最早研发的,但我国的处理器计算机技术经过改革开放 40 余年的学习、追赶、超越,已经处在世界先进行列。 如华为的麒麟系列处理器、世界运算速度最快的计算机天河二号等。 由此引出我国的科学技术现代化已经取得了显著成果,但现代化永远在路上。需要同学们在规划自己中国梦的同时,与科学技术现代化同步前进。		
教学体会、感悟	做好理工类课程的课程思政不是增开一门课,而是围绕知识传授与价值引领相结合的原则,将社会主义核心价值观融入课程教学和改革的各环节各方面。		

“课程思政”教师教学案例随记(大学物理 A1)

学　　院	数理信息学院	课程名称	大学物理 A1
授课教师	连进玲	授课班级	科学教育 172
课程切入点	第四章第九节　多普勒效应		
德育元素应用	爱国:关心国家安全现状,学会担当社会责任。		
教学内容、方法及实施过程	在介绍艏波时,向学生展示辽宁号航母在海上行进时产生的艏波、航母编队的艏波,以及歼 20 突破音障时产生的“音爆云”;并简要穿插瓦良格的历史和我国战机的发展历史和目前掣肘,激发学生的爱国热情,使学生认识到我国目前所处外部安全环境和部分国外势力对我国发展的牵制破坏,引导学生的社会责任意识和担当意识。		
教学体会、感悟	在看似枯燥的知识中引入相关实例,激发了学生的学习热情,更好地理解了所学内容,同时也加强了国防安全认识,对学生灵活运用所学知识、全面发展起到积极作用。		

“课程思政”教师教学案例随记(中外教育简史)

学　　院	教师教育学院	课程名称	中外教育简史
授课教师	王玉生	授课班级	小学教育(师范)171
课程 切入点	苏格拉底的教育思想。		
德育元素 应用	1. 敬业:爱岗乐业、职业道德、敬业精神。 2. 平等:人格平等、教育平等。 3. 友善:包容、协作、团结、尊重。		
教学内容、 方法及实 施过程	1. 讲授苏格拉底的生平与教育活动(如他以传授知识为生,30 多岁时成为一名不取报酬也不设馆的社会道德教师等),体现其爱岗乐业、职业道德、敬业精神。 2. 讲授苏格拉底的“美德即知识”,体现其智慧、友爱、虔诚等友善品质。 3. 讲授“苏格拉底法”,体现其人格平等、教育平等等思想。		
教学体会、 感悟	学习苏格拉底的教育思想,善用启发式教学,培养学生的辩证思维能力。		

“课程思政”教师教学案例随记(美术 2)

学　院	艺术学院	课程名称	美术 2
授课教师	李　俊	授课班级	小教 172、174
课程切入点	《中国花鸟画发展史》第一节　花鸟画与人文情感。		
德育元素应用	八大山人的花鸟画与爱国情感。		
教学内容、方法及实施过程	元代花鸟画的发展与文人画的形成。讲授法与 PPT 演示法相结合。通过讲述宋末元初社会发展的时代背景,分析文人团体形成的原因,同时导出文人画的成因,进而梳理文人的爱国情怀与特殊的笔墨表达方式。		
教学体会、感悟	学生体会到了绘画作品不仅仅具有审美功能,同时还具有更深层次的育人功能。		

“课程思政”教师教学案例随记(食品化学)

学　院	生命科学学院	课程名称	食品化学
授课教师	彭　祺	授课班级	酿酒工程(专升本)161
课程切入点	第一章　食品化学概论		
德育元素应用	国以民为本,民以食为天,食以安为先。		
教学内容、方法及实施过程	食品安全涉及道德、法律、技术三个方面。食品化学是食品专业基础技术,是食品制作加工过程中的一把双刃剑,学生经过学习具备较强的操作能力,既具有制假能力,也能杜绝制假。法律和道德素养是他们今后发展必备的素养。		
教学体会、感悟	围绕食品安全进行教育,是提升食品专业学生道德素质的有效切入点。		

学生课堂学习随感

学生按照教师课堂讲授的“课程思政”内容,结合自己的学习体会和感悟,填写“课程思政”学生课堂随感——老师在课堂上的一句良言,并上传至“课程思政”微信小程序,进一步提升课程育人的实效。

“课程思政”学生课堂随感(思想道德修养与法律基础)

——老师在课堂上的一句良言

学　　院	教师教育学院	班　级	学前教育(师范)171
姓　　名	杜欣楠	授课时间	2017—2018学年第二学期
授课教师	黄鹏红	课程名称	思想道德修养与法律基础
课程育人切入点(课程内容)	1.让我们思考今后想要做什么样的人,给出很多内容,比如身体健康、幸福婚姻等。 2.教育我们树立正确的人生观、价值观。 3.给我们看演说家视频,教给我们努力的重要性和人生的意义。 4.让我们了解正确的人生观带给人的重要影响。		
一句良言	生命的价值不在于长短,而在于质量。		
核心价值观与做人做事道理	并不是你活到一百岁就是厉害的人,重要的是你在活着的时候做了什么,你的人生有没有价值。		
体会、感悟	在今后的日子里我会努力树立正确的人生观,学习更多知识,在生活中学习更多经验,运用到今后的事业中,用自己微薄的力量为社会做贡献,提升自己的人生价值。		

“课程思政”学生课堂随感(教育统计学与SPSS实用技术)

——老师在课堂上的一句良言

学　　院	教师教育学院	班　级	学前教育(师范)151
姓　　名	楼梦瑶	授课时间	2017—2018学年第二学期
授课教师	李　黎	课程名称	教育统计学与SPSS实用技术
课程育人切入点(课程内容)	相关系数及显著性检验。主要学习积差相关,除此之外还包括斯皮尔曼等级相关、质量相关和品质相关。虽然四类相关系数检验的原理都相类似,但是不同性质的统计量要用不同的相关系数检验。		
一句良言	工欲善其事,必先利其器。		
核心价值观与做人做事道理	不同的数据要用不同的方法去处理,要善用合适的工具。		
体会、感悟	学海无涯,我们应该多学习知识,并选用合适的方法和工具去解决遇到的问题,不应该只局限于一种方法去解决所有的事。		

“课程思政”学生课堂随感(思想道德修养与法律基础)

——老师在课堂上的一句良言

学　　院	纺织服装学院	班　级	服装设计与工程1712
姓　　名	赵丹钘	授课时间	2017—2018学年第二学期
授课教师	许大平	课程名称	思想道德修养与法律基础
课程育人切入点(课程内容)	践行社会主义核心价值观。		
一句良言	博学之,审问之,慎思之,明辨之,笃行之。		
核心价值观与做人做事道理	青年的价值取向决定着未来整个社会的价值取向,而青年又正处于价值观形成和确立的关键时期,自觉践行社会主义核心价值观十分重要。		
体会、感悟	我们要做社会主义核心价值观的积极践行者,我们要扣好人生的扣子,勤学修德,明辨笃实。		

“课程思政”学生课堂随感(教育统计学与SPSS实用技术)

——老师在课堂上的一句良言

学　　院	教师教育学院	班　　级	学前教育(师范)151
姓　　名	顾依敏	授课时间	2017—2018学年第二学期
授课教师	李　黎	课程名称	教育统计学与SPSS实用技术
课程育人切入点(课程内容)	教育统计学中的相关分析检验的方法。		
一句良言	你需要掌握更多的方法才能解决更多的问题。		
核心价值观与做人做事道理	当你只有一把锤子时,你只有一种方法可以打开箱子,就是用锤子锤开,但是当你有了螺丝刀等更多工具时,你就可以用更多的方法去打开箱子了。		
体会、感悟	我们要学习更多的知识和技能,将来也许在你不经意时就用上了。就像那句话,机会是给有准备的人的,你掌握的知识和技能更全面,机会才会更多。统计方法有很多种,我们只有掌握了多种方法,才能在复杂的数据情境中选择最合适的那种方法。		

“课程思政”学生课堂随感(美丽塑料造型与创作)

——老师在课堂上的一句良言

学　　院	纺织服装学院	班　级	纺织工程151
姓　　名	厉馨惠	授课时间	2017—2018学年第二学期
授课教师	苟发亮	课程名称	美丽塑料造型与创作
课程育人切入点(课程内容)	橡胶及其成形工艺。		
一句良言	生活中要有抗压能力。		
核心价值观与做人做事道理	橡胶在外力作用下具有很大的变形能力,外力去除后其又能很快恢复到原始尺寸。做人也一样,要能屈能伸。		
体会、感悟	人们在生活中会遇到很多的困难,也许有些一时难以承受,并觉得痛苦,但即使在困境中我们也不能放弃自己。		

“课程思政”学生课堂随感(小学教学案例写作)

——老师在课堂上的一句良言

学　　院	教师教育学院	班　　级	小学教育(师范)154
姓　　名	叶杉杉	授课时间	2017—2018学年第二学期
授课教师	陆有海	课程名称	小学教学案例写作
课程育人切入点(课程内容)	对于小学数学教学案例写作,以一堂模拟课为例,进行分析讲解。		
一句良言	借我一双智慧的眼睛,让我看清神奇的数学。借我一双创造的双手,让我拨开朦胧的面纱。		
核心价值观与做人做事道理	在教学中要追问,深入挖掘地追问,把学生问透彻,这样才能让孩子们真正了解学习的乐趣以及知识点的精髓所在。		
体会、感悟	数学是有灵魂的,教给孩子的不仅是知识,更重要的是能力,是分析教材的能力、正确运算的能力以及检查复习的能力。教学是一个漫长的过程,只有认真踏实地走好每一步,我们才能成为真正意义上的教师!		

“课程思政”学生课堂随感(中国美术史)

——老师在课堂上的一句良言

学　　院	艺术学院	班　级	美术学(师范)171
姓　　名	邬姗姗	授课时间	2017—2018学年第二学期
授课教师	张庆祝	课程名称	中国美术史
课程育人切入点(课程内容)	关于中国美术史的进程,各个朝代的书画特点、人物和一些有趣的故事,联系古今,深入讲解某一幅画以及播放一些视频,推荐一些书籍、纪录片。		
一句良言	读书能补天然之不足,经验又能补读书之不足。		
核心价值观与做人做事道理	以前画画的都是文人,对于学美术的人来说,读书是很重要的,读了书才能知道这些画是怎么来的,为什么好。要多去看画展,多开阔眼界,我们要有一个自己明确的目标,并且去努力。		
体会、感悟	以前总觉得学历史让人要死记硬背,头大,上了大学以后才发现,其实历史并不是枯燥的,你去探索了就会发现很多有趣的事,一些人也许并不像你原来想的那样,学习的方式也并不是只有阅读课本这一种,看展览、看纪录片、看一些课外书都是很好的学习方式。要学会去细心地发现生活中的点点滴滴。俗话说,人外有人天外有天,多出去走走,多读读书,人的面貌和气质也会随之改变。		

“课程思政”学生课堂随感(篮球)

——老师在课堂上的一句良言

学　　院	教师教育学院	班　级	体育教育(师范)151
姓　　名	孙珊珊	授课时间	2017—2018 学年第二学期
授课教师	金一平	课程名称	篮球
课程育人切入点(课程内容)	基础技术为战术服务。		
一句良言	熬过那 3 厘米。		
核心价值观与做人做事道理	一种生长在中国东部的竹子,在头 4 年时间里只长了 3 厘米,但从第 5 年开始以每天 30 厘米的速度疯长,仅用 6 周时间就长到 15 米。其实前面 4 年,竹子将它的根在土壤里延伸了数百平方米。		
体会、感悟	做人和运动训练亦是如此,不要担心你此刻的付出没有回报,这是为了在某一刻体现出价值。		

“课程思政”学生课堂随感(人类与自然)

——老师在课堂上的一句良言

学　　院	教师教育学院	班　级	小学教育(师范)172
姓　　名	陈思源	授课时间	2017—2018学年第二学期
授课教师	何　权	课程名称	人类与自然
课程育人切入点(课程内容)	环境保护与可持续发展(人口与环境、人类社会发展各阶段的环境问题、环境保护与发展战略)。		
一句良言	身体力行调整行为习惯,成为合格的世界公民。		
核心价值观与做人做事道理	随着现代经济的迅速发展,我国的生态环境形势日益严峻,已经严重影响了我国工业、农业的可持续发展,必须在加强法制建设、普及环境保护教育、加强环境监管、调整产业结构、改善基础设施、推广科学技术等方面加大力度,从而保证我国农业、工业的可持续发展。保护环境是实现可持续发展的前提,也只有实现了可持续发展,才能真正实现人与自然的和谐发展。		
体会、感悟	冰冻三尺非一日之寒,解决生态环境问题不仅涉及人与自然的关系,更要涉及人们相互间的关系及由发展水平不同带来的矛盾与问题。因此,必须寻找与所有者利益兼容的治理机制,实现生态环境的宏观治理,建立并健全干预机制,才能使生态环境的治理长期、有效地开展。		

“课程思政”学生课堂随感(大学生成长专题)

——老师在课堂上的一句良言

学　　院	医学院	班　　级	护理学 171
姓　　名	骆　洋	授课时间	2017—2018 学年第二学期
授课教师	付八军	课程名称	大学生成长专题
课程育人切入点(课程内容)	认识自己。		
一句良言	每个人是随机的,却是唯一的编号。		
核心价值观与做人做事道理	世界是怎么形成的? 通过讲解,明确创造论是一种幻想,明确进化论是一种推测。 人性到底是怎么回事? 通过讲解,了解古今中外的几种人性观,明确动物性是人的底色,社会性是人的配色,理解“双色论”的人性观。 个体到底是怎么回事? 通过讲解,认识到每个人都是随机的编号,但也是唯一的编号,理解“编号论”的人生观。		
体会、感悟	要正确地认识自己,必须正确、客观地评价自己,在任何时候都不要高估或低估自己。		

“课程思政”学生课堂随感(成衣纸样与工艺)

——老师在课堂上的一句良言

学　　院	纺织服装学院	班　级	服装设计与工程 1512
姓　　名	舒乐佩	授课时间	2017—2018 学年第二学期
授课教师	朱琴娟	课程名称	成衣纸样与工艺
课程育人切入点(课程内容)	成衣纸样打板及工艺,包括领子、袖子、帽子。		
一句良言	实践是检验真理最好的方式。		
核心价值观与做人做事道理	任何想法都不能只停留在表面,需要实践来检验其是否正确,并加以改进。		
体会、感悟	纸上谈兵不可取,要在实践中探寻真理、充实自我。		

“课程思政”学生课堂随感(排球)

——老师在课堂上的一句良言

学　　院	教师教育学院	班　　级	体育教育(师范)152
姓　　名	项晓晨	授课时间	2017—2018学年第二学期
授课教师	周　赞	课程名称	排球
课程育人切入点(课程内容)	打排球。		
一句良言	人生如球场。		
核心价值观与做人做事道理	在球场上就应该明确自己在场上的位置和任务。在一场球中,应该要发挥出自己在场上的作用。人在不同的地方扮演不同的角色,做着不一样的事情,都应该认真完成。		
体会、感悟	人不管在哪里,做什么,都应该认真对待、专心致志,做人要脚踏实地。		

“课程思政”学生课堂随感（病理学）

——老师在课堂上的一句良言

学　　院	医学院	班　级	临床医学162
姓　　名	胡思琪	授课时间	2017—2018学年第二学期
授课教师	张巧英	课程名称	病理学
课程育人切入点（课程内容）	通过自己的亲身经历教导我们如何做一名良医。		
一句良言	对待病人就要像对待家人一样。		
核心价值观与做人做事道理	怀着感恩的心情，带着专业和尊重的态度，用你希望被如何对待的方式去对待别人。		
体会、感悟	医生这个职业就是一张由朋友组成的网，所以我要你们善待彼此。不要自以为是，不要看轻你的同事。怀着感恩的心情，带着专业和尊重的态度，用你希望被如何对待的方式去对待别人。		

“课程思政”学生课堂随感(中国近现代史纲要)

——老师在课堂上的一句良言

学　院	教师教育学院	班　级	小学教育(师范)171
姓　名	胡宇雯	授课时间	2017—2018 学年第二学期
授课教师	欧阳云梓	课程名称	中国近现代史纲要
课程育人切入点(课程内容)	提出一个问题:日本为什么要向中国发动战争?之后开始叙述有关中华民族抗日战争的知识点。		
一句良言	落后就要挨打!		
核心价值观与做人做事道理	中国军民同仇敌忾,奋力抗击日本侵略者,成为弱国战胜强国的范例。		
体会、感悟	中国的历史不能忘记,它会成为我们发展与进步的动力源泉。落后就要挨打,只有努力前进,才不会再重蹈历史的覆辙!		

“课程思政”学生课堂随感(外科学)

——老师在课堂上的一句良言

学　院	医学院	班　级	临床医学151
姓　名	蔡鸿凯	授课时间	2017—2018学年第二学期
授课教师	鲁葆春	课程名称	外科学
课程育人切入点(课程内容)	肝脓肿,原发性肝癌。		
一句良言	对我们的学习来说,重要的东西不仅是知识,更多的是学问(跟人沟通、交流的学问)。知识可以由书本得到,但是学问却需要自己不断地实践。		
核心价值观与做人做事道理	平等、友善地对待每一位病人。		
体会、感悟	掌握临床上扎实的手术技术和完备的知识是必要的,但是跟这些同样重要的与病人进行良好沟通的能力也不容忽视。我们需要有全面的人文关怀和良好的沟通技能。		

“课程思政”学生课堂随感(人体运动学)

——老师在课堂上的一句良言

学　　院	医学院	班　　级	康复类172
姓　　名	戴艳璐	授课时间	2017—2018学年第二学期
授课教师	张亚军	课程名称	人体运动学
课程育人切入点（课程内容）	以运动康复生物力学的理论内容为切入点，引申出医学生如何养成医德。		
一句良言	先成人后成才。		
核心价值观与做人做事道理	医疗卫生事业是造福人民的事业。医务人员与病人的关系是医德关系中主要的一个方面。每个医务人员都必须在道德上懂得善恶、美丑、是非、荣辱。		
体会、感悟	做事先做人，要做什么样的事情，先成什么样的人。在成为一个真正的医生之前我们要先成为一个品德高尚的人。光有高超的技术是不够的，医德是医务人员必须具有的品格。		

“课程思政”学生课堂随感(绍兴地方戏曲)

——老师在课堂上的一句良言

学　　院	教师教育学院	班　　级	小学教育(师范)162
姓　　名	施慧娜	授课时间	2017—2018学年第二学期
授课教师	周柳萍	课程名称	绍兴地方戏曲
课程育人切入点(课程内容)	针对越剧《花烛恨》中白玉凤这个人物进行赏析,说说白玉凤有哪些教育意义,对黄善婆的人物形象持怎样的观点。		
一句良言	明辨是非,表里如一。		
核心价值观与做人做事道理	对社会上的不良行为,不能一味妥协,否则坏人就会变本加厉。社会上不乏伪善的人,例如剧中的黄善婆。黄门是济善大户,有御匾题词,但这都不能掩盖他们的丑恶行为和伪善丑恶的本质。我们要有一双明辨是非的眼睛,做一个聪明人。		
体会、感悟	要做一个善良的人,要表里如一,对他人的帮助要懂得感恩。要做一个聪明的人,有一双明辨是非的眼睛!		

“课程思政”学生课堂随感(中外设计简史)

——老师在课堂上的一句良言

学　　院	艺术学院	班　级	设计学类 171
姓　　名	杨宇锋	授课时间	2017—2018 学年第二学期
授课教师	潘草原	课程名称	中外设计简史
课程育人切入点(课程内容)	让学生更加了解古代历史,主要包括室内设计、环境设计、产品设计、明清朝物品鉴赏、近现代设计大师作品鉴赏、由古至今设计历史发展过程,多以 PPT 形式让同学观看。		
一句良言	不尊重历史的人注定要重犯历史的错误。		
核心价值观与做人做事道理	一切历史都是当代史。 我们应该了解历史,尊重历史。了解设计发展历史才能更好地学习和发展设计。		
体会、感悟	铭记历史,吸取经验,砥砺前行。 当代大学生应该多多了解历史,这百利而无一害。 铭记历史,防止历史重演。		

“课程思政”学生课堂随感(广告创意设计)

——老师在课堂上的一句良言

学　　院	艺术学院	班　级	视觉传达设计162
姓　　名	姜　楠	授课时间	2017—2018学年第二学期
授课教师	黄章敏	课程名称	广告创意设计
课程育人切入点(课程内容)	广告的基本知识,广告的创意思想,如何更有新意地去制作广告。		
一句良言	打开自己的思想,不要被自己束缚住。		
核心价值观与做人做事道理	善心,善行,善言。多思考多发现。善于观察身边美好的事物。		
体会、感悟	在广告课上,我了解到了广告的基础知识,了解到了如何让广告更加有创意。老师还教我们如何开发自己的智慧,不要局限于自己的思维,还可以在同别人交流时发现金点子。在平时生活中要多留心身边的事,多多发现,多多思考,这样才能更好地致力于自己的事情,完成自己的任务。		

“课程思政”学生课堂随感(中外设计史)

——老师在课堂上的一句良言

学　　院	艺术学院	班　级	设计学类171
姓　　名	杨群星	授课时间	2017—2018学年第二学期
授课教师	潘草原	课程名称	中外设计史
课程育人切入点(课程内容)	从历史反射到身边的现实。17世纪末,一位名为雷发达的南方匠人来京参加宫殿营造。他的建筑技术高超,很快被提拔为御用建筑师,其后代也一直任清代皇家建筑师一职,因此世人称这个家族为样式雷。		
一句良言	匠人匠心,最重要的是热爱生活。		
核心价值观与做人做事道理	要热爱生活,兴趣是最好的老师。除了设计建造皇宫、皇陵和园林,样式雷还独创了图档和烫样的设计方法。这些细致的图档和烫样,体现出了样式雷科学的设计方法和严谨的态度,是建筑中艺术与科学、审美与功能的统一,对后人的设计产生了深远的影响。		
体会、感悟	生活是有仪式感的。我们要热爱生活,从历史联系到生活,要有一颗保持热爱生活的心。无论如何也不放弃,要一直坚持下去,努力地去做一件事情。要保持初心,热爱生活。		

“课程思政”学生课堂随感(电路原理)

——老师在课堂上的一句良言

学　　院	机械与电气工程学院	班　　级	自动化类171
姓　　名	骆　颖	授课时间	2017—2018学年第二学期
授课教师	施丽莲	课程名称	电路原理
课程育人切入点(课程内容)	在讲解电路题时,大家都不愿意计算答案,而只是把方程列出来就好了,老师告诉我们别小看计算这一简单的问题,在平时作业中我们都不愿意计算,在日积月累下我们就会忘记怎么去计算。		
一句良言	只有愿意去做,努力去做,才能实现我们的目标。		
核心价值观与做人做事道理	我们本身的计算能力都是很强的,但有时候我们就是忽略了它,只有加强平时的练习,才能真正得到强化。		
体会、感悟	不只是计算,生活中的很多小事也是这样,我们只有通过不放弃的精神克服重重困难,不断地去挑战,才能达到我们的目标。		

“课程思政”学生课堂随感(大学英语2)

——老师在课堂上的一句良言

学　　院	上虞分院	班　　级	酒店管理(高职)172
姓　　名	童秀华	授课时间	2017—2018学年第二学期
授课教师	施　超	课程名称	大学英语2
课程育人切入点(课程内容)	Step by step, I can't see any other way of accomplishing anything. ——*I Can't Accept Not Trying*		
一句良言	做什么事,跨出第一步很重要,然后逐步去完成每一小步。		
核心价值观与做人做事道理	把大目标分解成多个小目标,然后逐一完成,慢慢地就完成了那个大目标!		
体会、感悟	人最强大的敌人就是你自己,只要你自己敢于跨出第一步,你就已经战胜了自己!好的开始是成功的一半。认真踏实走好每一小步,你会离成功越来越近。		

“课程思政”学生课堂随感(小学数学基础理论)

——老师在课堂上的一句良言

学　　院	教师教育学院	班　　级	小学教育(师范)163
姓　　名	李思思	授课时间	2017—2018学年第二学期
授课教师	陆有海	课程名称	小学数学基础理论
课程育人切入点(课程内容)	分数与小数的转化。		
一句良言	优秀的人不是教出来的,而是拼出来的。		
核心价值观与做人做事道理	正如歌曲《爱拼才会赢》一样,真正优秀的人都是在拼搏中渐进地提升自我的。		
体会、感悟	这世界上的确存在天才,但是那真是太稀少了。而且,即使是天才,缺少了后天的努力,一样是不会成功的。成功其实就是付出。		

四、理论探索

从思政课程到“课程思政”的探索与启示[①]

沈 赤 陈均土 陈福喜 张 颖 谷江稳

习近平总书记在全国教育大会上强调,思想政治工作是学校各项工作的生命线。近年来,绍兴文理学院在省内率先推动从思政课程到“课程思政”转变,着力加强大学生思想政治教育,取得明显成效。本文总结了该校推进“课程思政”改革的成效,为加强和创新我省大学生思想政治教育提供了经验启示。

一、绍兴文理学院“课程思政”的有关做法

加强和创新我省大学生思想政治教育工作,加快推进“课程思政”实施已成为当前我省高等教育面临的一项紧迫的政治任务和重要工作。近年来,绍兴文理学院坚持把立德树人作为中心环节,探索推动思政课程向“课程思政”转变,通过抓实“课程思政”工作构建大思政格局。

一是围绕“三个一”明确工作目标。即明确每一门课程的思政功能、落实每一位教师的育人职责、达到每一门专业课程的“课程思政”效果,体现专业教育与思政教育的协同效应,使得专业课程与思政课程形成同心同向的育人格局,实现专业课程、教职员工、实施效果“三个百分百全覆盖”。

二是实施“三个步骤”优化工作方法。试点起步。学校选择了两个二级学院作为试点,推出“课程门门有思政,教师人人讲育人”大讨论活动、一次社会主义核心价值观学习会、一张“课程思政”教学设计表、一次“课程思政”教研活动、一场“课程思政”主题研讨会等“五个一”活动,在实践中及时梳理总结经验。全面推进。通过举行“课程思政”教学设计活动、实施“思政课教学质量提升计划”、建设一批思政功能明显的重点示范课程、建立一套“课程思政”育人评价体系、推动“第二课堂”“第三课堂”建设,在试点基础上全面推进“课程思政”。深化提升。专门设置“课程思政”案例库,整体提升“课程思政”能力,持续激发“课程思政”效果。

三是建立“三张表单”形成工作特色。填写思政元素表。深入挖掘提炼各门专

① 原载《浙江社科要报》2018 年第 95 期(总 327 期)。

业课程所蕴含的思政元素和承载的思政功能,共梳理出了106条与“课程思政”相关的思政元素,精心编制成《“课程思政”教学设计编制指南》。填写教学设计表。授课教师结合专业课程特点,梳理出3～5条所授课程的思政元素,填写《“课程思政”教学设计表》,作为教材讲义必要章节、课堂讲授重要内容和学生考核关键知识。撰写课堂案例表。通过建立教师教学随记和学生学习随感案例库,起到相互学习、相互启发、共同提高的作用,提升“课程思政”能力。

四是开展“三项行动”凝聚工作合力。“一项计划”提升思政课质量。开展“时政进校园”系列学习教育活动,推动思政课改革,依托“浙江新闻客户端”APP手机学习平台,观看“时政进校园”视频,把学生学习时事情况作为思政课(形势政策课)实践教学内容。“一项建设”提高课程育人成效。开展“课程思政”示范课程建设工作,审核“课程思政”教学设计,撰写“教学案例随记”,丰富课程思政教学资源,形成“课程思政”教学案例库。“一批通识教育课程”发挥示范引领作用。利用绍兴深厚历史文化底蕴和名人资源,开设“越地名人 家国情怀”系列通识课程,通过通识教育引领,使所有课程教学内容嵌入专业伦理、社会主义核心价值观等德育内容,在授课过程中传播正能量。

二、取得成效

一是构建了一种全课程育人的工作格局。“课程思政”实施以来,教师队伍中产生了如何把“课程思政”做好的自觉探索,学生中形成了在各门课程中淬炼价值观的自觉认知。2017—2018学年,全校累计有3823门课程、2108名教师填写“课程思政”教学设计表,做出“课程思政”承诺。

二是探索了一套行之有效的工作方法。经过探索形成了在课堂上发现机会及时切入德育元素的“见机行事”、借助一些语录和故事讲述做人做事道理的“借题发挥”、“课程思政”与专业课有机融合的“春风化雨”等一整套工作方法,将“课程思政”润物细无声和潜移默化地渗透于课程教育各个环节。截至目前,该校的课程思政案例库共有1.3万多名师生参与注册,共计填写教学随记和学习随感2.5万余条,强化了“课程思政”效果。

三是丰富了“课程思政”工作抓手。通过建立思政课、专业课、通识课“三位一体”思政教学体系、共建马克思主义学院、“时政进校园”等丰富工作载体和抓手,依托“浙江新闻客户端”APP手机学习平台,引入社会力量参与思政课改革,受到了学生广泛欢迎。截至目前,“时政进校园”视频共播出113期,累计阅读量达到3619万,点赞173万,评论172万余条。

四是产生了广泛社会影响。学校“课程思政”工作影响持续扩大,受到各方关注和肯定。2017年6月,新华网以“绍兴文理学院抓实“课程思政”工作构建大思政格局”为题进行报道；2017 年 12 月，教育部门户网站以“绍兴文理学院扎实推进‘课程思政’”为题进行报道；2018 年 1 月，央视《新闻联播》报道学校课程思政创新工作；2018 年 3 月，《人民日报》发表《找到从“思政课程”到“课程思政”的密钥》的署名文章。

三、经验与启示

“课程思政”是一项系统工程。从绍兴文理学院的实践探索来看，推进“课程思政”必须坚持“一个中心”，理顺“三个关系”，做好“五个结合”。

一是坚持“一个中心”。“课程思政”工作必须紧紧围绕高校立德树人的中心任务进行设计和实施，坚持以马克思主义理论为指导，遵循教书育人规律，强化育人导向，把价值引领有机融入教学全过程，充分发挥“课程思政”的育人功能，提升育人质量，培养中国特色社会主义的合格建设者和可靠接班人。

二是理顺“三个关系”。处理好“课程思政”与“思政课程”的关系。思政课是学校思想政治工作的主渠道，要把思政课作为“课程思政”的重要支撑，两者齐抓并重，不可割裂。处理好“课程思政”与学科专业的关系。根据学科专业特点，建设“课程思政”重点示范课，找到每门课程最能打动学生、感化学生的“思政元素”和思政载体。处理好工作推进和研究深化的关系。“课程思政”工作逐步推进中应同步开展理论研究，将立德树人贯穿于科学研究和专业人才培养全过程。

三是做好“五个结合”。一要结合习近平新时代中国特色社会主义思想和党的十九大精神的学习贯彻，重点抓好全国高校思想政治工作会议精神的贯彻落实。二要结合立德树人这一根本任务，构建思政课、通识课、专业课“三位一体”的大思政格局，提升思政课程主渠道作用，发挥通识课程和第二课堂的育人功能，做实课程思政工作。三要结合教职工思想政治工作，将课程思政实施情况作为听课、学评教和教师考核的重要内容，同时将课程思政的内涵融入人才培养方案的修订之中，推动课程思政工作落细落小落实。四要结合办学特点和教育规律，依托地域文化，结合大学生成长成才需要，做好教学实施工作。五要结合德育和思政工作能力提升，加强理论研究，开展提升思政能力的教师教育培训，全方位打造有理想信念、道德情操、扎实知识和仁爱之心的教师队伍。

专业教师"课程思政"教学能力的培养①

张 宏 李 黎

习近平总书记在2016年召开的全国高校思想政治工作会议上指出：要用好课堂教学这个主渠道，思想政治理论课要坚持在改进中加强，提升思想政治教育亲和力和针对性，满足学生成长发展需求和期待，其他各门课都要守好一段渠、种好责任田，使各类课程与思想政治理论课同向同行，形成协同效应。[1]在2018年召开的全国教育大会上，习近平总书记又指出：教师是人类灵魂的工程师，是人类文明的传承者，承载着传播知识、传播思想、传播真理，塑造灵魂、塑造生命、塑造新人的时代重任。[2]2019年习近平总书记又在学校思想政治课教师座谈会上提出"办好思想政治理论课关键在教师"[3]。习总书记这几次的重要讲话，强调了两个鲜明观点：其一，高校思想政治教育不仅是高校思想政治理论课的任务，也是其他各门课的任务；其二，教师，包括思想政治理论课教师和其他专业课教师，既承载着传播知识、传播思想、传播真理的时代重任，也承载着塑造灵魂、塑造生命、塑造新人的时代重任。为深入贯彻习近平总书记的重要讲话精神，教育部印发的《关于加快建设高水平本科教育 全面提高人才培养能力的意见》("新时代高教40条")提出，要把思想政治教育贯穿高水平本科教育全过程，坚持德才兼修，提升思政工作质量，强化"课程思政"，形成专业课教师与思想政治理论课教师紧密结合、同向同行的育人格局。可见，实施"课程思政"，实现专业课程的育人功能，是高校专业课教师理应承载的时代重任；提高"课程思政"教学能力，提升专业课程育人功效，是高校专业教师承载时代重任理应具备的关键特质。

一、专业教师"课程思政"教学存在的主要问题

我国高校在结合各自办学类型、办学层次的基础上，探索了多种"课程思政"育人模式，积累了一些经验。

近几年的实践过程中也发现了一些问题，如教师的思政理论水平问题、不同学科背景教师对育人元素的挖掘问题、课堂中如何准确把握专业知识与思政元素的

---

① 原载《浙江工业大学学报(社科版)》2020年第2期。

结合度问题、对教师参与思政工作的评价问题，等等，这些问题已经影响到了“课程思政”的深度推进。就教师本身的因素而言，主要表现在三大方面：

一是专业教师对“课程思政”重要性的认识程度不均衡。有的教师已经充分意识到“课程思政”的必要性和重要性，认识到专业教师具有思想政治教育的优势，思政教育更能贴近学生需求，专业课教师与学生的心理距离更近从而更能对学生产生影响，结合专业课程的思政工作效果更好等；而有的专业教师仍然重知识传输和能力培养、忽视思政教育，对思政教育在专业课中的渗透认识不够透彻，这就不利于达到“全员育人”的目标。从学科大类来看，人文社科类背景的教师相比理工农医类教师的认识更到位些。

二是专业教师思想政治理论知识明显不足。无论是在专业课中思政元素的挖掘，还是在课程教学实施过程中思政元素的渗透，抑或是在渗透思政教育的时机选择、教学语言的运用、突发事件的处理等方面，部分专业课教师显得思想政治理论知识明显不足，这已经成为影响“课程思政”效果的关键因素。大部分的专业课教师能自觉做好“课程思政”的教学设计准备，但具体实施过程中“重形式轻效果”的现象依然存在。当然，这与育人效果难以从其他课程中剥离、思政教育的效果难以“立竿见影”是有关系的。

三是专业教师教育科学理论水平尚待提高。“课程思政”不是一门新开的课，而是一种课程观。要求高校教师把思政元素以大学生可以接受的形式和润物细无声的方式传递，在知识传授中渗透价值观的引领，引导学生运用多学科的知识和技能领悟主流价值观，以期达到专业知识和思政教育相互映衬和整合的效果。那么，什么时机是最佳的？如何渗透是合理的？主流价值观可以“植入”吗？怎样利用大学生的认知规律来达到最好的教育效果？这些，都需要完备的教育科学理论作为支撑。

上述三个方面的问题，症结在于教师“课程思政”教学能力的培养问题。“课程思政”教学能力的培养，是传统意义上的教学能力培养在新时代的深化和发展，除了借鉴传统的培训形式外，最关键的是应该充实和拓展适应“课程思政”实践的培训内容，并通过建立完善相应的课堂教学、履职考核、职称晋升、评优评奖等评价体系加以规范和强化。

二、“课程思政”教学能力的内涵和实践应用

能力指胜任某项工作或事务的主观条件。高校教师的教学能力，指高校教师为达成课程目标和人才培养目标，通过具体的教学活动表现出来的驾驭知识、应对事件、实现教学目标等方面的主观条件。国内外学者从不同的视角对教学能力的内涵进行了分析。综合多学科的视角，教学活动是心理活动、组织活动和教学专门

化活动的有机组合,教学能力是一种专业化的综合心理特征,是教师组织有效教学所需的个性特点、专业知识、教学技能的有机结合。

(一)“课程思政”教学能力的内涵

“课程思政”教学能力与传统意义上的教学能力,在内涵上既有联系,又有区别。传统意义上的教学能力可以理解为教学的一般能力,“课程思政”的教学能力是一种“特殊能力”。“课程思政”教学能力包含于传统教学能力之中,又是传统教学能力在“课程思政”背景下的丰富和发展。因为立德树人本就是高校教师应尽之责,是“课程思政”把育人职责外显化。任何一门课程都具有“思政元素”,每一位专业教师都应具备育人的主观条件,所以它应该成为教学能力的组成部分。

结合教学能力的结构分析和“课程思政”的实践经验,我们认为高校教师“课程思政”教学能力至少应包含三个层面:一是宏观层面,即作为中国特色社会主义大学的教师,应高等教育的“育人”本质的要求,从国家意识形态战略高度出发必须具备的立德树人的能力;二是中观层面,即社会主义核心价值观与专业课程深度融合,从专业知识和技术中挖掘渗透核心价值观的“思政”元素的能力;三是微观层面,即教师在日常教学中结合自身学科进行“课程思政”的教学设计能力、课堂教学过程中见缝插针抓住育人机遇的实施能力、春风化雨润物无声的教学组织能力等。[4]

(二)专业教师“课程思政”教学能力的实践应用

“课程思政”教学能力是新时代高校教师胜任教学工作的特殊能力。在可以参照的经验极其有限的条件下,各地高校“摸着石头过河”,自主探究了“课程思政”的若干模式,探索了提升专业教师“课程思政”教学能力的方法和途径,给予了我们很多启示。上海的高校首开先河,分别设计出了具有校本特色的思政教育改革方案[5],对专业教师的“课程思政”教学能力提出了要求。浙江省所属高校近年来坚持社会主义办学方向,立足中国特色社会主义在浙江的实践,把社会主义核心价值观贯穿于高校办学育人全过程,以社会主义核心价值观为框架构建了若干思政元素,为专业教师提升“课程思政”教学能力提供参考,引导广大师生做社会主义核心价值观的坚定信仰者、积极传播者、模范践行者。其他地区的高校也分别以优势学科为基础摸索从“课程思政”到“专业思政”的路子。以医药类高校或专业为例,从专业课程中可以找到的与思政教育的结合点很多:从胰岛素的发现到胰岛素的合成过程凝聚了科学家代代相传、潜心钻研的心血;从先秦时期的《黄帝内经》的语言美领略到思想美;向“大体老师”①的致敬仪式本身就传播着对生命的尊重和敬畏;

① “大体老师”是医学界对遗体捐赠者的尊称,又称“无言老师”。

从中国第一个获得诺贝尔生理医学奖的医药学家屠呦呦的事迹中感悟科学精神，体验中药学对人类健康事业做出的贡献；从血液生成机制引出健康人员无偿献血的倡议，传递人类团结互助无私大爱的情操。

各地高校在这方面的实践证明，实施“课程思政”，实现“课程思政”的育人功能，关键在于教师要有明确的意识深挖专业课程的德育元素，有足够的自觉关注自身的理论提高，还要有高超的艺术上出专业课的“思政味”，这样才能切实贯彻“课程思政”的要求，不断提升育人水平。

三、提升“课程思政”教学能力的对策

教师教学能力是提升教育质量的关键因素。早在2004年中共中央国务院《关于进一步加强和改进大学生思想政治教育的意见》就提出：高等学校各门课程都有育人职责，所有教师都负有育人职责。2017年《关于加强和改进新形势下高校思想政治工作的意见》进一步强调：要加强对课堂教学和各类思想文化阵地的建设管理，充分发掘和运用各学科蕴含的思想政治教育资源；要加强教师队伍和专门力量的建设，提升教师思想政治素质；加强师德师风建设，增强教师教书育人的责任担当。但高校专业课教师的思想政治素质不尽相同，把握辩证唯物主义思想、科学思维的程度不一，教育科学理论知识和技能的水平也有差异。在现有的高校教师上岗培训、教学初期培训、骨干教师进修深造及其他短期的教师培训中，高校和教师都较多地关注专业知识技能、学历学位提升、专业研究能力和“双师双能型”素质的提升，而对“课程思政”教学能力尚未形成系统的培养体系，也鲜见“课程思政”教学能力专题培训。因此针对高校专业教师“课程思政”教学能力的现状和问题，把握“课程思政”教学能力培养的基本内涵和实践经验，找准培训的核心内容以提升所有学科背景的专业教师“课程思政”教学能力，是深化推进“课程思政”建设的重要环节。

（一）明确和强化立德树人的意识

专业教师具有得天独厚的育人优势。一是教师与学生属于同一专业，拥有共同的话语系统，学生更容易“亲其师”而“信其道”；二是专业课程中渗透的核心价值观与本专业联系紧密，教师把个人的成长经历、专业学习经历“摆进去”，把对祖国日益强大的感悟、公平接受教育享受的好处、遵守规则和享受自由心灵的关系“摆进去”，更容易引起学生“共振”，与学生产生共鸣；三是专业课教师与学生接触时间长，教师通过其人格影响力可以更好地成为学生健康成长指导者和引路人，实现专业授课中知识的传授与价值引导的有机统一，达到隐性思想政治教育的目的。

(二)习得和巩固马克思主义世界观和方法论

马克思主义哲学既是世界观又是方法论。高校教师在大学求学期间接受过马克思主义理论的系统学习,对其方法论在自身所从事的专业领域中的体现应该有也必须有深刻的体会。不仅人文社科类的教师可以作这样的学习迁移,理工科类的教师也可以结合专业课程,论证唯物主义和自然辩证法的正确性。从辩证唯物主义延伸到历史唯物主义,然后再到科学社会主义。唯物辩证法是自然发展的最一般的规律,专业教师可以提升的正是本身的理论思维能力,也就是要提升科学思维、辩证思维的能力,并将辩证思维能力与具体的学科研究结合起来,用本学科领域的研究过程和成果诠释马克思主义的世界观和方法论。

"课程思政"和思政课程要同向同行,就要求教师率先垂范,带领学生在专业学习和实践中运用马克思主义的世界观和方法论。一般来说,大学生在前两年就基本完成了思政类课程的学习,后两年以专业学习为主。如果后两年的专业学习时间全部被专业知识和技术性的实践环节占据,专业教师没有很好地履行育人职责,原来形成的思想道德品质不能得到合理强化,学生毕业后虽然有可能成为业务能力较强的专业人才,但在世界观、价值观、人生观等方面的素养却可能不容乐观,甚至会在以后的职业生涯中做出违背职业道德、违背公民义务的行为,或成为"精致的利己主义者"。所以,专业教师提升马克思主义理论水平,强化正确的世界观和方法论,具有德技兼备的良好素质,是保证顺利达成高等学校人才培养目标的关键。

(三)挖掘和设计专业课程中的育人要素

社会主义核心价值观是社会主义核心价值体系的内核,体现社会主义核心价值体系的根本性质和基本特征,反映社会主义核心价值体系的丰富内涵和实践要求,是社会主义核心价值体系的高度凝练和集中表达。社会主义核心价值观的"24个字"蕴含的育人要素十分丰富,不同的学科、专业可以吸纳作为价值观渗透的元素各不相同,但存在共同点。专业教师至少可以从以下四个方面去挖掘和设计。

1.家国情怀和民族自信

每一门学科的发展历史与祖国的发展轨迹休戚相关,专业教师可以从自身所从事的学科门类中找到与祖国发展历史的契合点,顺势进行爱国主义教育。以财经类专业课程为例,中国经济体制改革的历程,见证了中国改革开放40年的历史,这一段历史就是中国人民自强不息的奋斗史。国家发展到现在,经济增长率明显高于世界平均水平,居世界经济体前列,对世界经济增长的贡献居全球首位。2016年10月1日,特别提款权(SDR)新货币篮子正式生效,人民币继美元、欧元、日元、英镑后，成为 SDR 货币篮子的第五种货币。标志着人民币国际储备货币的地位获得正式认定，人民币成为国际货币基金组织官方交易货币[6]。在讲述这些经济实践、分析经济发展数据的过程中，自然而然地可以让大学生增加民族自豪感，同时也能使他们感觉得到“道路自信、理论自信、制度自信、文化自信”。

2. 励志启示与科学精神

每一个学科都有本学科领域的专家代表，寻找与本专业相关的名人名家在成长历程和科学探索中的感人故事，找到和大学生成长阶段的契合点，很容易让大学生在心理上产生共鸣。如数学学科中索菲·科瓦列夫斯卡娅、华罗庚、陈景润、苏步青的成长故事[7]；中外化学家门捷列夫、孙家钟的科学精神；“两弹一星”科学家钱学森、世界杂交水稻之父袁隆平几十年潜心科研不问个人得失的敬业精神；艺术领域德艺双馨艺术家的成长故事……这些鲜活的人物形象加上生活化的叙述，渗透了积极上进的价值观，对引导大学生树立正确的思想信念，培养大学生孜孜不倦的进取精神很有裨益。

3. 职业道德和学术规范

通过专业课程的教学培养相关的职业道德和学术规范，是专业课教学的重要目的所在。专业教师在传授专业知识和技能的过程中，要有意识地引导和教育大学生形成良好的职业操守、学术诚信和伦理规范，摒弃弄虚作假、唯利是图、学术不端行为。如每一个学科专业都有典型的案例教学，通过实际的案例，强化本专业对所涉及的技术规范、道德规范的学习，对违规操作、学术不端等行为所造成的后果进行充分的分析和交流，对大学生将来要从事的工作起到警示作用，进一步增强大学生这些“准专业人士”学习遵守行业法规规范的意识和社会职业的道德意识，形成爱岗敬业的优秀品质。

4. 优秀文化和传统美德

中华优秀传统文化包含了丰富的价值理念与教育方法，具有很高的“课程思政”价值[8]。中华传统文化在几千年的发展过程中虽然有一些糟粕部分，但形成了以礼义廉耻、仁孝诚信、忠恕和睦为主要内容的价值体系和教育目标，其中如“仁者爱人”“己所不欲勿施于人”“三军可以夺帅，匹夫不可夺志”“天行健，君子以自强不息”等理念，有着很强的道德感召力和价值塑造功能，具有激励大学生宽厚待人，奋发向上，积极进取的教育价值。传统文化中还包含了大量的明理教育思想，教人明辨是非。天理和道德良知被提升到很高的位置。这种为人的道理被赋予了天的崇高性，同时又把决定权置于个人手中，要求人们自觉自愿地做出理性判断和选择[9]。因此，传统德育的主要概念与方法不管是“格物致知”“致良知”，还是“知行合一”“经世致用”都为大学生指出了治学的方向和修身的途径，有助于学生理性思考，坚定意志与信念，克服当代浮躁、功利的社会风气。

(四)提升和运用教育科学的理论和技术

教育的服务对象是人,教育要达到效果必须遵循学习者的认知规律。认知学习理论强调学生原有经验的重要性,教师在设计“课程思政”教学方案时,不能忽略学生原有的价值取向、观念看法,这就要求教师在了解大学生思想道德基本水平的前提下,设计针对性的教学方案,以达到“教者有心、听者无意”的潜移默化效果,引导大学生形成正确的价值观。

人本主义教育观认为,教育教学应充分尊重学生的主体地位,为学生创设宽容、平等、和谐的学习氛围,满足学生的情感需求,营造良好的师生关系。积极的人际关系能够帮助人的发展。教师扮演着辅导者的角色,师生若能坦诚相待、思想互享、教学相长,学生自然会容易接受教师传递的观点,学生也会对自己的学习负责。这就要求教师多一份对学生的尊重,重视观点分享。设计良好的师生互动环节,给予学生充分的思考时间。教师还要率先垂范,注重自身的工作态度和道德修养,以人格魅力去影响人、带领人。

教育理论中关于教学能力的结构分析中,教学监控是一个较容易被忽视的方面。教学监控以教学活动本身作为意识的对象,不断地对其进行积极主动的计划、检查、评价、反馈和调节。监控过程既包括教学后的总结反思,也包括教学过程中的监控,它是教师的反省思维在其教育教学中的具体体现。“课程思政”实践的时间不长,十分需要教师对自身的理念、操作、效果进行深刻反思,长此以往教师才能优化“课程思政”的教学设计和实施,提升教学能力。

当然,教师教学能力的提升还需要完善的组织评价体系来支撑。如在学生评价指标体系中增加育人元素;调整课堂教学评价体系,对教师履职情况作全面评价;在对教师职称晋升、评优评奖的制度设计中,把育人业绩凸显到它应该有的地位等。在组织层面的制度设计中,改变在各类教师考核评优中只看重科研成果的做法,充实思政方面的育人业绩,在各类评比性奖项中加大育人业绩的比重,鼓励教师积极主动地去实践“课程思政”。因此,科学的教学能力评价体系是教师教学能力检测的“测试仪”,也是教学能力发展的“方向盘”。厘清教学能力中一般能力和特殊能力的关系,认清“课程思政”总体要求中教师教学能力的欠缺,及时“补短”,加大培训力度,才能让专业课教师驾轻就熟地参与到思想政治教育工作中。要让专业教师的“课程思政”有棱有角、有理有据、有血有肉,专业教师的“课程思政”教学能力的培养任重而道远。

参考文献

[1]习近平.把思想政治工作贯穿教育教学全过程　开创我国高等教育事业发展新局面[N].人民日报,2016-12-09.

[2]习近平.坚持中国特色社会主义教育发展道路　培养德智体美劳全面发展的社会主义建设者和接班人[N].人民日报 2018-09-11.

[3]习近平.用新时代中国特色社会主义思想铸魂育人　贯彻落实党的教育方针落实立德树人根本任务[N].人民日报,2019-03-19.

[4]杨哲,胡景乾."互联网+教育"下的高校教师教学能力发展研究[J].微型电脑应用,2019,35(6):53-55.

[5]邓晖,颜维琦.从"思政课程"到"课程思政"——上海构建全员、全课程的大思政教育体系[N].光明日报,2016-12-12.

[6]贺刚,朱淑珍,杨一帆,等.金融专业的课程思政建设[J].纺织服装教育,2019,34(6):553-555.

[7]王宝军.大学理科专业课程思政的特点和教学设计[J].中国大学教学,2019(10):37-40.

[8]窦坤,刘新科.中国传统文化的当代价值及其传承[J].西北农林科技大学学报(社会科学版),2010,10(03):115-119.

[9]游柱然.论中华传统的德育思想的共同价值[J].伦理学研究,2019(3):69-73.

让“课程思政”成为高校思想政治工作的主阵地[①]

章越松

贯彻落实习近平总书记在全国高校思政工作会议上的讲话精神，高校思想政治工作必须推进从思政课程向“课程思政”的创造性转变，形成“课程门门有德育、教师人人讲育人”的局面，使“课程思政”成为高校思想政治工作的主阵地。

“课程思政”既是一种教育理念，表明任何课程教学的第一要务是立德树人，也是一种思维方法，表明任何课程教学都应肩负起德育的责任。“课程思政”之“思政”不是狭义的，而是广义的思想政治教育，即德育。也就是说，“课程思政”的实质是课程德育。不是将所有的课程都当作思政课程，也不是用思想政治教育取代专业教育，而是充分发挥各门课程的德育功能，运用思想政治教育的学科思维，提炼专业课程中蕴含的文化基因和价值范式，将其转化为社会主义核心价值观具体化、生动化的有效教学载体，在知识学习中融入核心价值观的精神指引。

“课程思政”是立德树人的题中要义。坚持立德树人这一中心任务，符合教育发展的内在逻辑。中国的传统文化历来重“德”，将“德”视为人的内在要素和遵循公序良俗的基本手段。“立德”与“树人”，互联互通，这种联通是以“德”为纽带实现的。“立德”是“树人”的要求，“树人”是“立德”的旨归。党的教育方针提倡德、智、体、美、劳等全面发展，始终把“有理想、有道德、有文化、有纪律”作为育人目标。那么，学校教育的“德”体现在何处？体现在学校所有的教育活动之中，体现在所有的课程之中，也就是说，课程门门有德育。

“课程思政”是高校教师的天然使命。“师者，所以传道授业解惑也。”“传道”在“授业”“解惑”之先，“传道”的本真意义就在于育人。教书和育人是一个整体，教书是手段，育人是目的，教书是为育人服务的，育人是教书的出发点和归宿。专业教师也有育人职责，专业知识教学也有一片广阔的育人天地。从内容上看，专业知识教学与德育具有内在的一致性。因为专业知识是对社会存在与社会意识的经验总结，内含丰富的普遍意义或特定意义的德育元素。专业知识的教学

① 原载《绍兴文理学院报》2017 年第 8 期(总第 454 期)第 1 版。

过程，就是学生思想境界的提升、道德认识的精进、世界观人生观价值观的塑型、能力与信心递增的过程。专业教师在知识传授与价值引领的结合上更具先天优势，更能起到润物细无声般的作用。从这个意义上看，教师人人讲育人是其应然之义。

推进“课程思政”，关键在课堂，必须用好课堂教学这个主阵地、主渠道。必须充分发挥思想政治理论课的主渠道和“课程思政”主阵地的协同效应，使之同向同行，构建“一体两翼”的学校大思政格局。

推进“课程思政”的“三个三”①

沈红卫

推进“课程思政”就是重拾教育本真。“课程思政”的本质是德育。立德树人，“课程思政”是教育应有之义;教书育人,“课程思政”是教育工作者应该坚守和坚持的基本责任。

推进“课程思政”要突破三个难点——

难在教师。教师是推进“课程思政”的主体。学高为师,身正为范,教师首先要加强自身的德育修为,加强学习,不断提高自身的道德站位。没有教师自身的德育高度,就不可能有课程的思政高度。教育工作者应自觉分清与其他职业在内涵和外延上的边际关系,不唯名,不唯利,具有一定的理想主义情怀,爱国爱家,忠于操守。实践“课程思政”不仅要看你说了什么,更要看你做了什么、做得如何。既言传更身教,才能出现“亲其师,信其道”的理想效果。

难在元素。课程种类繁多,学生千变万化,教师个性迥异。要推进“课程思政”,必须找到最能打动人、感化人的思政元素和德育载体。因此,需要每位教师根据自身经历,立足课程,创造性地挖掘、提升和具化,把思政要求、德育功能与知识传授、能力培养巧妙地结合起来。

难在方法。有了好的思政元素、德育元素,还需要有好的方法和载体,把它渗透于课程教育的环节中。不生硬、不僵化,不仅不让学生抵触和反感,更要追求春风化雨、润物无声和潜移默化的境界。显然,为了思政而思政,肯定不能达成效果。如果根据教学内容穿插和生发德育功能,这就是好的方法。

推进“课程思政”要关注三个节点——

厘清思路。学校要有顶层设计,学院要有明确的思路。然后,将之转化为实施目标和方案。思路就是生产力,思路就是出路,这是推进“课程思政”工作路径中的第一个节点。

凝聚共识。把领导意志、纸上方案转化为每个教师的自觉行动,需要有一个凝聚共识、达成共识的过程,而这个过程必须要靠广泛宣传、有效发动,更要有制度设计。没有教师的自觉,就不可能有“课程思政”的自觉。

---

① 原载《绍兴文理学院报》2017年第9期(总第455期)第1版。

实践深化。“课程思政”全面施行的关键是找到突破口，这个突破口就是尽快制定若干个系统化的“课程思政”模板，从设计思想、实施原则、过程把握、具体范例等几个主要方面，形象地展示“课程思政”的实施策略，为其他教师和课程所借鉴和移植，从而相互启发。

推进“课程思政”要把握三个要点——

因课制宜。每门课的特点不一样，决定了实施“课程思政”的内容和方法也不一样。即便是同一门课，不同的授课教师也应采取不一样的“课程思政”形式。机械地照搬照抄，最终可能是东施效颦。

随时而化。同一门课，同一个任课教师，在不同的时间段，实施“课程思政”的内容和方法也不能完全固化，要根据社会变化、经济发展和科技进步，不断加以改进和调整。只有这样，才能吸引人、打动人。

借势发力。要让教师自觉践行“课程思政”，最好能引起共振共鸣。2018 培养方案的修订、工程教育专业的认证或者贯彻落实认证的思想就是很好的契机。工程专业认证中对学生毕业提出的 12 条要求中，有不少涉及人与社会、人与环境、人与职业、人与他人的刚性要求，这些都必须落实于每门课程，从而可以成为“课程思政”的有力依凭，也是让教师自觉践行“课程思政”的共振点。

论优秀传统德育文化的课程思政价值①

游柱然　陈均土

“课程思政”是高校课程教学指导思想的一大飞跃，也是学科教学方式和内容的重大转变。从思政课程走向“课程思政”，意味着大学思想政治教育不再局限于思政课程及其他相关活动，而是要求所有课程均具有思政功能，让大学课堂真正成为进行思想政治教育的主阵地，实现培养德才兼备、思想过硬、文化自信的高素质人才的教育目标。实施课程思政要求教师开拓思路，充实课程的思政内容和方法，将社会主义核心价值观、个人道德修养与社会公德培养、爱国主义教育、中华优秀传统文化及专业伦理教育等内容渗透到专业课、实践课及其他教育活动中，从而对大学生的世界观、方法论和价值观产生积极正面的影响。其中优秀传统德育文化是“课程思政”的重要课程资源，它不仅为“课程思政”提供了一些基础性内容和关联手段，而且为完成上述思政任务提供了好的切入点和引申点，因而在学科教学中渗透传统德育文化元素是实现“课程思政”价值塑造目标的重要抓手和策略。

一、传统德育文化与“课程思政”的内在关联

事实上，“课程思政”的理念与优秀传统德育文化有着本质的内在关联。从指导思想来看，“课程思政”是中国传统文化“大德育观”的继承与发展，即把教学生做人做事作为所有教育的首要目标。所谓传统德育文化是传统文化中有关道德教育内容的部分，是中华文化的核心组成之一，包含了丰富的价值理念与教育方法，其目的是为了构建稳定和谐的社会关系。德育文化的存在让中华文明具有强烈的道德教育色彩，也让德育成为传统教育的核心任务，让中华文明具有极强的凝聚力和生命力，数千年而延绵不绝。就其功能而言，中国传统德育文化是政治理想、思想教育、道德规范三位一体的完整体系，蕴含了政德合一、修身治国的哲理[1]，有很高的思政教育价值。其中许多内容不仅成为我们今天耳熟能详的概念和用语，而且构成了社会主义核心价值观的重要基础。正因如此，优秀的传统德育文化可以成为我们在专业教学中进行思想道德教育的重要内容，是进一步进行中国特色社会

---

① 原载《绍兴文理学院学报(教育版)》2019 年第 1 期。

主义理论教育的基础和引申，更是振奋民族精神的重要思想武器。

将优秀传统德育文化渗透到各学科教学中去既有其必要性又有其可能性。当前，尽管一些大学开设了传统文化方面的课程，对上述传统德育内容也有所涉及，但由于课程量少、覆盖面窄，影响力十分有限。“课程思政”则有助于克服德育课程孤立空泛的问题，为普及传统德育文化提供了契机。优秀的传统德育文化也由此成为“课程思政”的重要课程资源，充实丰富了社会主义核心价值观教育的内容与形式。从课程渗透的可能性来看，高校开设的所有课程均具备融入传统德育内容的基本条件。中华传统德育文化内容极其丰富，与各学科教学内容均能紧密契合。人文社会科学课程如文学、历史、政治、社会学、教育学、法学、经济学等都包含了大量的传统德育内容，而自然科学领域的各个学科当涉及人的需要和社会价值维度时也与传统德育文化有着千丝万缕的联系，因此在各科教学中渗透优秀德育文化具有很强的可操作性。从文化视角来看，在课堂教学中融入优秀传统德育文化元素，符合中国人的文化倾向和心理结构，易于被学生所理解与认同，这也为进一步传扬有中国特色社会主义理论奠定了文化与心理基础。

二、“课程思政”的目标与优秀传统德育文化的价值

从目标定位来看，课程思政的主要任务是在学科教学主渠道强化高校思想政治教育，对大学生在理想信念、价值取向、政治信仰、民族精神和社会责任方面施加正面影响，全面提高他们缘事析理、明辨是非的能力。[2]这些任务可分解为相互关联的三个子目标，即道德关怀提升道德修养与社会责任感、政治诉求坚定社会主义信念、中国精神增强民族自信心，其核心是价值观的塑造。要实现这些目标，需要专业教学与思想政治教育协调统一，让“知识传授”和“价值引领”真正融为一体，“在专业教学过程中全域、全息化地融入思想教育的理念、目的、手段和技巧”[3]。优秀传统德育文化的“课程思政”价值则主要体现在它对实现课程思政目标的贡献上。传统德育文化渗透了爱国爱民的思想，强调人生理想和社会担当，联系着中华文化的道德教育传统和当代思想政治教育的需要，因而在学科课程中渗透传统德育文化元素有助于实现课程思政道德关怀、政治诉求、民族自信的三维目标。

首先，在学科教学中渗透优秀传统德育文化是“课程思政”道德关怀的必然要求。传统德育文化的核心是强调个人道德修养与人伦教化，这为通过课程思政促进大学生道德成长和培养其社会责任感提供了大量的思想元素和教育内涵。中华传统德育文化在几千年的发展过程中形成了以礼义廉耻、仁孝诚信、忠恕和睦为代表的价值体系和教育目标[4]，并通过相关教育活动促进了国家的和谐和稳定，增进了社会的文明程度。虽然其中有些概念不可避免地具有历史局限性，但其基本思想通过当代更新，依然是今天中华文化的价值核心，是人们道德立身、为人处世的

依据。其中“仁者爱人”“己所不欲勿施于人”“三军可以夺帅,匹夫不可夺志”“天行健,君子以自强不息”等理念有着很强的道德感召力和价值塑造功能,具有激励大学生宽厚待人、奋发向上、积极进取的教育价值。其次,传统德育文化的一个核心目的是教人明辨是非,包含了大量的明理教育思想。所谓读书明理,也就是通过学习认识和遵循为人处事的道理。为此,天理和道德良知被提升到很高的位置。这种为人的道理被赋予了天的崇高性,同时却又把决定权置于个人手中,要求他们自觉自愿地做出理性判断和选择。因此,传统德育的主要概念与方法不管是“格物致知”“致良知”,还是“知行合一”“经世致用”都为大学生指出了治学的方向和道德修身的途径,有助于学生理性思考,坚定意志与信念,克服当代浮躁、功利的社会风气。

在社会担当方面,传统德育文化更是为大学生提供了许多极为生动的关于爱国敬业、胸怀天下的思想素材和道德成长方案。例如,“内圣外王”作为一种人格完善和政治理想相统一的哲学信仰,为学生提供了服务社会的心理导向与情感基础。这种信念把“修身”与“齐家”“治国”“平天下”联系起来,主张通过自身的道德修养来追求人生理想与政治抱负,以实现服务社会和国家之目的。为此,北宋张载提出了“为天地立心,为生民立命,为往圣继绝学,为万世开太平”的德育四大目标,其信念和豪情更是鼓舞过一代又一代中国人立志为国家服务。虽然这种传统的家国情怀存在着一定的历史局限性,但其中的精神内核在今天可以转化成为强烈的社会责任感、爱国情操和理想信念,而这恰恰是当前许多大学生所缺乏的素养,也是当前各科课程教学中较易被忽视的内容。

其次,优秀传统德育文化有助于“课程思政”的政治诉求目标的达成。“课程思政”的政治诉求目标是强化高校的社会主义办学方向,进行中国特色社会主义思想教育,尤其是社会主义核心价值观的教育。大学生社会主义核心价值观的塑造离不开对优秀传统德育文化的诠释和升华。传统文化是社会主义核心价值观的重要基础和组成部分,而践行社会主义核心价值观的教育也需要得到中国传统德育文化的支撑和滋养。正如习近平主席所言,“培育和弘扬社会主义核心价值观必须立足中华优秀传统文化。牢固的核心价值观,都有其固有的根本。抛弃传统、丢掉根本,就等于割断了自己的精神命脉。博大精深的中华优秀传统文化是我们在世界文化激荡中站稳脚跟的根基。”[5]事实上,社会主义核心价值观中的文明、和谐、公正、爱国、敬业、诚信、友善等社会主义核心价值的凝练和培育都离不开中华优秀传统德育文化的肥沃土壤、思想资源和精神要素。也就是说,中华传统德育思想为社会主义核心价值观提供了价值基础、心理倾向和源头活水,而社会主义核心价值观也可视为是中华优秀传统文化的创造性转化和超越性升华。[6]不继承弘扬中华文化的美德传统,社会主义核心价值观中关于和谐、爱国、敬业、友善等的教育就难以实施,核心价值观中的富强、自由、民主、法制也因此缺乏文化基础和思想内涵,难以成为当代中国的共同价值观。从这个意义上说,在教学中渗透这些德育内容对于各学科课程传扬社会主义核心价值观十分重要。它让核心价值观符合于中华传统文化心理结构、情感内核和认知方式,更易于接受和理解;此外,这些德育文化内容还可以作为学科知识和价值观之间的桥梁,为进一步阐释当代社会主义核心价值观提供文化内涵,使后者具有丰富的思想性和持久的生命力。

其三,课堂渗透优秀德育文化尤其有利于实现增强民族自信心,振奋中国精神的"课程思政"目标。课堂教学是思政的主战场,大学各科教师应该通过教学弘扬主旋律,讲述中国故事,振奋民族精神,而渗透优秀传统德育文化内容则为实现这一目标提供了重要的内容和方式。民族自信首先就是文化自信,特别是对中华传统优秀文化与价值取向的自信。传播中华文化价值观,需要从青少年开始。只有包括大学生在内的中国青少年接受、认同和实践中国价值观,获得民族自尊自信,才能真正地向世界传播中国文化,并从价值观教育的层面为构建人类命运共同体做出贡献。事实上,中华传统德育文化中的仁爱、和谐、宽容、互惠互利、自强不息等价值观具有超越时空的人类共同价值,能为人类和平和文明进步做出贡献。例如,"忠恕之道"秉承"己所不欲,勿施于人"的中华文化精神,有利于处理和协调人与人之间的矛盾冲突;宣扬"和而不同"则有利于协调不同文明和价值体系之间的关系,避免极端思想。[4]德育文化中顺应自然、少私寡欲的观念也对当前世界应对环境污染、资源匮乏等问题有着重要的教育意义。教授这些德育思想能帮助学生认识中华文化的价值,以实现文化自觉、文化自信和文化自强的目的。

值得注意的是,上述三方面的作用并非孤立存在,而是相互关联、相互促进的。在学科课程教学中渗透传统优秀德育文化有助于全方位提升大学生的思想政治素养。其中,道德修养、社会公德、民族精神是社会主义核心价值观的重要组成部分,而对中国特色社会主义理论的教育则可进一步增强学生的中华文化自信心和社会责任感。教师通过在课堂教学中渗透传统德育文化,能够将三者有机地结合起来。

三、学科教学渗透优秀传统德育文化的方法与要求

与一些大学通识课程专门教授传统文化的方式不同,"课程思政"要求各科教师将传统德育元素渗透到各学科课程教学中去。这就需要我们挖掘其学理、机理和方法,积极探索将传统德育文化融入学科教学的途径和方式,使之能真正与学科教学知识点相融合,充分发挥优秀传统德育思想的"课程思政"价值。依据学科教学及传统文化的特点,优秀传统德育文化的课程渗透一般可采用知识关联、概念活化、价值引领和情感认同等方法。

所谓知识关联是指教师有意识地将相关的传统德育概念与学科教学中的一些

知识点联系起来进行阐释和引申的方法。关联知识点和相关德育概念一方面让这些传统德育思想有了与学科知识相互融合的机会,凸显其价值塑造功能,另一方面也有利于教师阐释这些知识点,赋予知识以丰富的社会内涵。知识关联的意义在于实现知识层面与价值层面的贯通、传统思想与现代理念的沟通。例如,在专业教学中融入传统德育文化关于“义与利”的讨论有助于破解当前普遍存在的道德困惑和信念缺失问题,对于学生成长有着特殊的专业伦理教育价值。此外,一些学科的基本概念也可在传统德育文化的渗透中得以活化。所谓活化是指将价值理念注入一些抽象的“客观”概念中,赋予后者以人文取向、生命意义和社会功能。如在建筑课中渗透传统德育中道法自然、以人为本的理念,可从文化层面影响建筑设计思路,让相关设计中的概念得以活化和升华。许多传统德育元素还可以起到桥梁作用,用于进一步引申出社会主义核心价值观的意义。教师通过融合优秀传统德育概念与学科知识点,并以之为基础进而讲授社会主义核心价值观的文化意蕴,可充分展现中华价值观念的继承、发展和创新的思路进程。

知识关联与概念升华的最终目的就是进行价值引领与塑造。价值引领不仅是德育文化的要义与宗旨,同时也是实现其课程渗透的必要方式。现在许多高校课程强调“工具理性”而忽略“价值理性”,即倾向于探讨知识的基本原理和客观用途,而忽略知识的道德内涵和社会属性。很多理工科乃至人文社科学生缺乏“道”的意识,也就是缺乏价值层面的反思和自觉,单纯从技术的层面去解读科学与人文艺术,难免落入功利性取向,容易在求学之路及人生道路上迷失方向。因此,“课程思政”要求教师在专业知识教学中运用多种思政资源对学生进行价值观的引领和塑造。从这个角度来说,教师在学科教学中应有意识地联系相关优秀传统德育元素,宣扬传统德育中“求道”“求真”“求实”的人生取向,进而讨论社会主义核心价值观,以实现教学的道德关怀与价值塑造之功能。这实际上是赋予学科知识以正确的社会意义阐释和文化价值导向,激发学生的民族自豪感,并培育其个人理想与社会担当的过程。

情感熏陶与美的感染是将传统德育文化融入学科课程的重要方法,也是实现“课程思政”的立德树人目标的必然路径。中华传统德育文化的一个独特之处是强调情感因素和美的感染力在道德教育中的作用。换而言之,价值观的塑造要通过情感体验、人文关怀和培养高尚的审美情操等来实现。在理性道德思考的同时加之以情感教育和审美情趣,让传统德育文化具有独特的魅力,这反映在家国文化礼乐教化的过程中,特别是父慈子孝等人伦情感培育之中。从“课程思政”的需要来看,要实现文化认同和价值塑造的目标,尤其需要让学生得到情感与美的体验,从而不仅从理性的层面来学习中华核心价值于本学科的社会意义,而且从情感和心灵的层面来认同与强化。因此,教师在教学中应该恰当地采用情感学习和审美体验的方式来渗透中华优秀德育文化,综合运用教学内容、音视频、图片等媒介和课堂对话的方式来产生情感与美的感受，并以此促进社会主义核心价值观的教育，而家国文化的心理结构也让这种方式易于接受和产生共鸣。情感和美有助于德育文化元素的活化与升华，从而使得有中国特色社会主义的理想信念教育更加生动和丰富，使之具备深厚的情感基础与美的意蕴。

值得注意的是，在学科教学中渗透传统德育文化要求教师首先要对传统德育文化的内容进行有选择性的继承和当代内涵更新，以适应时代的变化和当代大学生的要求。这在进行社会主义核心价值观教育时尤为重要。要甄别和遴选富有人类共同价值的内容，并挖掘其现代意义。例如，将"以和为美""和而不同""和合精神"融入并充实到社会主义核心价值观的和谐概念，并结合中庸思想进行讨论，以避免极端思想和偏激情绪；选择"天下兴亡，匹夫有责""精忠报国"充实"爱国"的价值观；把"仁者爱人""与人为善""守望相助"的关爱精神融入友善范畴；把"言必信，行必果""民无信不立"纳入诚信的价值观；把"天下为公""公而忘私""舍生取义"融入公正范畴；将"言忠信，行笃敬""知行合一""精益求精"的工匠精神融入敬业范畴。另外，"天人合一""回归自然""无为而治"等德育理念也应该渗透入课程，以培养学生保护环境、促进社会和谐的意识。

此外，在进行课程渗透时并非原样照搬传统德育元素，而是需要对这些传统德育的内容进行创造性的转化和思想内核的创新性发展。例如"礼之用，和为贵"的和谐思想在传统德育文化中一方面具有积极的意义，另一方面也因其含有传统的等级观念即上下尊卑各安其位的思想而需要进行内涵更新。在今天的教学中，教师更应该强调社会平等与公正条件下礼的运用及其社会和睦之功能，这样可以赋予这些传统德育内容以现代价值。对于"三纲五常"等封建思想浓郁的概念则要做出批判性的分析，揭示其历史局限性。

四、结语

总之，优秀传统德育文化是"课程思政"的基础性课程资源，而在各学科课程教学中渗透传统德育元素则是实现"课程思政"三维目标的重要方式。尤其是在价值塑造功能和道德情感培育方面，渗透优秀传统德育文化让学科知识得以活化，明晰其社会价值与方向，让社会主义核心价值观的内涵更加充实和丰富，从而有助于实现中华优秀传统文化与社会主义核心价值观的双向提升，学生学科知识学习与价值塑造的同步发展。虽然中华优秀传统德育文化不是"课程思政"学科渗透的唯一内容，但却是宣扬和传播中国特色社会主义理论的基础和重要组成，并为进一步结合学科内容进行思想政治教育提供了生发点。从这个意义上而言，它不仅是学科教师的重要"课程思政"资源，也为其具体的教学设计与教学创新提供了一个好的切入点和实施路径。

参考文献

[1]杨启亮. 中国文化传统和传统的德育文化[J]. 齐鲁学刊,1994(2):79-88.
[2]赵庆寺. 以“课程思政”为抓手构建大思政格局[N]. 光明日报,2017-04-14.
[3]余江涛,王文起,徐晏清. 专业教师实践“课程思政”的逻辑及其要领——以理工科课程为例[J]. 学校党建与思想教育,2018(1):64-66.
[4]窦坤,刘新科. 中国传统文化的当代价值及其传承[J]. 西北农林科技大学学报(社会科学版),2010,10(3):115-119.
[5]习近平. 建设社会主义文化强国——培育和弘扬社会主义核心价值观[EB/OL]. (2014-02-24)[2018-09-25]. http://cpc.people.com.cn/xuexi/n/2015/0720/c397563-27331772.html.
[6]王泽应. 论承继中华优秀传统文化与践行社会主义核心价值观[J]. 伦理学研究,2015(1):6-10.

“课程思政”实施效果的初步检验[①]

李 黎 孙洋洋

新时期高校思想政治工作面临的环境呈现出高度复杂性，学生主体、教育内容、教学方法出现新变化，单纯依靠思政课程很难适应思想政治工作现实发展的需要。在2016年12月召开的全国高校思想政治工作会议上，习近平总书记强调，要坚持把立德树人作为中心环节，把思想政治工作贯穿教育教学全过程，实现全程育人、全方位育人，努力开创我国高等教育事业发展新局面。教育部部长陈宝生在2018年6月召开的新时代全国高等学校本科教育工作会议上的讲话也提出，加强“课程思政”“专业思政”十分重要，要把它提升到中国特色高等教育制度层面来认识。

一、研究背景

学习贯彻习近平总书记重要讲话精神，要用好课堂教学这个主渠道，高校思想政治教育必须主动转变思路，从思政课程迈向“课程思政”。这为高校实现立德树人的教育目标开启了全新的实践模型。从2017年上半年开始，绍兴文理学院教师教育学院全面铺开“课程思政”工作，主要落实了以下几个做法：第一，每位任课教师认真梳理所承担的本科教学课程的思政元素，对照社会主义核心价值观凝练出与本课程相契合的思政结合点；第二，每位任课教师撰写课程教学计划，教学目标的设计要求不仅包括学科教学目标、能力培养目标，还应包含情感态度价值观目标；第三，要求在课程教学过程中以“润物细无声”的方式渗透社会主义核心价值观，使学科课程承载育人功能，将思政寓于专业课。

“课程思政”的效果可以体现在诸多方面，如在教学内容中渗透核心价值观、教师教学态度的改善、教师本人的正能量对学生的积极影响等。那么，“课程思政”实施一年来，全体教师是否已认识到位？大学生反应如何？教师的“渗透”是否带有夸张、刻意的痕迹？教师的敬业精神、教学态度是否发生了好的变化？对大学生的教育是否有效？这些都是“课程思政”的研究者和实践者十分关心的问题。“课程

① 原载《绍兴文理学院学报(教育版)》2019年第1期。

思政”作为一种全新的教学实践活动,其效果很难用数据来表达,也很难从其他教育效果中剥离。因此,本文尝试以教师教育学院为例,从学生的角度审视课程思政实施一年来的初步效果。

二、研究方法

(一)对象

选取了小学教育、学前教育两个专业的11个班作为调查对象,每班按学号等距抽样的方式随机选取5人进行半开放式的团体访谈,访谈由一位教育研究方法的任课教师主持。

(二)访谈提纲

内容包含:(1)本学期临近结束了,印象比较深的课程有哪几门?为什么?(2)印象比较深的教师有哪几位?(3)对这位教师印象特别好,是什么原因?(4)教师在教学中除了专业知识的传授、技能训练外,还有什么对你有触动(感动、震撼)?(5)对于专业课教师交流他本人的从业经验、对本学科的认识,你怎么看?(6)对于专业课教师穿插引入对国家大事、社会热点问题的讨论,你怎么看?

(三)访谈方式

访谈主持人采用本班任课教师回避制,并适时追问,访谈主题围绕评价教师、评价教学而展开,让大学生感觉是一次普通的教学访谈,征求学生同意后对访谈进行全程录音。每次在以班级为单位“一对五”的团体访谈结束后,将录音材料转化为文字材料。

(四)类属分析

由主试和主持人共同对访谈的材料进行编码,然后进行类属分析。分析分为三个阶段:一是开放式编码,即研究者对访谈材料“投降”,排除已有概念,以一种开放的心态将材料按照其本身的属性进行编码;二是轴心式分析,发现初始各个编码的关系,形成类别;三是选择式分析,在各种类别中找到一个可以统领其他类别的概念,把研究结果统一在这几个概念内。

三、研究结果

首先,开放式分析发现不同专业、不同年级的大学生对教师和教学内容评价的覆盖面差不多。本研究在两个专业11个班级的访谈材料中找到了77个编码点,维度涉及爱国、平等、敬业、和谐、友爱、富强、民主、诚信、平等、文明、公正等社会主义核心价值观的主要内容。

轴心式分析发现被提及的频次超过5次的几个核心词全都是有关教师的教学素养的(见表1),说明教师认真负责的工作态度、严谨扎实的工作方式、耐心细致的工作作风、组织有效的工作艺术给学生留下了最深的印象,对于师范生来说,这也是最好的言传身教。

表1 9个高频次的核心词

核心词	提及的班级	总次数	核心词	提及的班级	总次数
教师随和、无距离感	小教153、小教162、小教171、小教164	7	课堂氛围好	小教171、小教172、小教164、小教163	7
教师爱笑、有感染力	小教162、小教171、小教172、小教163	6	教师态度认真、很守时	小教151、小教161、小教171、小教172	9
教师有幽默感、有趣	小教152、小教162、小教171、小教172	6	教师温柔	小教161、小教162、小教171、小教164	7
点评作业	小教161、小教153、小教154、小教171、小教172	9	布置作业	小教152、小教153、小教154、小教163、学前161、小教172	15
教师耐心	小教161、小教172、小教171	7			

其次,选择式分析可以有很多切入点,本研究把它分为三类,即教学内容、教学态度和教学素养。其中教学内容又包含职业观、人生观、价值观等几个类属,主要是价值观渗透的内容;教学态度包含对学生的态度、对教学工作的态度等两个类属;教学素养包含基本技能、本人品性、学术素养和教学组织四个类属。每一个类属下有数量不等的一级编码构成。具体如表2所示。

表 2 核心类属、关键类属与开放式编码

核心类属	关键类属	开放式编码
价值观渗透	职业观	47 职业认同;61 解放天性;62 守时不迟到;64 教学投入大;76 职业兴趣;23 乡村教师;24 短期支教
	人生观	37 爱情观婚姻观;38 家庭和睦;36 说话考虑别人感受;52 触动学生;63 认真负责;75 人活着的意义;29 分享经历;46 人际关系;53 贴近生活实际;72 结合社会实践;77 结合案例;35 为人处事
	价值观	49 爱国;27 使用祖国语言文字;74 培养文学素养;28 国学;25 分析文字情感
教学素养	基本技能	8 表达清晰;5 教学体态;45 精神饱满;58 板书清楚
	教学组织	60 课堂氛围好;6 安排小助手;10 课程引导好;20 启发式教学;22 多媒体技术好;42 小组活动小组讨论;50 模拟教学;48 训练胆量
	学术素养	18 注重思维能力;31 批判性思考;40 有逻辑;44 亲身示范
	本人品性	7 温柔;9 耐心;71 性格直率;33 幽默有趣;41 随和无距离感;43 爱笑有感染力;17 乐观积极;55 教师气质好;66 教师谦虚
工作态度	对学生的态度	32 课后交流;3 有课后交流平台;14 推荐励志书籍;15 无意中提及励志书籍;56 推荐专业书籍;59 夸奖学生;65 师生尊重、平等;70 对学生严格
	对教学工作的态度	1 布置作业;2 点评作业;25 作业有反馈;12 希望把课上好;13 随身携带小本子记录;16 关注小学生;34 评语细致认真

四、讨论

(一)实施“课程思政”,提高教师素养是前提

从访谈结果可以看出,教师的职业素养和人格品质是影响“课程思政”实效的最重要的因素。这其中既包括教师的学科素养,就是对所任学科的熟练和融会贯通水平;也包括教学素养,如是否有负责任的教学态度、科学的教学方法、高超的教学艺术、良好的师生关系等;还包括教师的思想政治素养,如是否有正确的思想政治观念,是否有自觉实践“课程思政”的理念;当然还包括为人处世方面的素养,如是否公正公平、平等待人、与人为善等。相比于思政课教师,专业教师有着得天独厚的优势。专业教师和学生接触的时间长,交往深入,教师的职业素养和人格品质可以更直接地影响学生,可以更好地实现学生健康成长引导者的角色,更能担负起学生引路人的责任。本研究中当主持人追问“为什么对这位教师印象深”时,小教

172 班的受访学生认为是“整个人的气质和气场”，认为“老师以身作则，身体力行对我们的触动比较大”，“有时候他随便那么一说，我们就记住了这本书，想马上去读一下”。

（二）实施“课程思政”，挖掘课程的思政元素是关键

专业课程中蕴含丰富的“思政元素”，如哲学层面的世界观、方法论元素，政治和理论层面的道路自信、理论自信、制度自信、文化自信等方面的元素，以及职业观、人生观、价值观和道德层面的各种正能量元素等，这些都需要任课教师做“课程思政”的有心人，不遗余力地去发现、去挖掘、去引导、去渲染。从访谈结果可以看出，教师对与职业观、人生观有关的思政因素挖掘得比较多，或者说学生的感受比较深。如小教 162 班有受访的学生说：“（教师）加深了我们原本的认知，更加看重教师职业”，“想毁掉一个孩子很简单，要想塑造好一个孩子很难。我们学到的专业知识可以让我们避免毁掉一个孩子，更好地去塑造一个孩子。”而教师对其他方面的思政元素挖掘得比较少，或者说学生的感受不深，访谈中提到的不多。因此教师要深刻领会社会主义核心价值观，找出与课程、专业、学科的契合点，有计划、有准备地做育人的实践者。专业教师与学生同属于一个专业，年轻教师和学生甚至有相似的求学、成长、选择的经历，拥有共同的话语系统，学生更容易“亲其师”而“信其道”。教师在教学过程中要充分挖掘专业课内容中与社会主义核心价值观相关的因素，并适时穿插本人的学习经历，交流人生感悟，分享对本学科的认同感、责任感和自豪感，在帮助大学生完善专业学科知识、习得专业技能的同时，更加坚定专业信念，能够把社会主义核心价值观变成“巨大的、有生命力的外化的力量”，从而更加积极地投身于社会主义现代化建设中，成为合格的社会主义建设者和优秀的共产主义接班人。

（三）实施“课程思政”，优化教学管理和评价体系是重点

无论是全面提高教师素养，还是充分挖掘课程的思政元素，都需要科学合理的教学管理和评价体系来予以保障。访谈中发现了教师之间存在着不平衡。“感觉老师很繁忙”、“思修课高大上，老师三观太正不贴近生活”、有些“专业课的老师有反馈，但是不细致”、有的老师“课后很少交流”、“PPT 一般”等反映也有显现。学院拟探索正面引导和检查监督“双管齐下”的方式进行教学管理，期望能督促所有的专任教师积极投身“课程思政”，完成“以生为本”的育人职责。正面引导的做法主要是：召开“课程思政”专题研讨会，分析论证“课程思政”的逻辑及要领；分享不同性质课程实施“课程思政”的经验；培育“课程思政”示范课程，营造良好氛围；将“课程思政”教学设计编印成册共享学习。检查督促的做法主要有：在三段式教学检查中强调政治纪律，在领导听课、同行观摩、评课议课中关注讲课内容和方法的

德育意识、德育功能;修订完善教师教学业绩考核和评奖评优的文件,加大教师德育业绩的比重,凸显教育教学工作的育人功能;制订教师指导专业实践、学生社团等课外辅导计划,并列入专任教师校内外服务工作考核方案,与岗位聘任、职称评审等挂钩。

"课程思政"实施仅一年,从学生层面的反馈来看效果是积极的。它进一步凝聚了高校所有任课教师不仅要在思想认识上形成全员育人,也要在专业发展上具备育人能力的共识。大多数教师明确了立德树人的清晰意识,加强自身修养,潜心教学,身正为范,潜移默化地引导学生,向学生传递正能量。虽然"课程思政"的效果在短期内不一定能全面显现,但只要我们认真思考,善于总结,找到突破口和实施路径,坚持下去,就能产生良好的效果。因此,坚定持之以恒推进"课程思政"的信心,需要我们深入探索的是如何将"课程思政"做得更实、更细、更有效的方式方法,并着重在建立长效机制上下功夫。本文只是"课程思政"实施一年来效果的初步检验,既反映了积极方面的效果,也反映了存在的问题和缺憾。

五、反思

正如华东政法大学党委书记曹文泽指出的:"'课程思政'体系的终极目标是要形成大学生的文化自觉和自信,将社会主义核心价值观内化于心,外化于行。"所以,树立每位教师的"管田守渠"的责任心,提高教师的育人素养,探究课程、专业的育人模式,让思政教育从"专人"转向"人人",把思想政治工作贯穿教育教学全过程,实现全程育人、全方位育人,仍然任重而道远。

参考文献

[1]习近平. 把思想政治工作贯穿教育教学全过程开创我国高等教育事业发展新局面[N]. 人民日报,2016-12-09 (01).

[2]陈宝生. 坚持以本为本推进四个回归建设中国特色、世界水平的一流本科教育[EB/OL]. http://lr. cwnu. edu. cn/info/1016/1455. htm. 2018-09-11/2018-09-12.

[3]王光彦. 充分发挥高校各门课程思想政治教育功能[J]. 中国大学教学,2017(10):4-7.

[4]何红娟. "思政课程"到"课程思政"发展的内在逻辑及建构策略[J]. 思想政治教育研究,2017,33(5):60-44.

[5]邱伟光. 课程思政的价值意蕴与生成路径[J]. 思想理论教育,2017(7):12-16

[6]夏宝龙. 立德树人要成为高校立身之本[N]. 浙江日报,2017-02-22(01).

[7]沈赤. 找到从“思政课程”到“课程思政”的密钥[N]. 人民日报,2018-03-29(17).

[8]高德毅,宗爱东. 从思政课程到课程思政:从战略高度构建高校思想政治教育课程体系[J]. 中国高等教育,2017(1):43-46.

[9]余江涛,王文起,徐晏清等. 专业教师实践“课程思政”的逻辑及其要领[J]. 学校党建与思想教育,2018(1):64-66.

[10]居继清,石功鹏. 关于高校同向同行课程体系建设与创新的几点思考——以全国高校思政会议精神为研究源流[J]. 新课程研究,2017,453(10):6-8.

[11]陈宝生. 教育改革发展要精准发力[N]. 光明日报,2017-03-13(01).

[12]陈向明. 教育研究方法[M]. 北京:教育科学出版社,2013.

[13]金哲华,俞爱宗. 教育科学研究方法[M]. 北京:科学出版社,2018.

[14]曹文泽. 以“课程思政”为抓手创新育人手段[N]. 学习时报,2016-12-26(08).

[15]虞丽娟. 从“思政课程”走向“课程思政”[N]. 光明日报,2017-07-20(14)

“中外教育简史”“课程思政”的两个生成路径[①]

王玉生

习近平总书记在全国高校思想政治工作会议上强调,要坚持把立德树人作为中心环节,把思想政治工作贯穿教育教学全过程,实现全程育人、全方位育人。“中外教育简史”课程始终高举“课程思政”的大旗,坚持立德树人。影响“中外教育简史”“课程思政”生成的因素是多方面的,本文主要探究教师与资源挖掘这两个生成路径。

一、教师是“课程思政”生成的关键因素

每一门课程都有“课程思政”的功能,每一位教师都有“课程思政”的职责。“中外教育简史”课程的专任教师们已经充分认识到,教师是“课程思政”生成的关键因素,“课程思政”的效果既取决于教师的育人知识与育人意识,又取决于教师的育人能力和育人水平。要最大化地显现“课程思政”的效果,教师必须做到以下几点。

首先,坚持习得育人知识与提高育人能力相统一。从历史维度上看,教师要不断习得古今中外教育家广博的育人知识,欣赏其高超的育人能力。从现实维度上看,教师要不断学习习近平总书记在全国高校思想政治工作会议上的重要讲话、浙江省高校思想政治工作会议的重要精神、绍兴文理学院《关于实施“课程思政”行动计划的通知》,切实提升“课程思政”的育人能力,将“中外教育简史”课程建设与思想育人有效结合,不断增强“课程思政”的亲和力和说服力。

其次,坚持教书和育人相统一。“中外教育简史”课程的教师既要成为该门课程知识的传播者,教好书,又要成为塑造学生品格、品行、品位的“大先生”,育好人,也就是说,既做“经师”又做“人师”。教师要把知识传授与价值引领恰当融入“中外教育简史”课程的教学之中,充分体现育人的功能,切实扭转偏重知识传授、忽视价值引领的倾向。

最后,坚持言传与身教相统一。言传身教一词出于范晔的《后汉书》:“以身教

---

① 原载《绍兴文理学院学报(教育报)》2019年第1期。

者从,以言教者讼。”其意是,既用语言来教导,又用行动来示范。所以,教师要以流畅的口头语言、规范的书面语言、优雅的体态语言准确传播知识,又要以自己模范的行动、高尚的行为示范引领。孔子说:“其身正,不令而行;其身不正,虽令不从。”陶行知说:“学高为师,身正为范。”教育家的言行要求教师必须修身立德,做出示范,成为学生做人做事的一面镜子。

简言之,教师要成为有理想信念、有道德情操、有扎实学识、有仁爱之心的好教师,做学生锤炼品格的引路人,做学生学习知识的引路人,做学生创新思维的引路人,做学生奉献祖国的引路人,真正成为“课程思政”生成的关键因素。

二、课程内容的育人资源是“课程思政”生成的先决条件

每一所学校都承担着育人的重要职责,每一门课程都是育人的重要载体。课程内容是课程的核心要素。从总体上讲,课程内容是根据课程目标从人类的经验体系中选择出来,并按照一定的学科逻辑序列和学生心理发展需求组织编排而成的知识体系和经验体系。“中外教育简史”课程内容蕴含着丰富的育人资源,教师要认真细致地深挖。

第一,挖掘教育制度史的育人资源。教育制度史是关于中国与外国教育制度的产生、变革和发展的历史。一方面,挖掘中国教育制度史的育人资源。稷下学宫是中国封建官学制度发展的揭幕,它在管理上采取“门户开放”政策,欢迎各方学者来学宫游学,具有教育平等理念。宋代早期书院继承了我国私学传统,采取“对外开放”的办学方针,它没有出身和年龄的严格限制,不分地域籍贯,举凡一切愿学的四方之士均可投奔书院,不需报名考试,只要提出申请,书院主持者便来者不拒,同样具有教育平等理念。兼容并包、学术自由成为稷下学宫的办学指导思想,而自由讲学、自由研究成为宋代书院的核心精神和特征,这充分体现了教育自由的价值观。另一方面,挖掘外国教育制度史的育人资源。19 世纪 80 年代初期,法国教育部长费里主持制定了 1881 年、1882 年的教育法令,确定了国民教育的义务、免费、世俗性三条原则,具有教育平等理念。第二次世界大战前,世界主要资本主义国家在颁布义务教育法,实施强迫教育的基础上,又进一步实施免费义务教育,这是义务教育发展的新阶段,给予义务教育以一定的物质保障,保证义务教育的顺利实施,也具有教育平等理念。第二次世界大战后,世界主要资本主义国家教育改革的主要任务是加强教育的民主化,这体现了教育民主的价值观。

第二,挖掘教育思想史的育人资源。教育思想史是关于中国与外国教育思想的产生、变革和发展的历史。一方面,挖掘中国教育思想史的育人资源。孔子是中国古代第一位伟大的教育家和思想家,其施教观是“有教无类”。“有教无类”的本

义就是在教育对象上,不分族类、大小、贤愚、贵贱、亲疏,都可以入学,享受同等受教育的机会。它体现了孔子教育平等思想。孟子是中国古代第二位伟大的教育家和思想家,其道德教育的基本内容是以血缘关系为核心的伦理道德内容,即“父子有亲,君臣有义,夫妇有别,长幼有序,朋友有信”,体现了友善、诚信的道德观、价值观。蔡元培是中国近现代著名的民主革命家、思想家和教育家,是一位集立德、立功、立言于一身的伟人。其立德树人思想具有独特的理论和独到的见解。从何谓立德树人、立何德树何人、如何立德树人三个方面挖掘其思想精华,引导学生培育和践行尊老爱幼、男女平等、勤俭持家等家庭道德,培育和践行爱岗敬业、诚实守信、服务群众等职业道德,培育和践行文明礼貌、助人为乐、爱护公物等社会道德,培育和践行遵纪守法、主动纳税、保家卫国等国家道德。另一方面,挖掘外国教育思想史的育人资源。苏格拉底是古希腊著名的哲学家、教育家,探析其“美德即知识”,引导学生向苏格拉底学习,成为有智慧、有完善道德的人。亚里士多德是古希腊最著名的哲学家、思想家和教育家,他根据灵魂论提出了和谐发展的教育观点,主张德智体等和谐发展,体现了和谐的价值观。赫尔巴特是德国近代著名的哲学家和教育学家。探讨其教育性教学,理解“道德普遍地被认为是人类的最高目的,因此也是教育的最高目的”的寓意,体现爱祖国、爱人民、爱家乡的爱国情怀,这也是西方“课程思政”的历史渊源与理论阐释。杜威是美国实用主义哲学家、社会学家和教育家,其教育理论的基本原则是“从做中学”。“从做中学”体现了守信、诚实、说老实话、做老实事等诚信品质。

第三,挖掘教育活动史的育人资源。教育活动史是人们以各种方式进行教育活动的历史。它既是教育思想史和教育制度史的起源,又是教育思想史和教育制度史存在的前提和基础,还是连接教育思想史和教育制度史的中介和桥梁。一方面,挖掘中国教育家教育活动史的育人资源。孔子三岁丧父,十七岁丧母。他曾管过牛羊,也管过仓库,当过会计。贫贱的少年生活促使他发奋自学,渐渐地通晓了礼、乐、射、御、书、数等各种学问,靠着“不耻下问”和勤奋好学赢得了社会的好评,为他日后大办教育创造了必要的条件。孔子的一生,绝大部分时间都花在办教育上,他打破了教育垄断,开办私学,广招弟子,学而不厌,诲人不倦,三千弟子七十二贤人。孟子曾“受业子思之门人”,为孔子的私塾弟子。孟子学有所成后,也聚徒讲学,后车数十乘,带着弟子游说列国,极力推行“仁政”的主张。在齐国游学稷下学宫,深得齐王之尊宠。晚年退而专以著书讲学为事。孔子与孟子的教育活动,体现了中国的优秀传统文化,彰显了他们的爱岗乐业、职业道德与敬业精神。蔡元培一生与教育结下不解之缘。1898 年,弃官从教,回到家乡绍兴,任绍郡中西学堂总理。1900 年,任嵊县二戴、剡山书院院长。1901 年,任南洋公学特班总教习。1912 年 1 月,就任南京临时政府教育总长。1917 年,任北京大学校长。后来还兼任过交通大学、华北大学、国立西湖艺术院等多所高等学校校长、院长。蔡元培的上述教育活动也凸显了其爱岗乐业、职业道德与敬业精神。另一方面,挖掘外国教育家教育活动史的育人资源。青少年时代的苏格拉底曾跟父亲学过手艺,熟读《荷马史诗》及其他著名诗人的作品,靠自学成了一名很有学问的人。他以传授知识为生,30 多岁时做了一名不取报酬也不设馆的社会道德教师。亚里士多德 17 岁到柏拉图所办的阿加德米学园,在那里求学达 20 年之久,是柏拉图的得意门生。柏拉图死后,他离开学园,随后担任马其顿国王太子亚历山大的老师达 10 多年。公元前 335 年,他回到雅典创办学园——"吕克昂",专事教学和研究活动。赫尔巴特是德国著名的哲学家和教育学家。在西方教育史上,他被誉为"科学教育学的奠基人"。他出生于德国的奥登堡,父亲是当地的律师兼议员,他幼年受过母亲良好的教育,12 岁时进古典文科中学读书,18 岁时入耶拿大学学习法律和哲学。大学毕业后,他在瑞士一个州长的家里任 3 个孩子的辅导老师,开始了他的教育生涯。1802 年,他在哥廷根大学获得博士学位后,留校任哲学和教育学教授,后来又在哥尼斯堡大学继康德之后任哲学客座教授,主讲哲学和教育学。1810 年,他创办了教育研究所、师范研究所和附属实验学校。他为教育科学事业的建设,整整奋斗了 44 年,为教育学的发展建立了不可磨灭的功勋。杜威 16 岁时中学毕业进入佛蒙特州立大学。1879 年,杜威大学毕业后在美国南方一座石油城市的中学任教 2 年,同时开始系统研究哲学。1882—1884 年杜威在霍普金斯大学攻读哲学,获得哲学博士学位。他融合欧美思潮,为致力教育研究打下了深厚的根基。从 1884 年到 1930 年,杜威任教于密执安大学、明尼苏达大学、芝加哥大学和哥伦比亚大学。1930 年,他退休后改任哥伦比亚大学名誉教授,仍继续从事教育改革研究。苏格拉底、亚里士多德、赫尔巴特和杜威的教育活动充分体现了其爱岗乐业、职业道德与敬业精神。

概言之,根据"中外教育简史"的课程内容,我们挖掘了教育制度史、教育思想史和教育活动史的育人资源,这些育人资源只是其中的一部分。"路漫漫其修远兮,吾将上下而求索"。"中外教育简史"开展"课程思政",任重而道远。

参考文献

[1]胡金平.中外教育史纲(修订本)[M].南京:南京师范大学出版社,2010.
[2]王玉生.中国教育思想研究[M].北京:中国社会科学出版社,2006.
[3]周洪宇.教育活动史研究与教育史学科建设[M].济南:山东教育出版社,2011.
[4]邱伟光.课程思政的价值意蕴与生成路径[J].思想理论教育,2017 (7):10-14.
[5]王光彦.充分发挥高校各门课程思想政治教育功能[J].中国大学教学,2017 (10):4-7.

“大学生心理健康教育”“课程思政”的探索与实践①

谢敏芳

“立德树人，是高校立身之本”，尤其是当前，各类思想观念交锋，多元思潮文化碰撞，这对价值观尚在形成过程中的年轻大学生来说，影响甚大。2016 年 12 月，习近平总书记在全国高校思想政治工作会议上就曾强调，要坚持把立德树人作为中心环节，把思想政治工作贯穿高等教育教学的全过程，实现全程育人、全方位育人，努力开创我国高等教育事业发展新局面。[1] 2017 年年初，中共中央、国务院印发的《关于加强和改进新形势下高校思想政治工作的意见》中也明确提出，要强化思想理论教育和价值引领，把理想信念教育放在首位[2]。

如何在注重培养学生知识和能力的同时，做好学生思想引领和价值观的塑造工作，已成为当前各高校关注和研究的重要课题。“课程思政”[3] 理念正是基于此进行的积极尝试。它要求高校不再拘泥于思想政治理论课这一单一课程载体，进一步深化高校思想政治教育改革，打破不同学科、不同课程之间的界限，形成全学科、全方位、全功效的思想政治教育课程体系，全面提升思想政治教育实效。

因此，学科教师在课程授课时应以“课程思政”的教育理念为指导思想，有意识地把“思政”融入课程内容，在促进专业教师科学辩证思维发展的同时，提高学生综合素质，形成积极向上的价值观。心理健康教育课程的思政教学模式正是基于此而展开的实践探索。

一、“大学生心理健康教育”“课程思政”建设的条件

(一)课程培养目标与思政教育一致

心理健康教育本质上是一种关注心灵、重视生命成长的教育活动，心理健康教育教学的目的就是“为了揭示和展示生命的意义，为了学生完整而具有个性地成长”[4]。因此，心理健康教育课程不同于其他学科课程，目标不是单纯传授心理学

---

① 原载《绍兴文理学院学报(教育版)》2019 年第 1 期。

知识，而是在于提高大学生自我管理、人格发展、情绪调节和人际交往等方面的能力，增强学生心理健康水平和心理素质，帮助大学生更好地学习、交友、恋爱，促进大学生在适应环境、掌握专业知识和技能的同时，德智体美等全面发展。[5]

这与“课程思政”立德树人的教育理念不谋而合；与思政教育“不仅仅注重对学生道德的培养，还要注重对学生内在潜能的开发，从德、智、体、美、劳等方面培养四有新人，提高大学生的基本素质，使他们成为国家需要的人才”[6]这一培养目标也相一致。

（二）课程内容与思政教育相互补充

思政教育重视大学生人生观、道德观和价值观的培养，但是并不关注大学生人格发展，也没有对大学生如何应对挫折、适应环境、人际关系等问题进行适当的教育和引导。而心理健康教育则较好地补充了这一内容，在帮助大学生走出心理误区的同时，引导他们树立正确的人生观、道德观、世界观，能够让学生在面临学习、实践、人际、恋爱等问题时，避免各种压力对身心造成的不良影响，培养学生良好的意志品质，提高学生应对挫折、适应环境的能力。可见，对大学生开展心理健康教育活动，能够很好地补充思政教育相对缺乏的相关内容，能够更好地巩固和深化思政教育取得的良好成果。

同时，完善的心理健康教育能够保证思政教育取得良好的成果。心理健康的人，是情绪正常、人格和谐、适应环境的人，能善待自己和他人，拥有良好的人际关系，能在学习和工作中发挥自己的潜能，因此也往往更容易接受思政教育。

（三）课程具备思政教育隐性课程的功能

隐性课程，是指“学生在学校环境中所学习到的非计划性的、无意识的、非预期性的价值观念和知识能力”。[7]一般，思政类课程往往过于重视理论知识的系统性讲授，“以课本为主”，“以理论知识为重”，缺乏与学生的互动，学生只能被动接受，使大学生的理性认知与感性体验形成断层，同时大大降低了学生对于思政教育的主动性和积极性。隐性课程则完全不同，课程并没有直接、系统地传授思政教育课程内容，但是通过具体的活动和教师言传身教的影响，“在不知不觉中引起学生个体和思想上的变化，达到社会所要求的道德品质和行为规范化的要求”。[8]

这样，将思政教育“隐身”在心理健康教育的过程中，通过心理健康教育课程的学习，潜移默化地影响学生，不仅避免了学生的抵触情绪，也有利于学生真正理解并形成良好的人生观、价值观，将所学所知内化为稳定的心理和行为模式。

二、大学生心理健康教育“课程思政”建设的目标与原则

(一)课程建设的目标

“课程思政”应立足心理健康教育课程内容，有机渗透，避免过于突兀而引起学生抵触；挖掘心理健康教育的“课程思政”内涵，培养学生独立自主、勇于自我探索的生活态度，帮助学生学以致用，在心理健康教育教学的过程中更好地明确自身的特点，主动发现问题，解决问题，提高学生解决切实问题的能力，培养学生人际沟通的能力和自我调适的能力，养成学生平等宽容、团结协作的合作意识，切实提高学生的心理素质，满足社会对高素质人才的要求。

(二)课程建设的原则

1. 发展性原则

大学生心理健康教育“课程思政”旨在提高大学生心理素质，使大学生成为人格健康、适应环境、能充分发挥自己潜能的德、智、体、美、劳全面发展的人才[9]。而不同于以往心理健康教育更“侧重于心理教育的调适性和矫正性，忽视学生内在潜能的开发和人格的全面发展”[10]，因此，大学生心理健康教育“课程思政”建设应遵循发展性原则，立足于学生的心理发展需要，注重大学生潜能的开发、人格的发展。

2. 积极性原则

心理健康教育不仅要提高大学生的心理素质，还要帮助大学生形成积极的价值观，引导大学生健康成长。因此，大学生心理健康教育课程应当遵循积极性原则[11]，正面引导，充分发挥大学生自我完善的内在潜能，实现其品质上的完善；还应当重视人性当中积极向上的层面，传播积极正能量，帮助大学生学习用积极的态度看待问题、面对生活。

3. 主体性原则

大学生心理健康教育的主体是大学生，因此，在进行心理健康教育时，要遵从主体性原则，充分尊重学生的主体地位。[12]在教学内容的设置上、在教学方法的运用上，都要注意以学生为本，根据学生的身心特点和发展规律精心设计，做到既能帮助大学生学会处理心理困扰，又能培养大学生良好的心理素质，从而有效提高大学生心理健康教育的实效性。

三、大学生心理健康教育“课程思政”的途径思考

(一)建构以学生为中心的学习共同体

每个人都有自我实现的需要,因此,教学过程的主要问题是如何让学生主动参与和积极体验,让他们丰富的个性得到更充分的发展。据此,罗杰斯提出非指导性教学,认为教学的起始基础不是课程内容,也不是思维过程,而是人际关系[13]。积极的人际关系能使人成长。非指导性教学强调,教学应以学生为主体[13],教师应充分信任学生,了解学生,尊重学生,在良好的师生关系中,促进学生学习,使学生充分发挥自己的潜能。

因此,在教育教学过程中,应重视“以学生为中心”,积极建构学习共同体,在学生和教师共同学习的过程中,互相沟通、交流、分享,形成良好的互动、互促,在积极的人际联系中共同成长。心理健康教育课程首先通过师生之间坦诚自我介绍和相互介绍、游戏分组等活动,拉近师生之间、学生之间的距离,初步构建起学习共同体;其次,在授课过程中,教师走进学生中间,通过与学生共同讨论、分析等方式,与学生近距离接触,拉近彼此的心理距离,营造积极、友好的学习氛围;最后,通过团体辅导活动、案例分析、角色扮演等方式,在共同建构心理健康相关知识的过程中,建构起成熟的学习共同体。在此良性互动过程中,教师的价值观、积极的人生态度等均可以在无形中影响学生,教育学生,学生也更能够深刻感受“以人为本”,积极接纳“精神文明”。

总之,通过师生之间的互动,构建积极的学习共同体,在真诚、尊重、理解、接纳的关系中,集教、学、做、悟于一体,教师学生共同探索、发现问题,共同成长。

(二)营造以“主题体验式教育”为契机的思政教育氛围

建构主义认为,学习是学习者基于原有的知识经验生成意义、建构理解的过程。[14]因此,教师应当从学生实际出发,创设有利于学生学习的环境,通过提供适当的问题情景或实例促使学生反思,促进学生主动建构知识的意义,并适时提供适当的鼓励、引导、帮助、支持,进一步促进学生的建构活动。

主题体验式教育正是“把具有一定特征的某种基本思想作为主题,并围绕该主题展开一系列思想政治活动”[15]。通过主题体验式教育,激发学生的情感,让学生在体验中建构认知,发展能力,更好地自我完善。譬如,在教育教学过程中,通过得失观讨论、苦乐观讨论、如何面对人生困境等活动形式认识“真善美”,通过小组互动、探讨与父母和朋友的关系等活动感受“和而不同”。在增强学生的认识水平的同时,使学生能够更好地认识自我、认识世界,确立正确的人生观、价值观,更好地

适应环境,更好地学习、生活。

同时,借助“突围闯关”“同舟共济”“建高塔”等各类体验式活动,让学生真切地感受“团结”“协作”的重要性,和共同完成任务、共同渡过难关时候的喜悦;让学生在深刻感受集体主义力量的同时,深刻体验彼此的“尊重”“包容”带来的心理满足感,和心理需求得到满足后个人的进一步成长,促进学生更好地发展。

(三)注重“本土化探索”的人文素养情操

传统文化是一个国家、一个民族传承与发展的根本。中华优秀传统文化蕴含着丰富的智慧,丰厚的民族精神和道德理念有着不可衡量的重要价值。只有认同、肯定、喜爱中华优秀传统文化,才会产生文化自豪感。而同时,随着我国对外开放日益扩大,互联网技术和新媒体迅速发展,各种文化思潮相互激荡碰撞[16],学生的民族文化身份认同难免受到影响。因此,在大学生心理健康教育教学过程中应当重视文化导入,在调节心理健康本土化探索方面多着笔墨,不失时机地引导学生。

譬如,在情绪管理、压力应对内容中介绍中国传统文化中养生健身方法及生活哲学,传递中国传统哲学中“尊重自然”“清静无为”等生命观、人生观[17],突出身体、心理、精神与环境四者之间的和谐统一;还可以通过介入活动的形式,如唱歌、松弛运动、呼吸调整等方式体验人与自然的和谐。通过全面的认识和切实的活动,让学生在体验中感受中华优秀传统文化,自然而然地产生民族文化自豪感,进而真正认同、传承和延续中华优秀传统文化,更好地构筑中国精神、中国价值。

(四)坚定与时俱进的师生发展成长理念

作为教育者,首先要时时注意接受教育,更新理念,与时俱进,才能更好地“传道”“授业”“解惑”,才能在潜移默化中影响学生,承担起学生健康成长的指导者和引路人的责任。因此,作为“课程思政”的教师,更应该注重提高自身的政治素养,坚定马克思主义信念,站在一定的政治高度正确认识“课程思政”的重要性,才能感同身受,以身作则,切实提高“课程思政”的感染力和说服力。作为“课程思政”的教师,更应该关注时事政治,把国家的发展与个人的成长紧密联系起来,才能更好地引导学生发展,真正承担起为社会主义培养建设者和接班人的使命和责任。

同时,不同的学生个性不同、经历不同,往往在课堂上差异较大,心理开放程度也各不相同。因此,专业教师要提升个人综合素养。譬如,充分了解当代大学生心理发展规律,结合不同学生的不同特点,有意识地消除学生的疏离感,使他们能够逐渐融入教学情境;处理好理论知识与实践体验的内在联系,使学生能在接受专业知识、技能的同时,感同身受,产生积极的内在体验;具备丰富的临场指导经验、随机应变的能力,能仔细观察每个学生在课堂中的情绪反应,避免话题触及某些学生的心理敏感点,同时引导学生的合作活动,教师与学生互动,而不是各行其是。

结合心理健康教育"课程思政"的实践探索，可以发现，"课程思政"将学科工具、理性主义与人文主义相结合，不仅更好地提高了教学效果，还进一步提升了专业的育人水平，使学生认识到学科知识与个人的成长、思维的发展、道德素养的培养等均是密切相关的，从而更加关注自我的成长。"课程思政"对专业教师的个人发展也有着深远的影响，为了更系统、更深入、更专业地进行"课程思政"、教书育人，专业教师也将认真汲取不同学科的知识养分，开阔视野，进一步自我完善。因教师应努力提升自身素质，创新教育教学理念，积极尝试，使得学习不仅仅是知识掌握的过程，更是学生全面发展的过程，使"课程思政"成为学生终身受益的教育体验。

参考文献

[1]高德毅，宗爱东．课程思政：有效发挥课堂育人主渠道作用的必然选择[J]．思想理论教育导刊，2017(1)：31-34．

[2]教育部．中共中央国务院印发《关于加强和改进新形势下高校思想政治工作的意见》[J]．云南教育(视界时政版)，2017(3)：4-5．

[3]李国娟．课程思政建设必须牢牢把握五个关键环节[J]．中国高等教育，2017(Z3)：30-31．

[4]陈亮，朱德全．学习体验的发生结构与教学策略[J]．高等教育研究，2007(11)：74-77．

[5]段鑫星，赵玲．大学生心理健康教育[M]．北京：北京科学出版社，2006．

[6]黄文林．论高校思想政治教育的目标[J]．盐城师专学报：社会科学版，1990(1)：6-10．

[7]钱江飞．高校思政教育隐形课程研究[J]．内蒙古师范大学学报，2015(5)：99-100．

[8]王景云．论高校思想政治理论课隐性课程载体的系统构建[J]．中国特色社会主义研究，2011(2)：100-103．

[9]江立成，汪淼．大学生心理健康教育的个体价值[J]．西南交通大学学报：社会科学版，2007，8(2)：1-5．

[10]彭永东．论高校发展性心理健康教育校本模式开发[J]．安徽农业大学学报(社会科学版)，2010，19(6)：109-112．

[11]陈伟．论积极心理学视角下的大学生心理健康教育的目标与原则[J]．科教导刊，2013(35)．

[12]田芯，谭丽萍．大学生心理健康教育主体性教学模式的实践路径[J]．航海教育

研究,2016,33(1):108-110.

[13]张晓英.浅谈罗杰斯的“非指导性教学”模式[J].和田师范专科学校学报(汉文综合版),2006,26(2).

[14]方志.建构主义教学理论及其对高等教育教学改革的启示[J].当代教育论坛(下半月刊),2009(5):26-28.

[15]陈洁.体验式学习在高职思政主题教育课程中的应用[J].中国职业技术教育,2011(26):53-57.

[16]张发钦.论文化相互激荡背景下我国文化竞争力的培育[J].理论界,2008(3):6-8.

[17]李承贵.专题研讨:中国传统哲学之特质——自然主义:中国传统哲学的基本特质[J],福建论坛:人文社会科学版,2006(8):36-41.

“服装史”课程的思政教育探索与实践[①]

胥筝筝

习近平总书记在全国高校思想政治工作会议上的重要讲话指出，要坚持把立德树人作为中心环节，把思想政治工作贯穿教育教学全过程，实现全程育人、全方位育人[1]。高校服装艺术设计专业要培养当今及未来服饰文化产业传承与创新的核心力量，兼具传统服饰价值传播的重任，故学生不仅要具备扎实的专业知识，更要具备优良的职业素质和正确的价值观。“服装史”作为绍兴文理学院服装艺术设计专业的核心理论课程，在服装教学中处于重要地位，它要为后续专业课程做铺垫，同时有助于开阔学生视野，拓展学生的创作思维，激发学生设计灵感，因此“服装史”的“课程思政”改革在服装艺术设计专业教育中发挥着重要作用。

一、“服装史”课程思政建设的意义

1.“服装史”课程具有丰富的思政元素

以往服装艺术设计学科体系偏重艺术内容，忽视了设计艺术学的边缘性、交叉性学科属性，对学生的综合素质培养重视不足，这一点从学生入学考试的文化课要求及教学重技法、轻理论现象就可以得到验证[2]。“服装史”作为服装艺术设计专业的一门史论课程，承担着开阔学生专业视野、培养学生创新服饰设计与艺术的能力的重任。“服装史”“课程思政”教育的探索是通过教学的每个环节、每个模块、每个章节，在传统文化传承与现代设计创新的理念下，传递文化自信，传递人生哲理，传递正确的价值取向。

“服装史”课程含有大量丰富而深奥的理论内容，包括历史记载、考古实物及传世文物，让学生了解不同时期服饰的艺术特色，增强对服装发展的纵向和横向认识。同时“服装史”课程教学通过艺术作品赏析，以及对历史人物、事件、审美观念、加工工艺的介绍，帮助学生了解和掌握服饰发展的脉络及对当时服饰风格形成的作用，引导学生观察、分析、评价及总结服饰特色。不论是对历史文物、传统文化的理论研究，还是对各种服饰艺术的赏析，都是学生获取知识、激发创作灵感的重要

---

① 原载《纺织服装教育》2020年第1期。

途径。这些停留在理论层面的内容最终都是要通过实践操作在设计作品中予以呈现的,这也正是设计所要实现的最终目标。

2. 学生需要加强思政教育

服装艺术设计专业的学生相对来说文化基础较薄弱,不喜欢上理论课程,加之学校没有足够重视,致使一些学生道德意识和社会责任感不强,但他们具有较好的设计表达和创新能力。故可将思政教育融合到“服装史”课程教学中,坚持以传统文化为依托,充分发挥教师课程教学的引导作用,提升学生的思想政治觉悟。

二、“服装史”课程思政教育原则

1. 思政教育与专业教育相互融合

过去服装艺术设计专业存在重智育、轻德育的问题,致使思政教育与专业教育相分离。特别是很多学生认为专业好即就业好,加之在学习中专业教师只强调专业课而忽视了思政教育的重要性,使得思政教育很难与专业教育融合。如今服装艺术设计专业教育应寻找与思政教育有效融合的路径,使学生在掌握专业技能的同时具有较高的职业道德和综合素质,提高学生的岗位适应能力,实现立德树人润物细无声的效果。

2. 教学内容与德育元素相互渗透

“服装史”课程教学内容主要介绍中外各个历史时期的服饰文化背景、服饰现象、服饰风格特征以及服饰的纵向交流,了解历史人物、事件、审美观念、加工工艺对当时服饰风格形成的作用。现有的教学往往只强调课程内容,忽视了教书育人的作用。故教师应通过教学随记、教学设计及案例库等拓展课程教学内容,挖掘思政教育元素,营造“服装史”课程思政的浓厚氛围,形成对社会主义核心价值观的理解与应用。

3. 教学方法与评价体系多元互补

现有的“服装史”课程教学方法较为单一,基本以教师讲解为主,致使学生在上课时感到枯燥乏味,兴趣不足。教师应积极探索融合思政教育的行之有效的教学方式,并改变一直以来的以试卷成绩考评学生的方式,形成将德育元素纳入实践练习与平时表现的多元评价体系。

三、“服装史”课程思政教育的实施路径

1. 教学目标

专业课也是育人课,“服装史”作为一门专业核心课程,应在提高学生专业知识、专业水平的同时深入挖掘其蕴含的丰富的育人元素,在培养方案、教学大纲的

制定中以“知识传授、能力提升和价值引领”为原则，根据知识目标、能力目标、行为目标建设课程思政。知识目标是使学生了解中外服装在不同时期的服饰基本状况、产生历史背景以及服饰主要特点，认识服装变迁的一般规律。能力目标是使学生能正确地处理传统与现代、民族与时代的关系，批判地继承中西方服装文化的优秀遗产，能够正确分析与解读服装变迁的时代根源。行为目标是引导学生理解并把握中外服装变迁发展的基本规律，培养学生的设计热情，明确设计责任感，初步具有结合历史风格进行命题系列服装设计的能力。

2.教学内容

在“服装史”课程教学中，主动挖掘课程中所蕴含的思政资源，丰富教学内容，让学生通过直观的视频资源、实践作业等体验传统文化内涵，在实现课程知识传授、能力培养的基础上，挖掘并凸显其价值引领功能。在具体的教学实践中，应实现授课内容、德育元素、融入形式和融入方法的协调统一，具体安排如表1所示。

表1 “服装史”课程教学内容设计与安排

周(学时)	授课内容	德育元素	渗透形式	渗透方法
第一周(2学时)	人类服装动机与服饰发展的一般规律	文化传承、社会风尚	通过了解服装起源与人类劳动的关系了解服装变化的现象，从服装发展的共性特征入手，总结人类服装的演变历史，阐述中西方服装发展进程，并进行跨文化比较	多媒体视频
第三周(2学时)	周代服饰礼仪与社会民俗	感恩、仁爱、责任意识	通过讲解周代以“礼”为核心指导国家的运转和人民的生活，以男子成人行冠礼、女子行笄礼为主题，安排学生进行成人礼的演示	情景剧
第五周(2学时)	汉代丝绸之路	融合、发展、“一带一路”	通过让学生了解汉代丝绸的发展在中国服装史上的意义，给学生播放一段《厉害了，我的国》纪录片，讲述“一带一路”给智能制造鞋企带来新契机，让学生结合当今时政热点“一带一路”谈谈自己的看法	小组讨论、学生演讲

续表

周(学时)	授课内容	德育元素	渗透形式	渗透方法
第六周(3学时)	唐宋时期服饰	民族特色、时代精神	通过课程讲解封建社会中期纺织印染的空前发展,掌握唐宋时期重要的特色织物、官服、女服女妆的特点。以唐代为重点,通过课程视频《大唐盛世》分析其服饰设计特色,并结合当今设计案例开展设计练习	比对分析法
第九周(4学时)	明清、文艺复兴时期服饰	西风东渐	借助《末代皇帝》《莎翁情史》《绝代艳后》等电影片段,以及调研各地服饰博物馆,将一手资料与二手资料结合,潜移默化地引导学生开展调查研究	电影辅助课堂、一手资料调研
第十一周(2学时)	民国时期服饰	改革、与时俱进、引领潮流	以近代上海时尚女郎为课堂教学切入点,通过《玲珑》《时尚女郎》等画报、影视资料中张爱玲、唐瑛、陆小曼等形象,让学生感受时尚气息	比较法、观摩法、资料搜集
第十三周(2学时)	古罗马服饰	实践、创新	通过对古罗马男女服装、服饰品等详细介绍及图片的指导性解析,提炼出典型服饰——托加(Toga),并让学生进行还原	模拟法

通过上述“服装史”课程教学内容设计与安排,将思政元素融合到适当的教学内容中,使专业教育与思政教育相得益彰。具体体现在以下几方面。

(1)新时代的大学生要更好地了解历史,认识历史,重读历史,不忘本源。“服装史”课程中涵盖了所有的中西方文化与文明,作为服装艺术设计专业的学生,要想有好的设计作品,必须对传统文化予以继承。继承传统文化包含三个方面:一是借鉴与吸收外来传统文化;二是要使中国传统文化走出去;三是在新时代背景下实现民族文化与时代潮流的恰当结合。

(2)服装艺术设计专业是培养新一代设计师的摇篮。20世纪西方服装史中的设计大师对后世产生了深远影响。“服装史”课程通过短片、视频等讲述几位典型服装设计大师的成长过程,让学生意识到个人创作的全过程,潜移默化地提高学生的基本素质、职业道德。

(3)实践是实现学生专业基础知识和操作训练相结合的有效手段,这种技能对艺术史探索很重要，同时对学习艺术评论以及艺术的其他方面也很关键。技能必须通过实践来掌握[3]。在“服装史”课程教学中，积极开展实地考察，寻找民间技艺与艺人；带学生参观博物馆、美术馆、民艺馆等，让学生亲身感受传统文化的博大精深，开阔学生的专业视野；指导学生对典型服装款式进行复制，并从中汲取灵感开展设计创作。这一过程将设计、制版、立体裁剪与工艺贯穿在整个教学中，让学生在学习经典作品的同时锻炼自身的综合创作能力。

(4)服饰是历史发展的一面镜子，是社会不断变革的产物。每一种新的流派都有历史上可以比照的对象，它们并不是创新的，只不过是在新的形势之下对历史榜样的重新启用[4]。作为 21 世纪服装艺术设计专业学生，应遵循社会发展规律，以史为鉴，将传统服饰文化予以传承、融合与再创新。如约翰·加利亚诺 2004 年推出的一系列古埃及风格高级女装，卡尔·拉格菲尔德 2010 年推出的巴洛克风格高级女装，让学生从历史中汲取设计灵感。

3.课程考核

对“服装史”课程教学融入思政元素进行考核评价可检验思政教育在该课程教学中的效果。我们将学生品德、价值观、团队协作等思政考核指标纳入考核范围，初步确立了基于思政教育的课程考核评价方式。改变以往单一以期末考试为主的形式，注重过程性考核与实践性考核，注重对学生实践应用能力和创新设计能力的培养。

(1)理论与实践结合的考核形式

理论考核是指期末试卷考试(占 60%)，实践考核主要为平时设计练习(占 40%)。实践考核依据思政元素整合教学内容，主要表现为对各个历史时期服装文化的提取、服饰形态的还原以及现代服饰的创新等。

(2)平时与期末结合的考核形式

平时考核即过程性考核，主要指课堂表现、课堂练习与课程作业等。课堂表现主要体现思政中的德育元素，比如是否遵守学生守则、是否积极回答问题、是否认真思考、态度是否端正等基本道德；课堂练习以是否体现传统服饰文化内涵、人文精神、社会风尚等为主；课程作业则体现在作业是否规范、是否富有创新等方面。期末考核即最终试卷考核，主要考查学生对各时期服饰文化内涵、款式特点的理解与掌握。

四、结语

高等教育要充分调动每个学生的积极性，开发每个学生的潜能，而高校作为育人育才的重要阵地，应在培养学生专业技能的同时，充分注重培养学生的思想品德。因此，“服装史”作为一门专业核心理论课，既要通过课堂教学不断挖掘传统文化,又要在其基础上将博大精深的民族文化发扬光大。本文以“服装史”作为课程思政教育的案例,结合课程特点与学生的专业特长,将思政教育融入课程教学目标、教学理念、教学内容、教学方式、教学评价中,充分发挥课堂教学的育人引导作用,使大学生在收获专业知识和技能的同时,实现自我人生价值的提升。

参考文献

[1]习近平.把思想政治工作贯穿教育教学全过程　开创我国高等教育事业发展新局面[N].人民日报,2016-12-09(1).

[2]潘鲁生.工艺美术概论[M].济南:山东教育出版社,2002.

[3]埃里克森.艺术史与艺术教育[M].宋献春,伍桂红,译.成都:四川人民出版社,1998:90.

[4]朱青生.没有人是艺术家,也没有人不是艺术家[M].北京:商务印书馆,2000:165.

"大思政"理念下独立学院"课程思政"实现的路径探索①

宣页沁

习近平总书记在全国高校思想政治工作会议上强调，要用好课堂教学这个主渠道，使各类课程与思想政治理论课同向同行，形成协同效应。[1]与公办本科院校相比，独立学院在人才培养上以应用型学科专业为主，面向生产、建设、管理、服务一线培养应用型人才，具有其独特的办学定位和学科特色。因此，如何以其应用特色、实践特色和人才培养特色，特别是通过应用型专业的"课程思政"理念，使独立学院专业课程实现育人价值，对做好新时代高校思想政治工作具有重要意义。

一、"大思政"理念下专业"课程思政"的价值意蕴

习近平总书记的讲话，既肯定了思想政治理论课的主渠道作用，又对其他专业课程提出了思政教育功能的要求。而"课程思政"，就是以全员、全程、全课程育人格局为基础，将思想政治教育的内容和精神融入所有专业课程中，构建所有专业课程与思政课同向同行、形成协同效应的思政教育课程体系，在潜移默化中完成全程育人、立德树人的目标。

从思政课程到"课程思政"，不单是文字次序的调换，更是内在意义的质变[2]。当前，"课程思政"改革在历经教学规范、理论探索、改革深化三个阶段之后，正式进入全面推广阶段。从思政课程到"课程思政"的转变，突破了以往思想政治理论课单一育人的困境[3]，进一步明确了专业课程与思政课程一样，同样担负着德育的功能，实现第一课堂与第二、三课堂的有机融合，进而提升思想政治教育的实效性、感染力和吸引力。

相对于公办高校而言，独立学院办学体制更加灵活，资源协同更加统一，育人过程更加高效，在实施"课程思政"总体要求过程中已经积累了较为丰富的实践经验，形成了一定的理论成果。

① 原载《绍兴文理学院学报(社科版)》2020年第2期。

二、独立学院专业“课程思政”实现的主要特点与困境

当前,不少高校的独立学院在专业设置和人才培养上选择走与母体院校错位发展之路,其专业“课程思政”的实现主要有三个特点。

1. 以专业课程为中心,构建全方位育人体系

从办学定位上看,独立学院属于应用型本科高校,与学术研究型高校、职业技术高校存在本质区别,其专业课程的应用型特征更强;从办学层次上看,独立学院以本科教育为主,是以教学为中心的教学型院校,其专业课程具有知识传授和价值引领双重功能;从培养目标来看,独立学院培养的是拥有一定的理论基础又掌握实践技能、服务地方经济的应用型人才,学生的思想道德水平将直接影响各行各业的发展和国民素质的提高;从生源特点来看,独立学院学生入学分数均低于公办本科院校的录取分数线,此类学生的特点是学习基础相对较薄弱、学习习惯有待提高,但社会活动能力、动手能力较强。基于这一现实判断,立足独立学院构建“大思政”新格局的背景,基于独立学院专业课程的“课程思政”,就是以专业课程为中心,以专业课堂为渠道,通过深入挖掘相关德育元素,在专业课程授课过程中进行社会主义核心价值观教育,实现思政课程和专业课程育人的协同效应。

2. 以改革创新为要求,在专业特色中体现育人功能

独立学院发展历史较短,对母体院校的依附性较强。当前,在地方普通本科高校向应用型高校转变和独立学院“转设”的大背景下,独立学院必须找准自己在高等教育体系中的定位,与母体院校错位发展,深化改革,不断创新,集中优势资源,重点发展特色学科专业,发挥专业课程服务地方的巨大优势,才能摆脱其处于公办本科院校和高职院校“夹缝”中生存的尴尬局面,拓展生存空间,办出特色,办出水平。因此,独立学院“课程思政”建设应以“专业课程”为重点,以“思政元素”为落脚点,以“专业教师”为关键点。在改革创新、发展应用型特色专业、加强校企合作的基础上,充分发挥教师自身的专业特点,以专业知识、专业技能为载体,融合“思政元素”开展“课程思政”育人工作。这就要求专业教师加强课程设计,创新授课方式,找准思政元素的切入点,促进显性教育与隐性教育的融合。

3. 以保障机制为支撑,全面提升课程思政实施效果

独立学院“课程思政”的全面实施,需要科学、全面的保障机制作为支撑[4]。第一,加强组织领导,成立“课程思政”改革领导小组,负责顶层设计。包括制定科学合理的实施方案,整合校内资源,明确工作职责,促进各部门工作联动,切实保障“课程思政”建设有序进行。第二,强化工作考核,建立科学的评价体系。评价体系是“课程思政”的指挥棒,关系到育德树人的任务是否落实。要科学、有效地对“课

程思政”的教学效果进行评估，及时发现问题和不足，督促教师及时整改，提升“课程思政”育人效果。第三，提供经费支持。要划拨专项经费，对“课程思政”工作提供资助，同时，建立有效的激励机制，充分调动教师投身“课程思政”的积极性，提升“课程思政”的育人长效性。

但独立学院在实施专业“课程思政”过程中，也存在着课程的育人功能比较弱化、思政教育与专业教学“两张皮”现象。究其原因：一是认识上有待提升。独立学院部分师资与母体院校共享，属于兼职工作，因此不少专业课教师认为，自己的工作是按照教学大纲和学校安排，传授专业知识和技能，而思想政治教育工作则是思政教师和学工人员的本职工作。二是教师思政素养有待提高。独立学院师资紧缺，授课任务重，缺乏精力参与相关培训，专业课教师在“课程思政”实施过程中普遍缺乏思政专业素养，尚未全面理解“课程思政”的本质其实是一种教育理念的转变，是一种隐性的引导，应做到知识传授与价值观教育的同频共振。三是缺乏健全的保障机制。受办学条件、师资等方面的限制和影响，大多数独立学院的管理模式几乎与母体院校雷同，同质化现象严重。而独立学院“课程思政”建设目前仍处于起步阶段，想要在教学实践中全面践行这种新型教育理念，需要构建适合独立学院自身特点的强有力的保障机制，涉及学科发展、课程设置、师资培养、激励机制等方方面面，以此提升“课程思政”建设的实效性。

三、“大思政”视野下独立学院“课程思政”实现的路径与策略

针对部分独立学院思想政治理论课与专业课程之间存在鸿沟，形成了育人过程中的“两张皮”现象，独立学院必须在专业课程教学过程中实施“课程思政”全覆盖，即全员参与、全课程实施、全方位渗透，从而实现立德树人的价值旨归和“大思政”的工作格局[5]。

1. 全员参与，提升专业教师对“课程思政”的参与度与认同感

教师是“课程思政”建设的关键。独立学院师资队伍主要由本校全职教师和母体院校外聘教师组成。受办学条件影响，独立学院师资数量普遍匮乏，教师授课任务较重，缺乏主观动力和多余精力投身“课程思政”建设和研究。而所谓的全员参与，就是要求专业课教师逐步树立正确观念，即每位教师都要不断提升育德能力，承担育人责任，自觉成为学生成才道路上的引领者和指导者，通过专业课程的“思政元素”，完成育人目标，促进学生的健康成长和全面发展。首先，建立完善的培训体系，通过主题讲座、交流研讨、公开课观摩等方式，加强对专业教师的相关培训，丰富“课程思政”理念，提升思政育人素养；其次，建立思政教师与专业课教师集体备课制度，定期开展教学研讨活动，研讨教学内容，共商教学手段，制作教学课件，在统一课程目标的基础上形成各自的思政教学方案；最后，建立完善的激励机制，

建立专项经费,激励并支持专业教师进行"课程思政"专项研究,扩大"课程思政"研究队伍,以教学激励为抓手,努力使每门专业课程都能形成独特的思政话语体系,用学生喜闻乐见的方式,渗透思政元素,真正发挥专业课程的育德作用,让独立学院思政教育具备全方位德育的教育合力作用。

2.全课程实施,在第一课堂主阵地全面渗透德育

第一课堂指人才培养方案中列入的全部专业课程,是教书育人的主渠道。独立学院办学之初大都照搬母体院校的人才培养模式,与应用型人才的培养目标不甚相符,因此,全课程实施的第一步,就是要根据应用型人才培养方案,优化课程结构和内容,改革教学方式,结合学院专业和学生特点,提高教学质量。全体教师在教学计划制订过程中,要对照社会主义核心价值观,找出结合本课程的育人元素及其切入点,在教学过程中以"教在有心学在无意"的方式渗透社会主义核心价值观,并在课后反思中予以外化,确保教师在第一课堂主阵地中全面渗透德育元素,从而充分发挥专业课堂的育人功能。与此同时,独立学院要大力促进校企深度融合,搭建创新创业服务平台,增强学生创新创业能力,实现知识传授与价值引领的有机统一,达到隐性"课程思政"目的。例如,人文教育类课程,注重在人文教育中强化政治方向,把握舆论导向,渗透文化底蕴,引导学生立志勤学,滋育"中国自信""文化自信";理工类专业课程,则注重培养学生的国际视野、工程素养和创新能力,强化"工匠精神",激发学生的中国道路自信和行业领域发展信心,引导学生将中国智慧转化为鼓舞自己立足行业主动进步的不竭动力;其他专业课程也应围绕思政教育与专业知识渗透的理念,汲取专业课程自身的育人内涵与教学特色,将立德树人与职业成长结合起来,巧妙渗透核心价值观,让学生难以忽视、难以阻挡、难以忘怀,化有形于无形。

3.全方位渗透,强化第二、第三课堂的德育功能

第二课堂指学生专业团队、专业技能竞赛、专业综合活动等,是专业课程的课外延伸,指导老师同样是专业课教师。近年来,随着社会信息化的发展,第二课堂的形式越来越丰富多样,除了传统的单独辅导与团队辅导,网络课堂、微课堂、移动课堂等新兴教学方式层出不穷,有力地促进了学生知识增长、能力提高、品德提升和素质养成。独立学院要结合学生家庭条件普遍比较优越,以及学生思想前卫、个性张扬、思维活跃、热爱新鲜事物、综合能力较强等特点,不断拓展第二课堂的形式和载体,不断提高学生的综合素质、专业素养和专业技能。第三课堂指校园文化品牌创建、社会实践、志愿服务等活动,对大学生的学习生活有着润物细无声的渗透作用,是一种有效的隐形教育力量。一方面,独立学院要广泛开展形式多样、主题丰富、健康向上的各类校园文化活动,通过主题文化活动,如各类学术讲座、报告会、演讲会、征文展览等,大力弘扬民族精神与时代精神,将社会主义核心价值观内

化为学生的思想素质与行为准则;大力加强校园人文环境建设,努力营造良好的教风和学风,给学生创造一个文明、整洁、高雅的环境;重视校园标志物、校训、校徽、校歌、校旗等文化标志物建设,充分发挥其在潜移默化中凝聚人、熏陶人、教化人的独到作用;通过对重大节日、重大活动、重大事件的宣传与报道,形成健康向上的舆论氛围。另一方面,独立学院要瞄准区域经济和地方性产业,组织学生开展技术研发、推广和服务,广泛开展丰富多样的传播先进文化等实践活动,有效激发学生的社会责任感和使命感,培养学生服务社会的意识和无私奉献的高尚品格。

参考文献

[1]习近平.把思想政治工作贯穿教育教学全过程开创我国高等教育事业发展新局面[N].人民日报,2016-12-09(1).

[2]何红娟."思政课程"到"课程思政"发展的内在逻辑及建构策略[J].思想政治教育研究,2017(10).

[3]王能东.高校思想政治理论课教学论[M].人民日报出版社,2017(10).

[4]高德毅,宗爱东.从思政课程到课程思政——从战略高度构建高校思想政治教育课程体系[J].中国高等教育,2017(1).

[5]沈赤.课程门门有德育,教师人人讲育人[J].高校思想政治工作,2017(10).

课程思政经典案例选编

（二）

沈　赤　主编

图书在版编目（CIP）数据

课程思政经典案例选编 / 沈赤主编. —杭州：浙江大学出版社，2020.9(2023.10 重印)
ISBN 978-7-308-20525-2

Ⅰ.①课… Ⅱ.①沈… Ⅲ.①思想政治教育—教学研究—高等学校 Ⅳ.①G641

中国版本图书馆 CIP 数据核字(2020)第 163899 号

课程思政经典案例选编
沈　赤　主编

责任编辑　金佩雯　樊晓燕
责任校对　郝　娇　陈慧慧
封面设计　雷建军
出版发行　浙江大学出版社
（杭州市天目山路 148 号　邮政编码 310007）
（网址：http://www.zjupress.com）
排　　版　杭州青翊图文设计有限公司
印　　刷　广东虎彩云印刷有限公司绍兴分公司
开　　本　710mm×1000mm　1/16
印　　张　29.5
字　　数　611 千
版 印 次　2020 年 9 月第 1 版　2023 年 10 月第 6 次印刷
书　　号　ISBN 978-7-308-20525-2
定　　价　120.00 元(共 2 册)

指导委员会

编辑委员会

前　言

培养什么样的人、如何培养人以及为谁培养人，是高等教育的根本问题。习近平总书记在全国高校思想政治工作会议上指出，要用好课堂教学这个主渠道，思想政治理论课要坚持在改进中加强，提升思想政治教育亲和力和针对性，满足学生成长发展需求和期待，其他各门课程都要守好一段渠、种好责任田，使各类课程与思想政治理论课同向同行，形成协同效应。绍兴文理学院秉持修德求真校训，一直重视德育教育。2010 年，绍兴文理学院在全国率先将“廉洁教育进课堂”纳入学生思政必修课，通过编写教材、培育队伍、建设基地、优化考核等，对全体学生开展职业道德、社会公德、家庭美德、个人品德和廉洁警示等教育。2017 年以来，绍兴文理学院坚持立德树人中心环节，把思想政治工作贯穿教育教学全过程，强化课程育人导向，深入挖掘和拓展各门专业课程的“思政元素”，发挥各门课程的思想政治教育功能，把专业课程育人工作作为新形势下提高应用型人才培养质量的重要举措。

绍兴文理学院针对专业课程育人存在的主要问题，提出以“部门协同、课程协同、师生协同、知行协同”这“四个协同”为抓手，推进专业课程育人全覆盖的工作举措。一是凝练“思政元素”。聚焦社会主义核心价值观，挖掘提炼各门专业课程蕴含的德育元素和承载的德育功能，共梳理出 106 条与“课程思政”相关的“思政元素”，编制了“课程思政”教学设计编制指南。二是填写“教学设计表”。党委主导，教务牵头，教师主体，每位教师结合专业课程特点填写“课程思政”教学设计表，梳理出 3～5 条专业课程与思政的结合点。绍兴文理学院在 2018 版本科专业人才培养方案中，强化“课程思政”内容，在教学大纲编制时增设了价值情感目标。三是示范引领。开展“课程思政”示范课程建设，组建“课程思政”示范教学团队，举办“课程思政”说课比赛，汇编《“课程思政”经典案例选编》工具书，开发“课程思政”微信程序，建立教师“教学随记”和学生“学习随感”案例库。四是考核评价。在人才培养方案、教学大纲设计、课程授课计划、课堂教学日记中体现专业课程育人要求，在示范课评选标准中体现育人考核要求，根据课程教学标准开展听课，在课程教学中明确“课程思政”要求。

绍兴文理学院“课程思政”工作目标明确，着眼于全覆盖，主要解决了知识教育与价值引领融入不充分的问题，以及专业课程育人的理念、路径、机制等方面存在的问题，探索了专业课程与思政课程同向同行的路径与举措，初步实现了“课程门门讲思政，教师人人讲育人”的格局，得到了上级教育主管部门的肯定，获评教育部思想政治工作司2020年度高校思想政治工作精品项目。该项目实施以来,学院的"课程思政"水平和效果整体提升。全校有3823门课程、2018人次的教师完成了"课程思政"教学设计表,1.5万名师生积极参与案例库建设,撰写了教学随记和学习随感20万余条,学生思想政治素质得到了明显提升。相关人员在《人民日报》《光明日报》等报纸或期刊上发表论文10余篇,且都被省高等教育学会主编的《新时代一流本科教育改革的浙江实践》(浙江大学出版社,2020年1月版)收录。

抓好"课程思政",突出示范引领,要有好的工具书。绍兴文理学院在前期工作的基础上,汇编完成本书。全书分为两册。

第一册是绍兴文理学院2017年推行"课程思政"建设工作以来的实践探索过程与经验总结,旨在通过交流分享达到相互借鉴、共同提升的效果。内容包括"经验交流""制度建设""经典案例""理论探索"四个部分。其中"经典案例"部分又包括三块内容:一是"课程思政"教学设计表选编。授课教师根据"课程思政"教学设计编制指南,结合专业课程特点,填写"课程思政"教学设计表,作为课程讲义的必要章节、课堂讲授的重要内容和学生考核的关键知识。二是"课程思政"教师教学案例随记选编。授课教师及时归纳总结课程育人中形成的教学感悟和体会,撰写"课程思政"教师教学案例随记,并上传至"课程思政"微信小程序,形成"课程思政"教学案例库。三是"课程思政"学生课堂学习随感选编。学生根据教师在课堂上讲授的"课程思政"内容,结合学习体会,填写"课程思政"学生课堂随感——老师在课堂上的一句良言,并上传至"课程思政"微信小程序。

第二册聚焦"课程思政"在新冠肺炎疫情防控期间的专题应用,重点介绍教师把疫情防控经典案例当作最鲜活的"课程思政"素材,将其引入专业课的课堂,讲好战"疫"故事,传递大爱真情,使教师和学生形成运用社会主义核心价值观去应对重大现实问题的思维自觉和行动自觉的"肌肉记忆"。内容包含"思政元素案例解读""'课程思政'案例""'课程思政'示范课程建设"三个部分。其中"'课程思政'案例"包括"课程思政"新冠肺炎疫情防控专题教学设计方案和"课程思政"学生学习随感两部分。"'课程思政'示范课程建设"部分收录了五门不同学科"课程思政"示范课程视频,授课教师用生动的教学实例,展示了自己如何结合专业课程的特点梳理和提炼思政元素,如何进行课程思政教学设计,如何实施课程思政等。读者可以扫码观看这五门示范课程。

由于思想政治教育是一项"常做常新"的工作,因而本书的内容也难免有这样或那样的局限,如书中关于教学实施路径的表述,尚需进一步推敲和完善,将会在今后的工作中和广泛的交流中进一步解决。期待同仁们共同努力,更好建设"课程思政",为高校更好落实立德树人根本任务,培养德智体美劳全面发展的社会主义建设者和接班人做出贡献。

目　录

一、思政元素案例解读

二、"课程思政"案例

三、"课程思政"示范课程建设

一、思政元素案例解读

社会主义核心价值观:富强

一、思政元素

科学技术现代化;共同富裕;勤劳致富;综合国力;基本国情;中国梦;发展;援助;安全

二、案例解读

作为社会主义核心价值观的首位价值要求,富强是中国共产党和中国人民一直追求的宏伟目标,传承着中华优秀传统文化的精神内涵,寄托着中华民族的共同理想,体现着中华民族的整体利益,是中华民族伟大复兴中国梦最基础的内涵。

国家富强与民族振兴、人民幸福紧密相连。面对来势凶猛的新型冠状病毒,我们以举国之力应对疫情防控,这是国家富强的生动写照。《雷神山医院建设的"中国速度"》展现了从全国各地汇聚而来的建设者快速建成雷神山医院,为战"疫"增加利器。没有物质现代化的硬核,就不可能有中国速度、中国制造、中国力量。《全国首趟湖北就业专列抵绍》论证了发展是硬道理,是我们党执政兴国的第一要务,是解决一切问题的总钥匙。当疫情防控取得初步控制之时,绍兴市委市政府敏锐地把握住时机,把复工复产和经济社会发展放在当前工作的重要位置,按下了经济社会发展的重启键。重启之后是加速,一趟趟就业专列驶出湖北,背后凝结着经济发展和社会进步的希望。《郭卫民:5G、大数据、人工智能在疫情防控中发挥了重要作用》强调了科学技术现代化的重要性。5G、大数据、人工智能在疫情防控中发挥了重要作用。

三、案例

雷神山医院建设的“中国速度”①

武汉雷神山医院各项准备工作正有序进行中,首批医疗队员已经进驻。32个病区将开设,全力救治已确诊的新冠肺炎患者。

5万平方米、7.5万平方米、7.99万平方米,面对疫情,短短6天,雷神山医院规划总建筑面积三次增加,难度可想而知。

哪里有危难,哪里就有党旗招展。与疫情竞速,这场战役,出征者高举的是鲜红的党旗。

雷神山医院工地上,有一支由8名农民工组成的党员突击队。听到建设消息,家住黄陂的黄坤立刻召集几个熟识的务工兄弟,放弃盼望一年的团圆时刻,顾不上与家人细说,立即赶赴雷神山医院。他们成立了农民工党员突击队,带领工友们火速推进项目机电施工。

“随时准备为党和人民牺牲一切……”1月28日下午,中建三局雷神山医院项目指挥部火速成立临时党委,并为6支党员突击队、7支青年突击队授旗。仪式上,120余名项目党员面对鲜红的党旗,重温入党誓词,宣示决战决胜的坚定决心。

在这场没有硝烟的战役中,中国共产党员挺身而出,“我是党员我先上”的豪言壮语成为抗击疫情的最强音。现场人数不断增加,大型机械设备及运输车辆川流不息,3000余套箱式板房、3300套机电安装物资运抵施工。

在6000多万“云监工”的注视下,雷神山医院以鲜见的速度在崛起。“速度的背后,是我们管理和技术的先进。”中建三局党委书记、董事长陈华元介绍,雷神山医院建设全面采用工业化建造技术,实现设计标准化、生产工厂化、建造装配化、施工一体化、管理信息化,最大限度地兼顾了效率与品质。

全国首趟湖北就业专列抵绍②

浙江在线3月19日讯(浙江在线记者李攀、孙良,通讯员童伟宏、张涌) 3月18日19时34分,547名湖北恩施籍务工人员乘坐D658次就业专列抵达绍兴北站。这是疫情发生以来,全国开行的首趟湖北就业专列。

这趟列车的开行,离不开浙江省人社厅和绍兴市人社局的努力,还得到了湖北

① 文章出处:鲜敢.雷神山医院建设的“中国速度”[N].人民日报,2020-02-09(2).

② 文章出处:浙江在线.全国首趟湖北就业专列抵绍[EB/OL].http://zjnews.zjol.com.cn/zjnews/sxnews/202003/t20200319_11793914.shtml(2017-03-19).

省疫情防控指挥部、中国国家铁路集团等的大力支持。恩施州委、州政府相关负责人全程护送。绍兴市市长也提早在站台等候接站，并为务工人员代表献上了鲜花。

“绍兴，我们回来了！”虽然经过了10个小时左右的行程，但务工人员金超英的脸上却看不到太多疲惫。她是绍兴一家纺织企业的员工，在绍兴已工作了6年。她告诉记者，受疫情影响，春节至今自己已在家两个多月，迟迟不能复工返岗，着急又无奈。18日凌晨，她终于等到了可以返回浙江的消息，在当地政府的组织下，连夜赶到恩施火车站。“火车票是政府给买的，我们自己不花钱。”她说。

“加强东西部扶贫协作，对口帮扶恩施州，是党中央交给浙江的一项重要任务。”省人社厅相关负责人告诉记者，前不久，绍兴市人社部门在开展“三服务”调研中发现，不少企业面临湖北籍技术骨干和普通务工人员不能及时到岗，导致生产线不能顺利运行的情况。

如何在确保安全的前提下，尽快把他们接回绍兴？浙江的大数据优势发挥了重要作用。

绍兴市人社局通过分析对比7.6万条湖北籍在绍流动人口数据和3.5万条非重点疫区湖北籍在绍务工人员参保数据后，根据湖北当地的疫情情况，制定了“接返湖北籍员工地图”，并确定潜江、恩施、咸宁等中低风险地区作为接返务工人员重点地区。组建工作组深入当地开展人员接返的对接工作，在专列开通前，绍兴就已组织8辆就业大巴从湖北潜江、荆州等地接返159名务工人员。

为进一步加强与恩施州政府的协作沟通，顺利开行就业专列，3月16日，绍兴派出工作组提前进驻恩施州开展对接，细化方案。据了解，这也是疫情后全国首趟经停湖北上客的列车。

为确保防控安全，此次湖北恩施籍员工返绍之旅，全程由绍兴市人社、卫健、公安等部门工作人员严格按照防疫要求，按车厢集结，完成查验健康证明、测体温、有序上车等程序，并配备好防疫物资和应急处理物资，确保防疫安全、人员可溯。

据统计，截至目前，绍兴已累计接回外来务工者3.5万余人，帮助企业尽快复工复产。

郭卫民：5G、大数据、人工智能在疫情防控中发挥了重要作用①

全国政协十三届三次会议新闻发布会今天下午召开，大会新闻发言人郭卫民向中外媒体介绍本次大会有关情况并回答记者提问。

---

① 文章出处：郭卫民．5G、大数据、人工智能在疫情防控中发挥了重要作用[N]．解放日报，2020-05-20.

郭卫民说,5G、大数据、人工智能在疫情防控中发挥了重要作用。大数据对人员流动开展实时监测,有效提高了防控的针对性和效率。智能机器人走进了医院、走进了隔离区,送物送药,导医导诊,发挥了很好的作用。运用5G技术,我们对火神山、雷神山的建造过程进行了直播,让全世界见证了中国奇迹的诞生。各地支援武汉有4万多医务人员,北京上海的专家通过远程医疗对武汉病人进行会诊。远程教育实现了停课不停学。

郭卫民说,我国在新技术领域取得了重大进展,一批龙头骨干企业在加速成长。我们国家也在不断完善顶层设计,不断推进技术发展,推进"新基建"建设的进度。

郭卫民同时提到,在加快新技术发展的同时,也有委员提出,要注重个人隐私保护。

社会主义核心价值观:民主

一、思政元素

制度现代化;生存权;发展权;言论自由;宗教信仰自由;宽容;协商;人民民主专政;人民代表大会制度;中国共产党领导的多党合作制度;民族区域自由制度;基层民主制度;大国治理;以人民为中心;制度优势

二、案例解读

民主作为社会主义核心价值观的基本要素,是社会主义制度的根本要求。中国特色社会主义民主政治就是坚持中国共产党领导、人民当家做主、依法治国的统一。中国国家制度和国家治理体系以民主集中制为根本原则,抗击疫情的斗争生动展现了这一优势。尊重民主从而发挥基层动员能力,实施网格化、地毯式管理,以群防群控有效落实综合性防控措施,真正落实了"一切为了群众、一切依靠群众"的社会主义民主。《海外看战"疫":疫情防控彰显中国应急管理的制度优势》表明,中国制度在疫情防控中取得的成绩得到了世界的公认。《坚决打赢疫情防控的人民战争总体战阻击战》表明,民主集中制既是民主基础上的集中,也是集中指导下的民主,发挥人民的主体意识、激发每一个人的主动性积极性是取得抗疫斗争胜利的基本保证。《风雨同舟战疫情——民主党派成员积极投身疫情防控》表明,中国共产党领导下的多党合作和政治协商制度是中国特有的一种政党制度和政治制度。

三、案例

海外看战“疫”:疫情防控彰显中国应急管理的制度优势①

中新社北京2月25日电(记者　刁海洋、王修君、马德林)　自中国新冠肺炎疫情发生以来,国际社会对于中国上下全力抗击疫情的努力表示肯定。多位国际人士认为,中国制度在应对疫情过程中表现出特有的优势,令世界印象深刻。这种优势体现在中国具有强大的领导能力、应对能力、组织动员能力和贯彻执行能力,以中国速度完成许多非凡之举,应对措施能够得到全面有效落实,民众对于政府决策的配合度很高。

政府展现强大的组织动员能力

法国前总理、法国政府中国事务特别代表拉法兰日前表示,在疫情面前,中国政府展现出强大高效的组织和动员能力,令人印象深刻,这正是中国制度的优势。他表示,中国这次采取的措施比2003年“非典”疫情时更快速、更强劲、更有力。他说,我在中国人民身上看到万众一心、经受考验的能力。

塞尔维亚前总统、塞对华对俄合作国家委员会主席托米斯拉夫·尼科利奇表示,中国的疫情已出现降低的趋势,这无疑要归功于中国政府强有力的举措。他表示,中国采取了前所未有的举国措施,包括封闭城市、交通,减少人们的出行,有效地控制了病毒的传播。中国从中央到地方具有很强的动员能力和组织能力,资源能够在紧急情况下被分配到最需要的地方。这是中国国家体制的优势,是世界上很少国家具有的优势。如果这场疫情发生在欧洲,恐怕会更加麻烦。

民众信任政府且富有活力

尼科利奇表示,中国民众都听从政府的指挥,实施自我隔离,从而有效遏制住了病毒传播,这种高度的自律和具有较强组织性的管理,可以说很难在世界其他国家看到,这体现了中国人民对政府的信任。

美国政治作家萨拉·弗朗德斯日前在美国工人世界党网站上撰文称,在应对疫情过程中,中国的防控措施果断有效。中国始终把人民的福祉放在首位。中国的战“疫”举措凸显社会主义优势,同时体现出中国政府的领导具有极强的凝聚力。美国媒体预测的供应短缺、价格上涨和大规模混乱并未发生。

---

① 文章出处:中国新闻网.海外看战“疫”:疫情防控彰显中国应急管理的制度优势[EB/OL].http://www.chinanews.com/gj/2020/02-25/9104180.shtml(2020-02-25).

俄罗斯科学院远东所高级研究员安娜斯塔西亚表示，中国面临的是一场综合性战“疫”，不但需要政府努力，还需要全体中国人团结合作。中国的社会制度使得集中力量变得容易，中国这种强大的机制对抗击疫情起到了保障作用。

安娜斯塔西亚表示，中国政府迅速、有效地发动基层民众和社区的力量。中国传统的邻里互助发挥了作用，使得基层社会活力得以体现。中国民众在抗击疫情中的行动表现给外界留下了深刻印象。

中国举措对全球防疫具有借鉴意义

美国政治分析人士布莱恩·贝克认为，中国的治理体系与西方有很大的不同，中国更有能力在短时间内调动资源。中国拥有一批强有力的国有企业和公共卫生部门，这使得政府的一系列政策举措能够迅速落实。他说，中国在极短时间内便在武汉建好两家医院，这是非凡之举。这对于全国乃至全球疫情防控工作来说都是一个非常好的案例，具有借鉴意义。

美国外交学会亚洲研究中心主任伊丽莎白·伊科诺米指出，中国共产党有效地对总人口达数千万的湖北省实施检疫隔离，并下令口罩制造厂高速运转。或许最让人印象深刻的是，中国迅速建成了大型临时医院和检疫隔离中心。这些措施的规模和实施速度，是对中国制度、政策设计和执行能力的一种证明。中国共产党在习近平的领导下完善了这样的制度和决策，使其在危机时期能够有效调动庞大资源。

美国库恩基金会主席罗伯特·劳伦斯·库恩说，中国政府正在采取严格而坚决的措施，全国上下一心、闻令而动。如此规模的社会动员在全球公共卫生史上前所未有。它能奏效的原因在于中国共产党领导下的中国制度优势。库恩表示，他注意到中国领导层在加强信息公开、反对形式主义和官僚主义方面的承诺，相信中国一定能战胜疫情。

坚决打赢疫情防控的人民战争总体战阻击战①

自从疫情暴发以来，党中央统一指挥、统一协调、统一调度，作出了一系列重要决策部署，总揽全局，协调各方，集中力量，保证重点，充分发挥了党中央统一领导的制度优势。正是因为党的统一领导，全国上下就有了向心力、主心骨，从各级政府到社区街道，全国人民都积极投身到疫情抗击中来，以网格化、精细化方式坚决遏制疫情蔓延。很多党员干部和志愿者，舍小家为大家，涌现出了一批批感人至深

① 文章出处：颜晓峰. 坚决打赢疫情防控的人民战争总体战阻击战[N]. 人民日报，2020-02-12(01).

的事迹。海外华人团结一心,想方设法为国出力,体现了中华民族的团结和顽强。这是我们的宝贵财富,是我们制胜的法宝,值得我们世世代代去继承和弘扬。

风雨同舟战疫情——民主党派成员积极投身疫情防控[①]

奔赴武汉义不容辞

九三学社松江区委社员、上海市松江区中心医院呼吸内科副主任医师盛春风在武汉三院已经上岗多日了。

盛春风是个湖北人,作为一名有着十余年丰富临床经验的医生,她的业务范围涵盖了传染病学、呼吸与危重症医学等专业。

“我来松江中心医院工作4年,因为工作排班等因素,没有回过老家一次。今年终于能回湖北了,却没想到是以援鄂医疗队员的身份来。”她觉得奔赴武汉义不容辞,因为那是一座她熟悉的城市。

和盛春风一样,很多民主党派成员战斗在新冠肺炎疫情防控第一线。除了医务工作者外,还有自愿将宾馆作为集体隔离点的酒店高管,也有保障物资输送的管理者,工作不同,但他们付出了巨大努力,为疫情防控做出了贡献。

抗非典“老兵”再上战场

在支援湖北的北京医生中,有一位是抗击非典的“老兵”,他就是曾被中宣部授予“时代楷模”称号的民建会员、北京朝阳医院援鄂医疗团队医生组队长唐子人。

1月30日,唐子人团队所在的北京医疗队接管了武汉协和医院西区2个隔离病房,与当地医生密切配合,迅速制订诊疗方案。

“虽然每进入一次病房,将近10个小时不能吃喝,但这点苦算不了什么,一起努力,为疫情防控加油!”唐子人说。

这不是唐子人第一次选择“奔赴前线”了。2003年,非典疫情袭来,唐子人积极报名,被派往宣武医院非典重症监护病房;2010年玉树抗震救灾期间,唐子人作为卫生部医疗队成员第一批奔赴救灾前线;之后,又先后参加了卫生部赴海地医疗队和雅安地震医疗队……

“我相信,只要万众一心,没有克服不了的困难。”唐子人说。

① 文章出处:叶晓楠.风雨同舟战疫情——民主党派成员积极投身疫情防控[N].人民日报,2020-02-14(02).

冒雨请战踏勘雷神山

近日，武汉雷神山医院开始收治首批新冠肺炎确诊患者。在医院的建设中，有民进会员、中南建筑设计院雷神山医院给排水总工程师洪瑛的一片心血。

在接到雷神山医院项目建设召集令的第一时间，洪瑛毅然请战，当晚冒雨往返70公里踏勘现场。医院对生活和医疗污水的处理标准非常高、设计更严格，她全身心投入到污水和雨水排放处理方案研究中。

为确保地下给排水管道的预埋效果，她和项目组24小时内确定排水管网的走向、污水处理站和雨水收集处理池的选址，以便施工先行开挖。

“我们基本上是边设计边施工，管网埋完马上地面就回填了、马上就做道路了，基本上就是不能出错，一次就要到位。”洪瑛说。

社会主义核心价值观:文明

一、思政元素

人的现代化;以人为本;物质文明;精神文明;政治文明;社会文明;生态文明;社会秩序;国家软实力;国民素质;科学精神;人文精神;工匠精神;公序良俗;优秀传统文化;社会风尚

二、案例解读

文明作为社会进步的重要标志,是社会主义现代化国家的重要特征,是面向现代化、面向世界、面向未来的社会主义文化的概括,是实现中华民族伟大复兴的重要支撑。抗"疫"是群众性精神文明建设的活教材,是新时代文明创建的新实践,是文明行为习惯养成的新契机。战"疫"期间,全国上下同舟共济、守望相助,生动诠释了社会主义核心价值观的丰富内涵,全社会的文明素质进一步升华。精神文明建设重在落细落实落地,贵在持之以恒,仍需人人参与,共建共享,久久为功。《中央文明办部署在打赢疫情防控阻击战中有针对性地开展精神文明教育》指出,必须认真贯彻落实习近平总书记关于做好疫情防控工作的重要指示精神,引导广大人民群众提高文明素质和自我保护能力,进一步凝聚人心、鼓舞士气。《中国援外物资上的寄语暖人心》表明,文明因交流而多彩,文明因互鉴而丰富。在中国携手世界各国合作抗疫的关键时期,中国与世界各国、国际组织相互跋山涉水捐赠抗疫物资,配以美好隽永的诗文寄语。《汇聚文明力量 筑牢抗疫防线——浙江省多措并举加强疫情防控精神文明教育》通过鲜活案例诠释全民抗疫,使命必达,勇于担当;全民参与,涵养好品行,自觉做好公民建设者,共同向世界展示了中国人民的伟大创造精神、伟大奋斗精神、伟大团结精神、伟大梦想精神。

三、案例

中央文明办部署在打赢疫情防控阻击战中有针对性地开展精神文明教育①

新华社北京2月6日电 为认真贯彻落实以习近平同志为核心的党中央关于打赢疫情防控阻击战的重要部署要求，认真贯彻落实习近平总书记关于做好疫情防控工作的重要指示精神，引导广大人民群众提高文明素质和自我保护能力，进一步凝聚人心、鼓舞士气，中央文明办近日发出《关于在打赢疫情防控阻击战中有针对性地开展精神文明教育的通知》(以下简称《通知》)。

《通知》强调，要运用媒体公益宣传等多种形式，增强人们的自我防护意识和能力，加强对健康理念和传染病防控知识的了解；教育人们养成讲文明、讲卫生、讲科学的健康生活方式，强化尊重自然、保护动物的生态文明意识；引导人们保持积极乐观、理性平和的良好心态，坚定战胜疫情的信心。新时代文明实践中心(所、站)和融媒体中心要根据疫情防控工作需要，因时因地制宜，创新工作方法，切实发挥好服务群众、教育群众的作用。广大志愿者、志愿服务组织要积极参与疫情防控知识宣传普及工作，在专业机构统筹调配下做好疫情防控相关辅助工作。

《通知》强调，疫情当前，要在公民道德建设工程中更加注重发扬中华民族扶危济困、协作互助的优良传统，更加注重培育文明有礼、助人为乐的社会公德，更加注重强化遵守秩序、保护环境的责任意识，更加注重倡导守望相助、共度时艰的人际关系，大力弘扬共筑美好生活梦想的时代新风，打造有利于疫情防控工作平稳有序开展的社会环境。要把抗击疫情斗争作为培育民族精神、弘扬人间大爱的伟大实践和生动教材，以选树道德模范、最美人物、身边好人等先进典型为载体，关注在抗击疫情一线的广大医务工作者和基层干部群众中的先进群体和先进人物，讲述感人事迹和崇高精神，展现中国人民团结一心、同舟共济的精神风貌，凝聚众志成城抗疫情的强大力量。要发挥精神文明创建活动的群众性优势，发动广大群众打造干净整洁的生活环境，截断病毒传播的途径。全国文明城市(区)和提名城市(区)、文明村镇、文明单位、文明家庭、文明校园要在抗击疫情中切实发挥带头作用。

《通知》要求各级文明办紧密团结在以习近平同志为核心的党中央周围，增强“四个意识”，坚定“四个自信”，做到“两个维护”，把疫情防控工作作为当前最重要的工作来抓，结合本地区本部门实际，抓好组织协调和指导督促，推动精神文明教育工作任

① 文章出处：中央文明办部署在打赢疫情防控阻击战中有针对性地开展精神文明教育[N].人民日报，2020-02-07(04).

务落实落地，努力为打赢疫情防控阻击战凝聚强大精神力量、提供良好社会环境。

中国援外物资上的寄语暖人心①

在中国驻伊朗大使馆捐赠给伊朗的物资上，用中文和波斯语写着古代波斯著名诗人萨迪的名句“亚当子孙皆兄弟，兄弟犹如手足亲”。

在阿里巴巴运往意大利的捐赠物资上，写着意大利作曲家普契尼的歌剧《图兰朵》中的一段歌词和曲谱。

① 文章出处：人民网. 中国援外物资上的寄语暖人心[EB/OL]. http://culture.people.com.cn/GB/n1/2020/0321/c1013-31642240.html(2020-03-21).

在浙江对日本的捐赠物资上，写有“天台立本情无隔，一树花开两地芳”的诗句。

“山川异域，风月同天”“岂曰无衣，与子同裳”……还记得一个多月前，日本援华物资上的这些诗词么？它们曾在疫情最艰难的时期，给我们带来了深深的感动。

“投我以木桃，报之以琼瑶。”当全球面临严峻的疫情考验时，中国也责无旁贷地为各国抗疫提供力所能及的援助。记者注意到，无论是使领馆、地方政府，还是各大企业、民间组织，都不约而同地在援外物资的包装箱上贴上了精心挑选的寄语。诗句、箴言、歌词……一行行简短而真挚的文字背后，藏着我们投桃报李的满满真情，更寄托着特殊时期人们的美好期盼。

精选这些诗词“回礼”日韩

日本是中国的近邻，也是最早对中国抗击疫情提供援助的国家之一。作为“回礼”，中国捐赠日本的物资上自然不能少了诗句。

3月2日，马云公益基金会向日本捐赠了100万只口罩，捐赠物资上写的是“青山一道，同担风雨”。诗句化用自唐代诗人王昌龄的七言绝句《送柴侍御》：“沅水通波接武冈，送君不觉有离伤。青山一道同云雨，明月何曾是两乡。”值得注意的是，这句寄语特意呼应了此前日本给中国援助物资时引用过的同一首诗，再次体现了中日文化的相通之处。

在沈阳向日本札幌、川崎捐献的抗疫物资上写的是“玫瑰铃兰花团锦簇，油松丁香叶茂根深”“玫瑰杜鹃花团锦簇，油松山茶叶茂根深”，寄语中巧妙嵌入了沈阳的市花玫瑰和市树油松，札幌的市花铃兰和市树丁香，以及川崎的市花杜鹃和市树山茶，体现着双方共渡难关的信心和决心。

在浙江对日本的捐赠物资上，写有“天台立本情无隔，一树花开两地芳”的诗句。这两句出自现当代著名僧人、佛学家、诗人巨赞赠日本僧人的诗,以一树花开两地芳香寓指情意不分地域。

辽宁向日本北海道捐赠的物资上写着,“鲸波万里,一苇可航,出入相友,守望相助”。后两句出自战国时期《孟子·滕文公上》:“乡田同井,出入相友,守望相助,疾病相扶持,则百姓亲睦。”意思是,人们出入劳作时相互伴随,抵御盗寇时互相帮助,有疾病事故时互相照顾,这样百姓就友爱和睦了。

韩国作为中国的近邻,也曾在疫情期间及时送来援助。在韩国本土疫情暴发后,中国驻韩大使馆在援助韩国大邱的抗疫物资包装箱上,印上了一句“道不远人 人无异国”,意为道义相通,不会因为国家不同而产生距离,用来表达中国人民希望与韩国人民携手并肩抗击疫情的决心。这句古文出自新罗旅唐学者崔致远的《双磎寺真鉴禅师碑铭》,实物如今就立在韩国,全部由汉语书写,是一件和中国渊源很深的文物。

在辽宁援助韩国的物资上,写着“岁寒松柏,长毋相忘”。这句话出自朝鲜王朝时期著名学者金正喜之口,寓意中韩两国人民如同屹立寒冬的松柏,守望相助,共克时艰。浙江对韩国的捐赠物资上,则印有“肝胆每相照,冰壶映寒月”。这两句出自韩国古代诗人许筠的《送参军吴子鱼大兄还大朝》。

《图兰朵》《神曲》词句化作寄语

“消失吧,黑夜!黎明时我们将获胜!”在阿里巴巴运往意大利的捐赠物资上,写着意大利作曲家普契尼的歌剧《图兰朵》中一段咏叹调的歌词和曲谱。《图兰朵》讲述了一个名叫“爱”的王子拯救中国公主图兰朵的古老故事。现在,中国也正在用“爱”温暖着意大利。这一巧妙的引用,让此次捐赠活动一度登上热搜。

“就是想办法找最好的表达方式,希望能拉近彼此之间的距离。”阿里巴巴捐赠项目的工作人员告诉记者,他们希望,“援助的不仅是物资,更是情感上的支持和交流。”

小米在捐赠给意大利的物资上写的是“我们是同一片大海的海浪,同一棵树上的树叶,同一座花园里的花朵”。小米国际部总裁周受资表示,这是古罗马时代哲学家赛内加的一句话,它寓意着“在疫情面前,没有人是一座孤岛,人类是命运共同体”。

复星集团在给意大利的捐赠物资上,用意语写着“是爱也,动太阳而移群星”,这句话出自意大利著名诗人但丁的《神曲》。同时送上的还有一句中文诗“西程十万里,与君同舟行”,借用了中国明清诗歌关于中西文化交流的诗句。前一句源自李日华《赠大西国高士利玛窦》的“西程九万里,多泛八年槎”,后一句则源自吴渔山《通玄老人龙腹竹歌》的“京师公卿谁旧识,与君异国同舟行”。这两句诗表明,即使远隔东西半球,但面对困难必当同舟共济。

玄奘于贞观年间西行赴天竺，并由印度运回梵文经卷的故事，为中印两国民众所熟知。复星集团在为印度捐赠物资时，就附上了“尼莲正东流，西树几千秋”的寄语，这正是取自《全唐诗》中记载的玄奘仅存的五首诗作之一的《题尼莲河七言》——“尼莲河水正东流，曾浴金人体得柔。自此更谁登彼岸，西看佛树几千秋。”

在中国大使馆捐赠给伊朗的物资上，用中文和波斯语写着古代波斯著名诗人萨迪的名句“亚当子孙皆兄弟，兄弟犹如手足亲”。原诗是这样的——“亚当子孙皆兄弟，兄弟犹如手足亲。造物之初本一体，一肢罹病染全身。为人不恤他人苦，不配世上枉为人。”这首诗是萨迪人道主义思想的集中体现，被作为座右铭悬挂在联合国总部，成为国与国之间和平共处的行为准则。

3月18日，中国向法国提供的医疗物资援助运抵巴黎戴高乐机场。物资外包装上的图案是一枚由中国篆刻艺术家骆芃芃设计的红色印章，寓意美好的凤凰和象征和平的鸽子飞翔在空，护佑着中法两国国旗，北京天坛和巴黎埃菲尔铁塔相互辉映。印章中央刻着两句话，一句是“千里同好，坚于金石”，出自三国蜀汉学者、经学大家谯周的《谯子法训·齐交》，意思是交对了朋友，即使相隔千里也能同心相印，情谊比金石更加坚实。另一句是法国大文豪雨果的名言“Unis nous vaincrons”，意为“团结定能胜利”。

汇聚文明力量 筑牢抗疫防线
——浙江省多措并举加强疫情防控精神文明教育[①]

生命重于泰山，疫情就是命令，防控就是责任。浙江省各地各部门积极响应习近平总书记号召，坚决贯彻党中央、国务院和省委省政府的决策部署，认真落实中央文明办《关于在打赢疫情防控阻击战中有针对性地开展精神文明教育的通知》精神，投身疫情防控第一线，为助力浙江省打赢疫情防控这场硬仗，凝聚了强大的正能量。

号召动员，为抗疫凝聚磅礴之力

为响应中央文明办号召，浙江省文明办、浙江省民政厅、共青团浙江省委在1月31日向全省志愿者发出倡议，号召大家有组织有序地参加疫情防控志愿服务，积极主动协助开展疫情防控，以身作则抗击新型冠状病毒，为抗疫凝聚起联防联治、群防群治的强大力量。

倡议发出以后，全省志愿者积极行动起来。在杭州，志愿者们走进企业，助力

① 文章出处：浙江省文明网. 汇聚文明力量 筑牢抗疫防线——浙江省多措并举加强疫情防控精神文明教育[EB/OL]. http://www.zjwmw.com/ch123/system/2020/02/18/032230521.shtml(2020-02-18).

防疫物资生产,参加卡口检查点防疫志愿服务,参加社区排查工作,筑牢防疫的最后一道防线。

在宁波,半个多月来,在全市交通路口、社区农村、菜市场等7000多个点位参与防疫的志愿者已超过80万人次。

在湖州,志愿者针对被医学隔离的"蜗居"群众出现烦躁等不同程度心理情况,开通心理咨询专线,通过微信、电话等形式,提供一对一心理咨询服务。

在嘉兴,志愿者被形象地称为"流动人口排查员""防控知识宣传员""高危人员守门员""禁令执行监督员""环境卫生清洁员""心理干预疏导员""移风易俗引导员""后勤保障暖心员""居家隔离代办员"。

关心关爱,为抗疫解除后顾之忧

倡议发出以后,为切实保障浙江省志愿者在防疫抗疫过程中的安全,浙江省文明办、浙江省民政厅、共青团浙江省委发出通知,要求进一步加强对志愿者的关心关爱,推动疫情防控志愿服务有序、高效开展。

中国太平洋人寿保险股份有限公司浙江分公司,为全省6万名一线防疫志愿者提供此次疫情的专项保险,为参与服务的志愿者免除后顾之忧。

宁波市首次把传染病纳入保险项目,把所有防疫志愿者纳入保险对象,增加了志愿者因感染新冠肺炎死亡赔偿50万元的新内容。

常山县为防疫一线的5000名志愿者投保26亿元,在全省率先将猝死责任写入保险内容中。

宁波市组织志愿者收看中国志愿服务联合会《健康守护》30课、国家应急管理部培训中心《防控知识手册》五讲等内容。鄞州、镇海、北仑、慈溪、象山等区县(市)采用抖音、视频等方式,组织志愿者开展线上培训,超过20万人次收看。

正月十五,嘉兴组织机关领导干部志愿者下沉一线,替换一线志愿者,让他们能回家休息一下。浙江不少地方也组织为志愿者送汤圆,让他们过好元宵节。

捐资捐物,为抗疫提供后勤保障

各级文明单位响应号召,充分发挥资源优势和专业力量,主动作为、高效投入,紧张有序地开展各项疫情防控工作。第一时间组织捐资捐物捐人力,筹集捐赠善款、医疗物资和医疗用品生产原料等,全力支援抗疫一线。下沉一线、服务后方,开展疫情宣教、志愿者岗前培训、心理咨询服务、应急运输、保电保水、结对支援、专项保险等行动,担起共同抗击疫情的使命担当,汇聚起强大的战"疫"力量。守土尽责,做好重点场所防控、经营市场秩序、公共场所卫生等保障措施,保障疫情下的市民生活。在今年文明单位创建中,要求把抗击疫情工作纳入测评内容。

线上线下，为抗疫营造良好舆论

在线上，各级文明网站、客户端、公众号、微博等全媒体联动，转发权威信息，推送疫情动态报道，传播科学防疫知识，主动参与辟谣。浙江省文明办、浙江文明网与天目新闻客户端合作，策划了“疫见真情——文明好习惯从现在从身边做起”系列主题宣传，设计制作全媒体海报，制作“跟着小明一起来学习文明好习惯”H5，拍摄“防疫”手势舞短视频，在网民中一边普及防疫知识，一边宣传如何养成文明好习惯。

宁波文明网专门开设了战“疫”专题网页，进行集中宣传报道，持续挖掘一线防疫人员的先进事迹和普通群众的感人故事。

在线下，充分发挥各级文明实践中心（所、站）在宣传教育、组织服务、人文关怀等方面的优势，助力疫情防控工作。综合运用“大屏幕＋小屏幕”“大喇叭＋小喇叭”等文明实践线上线下平台，公布最新疫情动态、官方信息、防疫妙招，传递感人抗“疫”故事，增强战疫信心。

社会主义核心价值观:和谐

一、思政元素

真善美;和而不同;以和为贵;依道而和;妥协;包容;宽容;治理现代化

二、案例解读

和谐作为社会主义核心价值观的内在要求,是中华民族走向复兴的战略布局。社会和谐是中国特色社会主义的本质属性,是国家富强、民族振兴、人民幸福的重要保证。改革开放40多年来,中国经济发展创造奇迹,社会变革日新月异。与此同时,也面对纷繁复杂的时代考验:城乡、贫富、区域差距拉大,教育、医疗、社保短板凸显;物质丰富遭遇道德建设之惑、利益多元带来群众诉求之杂;等等。中国共产党带领人民抓住机遇、应对挑战,实现全面协调可持续发展,全面建成小康社会,进而实现中华民族伟大复兴,把构建社会主义和谐社会摆在更加突出的地位。《面对疫情大考:上海社区治理的"精"与"情"》表明,社会治理必须充分发挥社区作用,形成政府、社会组织、公民在内的多元社会治理格局,体现了党的十九大报告提出的打造共建共治共享的社会治理格局。《筑牢人民群众的生命防线——浙江坚决打好疫情防控阻击战纪事》通过大量鲜活的事例,揭示了浙江在疫情防控中经验,体现了浙江的治理能力和水平的现代化。《"应检尽检"助力疫情防控常态化》表明,随着疫情从阻击战到持久战,浙江省委省政府坚持以人民为中心,大规模开展核酸和抗体检测,这是坚持前一时期疫情防控中的大数据、网格化等经验,强调采用科技手段,实施精准防控。

三、案例

面对疫情大考：上海社区治理的"精"与"情"①

为防控疫情，居委会先是禁止快递员进入居民楼，后来则禁止快递员进入小区。快递员只能把物品或外卖食品放在小区大门口，让居民自行来取。如果遇到行动不便的老人或者独自在家带小朋友的家庭订购了食用油、矿泉水等比较重的物品，小区保安会帮他们送到家门口。望族新城业委会主任黄乃健到药店自费为居民购买口罩，由居委会和志愿者送到居民家中，以减少居民外出的次数，让居民足不出户便可拿到"免费"口罩。如此细心、周到的服务让他们非常感动。

筑牢人民群众的生命防线
——浙江坚决打好疫情防控阻击战纪事②

惊蛰将至，之江大地春意渐浓

3月2日，浙江省新冠肺炎疫情防控应急响应级别由省重大突发公共卫生事件一级响应调整为二级响应。

截至3月1日24时，浙江已连续9天无本地新增确诊病例。近一个月来，也没有出现因复工复产导致的病例。全省累计出院人数已连续12天超过住院人数，出院患者占全部确诊患者的比例达87.1%。在最新发布的疫情图上，全省所有县(市、区)都已经是绿色低风险区域，"五色图"变成了"一色图"。

自1月23日浙江省率先启动重大突发公共卫生事件一级响应以来，全省上下认真贯彻习近平总书记的重要指示和重要讲话精神，按照坚定信心、同舟共济、科学防治、精准施策的总要求，因地制宜、分类指导、精准施策，疫情防控取得阶段性成果。

科学决策，与时间赛跑

疫情就是命令，防控就是责任，时间就是生命。

新冠肺炎疫情发生以来，浙江省委省政府作出一系列部署，要求以"三个地"的使命担当，以最严厉、最果断的措施打好防控战。

---

① 文章出处：面对疫情大考：上海社区治理的"精"与"情"[N]. 光明日报，2020-02-07(05).

② 文章出处：曾福泉，严粒粒. 筑牢人民群众的生命防线——浙江坚决打好疫情防控阻击战纪事[N]. 光明日报，2020-03-03(01).

1月23日,浙江紧急召开全省新冠肺炎疫情防控工作视频会议,决定启动重大突发公共卫生事件一级响应,强调贯彻落实“十个最”要求,坚决遏制疫情扩散蔓延。

愈是艰难险阻,愈显担当作为。浙江坚持人民健康至上,打响了战“疫”发令枪。

号令既出,动若风发。省领导带队分赴各地指导督查防控措施,各级各部门迅速行动,社会各界积极参与,迅速筑起一道阻击疫情的铜墙铁壁——

聚焦“内防扩散、外防输入”,立足“早发现、早报告、早隔离、早诊断、早治疗”,各地强化量化细化闭环管控,清存量、控增量,不漏一村一组、不漏一家一户。启动省际边界、陆地口岸等车辆人员检疫查验,对相关人员严格落实隔离观察措施。

迅速取消各类文化旅游、家宴酒席等大型人群聚集性活动,暂停开放公共文化场所、影剧院、游泳池、卡拉OK等场所,各地群众过了个特殊的“宅家”式春节。

一批企业加班加点赶制防控用品,医护人员全员返岗,科研工作者奋力攻关,全身心投入疫情防控这场硬仗。

由于浙江外出人员基数大,早期发现病人多,一级响应启动后,确诊病例增长较快。按照“集中患者、集中专家、集中资源、集中救治”的原则,浙江尽最大努力救治患者,与病魔争夺每一个生命。全省每个市和县(市、区)均明确了定点医院。浙江大学医学院附属第一医院启用之江院区应急保障,收治大量重症和危重症患者。温州医科大学附属第二医院、育英儿童医院瓯江口院区不到7天完成改造投用,集中收治新冠肺炎患者。

在全力打好本省疫情防控阻击战的同时,浙江坚决服从中央统一指挥、统一协调、统一调度,急湖北之所急,以最快速度调集全省医疗资源驰援湖北。浙江已累计派出十余批医疗队、2009名医疗队员驰援湖北,其中,支援武汉1841人,对口支援荆门168人。

“一图一码一指数”精准施策

艰难困苦,玉汝于成。打赢疫情防控总体战是对省域治理现代化的一次大考。

浙江充分运用大数据等数字信息技术手段,建立“一图一码一指数”精密智控机制,这是科学防治、精准施策的浙江战术。

以红橙黄蓝绿标识风险高低绘制而成的浙江省县域疫情风险地图,发挥了分级管控“参谋图”的重要作用。自2月9日发布以来,“五色图”多次更新,橙、黄色板块不断减少,蓝、绿色板块不断扩大,折射出浙江以县域为单位推进科学防治,分级分区制定差异化防控策略的成效。

有红、黄、绿三色的“健康码”,最早在杭州运用,一周内推向全省并向全国推广。利用数字化手段“管住重点人,放开健康人”,既确保安全防控,又保障群众通行和复工复产顺畅，小小二维码彰显治理功夫。

“精密智控指数”由管控指数和畅通指数构成，是评价衡量各地防输入、防集聚和着力通畅物流、人流、商流的风向标。

智网恢恢，疏而不漏。新型数字防疫系统，成为这场疫情防控总体战中浙江的无形铠甲。疫情防控进入“下半场”后，浙江继续秉持分级分区精准施策的理念，又陆续推出复工“五色图”、交通“五色图”、物流“五色图”、行业“五色图”等，在确保疫情可控的前提下推动复工复产。

疫情防控是一场人民战争。浙江强化“共同体”意识，动员一切可以动员的力量，群防群控，联防联控，严防严控。乐清出台最严格的疫情防控措施，在较短时间内落实 125 个宾馆酒店等作为集中隔离点，累计隔离逾 2 万人，全面推行“居民两周不出门”、生活物资送上门，最大限度阻断疫情传播途径，摘掉了疫情高风险“帽子”。

打赢人民战“疫”，基层党组织的战斗堡垒作用和党员的先锋模范作用充分显现。绍兴市越城区孙端街道新河村，作为整村居家隔离医学观察的行政村，一个问题一项措施，一项任务一个小组，党员干部有谋有方，确保全村 17 天隔离顺利完成。

救治科研同现“浙江速度”

3 月 1 日，首批 56 名战“疫”前线医护人员走出浙大一院之江院区的负压隔离病房，赴安吉集体隔离休养。他们来自浙大一院、浙大二院、浙大邵逸夫医院、浙江医院、省人民医院等多家医院，均在“舱”内工作了一个月以上。

此刻，我们难以忘怀那一场场惊心动魄、争分夺秒的生命争夺战，难以忘怀白衣战士冲锋陷阵的身姿、医者仁心的担当。

全省最高龄的治愈患者 96 岁，年龄最小的治愈患者收治时仅 3 个多月大。对每一位患者，白衣天使们都全力以赴，精心救治。一位患者出院时发自内心地感叹：“说星星很亮的人，是因为没有看见过这些医护人员的眼睛。”

“小汤圆，欢迎来到这世界！”2 月 8 日元宵节，一位孕 35 周的新冠肺炎患者顺利产下男婴。“小汤圆”多次新冠病毒核酸检测呈阴性，结束隔离后与已治愈的父母团聚。

浙江首例危重症患者在脱离呼吸机后用尽全力说出“打倒病魔”，令人动容。经精心治疗顺利出院的她，和并肩战斗的医护人员约定：“到我家来，我做饭给你们吃。”

发病隐蔽、潜伏期长、蔓延迅速，面对前所未见的病毒和复杂严峻的疫情，浙江坚持“四个集中”原则，落实“一人一专管，一人一护理，一人一方案”，千方百计提高收治率和治愈率、降低感染率和病亡率。

在同病魔的较量中，浙江参照国家诊疗方案，结合本省临床探索，多次更新迭代，形成新冠肺炎患者救治的“浙江经验版诊疗方案”，为一线救治提供指导。早治疗、用对药、控制炎症风暴，是“浙版方案”中最关键的三点。浙江在抗击H7N9等疫情防控中建立的“四抗二平衡”救治策略，充分发挥中医药作用，通过调节微生态预防继发感染等也写入“浙版方案”。方案不仅推广到全省各地，也随我省医疗团队驰援湖北。

临床一线救治和基础科研攻关齐头并进。疫情发生后，浙江第一时间组建省新冠肺炎疫情防控应急科研攻关专家组，集中优势开展联合攻关。目前，我省先后在病毒溯源、病毒传播、综合救治体系、快速检测、对症药物、疫苗研制、中医药治疗等方面启动两批共六大类新冠肺炎应急科研攻关项目和4个应急自然科学基金专项。

杭州医学院团队开发完成的新冠肺炎病毒核酸诊断试剂盒、抗体检测试剂，已在欧盟完成注册备案；省疾控中心等单位与企业合作开展灭活疫苗、重组蛋白疫苗、腺病毒载体疫苗、mRNA疫苗等多种技术研发路线，均取得良好进展；省中医院、省立同德医院牵头开展中西医防治和中医药治疗专项攻关，其制定的7种中药防治处方已获得药监部门批准为院内制剂；西湖大学基础研究对发现和优化病毒进入细胞的抑制剂发挥重要作用……医疗机构、高校科研院所和企业携手攻坚克难，力争用科技创新的加速度，把疫情带来的影响降到最低。

没有一个平凡而美好的春天，不曾经历寒冬的淬炼。当前，疫情防控仍处在最吃劲的关键阶段。进一步不易，退一步就会功亏一篑。我们一定要继续毫不放松抓紧抓实抓细各项防控工作，不获全胜决不轻言成功！

“应检尽检” 助力疫情防控常态化①

浙江在线4月24日讯 近日，中央应对新冠肺炎疫情工作领导小组召开会议，决定大规模开展核酸和抗体检测，提出努力做到应检尽检、愿检尽检。进入常态化疫情防控阶段，开展大规模核酸和抗体检测将大大助力“外防输入、内防反弹”，恰逢其时。

开展大规模核酸和抗体检测，最直接的效果就是可以尽早发现并隔离感染者，有助于弥补防控工作中的薄弱环节，堵住漏洞。最近，国内个别地方发生聚集性疫情，必须引起高度警觉，也更加凸显了推广检测的重要性。对于密切接触者等重点人群应检尽检，有助于确认是否感染，从而及时采取隔离、遏制传播。早检测早发

① 文章出处：浙江在线.“应检尽检” 助力疫情防控常态化[EB/OL]. http://zjnews.zjol.com.cn/zjnews/zjxw/202004/t20200424_11907320.shtml(2020-04-24).

现无症状感染者，才能实现早隔离、早报告、早治疗，切断传染链。此外，社会复工、复产、复学不断推进，健康人员的身体状况也应该得到"确证"，对复工复产中人员聚集的单位、场所优先做到愿检尽检，将有效推动社会秩序恢复正常。

随着生产生活秩序逐步恢复，检测试剂盒等医疗物资的生产、储备也趋于正常，为进行大规模检测提供了物质基础和现实条件。在实施大规模检测的过程中，可以通过多种简便易行的方式，也可以借助第三方专业机构的力量，减轻公立医疗机构的压力。例如，韩国就因检测迅速普及而受到世界关注。不少韩国城市设置了路边监测点，让司机和乘客在车内即可完成取样。这不仅节省了约1/3的检测时间，也降低了病毒传播的风险。目前，阿里健康也在杭州等国内10个城市推出在线预约核酸检测服务。当然，类似第三方机构的检测能力必须先经过权威认证。

社会主义核心价值观:自由

一、思政元素

集体主义;人的自由全面发展;实践;马克思主义指导思想;意志自由;行动自由;政治自由;言论自由;出版自由;领会自由;结社自由;游行自由;示威自由;个体自由;公共责任;美好生活

二、案例解读

自由是指人的意志、存在和发展的自由,是人类社会的美好向往,也是马克思主义追求的社会价值目标。自由作为社会主义核心价值观,与法律和规则相辅相成,没有法律和规划约束的自由是无源之水,无本之木。《中华人民共和国宪法》第三十七条规定:中华人民共和国公民的人身自由不受侵犯,任何公民,非经人民检察院批准或者决定或者人民法院决定,并由公安机关执行,不受逮捕。禁止非法拘禁和以其他方法非法剥夺或者限制公民的人身自由,禁止非法搜查公民的身体。也就是说,在谈论自由时,必须处理好与法律的边界关系。思想上的自由可以超越一切束缚,但行为上的自由必须受所在国家的法律限制,或信仰或道德的限制。《澳籍回京"跑步女",限期离境!》这个事件中的梁女士的行为违背了疫情期间的管控要求。虽然这是一则个案,但却具有典型性和示范性意义。中国疫情防控之所以能够取得成效,就在于政府和人民能够有效地处理好自由与法律的边界。《疫情防控常态化,社区大门不能长期"非常态"封闭》这个案例说明,在社区防控方面一手抓"防控"一手抓"服务"两手抓,两手都要硬,是这次疫情防控中基层社会治理的经验。在防控和服务之间,首先应考虑以人为本,这是问题的出发点和归宿点。只有坚持以人为本,以人民为中心,把民生和发展放到等量齐观的地位,坚持制度的科学化、精细化,才能处理好"非常态"向"常态"的转变,才能做到防控与服务的统一协调。

三、案例

澳籍回京"跑步女",限期离境![1]

刚刚,北京市公安局官方微信"平安北京"发布澳籍"跑步女"事件处理结果,全文如下。

当前,境外疫情加速扩散蔓延,防范境外疫情输入已成为防控工作的重中之重。近期,我市连续推出严格管控措施,广大入境进京人员主动配合,积极落实防控责任,但仍有个别人员拒不执行防控措施,存在疫情传播扩散的潜在风险。

3月15日15时许,朝阳公安分局接某小区卫生防疫工作人员报警称:一女子拒不配合社区防疫工作。接报警后,呼家楼派出所民警立即赶赴现场开展工作。经核查,梁某妍,女,47岁,澳大利亚籍,就职于拜耳医药保健有限公司,3月14日由首都机场入境进京,工作居留许可有效期至2020年9月5日。15日下午,本应在租住地居家观察的梁某妍,未戴口罩在小区内跑步,社区卫生防疫工作人员发现后进行劝阻,但该人情绪激动,拒不配合。民警到场后,对梁某妍进行了批评教育,要求其严格遵守疫情防控相关规定,梁某妍表示服从管理,未再外出。梁某妍的行为在网上曝光后,引发社会关注,所在公司对其作了辞退处理。3月18日,北京市公安局出入境管理局依据《中华人民共和国出境入境管理法》第六十七条等规定,决定依法注销梁某妍工作类居留许可,限期离境。

健康安全大环境不容半点闪失。北京处在防范境外疫情输入的最前沿,入境进京人员应与广大首都市民一道,严格遵守我国法律法规及北京市疫情防控相关规定,自觉履行防控责任和义务,齐心协力,共同守护来之不易的疫情防控成果。对拒不执行疫情防控措施的,北京警方将依法追究法律责任。

疫情防控常态化,社区大门不能长期"非常态"封闭[2]

目前,国内疫情防控势头向好,各地的"社区大门"正在逐步打开,一些低风险地区允许快递、家电维修人员等进小区,陆续恢复正常生活。然而,维持重大突发公共卫生事件一级响应的地区仍然存在快递、外卖、维修、家政及装修、搬家等行业从业人员"入门难"的现象。对此,在日前的国务院联防联控机制新闻发布会上,民

---

① 文章出处:环球网.澳籍回京"跑步女",限期离境![EB/OL].https://baijiahao.baidu.com/s?id=1661584651410941826(2020-03-19).

② 文章出处:新华网.疫情防控常态化,社区大门不能长期"非常态"封闭[EB/OL].http://www.xinhuanet.com/politics/2020-04/15/c_1125857195.htm(2020-04-15).

政部基层政权建设和社区治理司司长陈越良表示,一级响应的地区要统筹复工复产需要和居民生活需求,及时逐步调整社区防控策略。

事实上,社区的封闭式管理确实给居民生活带来诸多不便,尤其是对于老人、残疾人等特殊困难群体。社区大门离得远,出来进去取快递不易;家政人员进不来,打扫卫生更是成了问题,困难群体的生活变得更加困难。

对于一些依托社区开展业务的行业,如装修、搬家行业,长期封闭的社区大门令他们复工无望,生存堪忧。装修行业涉及上下游企业众多,对提振消费、恢复经济的影响不可小视。社区大门的"封闭"让装修工期停摆,施工工人走也不是,留也不是。业主面临租住房屋到期,新房无法入住,无处安身的现状。此种"两难"的境地亟待相关部门关注和解决。

此外,长期对外封闭的社区大门不仅妨碍了相关服务行业复工复产的脚步,更带来了一些次生问题。例如,在疫情期间,小区门口的快递架上滞留许多无人认领的快递,包裹上的单据也早已字迹模糊;有的快递被误领甚至偷盗,居民寻找无果;有的外卖订单因小区门口离其所住单元楼相距太远而临时取消;还有送餐员和下订单的居民无法按约定时间见面产生被投诉等情况。

当下,随着疫情防控进入常态化运行阶段,复工复产步伐加快,疫情防控要求更加精准,社区防控策略亟待调整。北京市石景山区八角街道八角中里社区的做法值得推广:在做好快递小哥的信息查验、测温和行程扫码,确认安全以后,社区会为他们发放出入证,让他们分时段、分时间、分地点、分类别,引导他们对百姓进行无接触投递服务。"快递小哥专用证"制度一方面持续加强了社区管控,另一方面更为居民切实有效地提供了方便。

此次疫情是城市治理体系、治理能力建设的一次大考,亦是推动城市科学、现代化管理的时机,如何答好这张考卷需要全社会各界的共同努力和协作。在社区防控方面,"防控"和"服务"皆需两手抓,应分类施策,不可简单地一刀切,顾此失彼,更不要让社区大门长期对外封闭,成为复工复产和居民生活的障碍。

社会主义核心价值观:平等

一、思政元素

社会平等;人格平等;众生平等;权利平等;公平正义;经济平等;政治平等;文化平等;机会平等;资源共享;人民主体价值地位

二、案例解读

平等指的是公民在法律面前一律平等,其价值取向是不断实现实质平等。它要求尊重和保障人权,人人依法享有平等参与、平等发展的权利。《湖北省疫情防控指挥部下达命令确保疑似和确诊病例"应收尽收、应治尽治"》这一案例揭示了面对新冠疫情的严重灾难,党坚持人民利益高于一切,关心守护每一个生命的健康安全。从防控资源的全面调集与有序安排,到病症患者隔离治疗的"应收尽收、应治尽治""一个不漏、政府买单",道义情怀与责任使命,让人们充分感受到了社会主义国家的阳光雨露,感受到了共建共享共同发展的道路真谛。《科特迪瓦感谢中国在疫情关键时期伸出援手》这一案例说明,中国特色社会主义的平等精神还跨越了国家界限和民族视域,面对其他国家的紧急状况给予了不遗余力的援助,充分展现了"生命面前、人人平等"的人间大爱。这在当今国际竞争日益激烈的背景格局下,具有尤为重要的价值意义。人类是一个命运共同体,当面对严重的疫情风险时,各个国家、各个民族的人民都休戚与共,唯有抱持平等包容、互助合作的精神,才是正确的因应之道。社会是一个共同体,愿每一位生命个体都能平等相处、温柔以待,如此,马克思主义构想的"真正的共同体"才能得以实现。

三、案例

湖北省疫情防控指挥部下达命令
确保疑似和确诊病例“应收尽收、应治尽治”①

2020年2月5日，湖北省新型冠状病毒感染肺炎疫情防控指挥部就近期新型冠状病毒感染肺炎疫情防控工作下达命令，要求确保疑似和确诊病例“应收尽收、应治尽治”。违反者，按照《传染病防治法》相关规定，严格追究责任。

命令全文如下。

湖北省新型冠状病毒感染肺炎疫情防控指挥部令

各市、州、县新型冠状病毒感染肺炎疫情防控指挥部，各级各类医疗机构：

现就近期新型冠状病毒感染肺炎疫情防控工作下达如下命令：

全省新型冠状病毒感染肺炎定点医院和各级各类医疗机构对发现的疑似和确诊病例，尽最大努力收治。不能收治的，按照相关规定进行登记，并及时通知所在县(市、区)疫情防控指挥部或辖区转运队，由县(市、区)疫情防控指挥部或辖区转运队安排车辆转运至集中隔离点，确保疑似和确诊病例“应收尽收、应治尽治”，确保一个都不放过。违反此条者，按照《传染病防治法》相关规定，严格追究责任。

科特迪瓦感谢中国在疫情关键时期伸出援手②

新华社阿比让4月17日电(记者　郑扬子)　科特迪瓦健康与公共卫生部长阿韦勒·欧仁·阿卡17日表示，科特迪瓦感谢中国政府和人民在科抗击新冠疫情的关键时期伸出援手。

中国政府援助科特迪瓦抗疫物资交接仪式当天在科经济首都阿比让举行。中国驻科特迪瓦大使万黎和阿卡出席了交接仪式。

阿卡说，科特迪瓦感谢中国政府和人民在科抗击新冠疫情的关键时期伸出援手，也感谢在科华人积极支持科政府抗疫。相信在中国和国际社会大力支持下，科方一定会打赢这场抗疫战。

---

① 文章出处：中国新闻. 湖北省疫情防控指挥部下达命令确保疑似和确诊病例“应收尽收、应治尽治”[EB/OL]. https://news.china.com/domesticgd/10000159/20200206/37769672.html(2020-02-05).

② 文章出处：新华网. 科特迪瓦感谢中国在疫情关键时期伸出援手[EB/OL]. http://www.xinhuanet.com/politics/2020-04/18/c_1125872588.htm(2020-04-18).

万黎表示，中科是好朋友、好伙伴、好兄弟，中科抗疫合作是中非抗疫合作的缩影。中非传统友谊历久弥坚，牢不可破，绝不会因一时一事受到影响，更不会被某些势力的挑拨离间所干扰。中方将继续向非洲兄弟提供更多力所能及的支持，助力非方抗击疫情。

据悉，这批物资包括口罩、医用手套、医用防护服、隔离眼罩和额温枪等，于本月 9 日运抵阿比让，17 日正式交接。

社会主义核心价值观:公正

一、思政元素

起点公正;过程公正;结果公正;程序公正;社会公正;权利公平;实质正义;公道人心;合宜秩序

二、案例解读

公正即社会公平和正义,它以人的解放、人的自由平等权利的获得为前提,是国家、社会应然的根本价值理念。公正是社会主义的本质追求,也是社会主义核心价值观的重要构成。社会公正主要体现于人民主体权利的共同分享与现实物质利益的对等获得。通常既体现于基本政治程序意义上的公平公开公正,更表现为个人收入待遇、资源获取与发展机会的对等享有。《一级响应的"浙江记忆":三次自我"纠偏"显务实姿态》这一案例充分展示了浙江省各级政府及时有力的防控举措、全方位的救治应对等,展现了对人民高度负责的责任心和公平公正感。《援鄂医护人员"火线入编",是把考场设在战场》这一案例中各地援鄂医护人员的"火线入编",既符合惯常的"程序正义"要求,又包含着深切的人文关怀,入情入理、温暖人心,既是来自国家层面的激励褒扬,亦是社会伦理的自觉依归。

中国特色社会主义制度的本质优势亦在于凝聚全民共识,汇合全社会的力量,共建共治共享,以集体主义精神,团结协作,共同发展。"公义"是人心的联结,"公正"是民生的落实。"一个都不落下、一个都不掉队"的全面小康才是真真切切的"社会公正"。公正不易,需要每一个人的努力。

三、案例

一级响应的“浙江记忆”：三次自我“纠偏”显务实姿态①

中新网杭州3月3日电（柴燕菲、王逸飞、应欣睿） 2日，国内首个启动疫情防控一级响应的省份浙江省，将应急响应等级调整为二级，结束了为期40天的“特殊时段”。

一级响应期间，浙江留下了诸多“战疫记忆”。其中，官方的三次自我“纠偏”便是之一。从省会杭州及时更改免费口罩配送方式，到该省对地方管控层层加码、一刀切提出必须制止，再到及时取消复工审批、采取“备案制＋负面清单＋承诺制”推进复工复产，在超乎以往所有经验认知的新冠肺炎疫情中，这也成为观察地方务实姿态的独特视角。

“领口罩”变“送口罩”

疫情发生后，浙江首次带有“纠偏”意味的动作发生于2月1日。彼时，疫情在各地的蔓延正处于上升期，在杭州，“买口罩难”成为诸多市民遇到的问题。

当日17时21分，杭州官方发布公告称，为解决市民买口罩难问题，由杭州市医疗保障局组织实施在若干定点零售药店每天定量免费发放口罩。自当晚19时30分起，临时启用杭州医疗保障局微信公众号预约登记系统，市民预约登记后凭身份证在规定时间内到指定药店领取。每次限领5只，10天内每人限领一次。

同期，国内向市民免费发放口罩的城市并不多。消息一出，杭州受到诸多称赞，但也有担忧声随即而出。

在“杭州发布”公众号刊载的上述通告评论页面，有市民留言：“出发点不错，但方法欠考虑，这样会造成人员不必要聚集”“大家都聚到一处去领口罩，这样子怎么做到自我隔离?”

当外界对口罩发放方式的讨论还在持续时，2月1日22时21分，杭州发布关于预约发放口罩的补充说明，称：今天下午，我市发布了向急需口罩的市民提供少量口罩的公告后，广大市民非常关注，提出了许多好的建议。为减少人员流动和集聚，经研究决定，市民成功预约的口罩，我们将统一配送上门。

曹丹是成功预约到口罩的杭州市民之一。她告诉记者，前一天晚上预约成功后，口罩在第二天下午送到了家里，速度超出了她的预期。

---

① 文章出处：中国新闻网．一级响应的“浙江记忆”：三次自我“纠偏”显务实姿态[EB/OL]. http://www.chinanews.com/sh/2020/03-03/9112436.shtml(2020-03-03).

据悉,杭州免费发放的口罩由饿了么、菜鸟供应链旗下丹鸟物流等统一配送。丹鸟物流相关负责人介绍,春节期间,丹鸟物流派出了1000多名配送员参与配送,目前配送口罩超66万个。

对于杭州官方的政策调整,浙江大学公共政策研究院副院长范柏乃认为,“领口罩”改“送口罩”的背后,体现了官方能够听取民众意见,及时适应动态环境之“变”。“从杭州、绍兴等地‘线上预约+线下配送’口罩能看出,地方政府善于利用自身优势,顺应市场趋势,灵活应对疫情的复杂性。疫情中明显体现出从单一主体到政企联合应对的趋势,除了政府力量之外,还有公益组织、物流公司多元合作。”

对层层加码说“不”

回顾浙江“一级响应40天”,最具显性特征的“纠偏”来自于该省对地方管控工作层层加码、一刀切现象的制止。

新冠肺炎疫情发生以来,同很多省份一样,在防控压力之下,浙江也有地方也出现了“硬核”变“硬来”,给居民生活带来不便,人为制造矛盾的情况。

应夏(化名)是浙江丽水人,2月上旬,需返回该省另一城市上班的她在租住的小区租客群里收到消息,称小区只允许业主返回,不允许租客返回。而春节一直待在租住小区的贾恒(化名)遇到了更“囧”的情况。“我要出小区时,因为我是租户,小区说:你出去可以,出去就不能回来了。”

类似情况还包括对居家隔离采取强行锁门方式,不让快递进小区,一刀切关闭各类连锁门店、便利店等经营网点等,并引发质疑。

浙江没有听之任之。2月9日,该省发布《浙江省疫情防控责任令》,就部分地方出现无理由擅自升级管控措施提出,原则上不得随意限制普通居民正常出行,不得随意对销售蔬菜、粮油、肉蛋奶等居民生活必需品的连锁门店、便利店等经营网点一关了之,不得随意限制快递、外卖等关系群众日常生活行业复工及送达服务。

该责任令要求浙江各地立即部署,确保管控纠偏措施落到实处,并以设区市为单位将责任令落实情况上报。

浙江省防控工作领导小组办公室常务副主任、浙江省政府副秘书长陈广胜公开表示,管控措施应突出重点人员、重点场所、重点区域,切实做到分级分类。隔离性质的管控措施应针对重点人员,而不可随意扩大化,不能影响群众的基本生活。严格管控的“严”应该是精准化、科学化的严。在疫情面前要善待隔离人员、外来人员、特殊群体和困难群众。

在浙江工商大学公共管理学院教授、执行院长汪锦军看来,层层加码现象的出现主要源于自上而下的考核体系和动员体系。“这种机制的优势是集中力量办事,但也容易出现地方和基层的层层加码和扭曲执行的问题。”

他说,这次疫情超出了以往所有的经验认知,以此次自我“纠偏”、快速回应社会情况为代表，在不同阶段，浙江的反应在全国都几乎是最迅速的，很多做法给其他地方提供了很好的示范作用。

“两战赢”不是口号

浙江的第三次“纠偏”，是在疫情趋稳后，对企业复工复产的“把握”之变。

2月中旬，在国务院新闻办的发布会上，国家发改委社会发展司司长欧晓理曾公开表示，国家发改委将严格制止以审批等简单粗暴方式限制企业复工复产的做法。各地不能简单化地通过设置审批条件提高开复工门槛来达到防控目的。

其所提到的现象在各省市并不少见。如在浙江复工复产阶段初期，本着安全、有序的初衷，该省各地多采取审批制度推进此项工作，也不可避免地出现了提高门槛现象。

国家发改委的表态作出后，浙江各地开始迅速调整政策。杭州于16日规定除负面清单行业外，一般企业通过线上企业有序复工申报备案数字平台或线下方式，将复工方案、相关承诺书等报属地镇街、管委会即可自行复工。宁波18日决定所有企业(项目)在落实防控举措、向镇街道或行业部门报备后即可复工……

浙江省防控工作领导小组办公室常务副主任、浙江省政府副秘书长陈广胜上月24日也在该省疫情防控工作新闻发布会上表态，浙江省已采取“备案制＋负面清单＋承诺制”措施，简化复工复产确认程序。

此前，面对统筹推进疫情防控和经济社会发展的新阶段新任务，浙江省委书记车俊提出了“两手都要硬、两战都要赢”的目标要求。而从此次官方政策的迅速调整看，浙江也表现出了“两战赢”并非只是喊喊口号的态度。

浙江大学公共政策研究院副院长范柏乃表示，在如此短时间应对如此复杂的疫情形势，浙江经历了一个政策决策“纠偏”与深化的过程。认识疫情、应对疫情，对政府而言是一个挑战，更是一场求真务实的考验。

他指出，浙江此前的“作答”让人满意，然而疫情尚未结束，未来如何尽快弥补损失、恢复生产，也是该省面临的新挑战。

援鄂医护人员“火线入编”，是把考场设在战场①

近日，针对驰援湖北医务人员中的编外人员，广州启动“绿色通道”。目前广州的44名赴湖北医疗人员已经火线入编。此外，贵州、海南、广东的多个市州都开展了对非事业编制援鄂医护人员的入编考察工作，通过直接考核方式，将符合条件的

① 文章出处：澎湃新闻. 援鄂医护人员“火线入编”，是把考场设在战场[EB/OL]. https://www.thepaper.cn/newsDetail_forward_6524145(2020-03-15).

人员招聘为事业单位工作人员。

这一“火线入编”方式，在网上收获了网民的普遍支持，但也仍有部分网民怀有疑问：直接考察入编对参加笔试面试的人是否公平？有这种焦虑和疑问心理，是因为对目前的入编方式还不了解。

目前我国事业编制人员的入编方式主要有三种：一种是公招，通过公开招聘进行择优录取入编；一种是转岗，比如部分公务员因工作需要转到事业岗位；一种是考核，即在专业岗位上对拥有相应专业能力的人，经过考核后直接入编。对普通人来说，主要通过公招和考核两种方式。需要明确的是，这两种方式都是合法的入编方式。部分省市此次对援鄂医护人员的“火线入编”，其实就是以考核方式入编。既然“火线入编”是合法的方式，那么，目前这种做法是否公平呢？在我看来，完全不应认为没有经过考试就是对其他人的不公平。

在这场全民战“疫”的过程中，援鄂医护人员无论是通过何种方式去了湖北，他们都进入了此次疫情的最前线和核心区，在事实上经受了最危险的考验，作出了极大的牺牲。对“入编”的前置程序来说，是把考场地点设在了最前线、最危险的地方，考试方式从笔试、面试变成了战场实操，“政审”从户籍地证明改成了“战场表现”。在专业上，这些非入编人员一来是早就经过了招聘制考试，二来又在实践岗位上得到了认可。

从法理和入编政策来说，对援鄂医护人员的考核入编，是一种定向选拔入编。定向选拔，是因为工作需要或者对社会进行激励性导向的需要而面向特定群体进行的选拔。定向选拔考核入编，并非是“全部入编”，而是在考核合格的条件下，按照程序入编。我专门查阅了部分省市此次针对援鄂医护人员的考核入编文件，都有着严格的程序和入编考核要求。定向对援鄂医护人员开“绿色通道”，既是对抗疫英雄的回报，也是对英雄精神的激励。

将考场设在“战场”，用实绩作为答卷，这种“火线入编”方式，在我看来，靠谱！

社会主义核心价值观:法治

一、思政元素

依法治国;以德治国;权利意识;责任意识;纪律意识;法治精神;公共精神;等等

二、案例解读

法治是治国理政的基本方式,依法治国是社会主义民主政治的基本要求。它通过法制建设来维护和保障公民的根本利益,是实现自由平等、公平正义的制度保证。法治既是现代国家治理的基本方略,也是现代社会文明的重要标志。法治秉持以人为本的价值精神,既尊重个体的自由选择,也规范个人的行为尺度,守护社会公正秩序与公共利益,具有深厚的价值意蕴。《为打赢疫情防控阻击战提供根本保障》这一案例揭示,当下的疫情防控是国家治理行动能力的一场严峻考验。党和政府作为国家治理的主心骨,依法施政,严肃法纪,明确制度,有力汇合了社会各方面的力量,遏制了病毒疫情的蔓延,守住了社会稳定的基石。《防控疫情视角下的社会治理能力现代化》这一案例中的"群防群治""联防联治"则进一步说明,在社会—公民层面,人民深明大局,听从指挥,服膺法治,在封城限流与社区防控中,自觉配合做好防范隔离,展现了较高的公共精神与责任意识。同时也说明,国家治理需要培育全社会的制度素养,养成自觉的"制度习惯",唯当人们切身感受到公共管理中的制度规范对个体生命健康的周全保障,正确理解日常生活中的"个人利益"与"公共利益"的权限边界时,现代制度文明建构与公共规则意识才得以形成。

三、案例

为打赢疫情防控阻击战提供根本保障①

当前,牵动全国人心的新冠肺炎疫情形势依然严峻,2月3日,习近平总书记在主持召开的中共中央政治局常务委员会会议上强调:“疫情防控不只是医药卫生问题,而是全方位的工作,各项工作都要为打赢疫情防控阻击战提供支持。”2月10日,在北京调研指导新型冠状病毒肺炎疫情防控工作时,习近平总书记再次强调:“当前疫情形势仍然十分严峻,各级党委和政府要坚决贯彻党中央关于疫情防控各项决策部署,坚决贯彻坚定信心、同舟共济、科学防治、精准施策的总要求,再接再厉、英勇斗争,以更坚定的信心、更顽强的意志、更果断的措施,紧紧依靠人民群众,坚决把疫情扩散蔓延势头遏制住,坚决打赢疫情防控的人民战争、总体战、阻击战。”习近平总书记的重要指示,为打赢疫情防控阻击战提供了根本遵循。在党中央的坚强领导下,只要我们同心协力、英勇奋斗、共克时艰,就一定能取得疫情防控斗争的全面胜利。

1. 坚持党的领导,为疫情防控提供政治保证

中国共产党领导是中国特色社会主义最本质的特征,党是最高政治领导力量,是实现中华民族伟大复兴的根本保证。中国共产党在中国革命、建设、改革的历史征程中带领全国人民浴血奋斗,攻克一道道难关,跨越一次次险阻,开创了中国特色社会主义建设新局面。历史已经证明,坚持党的领导是中国特色社会主义伟大事业不断发展壮大的重要政治保证。

疫情防控是一场保卫人民群众生命安全和身体健康的严峻斗争,必须加强党中央集中统一领导。只有坚持党的领导,才能应对重大风险与重大挑战,为疫情防控工作把方向、谋大局、定目标、出政策;只有坚持党的领导,才能排除疫情防控过程中出现的错误思想干扰,更好凝聚共识,为打赢疫情防控阻击战画出最大同心圆;只有坚持党的领导,才能有效协调中央与地方之间的关系,将防控疫情的重大决策部署迅速转化为人民群众的自觉行动;只有坚持党的领导,才能在最大范围内凝聚起强大的社会合力,众志成城、万众一心抗击疫情。各级党委和政府要增强“四个意识”,坚定“四个自信”,做到“两个维护”,坚定不移把党中央各项决策部署落到实处。

---

① 文章出处:郝永平,赵慧.为打赢疫情防控阻击战提供根本保障[N].光明日报,2020-02-20(06).

2. 发挥制度优势,为疫情防控整合资源力量

习近平总书记强调:“我们最大的优势是我国社会主义制度能够集中力量办大事。这是我们成就事业的重要法宝。”邓小平同志曾指出:“社会主义国家有个最大的优越性,就是干一件事情,一下决心,一作出决议,就立即执行,不受牵扯。”当前的新冠肺炎疫情防控工作是一项复杂的系统工程,涉及国家治理体系的方方面面,是对我国治理体系和能力的一次大考。

事实证明,越是在面临艰难困苦和重大挑战的时候,就越需要发挥中国特色社会主义制度集中力量办大事的显著优势。在与疫情斗争的过程中,中国共产党领导全国人民以最短的时间、最快的速度保障疫情防控工作有序进行。我国国家制度的显著优势,在疫情防控中表现为“中国速度”“中国力量”,使疫情蔓延的可能性得到有效控制,使疫情对经济发展的消极影响尽可能降低。直面疫情大考,只有充分发挥我国制度的显著优势,合理配置资源,统筹做好疫情防控工作中的人力调配、物资使用、资金落地、项目实施等工作,才能从根本上保障战“疫”胜利。

3. 坚持依法治理,为疫情防控强化法治保障

当前正处于疫情防控关键期,依法科学有序防控至关重要。习近平总书记在中央全面依法治国委员会第三次会议上强调:“疫情防控越是到最吃劲的时候,越要坚持依法防控,在法治轨道上统筹推进各项防控工作,保障疫情防控工作顺利开展。”法律是维护社会公正的重要屏障,也是抗击疫情的重要屏障。

面对不断变化、复杂严峻的疫情形势,要打赢疫情防控阻击战,要坚持从立法、执法、司法、守法等多个环节同时发力、同向聚力,全面提高依法防控、依法治理能力,为疫情防控提供有力的法治保障。具体来说:一是坚持科学立法。以此次疫情为契机,不断完善疫情防控相关立法,构建系统完备、科学规范、运行有效的疫情防控法律体系。二是坚持严格执法。根据传染病防治法、野生动物保护法、动物防疫法、突发公共卫生事件应急条例等法律法规,严格执行疫情防控和应急处置法律法规,加强治安管理、市场监管等执法工作。各级政府要运用法治思维和法治方式开展疫情防控工作,坚持依法防控、科学防控,依法保障人民群众的正当权利。三是坚持公正司法。依法规范捐赠、受赠行为,确保受赠财物全部及时用于疫情防控,依照法律保障防疫物资的合理调配与透明使用,依法做好疫情报告和发布工作,加强对相关案件审理工作的指导,及时处理,定分止争。四是坚持全民守法。在全社会范围内开展疫情防治宣传和防疫知识普法工作,组织基层开展疫情防控普法宣传;各级领导干部要强化法治意识,带头尊法学法守法用法,做制度执行的表率,引导广大人民群众增强法治意识,依法支持和配合疫情防控工作。

4. 强化科技攻关,为疫情防控提供有力支撑

科学技术作为人类进行实践活动的方式之一,不仅是推动生产力发展的主要因素,也是历史发展的革命力量。我们看到,人工智能、云计算、大数据等多项科学技术在疫情防控工作中扮演着十分重要的角色。从自动测温仪到同行人查询软件,从5G直播云监工到智能疫情机器人,一项项技术的成功运用,不断增强着我们战胜疫情的决心和信心。新冠肺炎疫情是遭遇战,但病毒作为一种自然现象,有其生存、发展、传播、进化的特殊规律,高校、科研院所、企业要科学论证病毒来源,尽快查明传染源和传播途径,密切跟踪病毒变异情况,加快病毒溯源、传播力、传播机理等研究。

疫情防控必须建立在遵循自然规律的前提下,科学有效开展防控工作。比如,传染病学专家建立了多种疫情传播模型,做好数据收集和输入,就能够帮助管理者预判趋势、早作准备。高效合理的信息化、网络化技术手段,既能够满足信息统计分析需要,又能够最大限度缩减信息流动环节,促进疫情防控工作的上情下达与下情上传。另外,要加强科研攻关和资助力度,加紧推进药物研制与疫苗研发,对症下药;深入研究病毒生存和传播机理,为阻断传播途径提供科学方法。

5. 充分发挥党员带头作用,为疫情防控树立先进标杆

疫情防控是没有硝烟的战场,也是检验党员干部初心使命的考场。大事难事见担当,困境逆境显襟怀。越是情况危急的时候,越是任务艰险的时候,就越需要党员干部发扬斗争精神和无私奉献精神,就越需要党员干部冲锋陷阵、勇往直前。习近平总书记指出:“各级党组织领导班子和领导干部特别是主要负责同志要坚守岗位、靠前指挥,做到守土有责、守土担责、守土尽责。”这片“土”,就是自己所在的工作岗位。因为要守土,必然要有责;因为要守土,必然要担责;因为要守土,必然要尽责。

疫情防控工作开始以来,从奋战在一线的医疗工作人员到负责物资生产保障的普通工人,从社区工作人员到无数个志愿服务队,其中的党员干部第一时间身先士卒,积极响应党中央号召,坚定信心、顾全大局、自觉行动、顽强斗争,做了大量艰苦工作,付出了巨大努力,为疫情防控工作作出了重大贡献。重大考验面前,更能考察识别干部。对表现突出的,要给予表扬表彰、大胆使用;对作风漂浮、敷衍塞责、推诿扯皮的,要严肃问责。要广泛发动和依靠群众,同心同德、众志成城,坚决打赢疫情防控的人民战争。

6. 坚定依靠群众,为疫情防控夯实主体力量

1938年,毛泽东同志在《论持久战》中提出:“战争的伟力之最深厚的根源,存在于民众之中。”毛泽东同志这个经典论断,不仅指出了抗战的发展规律,还阐明了争取抗战胜利的正确道路,在抗日战争关键时期发挥了重要的指导作用。今天,面对来势汹汹的新冠肺炎疫情,战胜这场疫情的深厚伟力依然存在于广大人民群众之中。在这场疫情防控阻击战中，群众既是疫情防控的保护对象，也是疫情防控的主体力量。

面对疫情，每一个人都要做积极参与者。当疫情将魔爪伸向全国的各个角落时，更需要人民群众同心协力，更需要全社会众志成城，更需要充分激发人民群众在疫情防控工作中的创新智慧、创造伟力，更需要积极调动人民群众在疫情防控工作中的主动性、积极性。

总之，只有坚定相信群众、依靠群众、为了群众，广泛动员群众、组织群众、凝聚群众，才能构筑起群防群治、联防联控的严密防线，尽早打赢这场疫情防控的人民战争。

防控疫情视角下的社会治理能力现代化①

社会治理能力既体现在日常社会运行中，更体现在国家和社会面临重大挑战时。当前的新型冠状病毒感染的肺炎对我们国家和社会来说就是一场严峻的挑战。正如习近平总书记在 2020 年 2 月 3 日召开的中共中央政治局常委会上强调指出的那样："做好疫情防控工作，直接关系人民生命安全和身体健康，直接关系经济社会发展大局稳定，也事关我国对外开放。现在，最关键的问题就是把落实工作抓实抓细。"这一重要指示不但明确了当前工作的重要任务，更是对广大党员干部"不忘初心、牢记使命"主题教育成果的检验，同时也是对社会治理能力的一次严重考验。

一、制度优势是抗击疫情的最大优势

疫情是一种突发性的社会灾害，在灾害面前，能够主动作为，像"拦河坝"一样"拦"住灾害，需要强有力的社会治理能力的支撑。如果没有强有力的社会治理能力，那么疫情就会肆虐蔓延，这次新型冠状病毒感染的肺炎经医学专家确认后，我们党和政府果断采取多种措施，阻断了一切可能导致大面积蔓延的渠道，应该说这种治理能力在其他地区和国家很难做到，从这一方面看，我们的制度优势得到充分彰显。只有具有了制度优势，社会治理能力才能在一个高水平位上运行。

"疫情就是命令，防控就是责任。"这种制度优势下彰显的治理能力能够迅速从国家层面延伸至基层社区层面。这一自上而下的迅速组织和动员能力，充分展现了中国共产党领导下的制度优势。如果没有这一制度优势，无论是武汉的暂时"封闭"，还是社区、农村的全民防控，都不可能马上得到落实。党的十九届四中全会作

① 文章出处：党建网．防控疫情视角下的社会治理能力现代化[EB/OL]．http://www.wenming.cn/djw/djw2016sy/djw2016djlt/202002/t20200205_5407550.shtml(2020-02-05)．

出的《中共中央关于坚持和完善中国特色社会主义制度、推进国家治理体系和治理能力现代化若干重大问题的决定》明确指出,“完善坚定维护党中央权威和集中统一领导的各项制度”“健全党中央对重大工作的领导体制,强化党中央决策议事协调机构职能作用,完善推动党中央重大决策落实机制”。而这次对疫情的迅速部署和安排就充分体现了这一制度的强大优越性。

“推进社会治理现代化”是新时代社会发展的必然要求,但这种现代化不是简单地利用现在的先进技术、理念就能完全建立起来的,必须有一定的组织基础作为支撑,而党的集中统一领导制度就是这一基础牢不可破的支撑“磐石”。通过这次疫情阻击战,党的领导的制度优势更进一步彰显了威力,同时也进一步证实了党的领导是实现社会治理能力现代化的根本基础。

二、阻击疫情是对社会治理能力的最大考验

我们追求社会治理能力现代化,就是为了能够不断满足人民群众对美好生活的需求。美好生活,顾名思义就是生活幸福安康,但疫情的出现却打破了人民的这一愿望。在这种情况下,我们需要继续坚持和完善共建共治共享的社会治理制度,建立起人人有责、人人尽责、人人享有的社会治理共同体,只有这样,才能彻底打赢这场疫情阻击战。

在这次疫情阻击战中,上至中央领导,下至社区居民,真的实现了“人人有责、人人尽责”。1月25日大年初一,习近平总书记就主持召开了中共中央政治局常委会议。会议决定:“党中央成立应对疫情工作领导小组,在中央政治局常务委员会领导下开展工作,党中央向湖北等疫情严重地区派出指导组,推动有关地方全面加强防控一线工作。同时要求各级党政领导干部特别是主要领导干部坚守岗位,靠前指挥,深入防控疫情第一线,及时发声指导。如天津市委主要领导就亲自走进村庄,用大喇叭做起了乡村宣传员,宣传防疫知识。各社区和农村党员干部,更是24小时不间断值班检查,牢牢控制传染病源。再从具体层面来看,无论是武汉火神山医院建设工地的党员突击队,还是城市社区的党员巡逻队,以及广大乡村的网红村支书,这种“群防群治”“联防联治”的治理模式,现在看来发挥出来的效力是巨大无比的。正是这次疫情阻击战,充分彰显了我们坚持的“共建共治共享的社会治理制度”的强大优势和旺盛生命力。

中国规模、中国效率、集中力量办大事是我们党领导下的中国特色社会主义制度优越性的重要体现。正是有了中国效率,仅仅十几天时间,武汉火神山医院便顺利建成,正式接受患者入住;正是有了集中力量办大事,疫情这个“魔鬼”才没有了藏身之处。正如习近平总书记在会见世界卫生组织总干事谭德塞时指出的那样,“疫情是魔鬼,我们不能让魔鬼藏匿。”总书记坚定有力的判断提振了全国人民打赢这场疫情阻击战的士气,这也就有了全国人民义无反顾支援武汉、白衣天使舍小家为大家与病毒赛跑的动人行为。

社会治理体系和治理能力现代化是我们努力的方向，但在这次疫情面前，我们的社会治理能力的优势已得到了充分凸显。如果说以前我们注重的社会是管理，那么以后我们的转向就是治理。管理通常强调的是单向性，从管理者到被管理者，而治理强调的是双向性，治理者和被治理者之间存在着反馈、交流和互动，正是这种交流和互动，才保证了这次疫情信息的透明，才保证了全国各地阻止疫情行为的同向性，才保证了全国上下打赢疫情阻击战的顺利部署，才保证了广大人民对战胜疫情的满满信心。

社会主义核心价值观:爱国

一、思政元素

抗疫精神;众志成城、舍生忘死

二、案例解读

爱国主义是中华民族的民族心、民族魂,是教育必须提供的一堂人生必修课。"抗疫精神"是最生动的爱国主义教材。在这场与时间赛跑、与病魔较量的全民战"疫"中,中华儿女又一次把深厚的爱国主义情怀挥洒得淋漓尽致。《在抗疫战场上书写爱国奋斗新篇章——广大人才奋勇抗击疫情纪实》这一案例中,耄耋、古稀之年的钟南山院士、李兰娟院士为抗击疫情殚精竭虑,众多医务工作者不顾生死奋战在救死扶伤一线,解放军官兵和武警部队闻令而动、英勇奋战,一线建筑工人不计酬劳火速建成火神山、雷神山医院……不计其数的无名英雄在战"疫"中舍生忘死、英勇奋斗。他们的精神和行动,是激励中国人民不断前行的强大力量,极大丰富了爱国主义的精神内涵。《发扬爱国主义精神凝聚众志成城抗击疫情的强大力量》这一案例通过深入浅出的分析,令人信服地指出爱国主义是中华儿女战胜疫情的磅礴力量。《讲好疫情这本爱国主义教科书》这一案例既明确指出要将抗击疫情与爱国主义教育贯通起来,又就如何贯通、如何讲好抗击疫情这本爱国主义教科书提供了切实可行的方法论指导。

三、案例

在抗疫战场上书写爱国奋斗新篇章
——广大人才奋勇抗击疫情纪实①

肆虐的新冠病毒向人们发起了攻击，病毒行踪之隐秘、传播速度之快，出人意料。

同时间赛跑，与病魔较量。广大医务人员、科研人员、工程技术人员等牢记习近平总书记的嘱托，闻令而动，众“智”成城，把疫情防控作为践初心、担使命、弘扬爱国奋斗精神的主战场，用满腔热忱和雄厚的专业知识跟病魔较量，为打赢疫情防控阻击战提供了强大的智力支持和科技支撑。

火线上的中流砥柱——用生命守护生命

用药如用兵，用医如用将。广大医务人员是战胜疫情和守护人民群众生命安全的中坚力量。他们自觉与人民同呼吸、共命运、心连心，把病房当战场，与病毒展开了殊死搏斗。

他们赤胆忠肝，以求实的科学态度和无畏的担当，为科学决策提供了强力支撑——

疫情发生后，受国务院、国家卫健委委托，中国工程院院士钟南山、中国工程院院士李兰娟等一行6人风尘仆仆奔赴武汉，查看现场，深入了解情况，对疫情作出科学研判，并提出疫情防控建议。湖北省中西医结合医院呼吸与重症医学科主任张继先凭借扎实的专业素养，在一线接诊中敏锐地发现病毒非同寻常，立刻秉持科学求实的态度与院方一起上报，为这场疫情阻击战拉响了警报。

他们向险而行，把希望带给别人，把危难留给自己，以实际行动践行着报国之志——

悬壶入荆楚，白衣做战袍。湖北省特别是武汉市是全国疫情防控的重中之重。广大医务人员全力以赴打好湖北保卫战、武汉保卫战。各地白衣天使纷纷请缨，很多人在年夜饭饭桌上和家人告别，打起背包，驰援湖北，谱写了一曲以生命赴使命的壮丽战歌。上海交大医学院附属瑞金医院支援湖北医疗队出发时，马上要做父亲、报名后被院方劝退的医生薛恺，自己推着箱子到了现场，团队“超员”出发。青岛市中心医院护士孙晓娜奔赴黄冈前要求家人：“不要主动和我联系，等我报平安

① 文章出处：孙忠法. 在抗疫战场上书写爱国奋斗新篇章——广大人才奋勇抗击疫情纪实[N]. 中国组织人事报，2020-02-25(01).

就行。”……

握住的手,流下的泪,感动的心……荆楚大地,成为英雄汇聚之地。截至2月23日,全国29个省区市和新疆生产建设兵团、军队等共派出330多支医疗队、41600多名医护人员驰援湖北,为患者点亮一盏盏希望的灯。

他们无私奉献,把苦留给自己,把笑留给别人,以坚守厚植医者仁心的职业底色——

身患渐冻症、妻子被感染……疫情发生以来,武汉市金银潭医院党委副书记、院长张定宇率先组织采集病人支气管肺泡灌洗液样本送检,为确定病源赢得了时间。他每天休息不到3小时,带领600多名医护人员连续奋战,不断从病魔手中抢回更多病人。

被口罩勒到破皮的脸颊、被汗水浸到泛白的双手、被防护服捂湿发炎的皮肤……非常时期,没有保洁等人员辅助,广大医务人员不仅要负责医疗护理,还要照顾病人的生活,每天都是超负荷工作。但他们藏起辛苦,双眼含笑,不断给患者带去战胜病魔的勇气。

他们英勇无畏,把健康带给别人,把危险留给自己,用大爱筑牢阻击疫情的坚固防线——

1月18日,一直奋战在一线的武汉大学人民医院呼吸与危重症医学科副教授张旃提出申请——长驻留观室,这意味着接触高危病人的概率远比在普通门诊大得多。张旃不惧,“风险肯定有。但是,病毒来了,既来之,则战之。”

翻开中华民族的医学史,“医道无私”的理念世代相传。白衣天使用生命守护生命,用无疆大爱筑成了温暖的长城。正当新冠肺炎治愈出院人数不断增长,人们精神振奋之时,却传来让人悲痛的消息:截至2月23日,已经有超过2000名医务人员确诊感染了新冠肺炎,有的医务人员以身殉职。

2月18日,持续奋战在抗“疫”一线的武昌医院院长刘智明不幸感染病毒,经全力救治无效逝世,年仅51岁。为避免感染别人,殉职前他特意留话,“如果万一,不要插管抢救。”

29岁的武汉江夏区第一人民医院呼吸与危重症医学科医生彭银华推迟了原定正月初八的婚期,主动请缨上临床一线,不幸感染新冠肺炎,2月20日牺牲在抗“疫”一线。还没来得及发下去的婚礼请柬,仍在办公桌抽屉里存放着。

……

鲜活的生命就这样陨落,令国人痛惜;更多的白衣战士前仆后继,向病毒发起顽强进攻!

这是一场没有硝烟的战争,也是一场只能打赢不能打输的战争。连日来,广大医务人员奋战的一组组镜头,令心灵震撼;一幕幕场景,让人泪目。

“医务人员跟我们一样是血肉之躯,跟我们一样,在家里也是父亲、母亲、儿子和女儿。他们是平凡的，更是伟大的。是他们的负重前行，换来我们的岁月静好!”康复出院的武汉市民肖女士满心感激。

“口罩、护目镜遮住了你的面容，在纷杂的战场前线没记下你的名字。我不知道你是谁，但我知道你为了谁。愿你们一切安好!”网友动情地写道。

有这样的英勇战士，疫情防控一定会胜利；有这样的伟大精神，中国注定不凡!

实验室里的科技尖兵——争分夺秒研制战“疫”利器

疾病是人类的天敌，科学是疾病的克星。在这个特殊时期，对病毒的科学研究每进一寸，群众对攻克病毒的信心就长一尺，早一刻研制出抵抗病毒的疫苗或有效药物，就会早挽救一个病人、一个家庭。

研当以报效国家为己任，学必以服务人民为荣光。中组部在下发的通知中要求，公立医院、相关高校、科研院所党组织要紧紧围绕疫情防控大局，团结带领广大医务工作者和专业技术人员恪尽职守，全力以赴做好医疗救护、科研攻关、基础预防等工作。人社部鼓励广大专业技术人才紧紧围绕疫情防控，解决重大专业技术课题和人民生命健康难题，把业绩贡献在疫情防控一线。科技部会同有关部门成立以钟南山院士为组长、14 位专家组成的科研攻关专家组，按照“战时状态”推进研发攻关。同时，号召科技攻关组和科研人员把研究精力全部投入到疫情攻关上。不少地方组织人事部门也发出致专家人才的公开信，引导广大科技工作者争做科研攻关新先锋。

战斗骤然打响，医学、药学、病毒学、生物学等各领域的科研工作者心怀大我，团结合作，集智攻关，奏响了人民至上、生命至上的最强音。

火速分析病毒!

1 月 2 日，接到湖北送检的 4 例病例标本后，中国疾病预防控制中心病毒病预防控制所的科研人员仅用 3 小时就获得冠状病毒阳性检测结果，24 小时后又测得病毒全基因组序列。2 月 7 日，华南农业大学、岭南现代农业科学与技术广东省实验室教授沈永义、肖立华等科研人员夜以继日联合攻关，先后分析了 1000 多份宏基因组样品，表明穿山甲为新冠病毒的潜在中间宿主之一。2 月 18 日，清华大学生命学院王新泉课题组和医学院张林琦课题组紧密合作，准确定位新冠病毒和受体相互作用位点，为治疗性抗体药物开发以及疫苗的设计奠定了坚实的基础。

加快检测产品开发!

疫情发生后，华大基因、之江生物、南开大学、山东大学等机构的实验室灯火通明，广大科研人员持续奋战，研制出多种病毒检测产品。春节期间，湖南圣湘生物科技股份有限公司迅速召集 700 多名科研人员和工人回到工作岗位，所有生产线满负荷工作，24 小时不间断加班加点，竭力保障产品质量和生产供应。“我们一天研发出检测试剂盒成品，每天睡 3 小时，全员加班生产尽最大努力提供检测产品。”

上海辉睿生物科技有限公司总经理李辉说。

全力推进药物研发!

新冠肺炎没有特效药,按照“老药新用”思路,国务院联防联控机制科研攻关组组织全国科技力量,从几万个药物中不断筛选,确定磷酸氯喹对于新冠肺炎有疗效。法匹拉韦、瑞德西韦正处于临床试验阶段。疫情发生后,国家中医药管理局迅速启动了分别由中国工程院院士张伯礼、中国工程院院士黄璐琦领衔的“中医药防治2019—新冠病毒的研究”“中西医结合防治新冠肺炎的临床研究”应急专项。众多中医专家日夜努力,发现“清肺排毒汤”对治疗新冠肺炎具有良好的临床疗效和救治前景。广州市第八人民医院中医科主任谭行华团队研发出“肺炎1号”,对治疗新冠肺炎的轻症效果明显。“大量临床实践证实,中西医结合治疗新冠肺炎有较好疗效。”中央指导组成员、国家中医药管理局副局长余艳红表示。

探索治疗方法!

李兰娟院士在武汉运用人工肝技术,以及应对H7N9疫情时总结出的抗病毒、抗低氧血症、抗休克、抗继发感染,维持水电解质平衡、微生态平衡的“四抗二平衡”治疗方法,成功救治了多位重症新冠肺炎患者。武汉市江夏区第一人民医院、武汉金银潭医院等医院的专家利用血浆疗法救治11位重症患者,患者临床症状明显改善。此外,一些科研人员还积极探索利用干细胞技术对重型患者进行治疗,也初步取得了效果。

免疫系统过度反应产生的“炎症风暴”,是导致患者死亡的原因之一。中国科学技术大学教授魏海明携手中国科大附属第一医院副院长徐晓玲团队日夜攻关,采用“托珠单抗”作为抑制剂,在阻断“炎症风暴”上取得了初步临床效果。

2月3日,武汉大学中南医院影像科副主任张笑春在网络上建议:推荐CT影像作为新冠肺炎首选诊断方法。随后,《新型冠状病毒感染的肺炎诊疗方案(试行第五版)》将“疑似病例具有肺炎影像学特征者”作为湖北省临床诊断病例标准,促进了及早收治。在临床治疗中,感染病专家、浙江大学医学院附属第一医院博士生导师盛吉芳提出要抢抓黄金72小时治疗时间,为提高救治率提示了方向。

积极推进疫苗研发!

由于新冠病毒是一个新病原体,疫苗研发难度比较大、周期比较长。为确保尽早研发成功,目前,全国各地的科研人员采取多条技术路并行推进方式推进灭活疫苗、mRNA疫苗、重组蛋白疫苗、病毒载体疫苗、DNA疫苗的研发。中科院微生物研究所的科研团队开展的重组蛋白疫苗进展顺利,正在动物体内进行测试。来自国务院联防联控机制的消息,预计最快的疫苗将于4月下旬申报临床试验。

信仰无声,拳拳赤子心就是最响的回声;生命无华,殷殷报国行就是最美的芳华。科研人员秉承科技报国的光荣传统,将论文写在疫情第一线,竭力守护人民生命安全,用坚定的行动诠释了初心使命,带来了一组组令人欣喜的成果。国务院联防联控机制公布的数据显示，截至2月23日24时，全国累计治愈出院病例达24734例，确诊病例存量正在加速消化，医疗救治工作取得积极进展。

勠力同心、奋勇攻坚，我国科研人员的努力赢得了世界各国专家的赞赏。世卫组织总干事谭德赛说，中国以创纪录的速度分离出病毒，进行基因测序，并立即同世卫组织分享，这意味着中国在帮助其他国家进行防疫。中国的很多有力行动，为世界提供了宝贵的窗口期。法国巴斯德研究所流行病学专家阿诺？丰塔内说，中国科研人员的工作非常出色。

身边的守护者——为百姓撑起“平安伞”

疫情防控是一场总体战，联防联控、群防群控是防止疫情扩散蔓延的基础。在这场没有硝烟的防疫战斗中，各类人才紧盯群众的现实需要，默默付出，用专业所长把胜算的基石夯得更实。

为防疫提供指导——

“你觉得很闷么？病毒也被你闷死了呀！”最近，上海华山医院感染科主任张文宏成了“没有注册ID的网红”和市民的“定海神针”。疫情发生以来，他一边救人，一边牺牲睡眠时间不遗余力地做科普，其撰写刊发在华山感染科公众号上的文章，受到全民追捧，几乎篇篇都是10万+，有效地提高了人们的“防疫力”。

像张文宏一样，在防疫战场上，众多人才不求回报、挺身而出，做宣传员、服务员、信息员，成为百姓身边健康的守护人：全国1600余所高校开通了心理咨询热线，1.5万名专业人员及志愿者为群众提供心理支持服务。中国科协组织科技工作者持续普及疫情防控知识，在各种平台的总浏览量超41.1亿人次。他们将专业呵护“滴灌”到群众生活的细节中，为群众撑起了一片晴空。

为阻断病毒传播筑起防线——

在疫情防控中，查明流行途径，阻断传播链条，对保护公众的生命健康安全至关重要。各级疾控中心人员穿梭于医院与患者或密切接触者之间，用科学的分析、缜密的“侦查”手段，为疫情防控筑起了关键的防线。

天津市宝坻区连续出现了多例确诊病例，均没有武汉接触史。天津市疾控中心传染病预防控制室主任张颖和同事与每一个确诊病例进行一对一的流行病学调查，发现是宝坻区百货大楼鞋区售货员在某市鞋类批发市场进货时被传染引起了传播，为疫情防控争抢更多的时间。广东组建21支“病毒侦探”队，分片包干守护21地市，换来了千家万户的安宁。

为群众提供医疗服务——

为强化疫情防控，解决基层人力物力捉襟见肘难题，广大人才和企业加班加点，积极为防疫提供“粮草”“弹药”。百度地图和高德地图上线了“发热门诊地图”，方便群众查询医疗机构。京东健康集团上线了“防范阻击新型冠状病毒肺炎”平台,免费提供在线问诊。众多人才企业全力生产防疫物资,为防疫贡献着力量。有一分热,发一分光,是他们共同的心声。

为复工复产提供助力——

着眼解决生产生活需求,钉钉在全国上百个城市开通企业复工平台。中国电科集团组织精干力量火速研发出"密切接触者测量仪"。中科院软件中心有限公司研发出"人工智能+热成像联动无感知测温预警疫情防控系统",只需0.1秒即可锁定高热人员,帮助抑制疫情扩散。

"万夫一力,天下无敌。"这个新春因各类人才的众"智"成城、默默奉献而更加温暖,他们用气壮山河的行动,提升了这个时代的精神标高。

他们的肩膀,铺就了中国过去的靓丽底色;他们的奋斗,正撑起中国明媚的未来!

发扬爱国主义精神 凝聚众志成城抗击疫情的强大力量①

新型冠状病毒感染的肺炎疫情使百姓身体健康、生命安全面临严重威胁,面对疫情,在以习近平同志为核心的党中央坚强领导下,中国人民上下同心、团结协作、顽强斗争,充分发扬爱国主义精神,凝聚起众志成城抗击疫情的强大力量。

此次新冠肺炎疫情传播态势复杂、波及面广,引发社会的广泛关注和担忧。面对来势汹汹的疫情,习近平总书记要求各级党政领导干部要靠前指挥、强化担当,广大党员、干部要冲到一线,守土有责、守土担责、守土尽责。战"疫"之中,党中央和政府坚强领导、审时度势、科学指挥;广大医护人员不计报酬、无论生死、奔赴一线,成为抗击疫情最坚固的防火墙、最可敬的白衣战士,发扬了淡泊名利、甘于奉献的职业品格;千万人民子弟兵冲锋在前、舍生忘死、勇往直前;社会各界人士心系疫情、鼎力相助、勠力同心。万众一心、众志成城,一方有难、八方支援,疫情防控工作的积极开展和成功,充分证明了中国特色社会主义制度具有显著优势、中国精神具有强大凝聚力。

爱国主义是千百年来人们在社会实践中形成的对祖国极其忠诚和热爱的深厚情感。中华民族始终有着爱国主义的光荣传统,一部中华民族的发展史,就是一部中华儿女的爱国奋斗史。中国人很早就有以天下兴亡、人民安康为己任的家国情怀,自古以来,刻骨铭心的爱国之情,矢志不渝的报国之志,生死不移的爱国之行,写满了中华民族的光辉史册,寄托了中国人对祖国的热爱和赤诚之心。在中国历史上,有"美不美,家乡水;亲不亲,故乡人"这样情系故土的朴实古语,也有"遥望中

① 文章出处:人民网.发扬爱国主义精神 凝聚众志成城抗击疫情的强大力量[EB/OL].http://theory.people.com.cn/n1/2020/0408/c40531-31665050.html(2020-04-08).

原怀故土，静观落叶总归根”这样心怀祖国、寄情桑梓的深情诗句；有“乐以天下，忧以天下”的忧国忧民情怀，也有“公而忘私、国而忘家”的报国为民风范。在漫长的历史发展过程中，中华民族形成了追求进步、维护民族尊严和国家主权的光荣传统，爱国主义成为动员和鼓舞人们为祖国的生存发展前赴后继、奋斗不息的伟大精神旗帜。

爱国主义教育是思想政治教育的核心内容，是凝聚民族精神、推动政治、经济、文化、社会发展的巨大力量，是动员和鼓舞人民团结和奋斗的最鲜明的旗帜，是伟大事业的精神支柱。有助于引导我们树立对祖国高度的责任感、培育人们热爱祖国的思想感情和忠于祖国的坚定信念、树立每个人的民族自尊心和民族自信心。疫情发生后，全国人民再一次诠释了一方有难八方支援的中华民族爱国情怀，彰显了中国人民伟大的团结精神。在当代中国，爱国主义首先体现在对社会主义中国的热爱上。社会主义制度的建立，为中国的繁荣发展提供了可靠的保障。社会主义在中国不是一句空洞的口号，而是集中代表着、体现着、实现着国家、民族和人民的根本利益，这是中国的历史和现实所昭示的真理。国家的繁荣富强和我们每个人都是息息相关的，所以要有爱国情怀，构建中国特色社会主义的爱国主义内容体系。

人民群众是历史发展和社会进步的主体力量，在几千年历史长河中，中国人民始终团结一心、同舟共济。今天，中国取得的令世人瞩目的发展成就，更是全国各族人民同心同德、同心同向努力的结果，只要14亿中国人民始终发扬这种伟大爱国团结精神，就一定能够形成勇往直前、无坚不摧的强大力量。在以习近平同志为核心的党中央的领导下，在中国集中力量办大事的制度优势中，在综合国力的强力支撑下，让我们携起手来，筑起爱国主义的新的长城。

讲好疫情这本爱国主义教科书①

岁末年初，新冠肺炎突如其来。“疫情就是命令，防控就是责任。”以习近平同志为核心的党中央领导全国人民展开了一场空前的疫情防控阻击战，生动彰显了中国特色社会主义制度优势，深刻诠释了中华儿女爱国力行的家国情怀。这场全国人民的抗疫战，为高校思想政治理论课提供了一本生动鲜活的爱国主义教科书。教育部明确要求“要将抗击疫情与爱国主义教育贯通起来”，如何贯通，如何讲好疫情这本爱国主义教科书，需要从以下四个方面着力。

---

① 文章出处：光明网.讲好疫情这本爱国主义教科书[EB/OL].http://edu.gmw.cn/2020-04/16/content_33744997.htm(2020-04-16).

因势而新,把握教学内容阶段重点

与时俱进是马克思主义的理论品格,也是思政课的鲜明特征。讲好疫情这本爱国主义教科书,思政课应随"疫"因时而进、因势而新,把握教学内容阶段重点。在居家学习阶段,应以"自律自护自修"为重点,教育学生珍爱生命,保护自我;健康生活,约束自我;修养身心,完善自我。在返校学习阶段,以"自觉自主自信"为重点,教育学生守规勤学,行动自觉;慎思明辨,思想自主;真知真懂,政治自信。只有这般"阶段定制",才能将疫情这本爱国主义教科书吃透吃准。

因课制宜,彰显教学课程学科性质

思想政治理论课不是单纯的一门课,而是一个课程群。就本科课程设置而言,思想政治理论课包括"马克思主义基本原理概论""毛泽东思想和中国特色社会主义理论体系概论""中国近现代史纲要"和"思想道德修养与法律基础"四门课程,它们共同成为高校实施爱国主义教育的主阵地、主渠道。但基于学科性质,四门课在讲授统一教学内容时应各有侧重。如:3月9日,"全国大学生同上一堂疫情防控思政大课"开讲,艾四林教授结合"马克思主义基本原理概论"的学科性质,遵循从具体到抽象再具体的哲学思维,立足中国抗疫实践,深化学生对马克思主义基本理论和马克思主义中国化最新成果的认识,着力爱国主义的理论认同。秦宣教授结合"毛泽东思想和中国特色社会主义体系概论"课程内容,坚持事实说话,以疫情下的国情、世情为切入点,论证中国特色社会主义制度优势,着力爱国主义的政治认同。王炳林教授则结合"中国近现代史纲要"的学科特点,以史论今,讲授了我国防疫斗争史的历史经验和智慧,着力爱国主义的思想认同。冯秀军教授结合"思想道德修养与法律基础"的学科属性,以社会主义核心价值观为抓手,讲述防疫抗疫一线感人故事,明晰青年学子的责任和担当,着力爱国主义的情感认同。只有这般"学科定制",才能将疫情这本爱国主义教科书抓实抓牢。

因人而异,实现教学方法多样创新

作为一门高校公共必修课,思政课授课对象涉及不同学校、不同层次、不同专业的所有学生。授课对象的复杂性和能动性,要求思政课坚持"统一性与多样性相结合"。在统一性的指导下,讲好疫情这本爱国主义教科书,更应重视学生的专业气质、知识背景、思维方式,因人而异,因材施教,实现教学方法多样创新。如:鼓励汉语言文学专业的同学用"作品"说话,通过诗歌、散文、戏剧、小说等创作讲好"防疫抗疫好人好故事";鼓励新闻传媒专业的同学用"镜头"说话,通过抖音、快闪、哔哩哔哩等大众媒介制作"最美逆行者"短视频微电影;鼓励音乐专业同学用"歌声"说话,唱响"抗疫主旋律",讴歌"时代真英雄";鼓励美术专业的同学用"画笔"说话,勾勒出“不屈的中国”，绘制出“英雄的武汉”；鼓励社工专业的同学用“脚步”说话，主动加入志愿者行列，深入社区，走访民众；鼓励心理学专业的同学用“心理”说话，开通心理热线，提供心理辅导；鼓励生物专业同学用“显微镜”说话，探究病毒病源，宣传科普知识；鼓励地理专业的同学用“地图”说话，绘制病毒传播地图，捕捉病毒传播路径；鼓励数学、计算机专业的同学用“数据”说话，统计疫情大数据，建构疫情大模型等。只有这般“专业定制”，才能将疫情这本爱国主义教科书讲好讲活。

因校定案，丰富教学组织实施策略

爱国主义教育是学校教育的基本内容之一，学校是实施爱国主义教育的主要场所。讲好疫情这本爱国主义教科书，高校思政课理应结合学校实际，充分利用学校资源，汇聚学校力量，因校定案，开展形式多样、内涵丰富的教育教学活动。如：重庆师范大学将思政小课堂与社会大课堂相结合，由民政政策理论研究基地牵头，组建了“关爱抗击新型冠状病毒肺炎医护人员子女爱心辅导团队”，800多名师生积极加入“QQ课堂”，接力爱心。西安电子科技大学以微信公众号“老夏说课”为平台，书写思政战“疫”原创文20余篇，累计点击量超3万，精心培植战“疫”的“精神疫苗”。燕山大学发布了《抗疫，一堂生动的爱国主义教育课——写给全校学生的一封信》，激励燕大学子以疫为鉴，立志勤学，报效祖国。只有这般“学校定制”，才能将疫情这本爱国主义教科书落实落地。

社会主义核心价值观:敬业

一、思政元素

热爱劳动;热爱工作;热爱岗位;职业道德

二、案例解读

中华民族历来有“敬业乐群”“忠于职守”的传统,敬业是中国人民的传统美德。党的十八大将“敬业”作为社会主义核心价值观在个人层面的具体要求之一。大学生是国家的栋梁,培育大学生敬业精神是大学生自身成长、成才的需要,是用人单位发展壮大的需要,同时也是培育践行社会主义核心价值观的必然要求,是构建社会主义和谐社会的题中之意。在抗击新冠肺炎疫情中,《中国驻美大使崔天凯给张文宏写了封感谢信! 原来他也是阿拉上海人!》这一案例告诉人们,上海医疗救治专家华山医院感染科主任张文宏因其靠谱的“真话”圈粉无数。《有一种勇敢,叫李兰娟》这一案例中,73 岁的李兰娟院士毫不犹豫地奔向战“疫”第一线,率先提出武汉封城。这也是她 2003 年与非典、2013 年与 H7N9 作搏斗后,又一次奔赴战“疫”最前线。《“组局者”汪勇:非凡之勇　大爱之行》这一案例介绍了被国家邮政局评为“最美快递员”的汪勇,从大年三十独自一人接送金银潭医院职工上下班,到带领其他志愿者共同保障金银潭医院职工就餐、出行问题。在疫情严重的危难时刻,汪勇挺身而出的奉献精神带给无数网友感动……他们的敬业精神和行为,是大学生应该继承和发扬的。

三、案例

中国驻美大使崔天凯给张文宏写了封感谢信！原来他也是阿拉上海人！[①]

一封来自中国驻美大使崔天凯的亲笔信引发关注

这封信是写给上海华山医院感染科主任张文宏的。崔大使代表在美华人华侨向张文宏教授致谢。

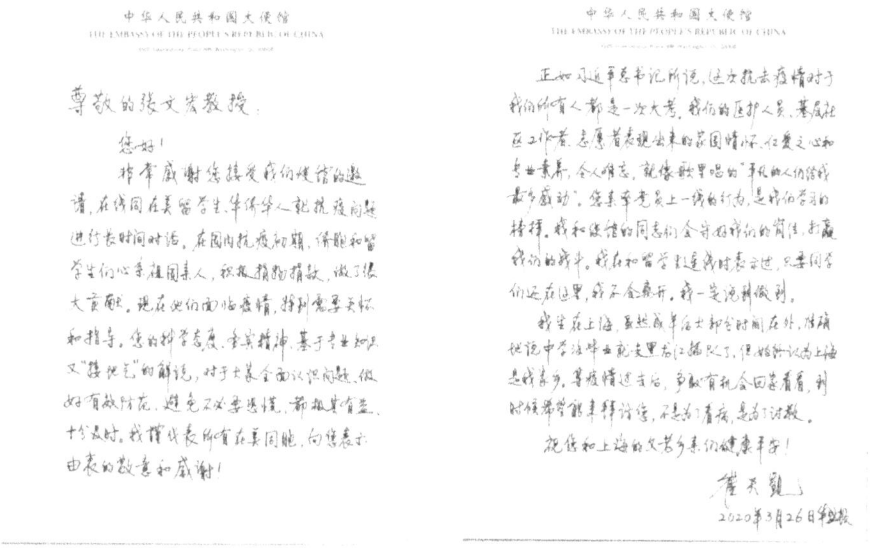

信件全文如下。

尊敬的张文宏教授：

您好！

非常感谢您接受我们使馆的邀请，在线同在美留学生、华侨华人就抗疫问题进行长时间对话。在国内抗疫初期，侨胞和留学生们心系祖国亲人，积极捐物捐款，做了很大贡献。现在他们面临疫情，特别需要关怀和指导。您的科学态度、务实精

① 文章出处：上海热线. 中国驻美大使崔天凯给张文宏写了封感谢信！原来他也是阿拉上海人！[EB/OL]. https://hot.online.sh.cn/content/2020-03/30/content_9530720.htm(2020-03-30).

神、基于专业知识又“接地气”的解说,对于大家全面认识问题、做好有效防范、避免不必要恐慌,都极其有益、十分及时。我谨代表所有在美同胞,向您表示由衷的敬意和感谢!

正如习近平总书记所说,这次抗击疫情对于我们所有人都是一次大考。我们的医护人员、基层社区工作者、志愿者表现出来的家国情怀、仁爱之心和专业素养,令人难忘。就像歌里唱的“平凡的人们给我最多的感动”。您亲率党员上一线的行为,是我们学习的榜样。我和使馆的同志们会守好我们的岗位,打赢我们的战斗。我在和留学生连线时表示过,只要同学们还在这里,我不会离开。我一定说到做到。

我生在上海,虽然成年后大部分时间在外,准确地说中学没毕业就去黑龙江插队了,但始终认为上海是我家乡。等疫情过去后,争取有机会回家看看,到时候希望能来拜访您,不是为了看病,是为了讨教。

祝您和上海的父老乡亲们健康平安!

崔天凯

2020 年 3 月 26 日华盛顿

有一种勇敢,叫李兰娟①

李兰娟被刷屏了!在抗击新冠肺炎疫情中,这位 73 岁的女院士毫不犹豫地奔向战“疫”第一线,率先提出武汉封城。眼下,她正和她的团队在疫情一线不停奔波。这也是她 2003 年与非典、2013 年与 H7N9 作搏斗后,又一次奔赴战“疫”最前线。

李兰娟,中国工程院院士、国家卫健委高级别专家组成员、绍兴籍著名传染病学专家。

日前,记者采访了李兰娟的一些同事和乡人,还原她在这些天里马不停蹄地逆行武汉,大无畏战“疫”的故事。

请家乡人民小心病毒

1 月 25 日,大年初一,柯桥区夏履镇夏履桥村。夏履东江犹如一条玉带穿村

---

① 文章出处:湖州发布. 有一种勇敢,叫李兰娟[EB/OL]. https://zj.zjol.com.cn/red_boat.html? id=100610213(2020-02-13).

而过，江水清澈轻缓，错落有致的民房倒映在江面上，构成一幅美丽的江南水墨画。

晚上6点，一辆浙A牌照的汽车驶入夏履桥村。车上下来的正是李兰娟院士和她的爱人郑树森院士、儿子郑杰。

每年春节，她一定会抽空回家乡和亲属团聚，吃上一顿团圆饭。但今年这顿团圆饭，才吃了1个小时，全家人就匆匆赶回杭州。

夏履桥村党总支书记邱建忠闻讯前去看望李兰娟院士。干练的短发，亲切的笑容，还是那个熟悉的李兰娟，不过，她的面容里却透露着一丝疲惫。

这些天，在战"疫"打响后，李兰娟一直奔波于前线：

1月18日，受国务院、国家卫健委委托，她与钟南山院士等一行6人抵达武汉，听取了武汉方面的情况汇报，并查看现场。在武汉，李兰娟作为国家级专家，提出了对疫情的判断，尤其是武汉要采取"不进不出"措施、冠状病毒感染要作为乙类传染病甲类管理等重要建议。

1月20日上午，李克强总理主持召开国务院常务会议，李兰娟和钟南山参加了会议。会上，李兰娟就加强疫情防控与救治等提出具体建议。

1月22日，她向国家建议武汉必须严格地封城。次日上午10点，武汉市就实施了这一措施。

1月22日，凌晨2点，她连夜从北京赶回杭州。早上8点，她准时出现在医院的门诊病房为患者看病。

1月24日，她再次赶赴北京，参加科技部召开的关于新型冠状病毒肺炎研究的会议。当晚也就是除夕夜9点多，她从北京返杭，年夜饭是在机场吃的一份水饺。

夏履镇党委书记、镇长趁着李兰娟回乡的机会，前去拜访这位夏履乡贤，一番寒暄，交谈了半个小时，李兰娟院士三句话不离疫情。

"从李院士的话中，我们能感受到，抗击疫情刻不容缓。她与病毒在赛跑。"邱建忠说，往年春节，李兰娟院士一般都要在老家住上几天，今年很特殊，吃完团圆饭后，就又去为疫情奔波了。"她还再三叮嘱我们，叫家乡人民小心病毒，做好防范工作。"

李兰娟曾说，她是夏履的儿女，她的根在这里。

夏履镇党委宣传委员张成炳告诉记者，每年母亲节，李兰娟院士都会带着一帮乡贤名医聚集在夏履镇卫生院，为父老乡亲开展义诊。这个活动已经坚持了四五年。在李兰娟院士的关心和支持下，夏履镇卫生院与浙大一院也有业务往来。

柯桥传媒集团记者叶红曾经通过电话采访过李兰娟。"李院士很忙，通过相关部门帮忙联系后，她打电话给我。电话那头，第一句话是：'你好，我是李兰娟。'一口绍兴味的普通话，让人感到非常亲切。李兰娟的微信名就叫'夏履桥'"，叶红说。

战“疫”不成功就不撤兵

73岁的李兰娟又去武汉了。

2月1日,国家卫健委授命浙江省派专家组驰援武汉。晚上9点,由中国工程院院士、国家卫健委高级别专家组成员李兰娟领衔,浙大一院副院长陈作兵等10位专家组成的浙江高级别专家组,从杭州出发奔赴武汉。

此次医疗组的队员均来自浙大一院和树兰(杭州)医院,包括急诊医学科、重症医学科、感染科、呼吸内科等多个科室的医护骨干。

作为树兰医疗集团的发起人,当天中午,李兰娟精神抖擞地出现在树兰(杭州)医院举行的出征仪式上。她满怀信心地对大家说:“当前抗击新型冠状病毒肺炎疫情已进入关键期,危重症病人抢救更为紧迫!浙江在抗击H7N9时,创建了一个‘四抗二平衡’的浙江经验,这次我们将把这个经验用到武汉的危重病人抢救中去,希望能够救治更多的病患!”

回忆起当天的出征仪式,树兰医疗集团党委书记吴章穆说:“那天,李院士的双眼略显浮肿,她每天都在长时间工作。”

接到上级指令后,树兰(杭州)医院叶再元院长亲自指挥调度,仅用2个小时就组建了一支紧急医疗队并配齐随行的各类物资,整装待发。除李兰娟院士之外,树兰(杭州)医院紧急医疗队成员还包括:感染科专家、副院长汤灵玲,人工肝专家、感染科副主任朱梦飞,重症监护室护士长张园园,人工肝专科护士刘元春等。

吴章穆告诉记者,树兰(杭州)医院紧急医疗队出征的医护人员于2月1日中午12点多才接到紧急通知。此次驰援武汉的目的是为了开展新型冠状病毒肺炎危重症病人的救治工作。

中午12点多,李兰娟匆忙回了一趟家,简单收拾了一些随身行李。下午2点15分,她回到医院,和队员们汇合,准备出发。

吴章穆是诸暨市东白湖镇陈蔡村人。他反复嘱咐李兰娟等树兰(杭州)医院紧急医疗队的成员,注意自身安全,顺利打赢战“疫”,等你们凯旋。

“在李兰娟院士的身上,我们看到的永远是尽心尽责和满腔热情。”吴章穆对记者说,平时,李兰娟院士周一要在浙大一院坐诊,周三要在树兰(杭州)医院坐诊,她把很多时间给了工作,给了病人。在出征仪式前,上午李兰娟院士还在病区开会,讨论病人救治方案等,中午就准备前往武汉了。

2月2日凌晨4点40分,由上海南开往重庆北的列车停靠武昌站,李兰娟院士带领的医疗团队抵达武汉。稍作休整后,李兰娟院士就来到武汉大学人民医院东院区,开始对接工作。

武汉大学人民医院东院区,是收治新型冠状病毒肺炎危重症病人的定点医院。李兰娟带领她的团队,与来自浙江、四川、辽宁等地的援汉医疗队医护人员一起,共同商讨诊疗方案。

“李兰娟院士说了，抗击新型冠状病毒肺炎疫情这场战役不成功，我们就不撤兵！”浙大一院副院长陈作兵在接受媒体采访时说。

两鬓微霜的李兰娟目光坚定地说：“我现在做好了长期在武汉奋战的准备，与医务人员共同奋斗，把病人救治工作做好，至于什么时候回来，我还没考虑过。”

树兰（杭州）医院副院长汤灵玲说，李兰娟院士忘我工作，每天只睡3小时。网友纷纷点赞说：“李奶奶辛苦了！”汤灵玲劝李兰娟院士千万别逞强，李院士却说：“我的身体还行！”

“我们真的很挂念李院士，发微信去问候她，她都没时间回我们。”吴章穆说。

把危重症病人救回来

李兰娟团队为何在这个时候紧急驰援武汉？

来自树兰医疗集团的信息是：眼下，武汉的医院里，危重症患者比较多，需要人工肝等支持治疗。

1986年，李兰娟开始带领团队进行人工肝研究。历经10余年的辛勤钻研，李兰娟及其团队终于创建了一套独特有效的“李氏人工肝系统”，开辟了重型肝炎治疗的新途径，并于1998年获得国家科技进步奖二等奖。

人工肝系统是一台体外仪器。借助这台仪器把患者的血液引流出来，在体外进行血浆置换、血浆吸附、血液过滤等步骤，清除血液中的黄疸毒素等有害物质，补充蛋白质和凝血因子，通过暂时替代肝脏的解毒、蛋白质合成和部分代谢功能，使肝细胞得到再生的机会，让肝功能得以恢复。

树兰医疗集团品宣部总监邹芸介绍，由李兰娟院士带领的浙江紧急医疗队经过前期的方案讨论和制订，目前人工肝治疗和调节肠道微生态治疗已在进行中，人工肝团队已经进入重症监护室开展工作，同时，采用“抗病毒＋肠道微生态调节”的方案治疗病人，减少使用抗生素。微生态制剂主要是给重症病人和危重症病人服用，用以调节肠道微生态。

“希望把危重症病人救回来，让危重症病人的病死率下降，这也是我这次申请去的重要原因。”李兰娟在接受媒体采访时说。

朱梦飞是树兰（杭州）医院感染科副主任。根据他从武汉传回的消息，李兰娟院士每天都与紧急医疗队的队员们一起讨论病情，指导工作，调整治疗方案。

“四抗二平衡”是李兰娟院士倡导的救治策略。这个从H7N9禽流感治疗中总结出来的经验，又被应用到了新型冠状病毒肺炎治疗中。所谓“四抗”，第一个就是早期抗病毒治疗；第二是进行危重病人的抗休克治疗；第三是抗低氧血症以及多器官功能衰竭；第四是抗继发感染。“二平衡”中第一个平衡是水电解质酸碱的平衡，第二个就是微生态平衡。

来自朱梦飞的消息是,2月4日,李兰娟院士带领的救护团队开始进驻医院ICU,应用包括李氏人工肝在内的方案进行危重症患者的抢救治疗。在李兰娟院士的指导下,一些危重症病人经李氏人工肝治疗后,病情有所好转。

一个好消息传来,李兰娟团队这次带去了先进的仪器设备,希望人工肝这一套技术能在抢救呼吸衰竭、肺部炎症明显增加、有细胞因子风暴的危重症病人中得到应用。同时用微生态制剂来调节患者肠道的细菌,让肠道的细菌保持平衡,抗继发感染。

编后——

你的样子,真正的时代偶像

抗击新冠肺炎疫情的号角早已吹响。在这场没有人可以置身事外的人民战争中,涌现出了无数感人肺腑的英雄事迹,李兰娟是其中之一。

武汉新冠肺炎疫情消息曝出,北京震动、全国震动、世界震动,李兰娟和钟南山一起,受国之所托,逆行武汉考察疫情。多年的经验让李兰娟感受到事态之严重,她向武汉政府提议"不进不出"。随后,她果敢地向中央建议"武汉必须封城"。

封城,在中国的疾控史上,从未有过,连2003年非典时期也没有。万一疫情没什么大事,李兰娟一生的名誉和声望恐都将毁于一旦。她不是不知道事关重大,但在她心里,人民高于一切,生命重于泰山。

自新冠肺炎疫情暴发那天起,她的万千关切集中于病患、防治和不断变化的疫情、疫情、疫情。

她,冒着感染的风险,武汉北京杭州三地跑,出诊开会出差,抽空接受采访,释疑解惑坚定信心,每天睡眠不超过3小时。

她,在千家万户高举起团聚酒杯的除夕夜,从北京参加完疫情会议返回杭州,在机场吃了份饺子,这就是年夜饭,这张照片流传出来,人们再一次为她动容。

她,73岁的老院士,却坚持带队去驰援武汉,"这一次,我来当一个医生,武汉有很多危重症患者,需要人工肝等支持治疗。""战'疫'不成功,我就不撤兵。"

有网友慨叹,钟南山、李兰娟是可以托付国运的大医,与其称之为院士,不如誉之为国士,发大医国士之良知灼见,一能断论新型冠状病毒人传人;二敢第一个提出建议封城;三是亲赴第一线抗击病毒。

鲁迅先生说过,我们从古以来,就有埋头苦干的人,有拼命硬干的人,有为民请命的人,有舍身求法的人……这就是中国的脊梁。倘若先生在世,他必会赞誉这位绍兴老乡为巾帼英雄、新时代的民族脊梁。

"这次疫情结束以后,希望国家逐步给年青一代树立正确的人生导向和正确的人生价值观!把高薪高福利高地位留给德才兼备的科研、军事技术人员,让孩子们明白真正偶像的含义……”这是李兰娟的建议，也是她的肺腑之言。

“粉”她，李兰娟，你的样子，真正的时代偶像！

“组局者”汪勇：非凡之勇　大爱之行①

寒风之中有暖流，大疫之前有大义。快递小哥汪勇和他的志愿者团队将温暖聚拢，以非凡之勇守护着冬日里“逆行”的白衣天使。

当得知医护人员下夜班后回家要走几个小时时，不忍心的他出了车；当医护人员吃不上热饭时，他千方百计寻找爱心资源，免费送上热腾腾的白米饭；细到修眼镜，小到买拖鞋，贴心到订制生日蛋糕、购买秋衣秋裤……新冠肺炎疫情来袭后，35岁的湖北省武汉市顺丰速运快递员汪勇，瞒着家人成了武汉金银潭医院战“疫”一线医护人员后勤保障的“带头大哥”。

“我是一个没有任何资源的人……大家都在为这个事情努力，我只是一个组局的人。”汪勇说。近日，国家邮政局授予他“最美快递员”称号，并号召向汪勇学习，凝聚起全行业投身疫情防控斗争的强大力量。

强烈的使命感驱使他“逆行”

从小生长在武汉的汪勇每天忙于送快递、打包、发快递、搬货。工作之余，他也偶尔会开网约车贴补家用。然而，一场疫情改变了汪勇的生活轨迹。疫情发生后，他不是在赚钱，而是在“赚命”，这就是汪勇的本心，也是他赋予自己的使命。

大年三十晚上，终于闲下来的汪勇刷手机了解疫情有关信息，出于好奇，他进了一个志愿者建立的微信群——金银潭区域医护人员需求群。

“因为里面有医生，我想了解一下一线的现状。”一开始汪勇只是抱着看一看的心态进群的，直到他看见群里有一个医护人员在不停地发需求，却没有人应答。“我看到她的用车需求信息重复出现，需求时间是早晨6时。”汪勇细心猜测她是下夜班的。朋友圈也有人说，一些护士从医院走回家大概需要4个小时。

位于武汉市东西湖区的金银潭医院是武汉市最早集中收治新冠肺炎患者的定点医院，也是收治新冠肺炎患者最多的医院之一。1月23日，武汉关闭离汉通道，全城公交地铁停运。随之而来的新问题，却还没有解决方案。金银潭医院因为位置偏远，医护人员上下班交通成为难题，以前自然而然的衣食住行，都成了全新的挑战。

对于所有武汉人来说，这都是一个前所未有的除夕夜。在经历了反复的思想

---

① 文章出处：中国交通新闻网．“组局者”汪勇：非凡之勇　大爱之行[EB/OL]．http://www.zgjtb.com/2020-03/14/content_238616.htm(2020-03-14)．

斗争之后,汪勇下定决心要去接那个大年初一早上6时从医院下夜班的求助者。这次出门,汪勇给家里人的理由是,公司过年需要值班,很多外地人走了,他不得不去。

一腔热血,汪勇为无法拒绝的呼唤而来。

病毒看不见,但恐惧和警惕在汪勇第一次接送医护人员时伴随了他一路。“她真正坐上来的时候我有点慌了。当时疫情造成的恐慌是特别严重的,每个人都觉得新冠肺炎是很致命的东西。”汪勇回想起自己当时的状态,“两条腿抖了一天。”

送那位护士回家后,群里的用车需求还在不停出现,汪勇决定继续接送别的医护人员。大年初一这一天,他接送金银潭医院的医护人员超过30人次。在车上,不说话,成了一种默契。有些医生会在后座上闭目休息,有些护士会因为压力大默默抽泣。不知道该如何安慰,汪勇能做的就是让他们安安全全地上下班,别为通勤发愁。

“你加我微信,要上班时跟我说,我能来就一定来接你。”汪勇是典型的直爽奔放型武汉人性格,很多乘客在下车时要给他发红包,但都被他拒绝了。

在汪勇心里,求助的不仅仅是一个数字、一单活儿,背后是一个个具体的困境。很多人疑惑他这样做是为了什么?“不为什么,就觉得我应该做一点什么。”汪勇说。

一呼百应发挥协同力量

在送出第一天的善意之后,汪勇决定继续干。全国医疗救援队来鄂支援,他想:“人家都拼出命来救我们,我们为何不能送他们回家。”

汪勇就住在金银潭医院附近,新冠肺炎疫情时期,很多人都回避不及。“如果一天接送一名医护人员可以节省4个小时,接送100名就是400个小时。”不管如何算账,汪勇都觉得自己在“赚命”。

第二天他继续出车,因为担心将危险带回家里,他找理由住进了单位的仓库。经过两三天的接送汪勇发现,医护人员对车辆的需求越来越多,他一个人一辆车根本就忙不过来。

凌晨两点,金银潭医院外的路灯微亮,路灯下汪勇接人的车灯闪烁着。等人时他默默思考,他知道一个人的力量是有限的,需要将微光连成一片,照亮整个城市。

汪勇把金银潭医院需要用车的信息往其他群里发送,并开始招募志愿者。他招募志愿者的条件是“一个人住,必须佩戴防护用具,必须遵守消毒流程”。让他深深骄傲的是,这二三十人的团队最终没有一个被感染。

一辆辆共享单车停在医院门口,解决了住得稍微近一点的医护人员出行的需求;一家共享电动车公司在金银潭医院周围投放了400辆电动车,满足了住得更远一些医护人员的交通需求;滴滴把接单公里数从3.5公里以内更改为15公里以内，这样住得远的人就可以坐车回家……朋友圈和志愿者群所产生的叠加效应超出了汪勇最初的想象。而这些需求的满足，是汪勇一点一点沟通的结果。

“道虽迩，不行不至；事虽小，不为不成。”

朋友圈、微信群，汪勇起初都是用这些“笨办法”协调沟通，在其他志愿者的协同下，每个人拥有的社会资源被再度开发。

汪勇千方百计对接共享单车负责人、共享电动车公司、网约车公司，只要能够利用到的带轮子的出行工具，一个都不放过。

“这个事情办不办得成我不知道，但我一定要办，一定要去沟通”，汪勇说。后来政府开通了从医院到医护人员住所的通勤车，交通问题得到根本性解决。

出行问题初步解决，汪勇把心思用在了另外一件紧急的事情上。起因是一位援鄂的医疗队医生发了一条朋友圈：“好想吃大米饭啊！”

“我必须得让他们吃上白米饭。”汪勇开始联系餐馆，得知为医务人员供餐，不少餐馆直接给提供盒饭不要钱，但他们要么难以长久，要么产能到顶。找到一家固定供餐的餐厅成为汪勇的执着心愿。他和志愿者们采取扫街的方法，看到开门的餐厅就进去谈合作。2 月 3 日，一家餐厅开始供餐，解决了金银潭医院的就餐问题，同时供给滴滴司机。可惜，2 月 7 日，餐厅停止营业。

汪勇继续联系，也不断受挫，就在这时，他打听到了 Today 便利店（武汉连锁便利店品牌）。在满足金银潭医院所有支援团队的用餐问题外，每天提供滴滴车主 300 份免费午餐。Today 便利店工作人员汪蕾说：“金银潭医院距离 Today 工厂三四十公里，开车需要 40 多分钟，来回需要一个半小时，汪勇为了搞到米饭，用尽了所有条件。”

但意外还是来了。便利店的仓库，在疫情管控下也要关门。听说这个消息，汪勇的第一反应是两套计划。先执行的是 B 计划，就是提供方便面。供货—需求—配送，三个环节一个个重新理清楚，从自己最熟悉的配送出发，先组建了一个 26 辆车不间断的送饭车队，再从自己的人际网络里找到一个在武汉市有 10 万份方便面的供应商，3 个小时，网络打通。搞定了 B 计划，汪勇还是希望 A 计划能实现。他辗转联系上政府有关部门，说明情况，对方很快回应了，并同意 Today 工厂继续生产，全力保障医护人员用餐，只要求适时补办手续。而因为知道仓库关闭，便利店的餐饮供货已经暂停，这一天晚上，便利店的师傅们生生地炒出了 1.5 万份炒饭。看着那微瘪的餐盒，汪勇知道，这一夜，大家都经历了什么。

汪勇称自己是一个“组局”的人。出行、用餐，每组一个局，他就交付给一个人管理，再腾出手来做其他事情。“我们能做的不多，不能像医护人员那样在一线救死扶伤，我们做的就是后勤，能把他们的后勤保障好，他们就不用操心了。”汪勇说。

将无数人的热情和爱心聚拢到一起

爱心就像雪球,越滚越大。一个又一个新的"局"不断组成,一个又一个爱心不断传递,一个又一个计划渐进实施,这背后,是如此之多的志愿者怀着爱心、凭着勇气聚到一起。平凡之人追随本心,做出了非凡之事。

2月2日,汪勇发了一条朋友圈:"这么多天扛住,护士的一句关心让我泪流不止。"当医护人员对他说"谢谢"时,他说:"其实我们是每天被你们感动着。"

"勇敢和细心",得到过汪勇帮助的很多医护人员这么评价他。汪勇本就是一个细心的人,他把自己的视角放在了医护人员的每日生活上:"假如我从外地到达一个陌生城市,每天忙碌在病床前,我需要什么。"

"医生的眼镜容易坏,是因为要带护目镜,它必须紧贴面部,绑的力度比较大,正好卡在眼镜腿处。"汪勇说,武汉所有眼镜店都关了,像这样的问题他们只能找志愿者帮忙。汪勇立即开始发朋友圈,寻找能为医生开门配镜的商户。几个小时后,问题便解决了。修手机也是汪勇的活,汪勇帮医护人员修理的手机,大多数都是因消毒时进水导致的。

医护人员需要买拖鞋、指甲钳、充电器甚至秋衣秋裤,群里通过接龙喊一声,很快就有专人采购,帮他们搞定。上海医疗队的两名医生过生日,志愿者帮他们买了蛋糕。因为医院里空调不能开,医护人员最缺的是用来保暖的无袖羽绒服,志愿者在广州定了1000件羽绒服……这些事情虽小,但汪勇和志愿者们觉得很重要。有的志愿者和医护人员从相识到说再见,只知道对方需要什么,却不知道真实姓名。一个是想为他们做些什么,一个是不要麻烦他们太多,而就在这个过程中,他们变得慢慢像"家人"一样。

2月21日,听说汪勇要做肺部CT的消息,医生护士群里异常热闹,什么时间最合适,哪家设备有空闲,除了支招,就是捐献自己的免费额度,最后结果是医院给汪勇申请了免除CT费用,结果显示一切皆好,这让汪勇家人及众多关心他的人减少了一些担心。

2月19日,汪勇接到了单位复工的通知,让他第二天到单位报到。因为在志愿者活动中的突出表现,工作近6年的他,被单位破格提升三级,从一名快递小哥升职到了分部经理,管理四个营业网点。

汪勇的优秀表现也激励和带动着更多顺丰员工积极投身抗疫工作。"关键战役是优秀员工的试金石,表现出色的员工,如同大火淬炼出的真金,是企业的财富。"湖北顺丰相关负责人说。

"我志愿加入中国共产党,拥护党的纲领,遵守党的章程……"3月2日,汪勇面对鲜红党旗庄严宣誓,正式成为一名中国共产党预备党员。2月26日,国家邮政局印发通知授予汪勇"最美快递员"称号。

汪勇此前已经向党组织递交入党申请书，他主动投身没有硝烟的战场，把个人安危置之度外，共战疫情、共克时艰、守望相助的优秀表现得到党组织的充分肯定。2月28日，武汉市江汉区委组织部批准江汉经济开发区工委“火线”发展汪勇为中国共产党预备党员。

媒体的报道让汪勇接收到了更多捐赠，更多欣喜也是更大压力：“面对更多人的捐赠，一点都不能囤积，任何囤积都是浪费，比不拿资源还要浪费。我们只想一步一步去做，不断地衔接上。”最近，他还关注到医护人员长期高负荷工作的心理健康问题，对接了心理咨询平台，募集图书，购买了一些零食、生活用品等，提高医护人员生活质量。

3月武汉的天气渐渐暖和起来，金银潭医院的早樱也开了。汪勇说，疫情过后，他最想做的就是尽量多地陪伴家人，自己在他们最惶恐无助，最需要他的时候选择出来，亏欠他们太多。他期待尽快回归正常。“有时间的话，会把精力投入到公益方面，这是我愿意做的事。

社会主义核心价值观:诚信

一、思政元素

守信;说老实话;办老实事;做老实人;谦逊;社会公德;家庭美德

二、案例解读

诚信是个人立身之本,是企业长盛不衰之道。疫情防控期间,大多数人都能如实填写"健康码",但也不排除某些人为套取绿码而不如实填写,这不仅违背了个人诚信,也是对自己、对他人、对社会的不负责任,给共同夺取抗"疫"阻击战的全面胜利造成了不良影响。《关于不诚信填写"杭州健康码"信息的人员的通报》这一案例就是对不诚信行为的警告。对于企业而言,诚信经营是企业长远发展之道,严把产品质量关,保证产品质量,才能从根本上赢得消费者的认可。《"口罩擦鞋"要一查到底》这一案例中的"口罩擦鞋",在很大程度上体现出企业没有绷紧"安全生产和产品质量"这根弦。《维护"中国制造"形象,严控医疗物资出口质量》这一案例表明,国家高度重视疫情防控物资的质量安全,对医疗物资出口中出现的质量问题认真调查,发现一起,查处一起,切实维护了"中国制造"形象。疫情就像一面照妖镜,照出了人性的美丑与善恶,也照出了企业的社会责任与担当。《"板栗大姐"打破台州玉环"零感染"纪录》《隐瞒境外行程害己害人!》两则案例中的台州"板栗大姐"章某某、郑州"毒王"郭某鹏等人,在全民防疫抗疫的非常时期,隐瞒行程,隐瞒病情,他们的隐瞒行为给社会带来了不可预知的危害,也让他们因不负责任的行为在事件发酵后寸步难行,成为人人谴责的对象,并受到法律的追究。疫情如同警钟,它提醒你我都要秉守本心,恪守诚信底线,成为这场战"疫"中的站立者。

三、案例

关于不诚信填写"杭州健康码"信息的人员的通报①

经过对"杭州健康码"填报信息进行大数据比对甄别，发现鲍××(身份证后四位:5539)等人不如实填写有关信息并套取绿码，从而违背个人诚信，也对共同夺取抗疫阻击战的整体胜利产生了不良影响。为此，在将上述人员健康码转为红码的同时，经调查核实后，视情再作进一步处理。

姓　名	身份证后四位	姓　名	身份证后四位
鲍××	5539	胡××	1723
邓××	4455	郑××	2912
陈××	4029	黄××	4481
王××	795X	沈××	1057
张××	1757	陈××	4455
岳××	2217	马××	4681
胡　×	4015	吴　×	1733
崔××	0514	鹿××	041X

敬请大家严格遵守并相互监督，共同守护杭州健康家园。

杭州市防疫工作指挥部
2020年2月12日

"口罩擦鞋"要一查到底②

这几天，一段视频让人大跌眼镜。一名男子在一间口罩生产车间，拿起口罩擦自己的鞋子，还不时对着镜头"摆拍""耍酷"。很多人看到如此野蛮的行为，感到震

① 文章出处:杭州发布.关于不诚信填写"杭州健康码"信息的人员的通报[EB/OL].https://zj.zjol.com.cn/red_boat.html? id=100602689(2020-02-12).

② 文章出处:人民网."口罩擦鞋"要一查到底[EB/OL].http://opinion.people.com.cn/n1/2020/0403/c1003-31660954.html(2020-04-03).

惊。事件引发了众怒。

更糟糕的是,这段视频在境外平台被转发了。一时间,口罩生产问题成为众人关注的焦点。鉴于视频流传的广泛性,海内外对这一行为都甚为气愤。国内网友指责该男子“太缺德”,海外则开始质疑中国生产口罩的标准及安全性。由此不难发现,一段不雅视频,引发了人们对口罩生产的担忧,甚至影响到一个行业的声誉。

新冠肺炎疫情仍在全球肆虐,口罩毋庸置疑是最为重要的防护物品之一。更重要的是,当前口罩的缺口仍然不小,很多地方还面临“一罩难求”的境况。从这个意义上说,生产口罩是一项极为重要的工作,生产高标准的安全口罩更是关乎救人性命、关乎疫情防控。因此,没有人愿意看到这样的不雅画面,口罩生产被污染、口罩质量被破坏,这不应该发生。

有人说,或许他用的是废弃边角料。疫情当前,口罩是人们安全感的重要体现。用生产的合格口罩擦鞋,人们绝对不能接受;难道用边角料擦一擦,就无妨大碍了吗?显然,这种试图开脱的荒唐逻辑,在很大程度上也是没有绷紧“安全生产”这根弦的体现。换言之,在生产车间,无论用什么擦鞋,都是在挑战公共底线、挑衅公众良知、触碰防疫的敏感神经,绝不允许。

同时,这在很大程度上折射出企业责任的缺失。防疫物资生产应该有严格的流程、高规格的标准、有素质的员工,试问,这样一名没有穿工作制服的男子是怎么进入生产车间的?这名男子是怎么“任性”地接触到成堆口罩的?事发企业是否有生产口罩的资质、是否有严格的生产管理制度?面对这样一场闹剧,我们需要涉事人员公开道歉,需要相关企业说明情况,需要相关部门严格调查,需要权威部门给涉事人员及单位依法严惩,需要对生产企业来一次严格的摸排和监管。口罩是用来隔绝病毒的,绝对不能藏污纳垢,更不能让这种“无德病毒”继续肆虐。

一场疫情是一次大考,也是一次大战。它考验的不只是一个国家的防控能力、治理能力,更在微观层面上考验各行各业的应对能力、各个企业的发展能力,甚至考验着一个国家的国民素质。“口罩擦鞋男”不代表善良的中国人民,更不代表不断提质升级的中国制造。这只是一个少数个案,但同时给我们敲响了警钟,那就是越是在关键时刻、紧要关头,越是不能肆意任性、无德无行,越要把好生产发展的每一关,越要提高每个人的素质。

我们期待,这段视频背后的事情会调查清楚,责任会追究到位,改进会落到有效。我们期待,面对人类共有的灾难,命运共同体意识要再强一些、行动应再实一些。

维护“中国制造”形象,严控医疗物资出口质量①

新华社北京4月5日电(记者　陈聪、熊丰)　记者从5日举行的国务院联防联控机制新闻发布会上了解到,商务部会同海关总署、国家药监局于3月31日发布关于有序开展医疗物资出口的公告。如果医疗物资出口中出现质量问题,将认真调查,发现一起,查处一起,切实维护“中国制造”的形象,更好地发挥医疗物资对支持全球疫情防控的重要作用。

商务部外贸司一级巡视员江帆介绍,公告要求出口的检测试剂、医用口罩、医用防护服、呼吸机、红外体温计等五类产品,必须取得我国医疗器械产品注册证书,符合进口国家和地区的质量标准要求,海关部门凭药监部门批准的医疗器械产品注册证书验放。

江帆表示,商务部会同相关部门在生产、认证、通关等环节加大监管力度,对假冒伪劣、扰乱秩序的行为,一经发现将严厉打击,依法惩治,绝不姑息。在中国主动担当、严把出口产品质量关的同时,也希望有关国家和地区在进口环节进行必要的质量检验,同时严格按照产品适用范围和操作规程正确使用。

国家药监局医疗器械监督管理司副司长张琪在新闻发布会上说,国家药监局全面加强疫情防控医疗器械质量监管。截至3月底,共开展针对疫情防控医疗器械的应急注册检验、应急评价检验以及监督抽检等各种形式的检验共计8069批次,总体质量状况符合要求。

“板栗大姐”打破台州玉环“零感染”纪录②

都市快报2月17日讯(记者　徐慧兴)　一个人可能毁掉一座城的所有努力!

菜场卖板栗的摊主章某某确诊为新冠肺炎,打破了台州玉环疫情防控以来“零感染”的纪录,而这名确诊病例之前曾到过疫情相对严重的温州乐清,返回玉环之后故意隐瞒了自己的行程。

根据昨天发布的浙江最新疫情风险评估“五色图”,风险升高的县(市、区)有1个,为玉环,由低风险升为较低风险。

昨天上午,玉环市委书记吴才平主持召开市委常委(扩大)会议时说,“玉环确诊首例新冠肺炎病例,全市干部群众20多天的坚守功亏一篑,这是我们都不愿意

---

① 文章出处:新华网.维护“中国制造”形象,严控医疗物资出口质量[EB/OL].http://www.xinhuanet.com/mrdx/2020-04/06/c_138950478.htm(2020-04-06).

② 文章出处:徐慧兴.“板栗大姐”打破台州玉环“零感染”纪录[N].都市快报,2020-02-17(5).

看到的事。”

玉环“板栗大姐”确诊新冠肺炎,多次往返乐清,多次故意隐瞒行程,涉嫌以危险方法危害公共安全罪

据“玉环发布”的信息:2月15日0—24时,玉环市确诊1例新型冠状病毒肺炎病例。

患者章某某,女,49岁,现住玉环市玉城街道东岙里,有乐清往来史,经台州市疾控中心最终检测认定为新型冠状病毒肺炎确诊病例。

记者了解到,章某某是玉环市城关中心菜市场的商户,商铺位置位于菜场二楼37号摊位,经营板栗批发、零售业务,在当地小有名气,生意比较红火。

同时公布的,还有章某某近期出入玉环公共场所的活动轨迹:

1月26日、1月28日下午—2月12日中午,在城关中心菜市场2楼蔬菜37号摊位经营(经营时间为5:30—18:30)。

其间,1月30日18:26—18:29、2月6日9:40—9:47、2月6日18:15—18:20,在东城路通利药店购买药物。2月11日8:24—9:00,在广陵南路玉环中医馆就诊。

2月12日13:27—18:50在玉环市人民医院内科门诊就诊。

2月12日19时,玉环市对章某某进行隔离治疗后,根据公共视频比对和流行病学调查,对目前已追踪到的密切接触者均采取了医学隔离观察。

玉环市新型冠状病毒感染的肺炎疫情防控指挥部要求在章某某近期行动轨迹相应时间区间内与该患者有过接触的人员及时采取防控措施:

1.看到通告后不要接触任何人,第一时间拨打市疾控中心电话登记备案,听取专业人员安排。

2.1月28日至2月12日到过城关中心菜市场的人员,要立即向所属社区居委会或村委会报告,自行居家隔离14天,隔离日期自到城关中心菜市场的次日算起。

3.居家隔离期间若出现发热、咳嗽、呼吸急促等不适症状时请拨打120,等待专用车辆接诊到定点医院发热门诊就诊,就诊过程中请全程佩戴口罩,严禁私自到其他医疗机构就诊,严禁乘坐公共交通工具。

据了解,章某某于春节期间多次往返乐清,在玉环市街道、社区、菜市场工作人员防疫排查和医院就诊期间,多次故意隐瞒行程,与不特定人员产生接触。

2月15日,经台州市疾控中心检测,章某某被确诊为新冠肺炎病例。当日,玉环市公安局以涉嫌以危险方法危害公共安全罪对其立案侦查。

隐瞒境外行程害己害人![1]

人民日报3月14日讯(记者　秦川)　郑州首例境外输入性新冠肺炎病例郭某鹏,返郑后被查出隐瞒境外行程,警方立案侦查;山东沂南县宋某自马尔代夫乘坐飞机转斯里兰卡回国,故意隐瞒国外务工的事实被行拘;深圳一学生瞒着父母出国游览欧洲13国,未如实申报出境情况被校方处分……近日,多人因隐瞒境外行程被处理,引发网络热议。一个人的"不羁",导致一座城市的不安,他们必须为自己的任性付出代价。

无论从哪个方面讲,隐瞒行程都是下下策。特别是已有新冠肺炎的症状还矢口否认,更不能宽宥。隐瞒,必然延误自身治疗,也会加大疫情蔓延风险,破坏一城一地的防控成果。于自身而言,不仅须承受病痛,还要承担道德成本,甚至法律责任,得不偿失,何苦哉?!

当前,我国本轮疫情流行高峰已经过去。成绩来之不易,它是无数人用血汗乃至生命换来的,容不得任何人肆意破坏。尽管国内疫情形势有了积极向好的变化,但国外的情况却并不乐观。世卫组织总干事谭德塞近日宣布,新冠肺炎在全球100多个国家和地区蔓延,已成为全球性大流行病。对我国而言,外防输入成为重中之重。一旦出现防不胜防的情况,比如有人故意隐瞒国外行程,不排除让疫情钻空子,在局部地区杀个"回马枪"的可能。

疫情防控,取得成效极难,毁掉成效则极易。个别人没有敬畏心,任性而为,侵害的是他人的身体健康,打乱的是整体的防控安排、复工复产节奏,对于这种行为,我们决不答应、绝不容忍。

一千字谆谆劝告,不如一次依法严惩。疫情防控来不得半点马虎,群众眼里也揉不得半点沙子,对不守规矩者动真格、对违法行为零容忍,就是对公众负责,对整个疫情大局负责。

---

① 文章出处:秦川.隐瞒境外行程害己害人![EB/OL].https://wap.peopleapp.com/article/5269993/5175449(2020-03-13).

社会主义核心价值观:友善

一、思政元素

包容;协作;团结;尊重;和气;宽厚;推己及人;己所不欲,勿施于人;感恩;信任;良知;良俗

二、案例解读

抗击新冠肺炎疫情的号角吹响以来,关于绍兴文理学院校友、校附属医院中心医院大内科护士长曹玲玲的《"最萌医患鞠躬照":让温情带动医患关系升温》报道之所以引起人们的广泛关注,主要是基于以下三个方面的原因:一是鞠躬致谢传递了信任平等的医患关系。近年来我国医患关系日趋紧张、医疗纠纷日益增多,甚至严重的暴力冲突事件时有发生。在疫情防控的关键时期,这张"最萌医患鞠躬照"传递出来的和谐的医患关系,唤醒了人世间的真善美。二是鞠躬致谢传达了医者仁心的敬业精神。曹玲玲护士长以其精湛的专业力量和热忱的关怀赢得小患者的信任,暖心致敬的背后是医者仁心。敬业既需要技术,更需要本心,是工具理性与价值理性的统一。三是鞠躬致谢传承了友善待人的文明礼仪。文明是需要通过礼仪行为体现出来的,鞠躬致谢既传承了中华民族传统的礼节,又彰显了发自内心的感恩,是人之常情的自然流露。一个最萌鞠躬礼、一张暖心的照片,凝聚了文明、和谐、敬业、友善等价值观,所以才能在疫情防控期间感动无数人。

三、案例

“最萌医患鞠躬照”:让温情带动医患关系升温[①]

舆情回顾

有媒体报道,2月22日,一个3岁的小男孩在浙江省绍兴市中心医院感染三病区出院时,向护士长曹玲玲鞠躬致谢,曹玲玲随即也向小男孩鞠躬致意。这感人的一幕刚好被她的同事记录下来发到网上,被网民称为“最萌医患鞠躬照”。当问及鞠躬缘由,她表示,见到男孩先鞠躬,很受惊讶和感动,遂鞠躬回礼。对此,舆论纷纷点赞这张照片太感人,发自内心地被医患双方的温情打动。但也有声音质疑,照片是否为摆拍。

人民网舆情数据中心统计显示,截至3月2日,已有相关网络新闻2110条,APP文章632篇,论坛文章578篇,微信公众号文章1004篇,微博文章964篇。

舆情反馈

◆微信公众号“新京报评论”:“医”与“患”彼此之间本是同袍

在此次抗击疫情的过程中,人们对医护人员流露的情感几乎同调:内心感恩,充满敬意,而“最萌医患鞠躬照”的出现,颇具代表性。这一鞠躬照显然颇具公共价值和社会启示:平常时期也好,非常时期也罢,“医”与“患”不该是对立的。医护人员和病人的目标是一致的,真正面对的敌人有且只有病魔,也就是说,“医”与“患”彼此之间本是同袍。

◆东方网:争论照片是否摆拍不重要

“如果是摆拍,也是正能量的引导,传承优秀的礼仪,有何不可?”看一看网民的评价与态度,此时争论照片是否摆拍还重要吗?事实上,对医护人员的尊重,或者医患之间的互相尊重,应该成为一种常态。如果经此一“疫”,能够开启医患关系的新篇章,也算是一个收获。当下,大多数网民对待这张照片的态度十分宽容,希望这种宽容、理解能长久地持续下去。

网民观点选摘

@我没那么简单:“最萌医患鞠躬照”体现了医患双方的互相信任。

---

① 文章出处:人民网.“最萌医患鞠躬照”:让温情带动医患关系升温[EB/OL].http://yuqing.people.com.cn/n1/2020/0306/c209043-31620674.html(2020-03-06).

@篱篱在目:纠结摆拍与否并不重要,筑牢医患关系向好才是当务之急。

@matsuriver:"最萌医患鞠躬照"太感人了,为社会做出了良好示范。

@天亮后:病人应该尊重、感恩医护工作者,"最萌医患鞠躬照"就是最佳注解。

@若水一桶 mercy:网民对待"最萌医患鞠躬照"应该宽容,不要一味质疑真假,而是要多关注背后的温情。

@483 库存:小举动充满了正能量,为辛劳的白衣天使点赞。

舆情观察

新冠肺炎疫情暴发以来,全国各地的医护人员冒着生命危险救治患者,成为防疫一线上的中流砥柱,他们与死神赛跑,与病毒夺秒,不顾个人安危,以挽救生命为天职。舆论普遍表示,"哪有什么岁月静好,只是有人替你负重前行"。此次"最萌医患鞠躬照"看似事小,但释放出和谐医患关系的信号——医者全力救治,患者全心信任,才是医患关系的正确打开方式。

舆论普遍表示,医患之间不应当是单纯的业务关系,而应有人与人之间的真挚情感。然而,对比当下医患关系中存在的一些症结——不信任、不理解、谩骂诋毁、暴力伤医等,可以说,"最萌医患鞠躬照"为我们做出了良好示范。从这一角度来看,与其质疑摆拍与否,不如多将关注点放在如何推动医患关系升温上来:医患之间应互相谅解、传递温情,医生要把病人当作亲人去看待、照顾,同时,患者给予医生最大的信任和包容。

其实,抗击疫情一个多月以来,医患之间携手对敌、共渡难关的情况不胜枚举。比如,医护人员在自己的防护服上写满鼓励的话,给病人增加康复信心,或者讲笑话让病人开怀大笑……这些都是医患关系向好的例证。我们有理由相信,和谐的医患关系势必成为一种常态,唯有同心合力,才能战胜疫情,才会有更多感人的"最萌医患鞠躬照"出现在大众视野之中。

我校校友曹玲玲入选全国"一线医务人员抗疫巾帼英雄谱"①

近日,中宣部宣教局、全国妇联宣传部、国家卫健委直属机关党委、中央军委政治工作部组织局四部委通过人民网、中国妇女网联合发布"一线医务人员抗疫巾帼英雄谱",我校 1999 届 51 护理班校友、校附属中心医院(绍兴市中心医院)大内科

① 文章出处:绍兴文理学院网站.我校校友曹玲玲入选全国"一线医务人员抗疫巾帼英雄谱"[EB/OL]. https://www.usx.edu.cn/info/1138/13622.htm(2020-03-10).

护士长曹玲玲作为浙江省的唯一代表入选榜单。

暖心致敬，彰显医者仁心。一身粉色护士服，脸色黝黑，身形消瘦的曹玲玲受到新华社、新华网、人民日报、人民网、中国日报等国家级媒体的关注，主要源于一张在网上热传的被誉为“最纯真的鞠躬，最深情的还礼”的医患鞠躬礼照片，一个仅2岁的治愈患者治愈出院时以鞠躬礼向她致谢，而她立马鞠躬回礼。这是患者对医者表达的最本真的尊重，也是最朴实的赞美。曹玲玲用自己的人文关怀和专业力量赢得了最萌鞠躬礼“护士妈妈”的称呼。

舍身去“疫”，不忘医者初心。曹玲玲1999年从绍兴卫生学校(绍兴文理学院医学院前身)护理专业毕业以后，进入绍兴文理学院附属中心医院(绍兴市中心医院)一线临床工作已有21年。新型冠状病毒感染的肺炎疫情发生后，她第一时间报名参加医院成立的新冠肺炎感染护理应急小组。她说：“我作为党员，关键时刻更应该起到模范带头作用。”挺身而出的故事背后，是她白细胞低于正常水平，仍一边服药一边坚持在感染病区争分夺秒地继续“逆行”；是缺席与家人团聚、抛下要中考的儿子，选择风雨兼程在抗疫一线诠释医者誓言。

一如既往，保持医者本色。曹玲玲自1月23日被抽调到“新冠”感染护理应急小组，已经在疫情防控一线连续奋斗了一个多月。其间要长时间穿着防护服工作四到五个小时，不能喝水、上厕所，常被闷得浑身是汗，甚至患上了皮疹，但是她依旧奋战在抗疫护理一线，用责任和坚守温暖患者、点亮生命。虽然在网上广受赞誉，并荣登巾帼英雄谱，但是曹玲玲表示，这些赞誉和荣誉应该属于全体医护人员，她说自己就是一个普普通通的护士，自己做的事，很多同事也在做，自己所在的医院医护人员没有一个退缩，有的推迟了婚期，有的把嗷嗷待哺的小孩托付给了家人。

二、“课程思政”案例

"课程思政"新冠疫情防控专题教学设计方案

在前期实践与探索基础上，授课教师结合专业课程特点，充分利用新冠肺炎疫情防控中涌现出来的先进典型和身边的鲜活案例，梳理出 3～5 条所授课程的思政元素，填写"课程思政"新冠肺炎疫情防控专题教学设计方案，开展"课程思政"新冠疫情防控专题教学。

绍兴文理学院“课程思政”
新冠疫情防控专题教学设计方案(医用电子仪器)

学　　院	机械与电气工程学院	课程名称	医用电子仪器
授课教师	谢建伟	授课班级	明峰17班
授课章节	第一章　医用电子仪器概述		
课程类别	A.公共平台课　B.专业平台课程　C.专业选修课　**D.全校选修课**		
教学目标	**一、知识目标** 1.学习生物信息的基本特性,理解生物信息在医用电子仪器设计、维修等方面的重要性。 2.学习医用电子仪器的结构,重点掌握医用电子仪器的特点。 3.掌握用建模的方式设计医用电子仪器的原则及方法。 **二、能力目标** 1.具备用生物信息的知识分析医用电子仪器的基本能力。 2.具备掌握用建模的方式设计医用电子仪器的原则的能力。 3.具备掌握用建模的方式设计医用电子仪器的方法的能力。 **三、素质目标** 1.引导学生爱课程、爱专业、爱学习,塑造学生科学严谨的工作作风,牢记科技报国的神圣使命。 2.培养学生恪尽职守、乐于奉献、勇于担当的职业操守。		
教学内容	**一、课程内容** 医用电子仪器课程主要介绍心电图机、脑电图机、肌电图机、医用监护仪器等常见医用电子仪器的基础知识。通过课程教学使学生掌握医用电子仪器的基本结构、工作原理及临床应用范围,熟悉医用电子仪器的常见故障现象及设备的维护与保养,了解医用电子仪器领域的最新动态及发展趋势。课程内容主要包括:医用电子仪器概述、生物信号的放大与抗干扰技术、心电图及脑电图、肌电图、心脏除颤器和心脏起搏器、医用监护设备、血压测量、医用电子仪器的电气安全。重点设立:期末大作业题目1——便携式心电监测仪设计;期末大作业题目2——测振法血压仪设计;期末大作业题目3——便携式低频脉冲治疗仪。 **二、章节内容** 1.教学内容介绍 生物医学测量基础;生物电信号;非电量生理信号;医用电子仪器的基本结构及特性;医用传感器及医用电极;医用电子仪器的建模与设计原则。 2.教学安排的设计 介绍课程性质、大纲、授课计划,作为课程引言,重点介绍考核方式、作业、预习要求。介绍应重点关注的内容,说明期末大作业题目的内容。介绍生物电信号、医用电子仪器的基本结构及特性,医用传感器及医用电极,医用电子仪器的建模与设计原则三大板块的内容。根据学生的学习效果与反馈,把握教学进度与节		

教学内容	奏。在介绍上述知识点时，引入血氧测量仪及体温测试的硬件及软件的设计案例，启发学生的思维；设难置疑，引起思辨。下课前安排作业，课后下达线下学习任务。 血氧测量仪及体温测试的硬件及软件的设计案例具体如下： 由"红外辐射的原理"引出"非接触式体温测量方法"，介绍红外耳温计、红外额温计以及红外热成像式体温筛检仪（以下简称红外筛检仪）等，结合新冠病毒疫情防控介绍"新冠肺炎防控时期，如何正确使用体温计"。 由"氧合血红蛋白与还原血红蛋白对特定不同波长光的吸收率及朗伯比尔定律"引出"临床中血氧饱和度的无创检测"，结合新冠病毒疫情防控介绍"医用监护仪血气测量"。
新冠疫情防控典型案例	**案例一：《习近平在中央政治局常委会会议研究应对新型冠状病毒肺炎疫情工作时的讲话》来源：人民网，2020-02-03** 加大科研攻关力度。战胜疫病离不开科技支撑，要科学论证病毒来源，尽快查明传染源和传播途径，密切跟踪病毒变异情况，及时研究防控策略和措施。对抗击疫情所需要的疫苗、药品等研发，要调动高校、科研院所、企业等各方面的积极性，注重科研攻关和临床、防控实践相结合，在保证科学性基础上加快进度。要鼓励专家学者增强担当精神、职业责任，在科学研究的前提下多拿出专业意见和建议。 **案例二：《明峰医疗：民族品牌勇争先，众擎易举打赢抗疫战》来源：中国经济新闻网，2020-02-28** 2020年庚子春，新型冠状肺炎疫情席卷而来，从中国湖北武汉向周边省市蔓延。面临疫情困境毅然扛起民族责任，义无反顾踏上救人之路，为战胜疫情尽己所能。其中，明峰医疗系统股份有限公司（以下简称"明峰医疗"）就是个中典范。2月8日11时，由明峰医疗自主研发生产的方舟CT捐送武汉抵达客厅"方舱医院"，落地通电调试。截至目前，明峰医疗方舟CT每天可满负荷诊断200人，在防疫工作中起到了重要的作用。 **案例三：《打赢疫情防控阻击战——医械企业行动纪实》来源：上海医疗器械行业协会网站，2020-02-26** 新型冠状病毒感染的肺炎疫情来势汹汹，威胁着广大人民群众身体健康。习近平总书记也对此作出了重要指示，强调要把人民群众生命安全和身体健康放在第一位，坚决遏制疫情蔓延势头。在此次疫情中，医疗器械企业及厂家积极响应国家号召，加速科研、捐款捐物、保障生产、支援疫区，为打好这场疫情攻防战贡献自己的一份力！ 上海医疗器械股份有限公司主动请缨，厂内工程技术人员、装配人员等小年夜起就自愿放弃休假回到工作岗位，积极投入加紧生产各类呼吸机，提前做好为一线提供关键设备的准备。 上海光电营业部门、业务部门的各方小伙伴们或去医院安装机器；或为发货多方联系，大年初二成功发出50台病人监护仪于年初四到达武汉。

思政元素	**思政元素1:科技报国** 善于学习、敬畏生命、热爱科学、尊重自然是学好医用电子仪器知识的先决条件。战胜新冠疫情离不开科技支撑,医用电子仪器是其中重要的一环。要从治病救人的高度科学严谨学习课程,学好了才能报效祖国。 **思政元素2:乐于奉献** 面对疫情,广大白衣天使冲在第一线。白衣天使身边肯定有医用仪器的科研人员默默奉献,我们应该为上海光电医用电子仪器营业部门、业务部门的各方小伙伴们喝彩。这种科技救国精神是学好本课程的源泉,尤其是当前我国在医用电子仪器行业方面还比较薄弱,更应激励莘莘学子奋发图强。 **思政元素3:勇于担当** 明峰班是以绍兴明峰医疗股份有限公司命名的班级,明峰医疗是医疗仪器行业的民族品牌。在新冠疫情防控典型案例二中,明峰医疗毅然扛起了民族责任,义无反顾地踏上救人之路,为战胜疫情尽己所能。这是习主席"增强担当精神"的深刻体现。我们应该为拥有以此命名的班级而骄傲。这是培养学生胸怀天下的典型案例。
"课程思政"实施路径	1.开课前的导读重点介绍明峰班,介绍明峰医疗以及明峰医疗"民族品牌勇争先,众擎易举打赢抗疫战"的先进事迹。在此处引入"勇于担当"的思政元素。 2.介绍专业背景对治病救人的重要性,以在政策利好的情况下,医疗器械行业或将迎来爆发式增长为背景,鼓励学生爱课程、爱专业。 3.生物电信号的观察。通过图文并茂的形式,展示生物电信号的奇妙与伟大。引导学生敬畏生命,热爱科学,珍重自然,并在此处引入"科技报国"的思政元素。 4.常用医用仪器的介绍,讲解医用电子仪器的结构和医用电子仪器的设计原则。从治病救人的高度说明,在医用电子仪器设计中,科学严谨的态度的重要性。 5.以举例的方式对体表温度计、血氧饱和度测试仪进行讲解。并说明我国医用电子仪器行业领域的现状,指出行业具有巨大的发展空间,鼓励学生投身于该行业。介绍上海医疗器械股份有限公司、上海光电医用电子仪器有限公司等医用电子仪器公司默默奉献的先进事迹。在此处引入"乐于奉献"的思政元素。 总之,在润物细无声中体现课程的思政要素,并介绍在社会主义制度下,医用电子仪器行业的发展前景。

绍兴文理学院“课程思政”
新冠疫情防控专题教学设计方案(Windows 程序设计)

<table>
<tr><td>学　　院</td><td>机电学院</td><td>课程名称</td><td>Windows 程序设计</td></tr>
<tr><td>授课教师</td><td>戴振中</td><td>授课班级</td><td>计算机 171,172</td></tr>
<tr><td>授课章节</td><td colspan="3">第二章　事件机制</td></tr>
<tr><td>课程类别</td><td colspan="3">A. 公共平台课　B. 专业平台课程　C. 专业选修课　D. 全校选修课</td></tr>
<tr><td>教学目标</td><td colspan="3">一、知识目标
1. 掌握 Windows 窗体和常用控件的属性、方法及事件。
2. 掌握使用流对文件进行读写操作的方法。
3. 掌握使用 ADO. Net 进行数据库访问。
4. 了解网络环境下常用协议的编程等。
5. 掌握基本 GDI 绘图操作等的方法。
二、能力目标
1. 培养持续学习与自学的能力。
2. 培养良好的代码编写风格和文档写作习惯,提高调试和测试能力。
3. 掌握软件开发的分析思路和实现方法,积累项目经验,获得独立开发设计相关应用程序的能力。
三、素质目标
1. 引导学生爱专业、爱学习,树立乐于奉献、勇于担当和敢于创新的职业操守。
2. 培养学生的爱国主义精神、社会责任感和工匠精神。</td></tr>
<tr><td>教学内容</td><td colspan="3">一、重点和难点
事件机制是本课程的重点和难点,要求如下:
1. 掌握可视化、面向对象编程、事件驱动的基本概念。
2. 了解交互式开发、用户友好界面设计的基本原则。
3. 掌握常用的事件定义、事件消息类型及其处理。
二、教学内容及过程
1. 介绍事件的本质及优势。
2. 事件机制的实现,讲解事件的三要素及其相互关系。
3. 事件机制的案例及其实现(演示、讨论、实现)。</td></tr>
<tr><td>新冠疫情防控典型案例</td><td colspan="3">案例一:《新冠肺炎疫情警示——健全国家应急管理体系需做好技术战略储备》来源:2 月 19 日学校党委宣传部下发的学习资料
应急体系需要提前做好战略储备,才能做到有备无患。2 月 10 日,开学第一天,全国各地中小学开始陆续在线上课,全国 300 多个城市的 60 万人民教师变身主播,通过阿里旗下在线办公平台钉钉为学生们直播上课。阿里巴巴通过迅速解决算力的弹性分配,保障在线办公会议平稳通过 500 万场会议峰值的考验,这都是源于阿里云的日常“练兵”。应急状态意味着时间紧张、形势紧迫,因此,应急技术的建设,必须在平日便提前进行技术练兵,这样才能够在重大突发事件发生后做到有备无患。</td></tr>
</table>

<table>
<tr><td>新冠疫情防控典型案例</td><td>

案例二:《科学战"疫",看大数据如何发挥大作用》来源:科技日报,2020-02-26

2月23日,习近平总书记在统筹推进新冠肺炎疫情防控和经济社会发展工作部署会议上指出,要充分运用大数据分析等方法支撑疫情防控工作。

自疫情发生以来,全国各地积极运用人工智能、大数据、云计算等数字技术,为疫情监测分析、病毒溯源、防控救治、资源调配提供了支撑。充分发挥了我国在互联网、大数据应用方面的优势,为夺取疫情防控斗争的全面胜利下好"先手棋"。

典型事例:

1.贵州:大数据为疫情防控"神预判";

2.云南:大数据专家期待"抗疫情"扫码系统结束使命;

3.浙江:防疫复工,数字化可以做更多。

案例三:《火神山医院建设的"中国速度"》来源:中国新闻网,2020-02-01

2020年1月24日,武汉蔡甸火神山医院相关设计方案完成;

2020年1月29日,火神山医院建设已进入病房安装攻坚期;

2020年2日2日上午,火神山医院正式交付;

2020年2月4日,火神山医院开始正式接诊新型冠状病毒感染的肺炎确诊患者,并于上午9时许收治首批患者。

在6000多万"云监工"的注视下,火神山医院以可见的速度在崛起。这是一场与时间持续赛跑的"战役"。而在这场"战役"里,短短几天各个项目进展飞速。我们不能忘记这背后为之付出的成千上万的劳动者,是他们齐心协力完成了这场不可能完成的任务。火神山医院建设全面采用工业化建造技术,实现设计标准化、生产工厂化、建造装配化、施工一体化、管理信息化,最大限度地兼顾了效率与品质。

</td></tr>
<tr><td>思政元素</td><td>

将软件开发中的"事件机制"与新冠肺炎这一突发的"事件"进行类比学习,通过该事件发生后,我们触发的执行一系列"事件处理代码",深化学生的家国情怀。在这次战"疫"中,科技和大数据展现出来的巨大战斗力也可以激发学生的责任感和使命感。

思政元素1:家国情怀

在这次疫情中,一声令下14亿中国人令行禁止;1000多万人口的城市一夜封城,断臂自救;千万医务工作者逆行驰援武汉;9000多万共产党员成为排头兵,见证着共产党员初心不改;短短几天建成的火神山、雷神山医院;全国的百姓停下脚步,自觉地居家隔离……这是其他国家抄不了的作业。这就是中国,我们的坚强不屈、不畏险阻、自强不息、团结互助、自我牺牲、甘于奉献的爱国情怀,它再次向世人彰显了中国力量和中国精神,深化了"苟利国家生死以,岂因祸福避趋之"的家国情怀。

思政元素2:时间意识

软件开发中,事件响应应该尽可能减少"延时",现实生活中,疫情处理的延时则是以生命为代价,因此我们要深刻领会"时间不等人""同时间赛跑"等背后的深意。时间,于我们救援一线的医务工作者、研究病毒防治的科技工作者、有生命危险的患者以及患者家属们都是奢侈品。没有意识到时间的宝贵,无聊地宣泄,无所事事地虚度,甚至不顾后果、不计成本地随性挥霍,都令人心痛。所以我们应充实自身,努力修炼专业能力。当我们重返学校,甚至身负重任时,就能感受到时光真正赋予生命的意义。强化"一千年太久,只争朝夕"的时间意识。

</td></tr>
</table>

<table>
<tr><td>思政元素</td><td>思政元素 3:责任感和使命感
疫情带来了巨大的危机,但同时给了我们一些启迪。在这个特殊的时期,科学技术在控制疫情和社会管理方面发挥了巨大的作用。当西方"东亚病夫"的言论又一次甚嚣尘上,历史和现实再次告诉我们:只有自强的人,才能成为英雄,只有像钟南山这样具有深厚品德的人,才能成为挺立的栋梁。培养"天行健,君子以自强不息;地势坤,君子以厚德载物"的责任感和使命感。</td></tr>
<tr><td>"课程思政"实施路径</td><td>一、课程教学总体设计
课程教学始终贯彻"课程思政"要求,将"课程思政"元素融入线上线下混合式教学的各处环节,充分利用互联网+教学模式,在校 elearning 和超星学习平台制作教学课件和视频,建立考试和作业库,与学生线上交流,线上答疑。主要采用企业微信直播的形式实现新冠疫情时期的线上教学。
二、教学过程
(一)课前学习任务发布。
(二)通过直播,结合思政元素进行精讲。理解事件机制的三要素,即事件、事件源、事件侦听器及其相互关系,这是本课程的重点和难点。
1.通过事件机制,事件侦听器与事件源之间实现了解耦,但如何保证在"事件"发生的时候,触发相应的响应,则需要订阅来实现完善的"应急机制"。
案例一:
《新冠肺炎疫情警示——健全国家应急管理体系需做好技术战略储备》将软件系统与国家治理进行类比,帮助学生更好地理解订阅机制如何在事件与事件侦听器之间建立关联。
事件侦听器是事件的处理者,负责接收事件携带的信息,并在接收到该事件后执行特定的代码。
案例二:
科学战"疫",看大数据如何发挥大作用,可以很好地帮助学生理解特定事件触发后,事件处理代码"做什么,怎么做"的问题。
案例三:
火神山医院建设的"中国速度"尽显中国体制优势,而事件机制避免了轮询,对用户来说可尽可能减少"延时",提高了系统的灵活度和效率,这跟现实生活中的"疫情"可以相互印证,从而帮助大家更好地理解事件机制的优势及其对系统整体设计合理性的依赖。
2.结合案例进行代码演示及在线连麦答疑、讨论。因为本课程的授课对象是大三下的学生,已经具备了比较完整的专业知识体系,应重视实际案例与课程内容相结合,比如在提到大数据应用时,谈到浙江首创的"健康码",启发学生对其实现算法的讨论,从而可以启发学生对已有知识的综合应用和创新。
3.课后复习,巩固练习、多途径答疑、示例代码反刍和改进,反思学习;利用微信群、QQ 群进行答疑。</td></tr>
</table>

绍兴文理学院“课程思政”
新冠疫情防控专题教学设计方案(C语言)

<table>
<tr><td>学　　院</td><td>机械与电气工程学院</td><td>课程名称</td><td>C语言</td></tr>
<tr><td>授课教师</td><td>卢雪萍</td><td>授课班级</td><td>自动化16—19重修</td></tr>
<tr><td>授课章节</td><td colspan="3">数据类型及运算符、表达式</td></tr>
<tr><td>课程类别</td><td colspan="3">A.公共平台课　B.专业平台课程　C.专业选修课　D.全校选修课</td></tr>
<tr><td>教学目标</td><td colspan="3">一、知识目标
1.掌握语言中的3种基本数据类型:整型、浮点型、字符型的各种表示形式,理解数据在计算机内部的唯一存储方式。
2.掌握各种数据类型的定义和赋值格式,各种算术运算符的运算规则以及运算表达式。
二、能力目标
通过对C语言数据类型、运算符及表达式的了解,学会用计算的思维和C语言的运算表达式规则描述实际应用问题。
三、素质目标
围绕计算机技术在这次抗疫中的应用,引导学生树立正确的社会主义核心价值观,树立学习C语言的创新精神,工匠精神。</td></tr>
<tr><td>教学内容</td><td colspan="3">标识符、变量与常量的定义;C语言数据类型的种类、表达方式、存储形式;定义一个整型、字符型、实型变量,以及对它们赋值的方法;算术运算符和算术表达式;赋值运算符、复合的赋值运算符;自增1和自减1运算符;不同的类型数据之间赋值的规律。
1.教学重点:C语言变量的定义与使用,各种运算符及表达式的运算规则。
2.教学难点:C语言数据在计算机中的存储格式,用计算的思维和数据形式表达实际应用问题。</td></tr>
<tr><td>新冠疫情防控典型案例</td><td colspan="3">案例一:《杭州“健康码”专班数据保障负责人解说“一码”理念——精准实时,让城市加速“动”起来》来源:浙江日报,2020-03-04
在动辄数百万、上千万人口的城市中,如何实现防控疫情与复工复产精准平衡,是一道超级难题。
在浙江“一图一码一指数”的关键一环——“健康码”的诞生中,杭州大数据局数据保障处处长齐同军见证了数字善治催生的动力。杭州“健康码”上线后,城市加速“动”起来;2月17日,“健康码”在全省11个设区市全覆盖,同时迅速在全国200个城市得到应用。
案例二:《最新计算机模型预测》来源:新华网,2020-02-18
法媒称,随着新型冠状病毒向世界各地传播,科学家正在利用最新的计算机建模技术预测其后果,包括最终的病例数和死亡人数,以及疫情的高峰。</td></tr>
</table>

思政元素	**思政元素 1:爱国情怀** 一方有难、八方支援。在防控过程中,涌现出大量的先进典型、英雄人物和感人事迹。这场疫情防控的人民战争、总体战、阻击战,为我们上了一堂生动的爱国主义教育课。我们看到党中央的坚强领导,感受到国家治理体系和治理能力现代化的不断推进,感动于全国人民的齐心协力,也见证了青年一代的使命担当。中国,有能力履险如夷;中国人民,有能力化危为机;中国青年,有能力担当重任。 **思政元素 2:科技兴国** 战胜疫病离不开科技支撑。新冠肺炎疫情发生以来,全国科技部门和大量科研工作者投入抗"疫"一线,参与疫情防控,特别是药物和疫苗等方面的科研攻关。全国优势科技力量开展疫情防控科技攻关,经过一个多月的努力,取得积极成效。 **思政元素 3:创新抗疫** 互联网信息技术作为抗疫的第二战线,打破了地域和时空局限,充满创造力。大数据和高速传输网络能够追踪潜在易感人群,还能以电子方式监测隔离人群。机器人完全能够做无接触检测工作。信息系统加上适当的输入装置和电子病历系统,能自动从人员登记筛查到分类管理、转运、治疗、康复、用药等全流程的管理。视频监测系统、12306、客运系统、物流系统、人口系统等的整合可形成一个完整的智慧流动调度体系。信息技术还能嫁接到医药领域,检测能够自动化,并整合到医院系统。诊疗用药效果能自动进行评估。专家系统可以经过自学习功能丰富自身,可参考给出治疗方案等。多个领域的信息系统整合和多种技术的融合可以构建智慧医疗系统。
"课程思政"实施路径	本次课程以精讲重难点为主,在课程开始之初,以此次疫情为契机,介绍大数据信息以及各种应用程序在这次疫情中发挥的应用,以此再次激发学生学习C语言编程的积极性。 为了使线上教学效果不打折扣,按照精讲—测试练习—提交—讲评讨论的教学路线实施。"课程思政"元素将实施于每一个教学环节。 **一、课前思政元素导入:激发爱国情怀,触发专业兴趣** 1.引用抗疫英雄事迹,激发爱国情怀;不给国家添乱,每个人都应做好自己的本职工作。 2.引入疫情案例:疫情对计算机行业的影响。 **二、课中精讲思政元素导入:认知专业知识,理解重难点** 1.数据类型知识导入案例:健康信息的输入、存储,"健康码"的形成与输出。 2.计算机思维导入案例:计算机模型预测疫情传播趋势。 **三、课中作业讲评思政元素引入:科技兴国** 1.抗疫一线,战胜疫病离不开科技支撑。 2.引入抗疫二线,互联网信息技术的各种应用,特别是 QQ、钉钉各大平台对网课增加的各种功能。 **四、课后思政元素引入:职业道德、工匠精神** 线上教学,缺少学生之间的交流学习,编写程序初期会出现很多问题,鼓励学生线上随时提问,作为教师随时关注学生的问题予以即时耐心解答。在线上教学过程中,教师以身作则是对职业道德和工匠精神最好的诠释。

绍兴文理学院"课程思政"新冠疫情防控专题教学设计方案(常微分方程)

<table>
<tr><td>学　　院</td><td>数理信息学院</td><td>课程名称</td><td>常微分方程</td></tr>
<tr><td>授课教师</td><td>魏雪蕊</td><td>授课班级</td><td>数学 181,182,183</td></tr>
<tr><td>授课章节</td><td colspan="3">第一章　绪论　§1.1 微分方程概述</td></tr>
<tr><td>课程类别</td><td colspan="3">A. 公共平台课　<u>B. 专业平台课程</u>　C. 专业选修课　D. 全校选修课</td></tr>
<tr><td>教学目标</td><td colspan="3">一、知识目标
1. 了解常微分方程的产生、发展概况。
2. 正确理解常微分方程以及解的概念,能判别方程的阶数、线性与非线性等分类。熟悉对于应用问题建立常微分方程的一般步骤。
二、能力目标
1. 逐步培养学生运用常微分方程的理论与方法,解决一些实际问题的能力。
2. 建立确定性数学模型的思想方法,把数学理论和方法运用到解决实际问题中去。
三、素质目标
1. 通过了解数学的发展史和探究来源于实际生活中的微分方程,体验数学与生活的联系,学习兴趣有所提高,能积极地思考并逐渐形成与他人交流合作学习的习惯。
2. 培养学生的爱国主义精神和社会责任感。</td></tr>
<tr><td>教学内容</td><td colspan="3">一、微分方程的产生和发展
了解常微分方程的产生、发展概况。结合数学史,教育学生要有科学探索、勇于钻研的奋进精神。通过讲解微分方程概述,使学生更好地体会数学的发现、发展过程以及由此产生的各种数学思想方法;还可以通过讲述数学发明创造推动科学技术发展的动人故事、展现数学家精神,培养学生的数学情感、端正学习态度和树立正确的数学价值观。
二、微分方程的模型建立以及应用举例
利用相关的物理、化学、生物等有关规律建立反映实际问题的模型,使学生有所体会。
1. 从一个有关变量变化率的实际问题,理解最简单的一阶微分方程数学模型的建立过程。
2. 通过对方程的求解,解释有关现象,理解微分方程的实际应用。其中,在传染病模型的建立过程中,提到传染病的传播机理的定量描述和预测是传染病防治的重要依据。人们不能去做传染病传播的试验以获取数据,因此常需要依据传播机理分析,建立数学模型,分析变化规律。所以通常主要是依据机理分析的方法建立模型。如最简单的 SI 模型如下:
假设
(1)在疾病传染病所考察地区的总人数 N 不变;</td></tr>
</table>

<table>
<tr><td>教学内容</td><td>(2)总人群中分为易感者(健康)和感染者(病人),在时刻 t 其数量分别为 $S(t)$,$I(t)$;
(3)单位时间内一个病人能传染的人数与当时健康人数成正比,比例常数为 k(传染系数)。
SI 模型的仓室结构图:
$\frac{I(t+\Delta t)-I(t)}{\Delta t \cdot I(t)} \cdot \frac{1}{S(t)}=k$
$\Rightarrow \frac{I(t+\Delta t)-I(t)}{\Delta t}=kS(t)I(t) \Rightarrow \frac{\mathrm{d}I}{\mathrm{d}t}=kS(t)I(t)$
即
[S] —kSI→ [I]　　$\frac{\mathrm{d}I}{\mathrm{d}t}=k(N-I)I$
三、微分方程的基本概念
正确理解常微分方程以及解的概念,判别方程的阶数、线性与非线性等分类。
四、一阶微分方程的几何意义:方向场与积分曲线
用几何方法去理解问题,不仅能达到事半功倍的效果,更能看清问题的本质。</td></tr>
<tr><td>新冠疫情防控典型案例</td><td>案例一:《习近平对新型冠状病毒感染的肺炎疫情作出重要指示,强调要把人民群众生命安全和身体健康放在第一位,坚决遏制疫情蔓延势头》来源:人民日报,2020-01-21
习近平在会上强调,要依法科学有序防控。要做好疫情监测、排查、预警等工作,切实做到早发现、早报告、早隔离、早治疗。加快查明病毒源头和感染、传播等机理,及时客观发布疫情和防控工作信息,科学宣传疫情防护知识。
案例二:《钱江潮评|以疫情防控成色检验社会治理底色》来源:浙江在线,2020-02-18
近年来,浙江积极打造智慧城市,建设城市大脑,让人工智能、大数据技术服务城市治理,使我们得以在这次疫情中合理预测人员流动,准确分析疫情发展,以“五色图”让分区分级防控真正落地,以“健康码”破解返城复工大流量难题,以“智控指数”把管控大网织得更密更细。“智网恢恢、疏而不漏”。</td></tr>
<tr><td>思政元素</td><td>思政元素 1:科学务实
结合传染病模型建立,谈到传染途径等问题。结合本项新冠疫情,教育当代大学生科学态度对待疫情,尊重科学,理性看待新冠状病毒以及各项防疫措施。
思政元素 2:社会责任
结合传染病模型,向学生讲解疫情数据的准确性对决策所起到的重要作用。疫情凶猛,谁都无法独善其身,谁都要肩负一份责任。居家隔离也是责任,不能任性妄为。引导青年学生勇于担当,增强社会责任感,知行合一,不为防疫抗疫添乱,积极传播正能量,为打赢这场抗疫大战做出青年人应有的贡献。同时提醒大家提高自身防范能力,保护好身体,以健康、阳光的姿态安全返校。这是家长和学校的希望,更是社会的要求。此阶段需要配合好学校安排,做好防护和疫情报送。</td></tr>
</table>

<table>
<tr><td>思政元素</td><td>思政元素3:理想信念
结合钟南山先生的事迹,教育同学们要读书,只有这样未来才能成为对社会有用的人,树立远大的理想和正确人生导向。用知识去战胜危险,用勇敢和担当去化解危难。</td></tr>
<tr><td>“课程思政”实施路径</td><td>一、基本思路
从课程导读引入新知,结合数学史教育,在对知识点科学严谨的分析基础上,合并思政元素,实现思政目标。
二、教学方法——多种线上教学结合
(一)课前
在学习通平台中布置预习任务,让学生拍照上传学习结果。
(二)课中
1.学生自主观看中国大学爱课程MOOC优质精品资源。
2.钉钉直播研讨形式,针对课程进行总结补充,给出适当练习,当堂测试,利用必答和抢答等环节进行互动。结合学习通平台中限时提交作业的功能,有效提升学习效果。
(三)课后
1.开通钉钉班级圈,对有争议、有歧义的问题进行讨论,并且在班级圈探讨学习方法。
2.在学习通中限时提交作业,合理设置,丰富、增加作业的多样性。
3.阶段性地提交学习内容的结构导图,使得知识能够内化于心,融会贯通。优秀作品在班级圈中进行展示,同学之间相互学习借鉴。
三、教学措施
(一)融入数学史
结合数学史,教育学生要有科学探索、勇于钻研的奋进精神。通过讲解微分方程概述,使学生更好地体会数学的发现、发展过程以及由此产生的各种数学思想方法;还可以通过数学发明创造推动科学技术发展的动人故事、数学家精神的展现,培养学生的数学情感、端正学习态度和树立正确的数学价值观。
(二)融入数学建模思想
利用相关的物理、化学、生物等有关规律建立反映实际问题的模型。使学生从中体会:
1.从一个有关变量变化率的实际问题,理解最简单的一阶微分方程数学模型建立的过程。
2.通过对方程的求解,解释有关现象,理解微分方程的实际应用。如假设单位时间内一个病人能传染的人数与当时健康人数成正比,比例常数为k,这样的假设与事实相符,也从科学的角度回答了传染病防疫隔离措施的科学性、重要性和急迫性。接着将SI模型推广至SIS模型、SIR模型等。
针对新冠疫情中出现的医护感染交叉感染,病床、医务人员不足等医疗问题,指出在复杂模型中都需要考虑多种因素。数学模型是深入理解传染病传播机理和预测各种传染病控制措施效果的一个非常重要的工具。
3.师生配合,加强合作学习
在线上教学中,将任务指标点细化,设置合适的学习任务清单。合理设置过程性评价,使学生能够及时反馈教学效果,增强学生的自主性和获得感。</td></tr>
</table>

绍兴文理学院"课程思政"
新冠疫情防控专题教学设计方案(急危重症护理学)

学　　院	医学院	课程名称	急危重症护理学
授课教师	赵伟英	授课班级	护理学171、172班
授课章节	第十四章　多器官功能障碍		
课程类别	A.公共平台课　**B.专业平台课程**　C.专业选修课　D.全校选修课		
教学目标	**一、知识目标** 1.能准确说出全身炎症反应综合征、脓毒症和多器官功能障碍综合征的概念、临床表现。 2.能解释全身炎症反应综合征发病机制和脓毒症发病机制之间的联系。 3.能解释全身炎症反应综合征、脓毒症和多器官功能障碍综合征的护理要点。 **二、能力目标** 能制订全身炎症反应综合征、脓毒症和多器官功能障碍综合征患者的监测、护理方案,并能正确实施。 **三、素质目标** 1.尊重和关爱生命,树立正确的专业价值观和职业道德,爱岗敬业,具有社会责任意识。 2.具有严谨、慎独的工作作风,具有严肃的科学精神。		

<table>
<tr>
<td>教学内容</td>
<td>

在创伤、感染、休克等损伤因素打击下机体产生应激反应，导致多种炎症介质产生和过度释放，引起全身炎症反应综合征(SIRS)。若原发病和继发于炎症介质所引起的病理生理改变得不到控制和终止，就会导致远隔原发病灶的器官发生功能损害甚至衰竭，表现为脓毒症(Sepsis)、多器官功能障碍综合征(MODS)。

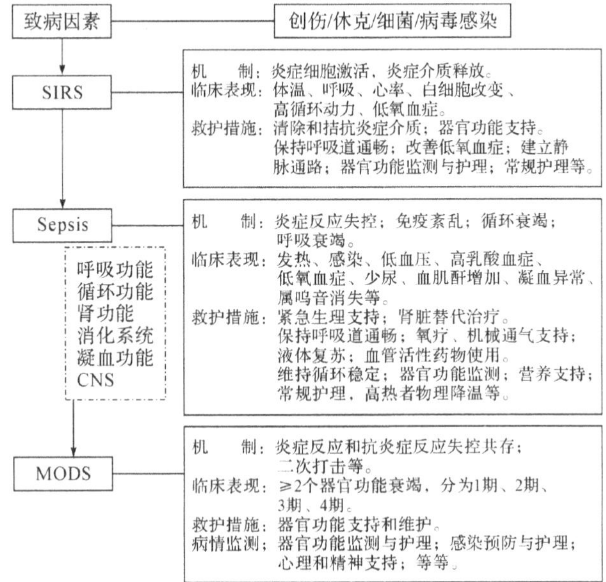

</td>
</tr>
<tr>
<td>新冠疫情防控典型案例</td>
<td>

案例一：要把人民群众生命安全和身体健康放在第一位。摘自《习近平对新型冠状病毒感染的肺炎疫情作出重要指示》(来源：人民日报，2020-01-21)

习近平在中央政治局常委会会议研究应对新型冠状病毒肺炎疫情工作时强调，各级党委和政府及有关部门要把人民群众生命安全和身体健康放在第一位，制订周密方案，组织各方力量开展防控，采取切实有效措施，坚决遏制疫情蔓延势头。要全力救治患者，尽快查明病毒感染和传播原因，加强病例监测，规范处置流程。以对人民群众健康高度负责的态度，完善应对方案，全力以赴做好防控工作，落实早发现、早报告、早隔离、早治疗和集中救治措施。

党中央统一领导、统一指挥、统一调度建立了全国一盘棋机制，7000 人酣战 9 天建成火神山医院，之后相继建成雷神山医院、方舱医院，做到了新冠肺炎患者的应收尽收、应治尽治，有效遏制了疫情。

案例二：加大科研攻关力度，战胜疫病离不开科技支撑。摘自《在中央政治局常委会会议研究应对新型冠状病毒肺炎疫情工作时的讲话》(习近平，2020 年 2 月 3 日)

要科学论证病毒来源，尽快查明传染源和传播途径，密切跟踪病毒变异情况，及时研究防控策略和措施。对抗击疫情所需要的疫苗、药品等研发，要调动高校、科研院所、企业等各方面的积极性，注重科研攻关和临床防控实践相结合，在保证科学性基础上加快进度。要鼓励专家学者增强担当精神、职业责任，在科学研究的前提下多给出专业意见和建议。

</td>
</tr>
</table>

新冠疫情防控典型案例	国家卫生健康委员会组织专家在疫情期间，对医疗救治工作进行科学分析、研判、总结，修订完善《新型冠状病毒感染的肺炎诊疗方案》，先后共发布了七版，使新冠肺炎患者的临床管理更加科学精准，医疗救治取得了良好的效果。在疫苗研发领域，3月3日军事医学研究院的科研团队专家组7名共产党员带头做临床测试，在新冠肺炎疫苗研制方面取得了重要阶段性成果，在国际上处于领先地位。 **案例三：《疫情就是命令，我校3名校友医务人员驰援武汉》来源：绍兴文理学院网站，2020-01-27** 武汉新型冠状病毒感染的肺炎疫情发生以来，牵动着全国人民尤其是广大医务人员的心。有奔赴武汉的最美逆行者——钟南山院士。自接到省卫生健康委指令后，浙江135名医务人员主动请缨、积极要求参加武汉疫情防控和医疗救治工作，我校3名校友就在驰援队伍中，成为首批"逆行者"。疫情发生以来医务人员冲在抗疫工作的第一线，截至3月8日，全国已经有346支医疗队共计4.26万人抵达武汉和湖北，与当地的医务人员并肩作战，全力开展医疗救治工作，有效提高治愈率，降低病亡率。 中央电视台《新闻调查》报道，收治重症和危重症患者的ICU里，医务人员冒着极大的风险与病毒进行着艰苦的拉锯战，用生命的担当守住患者生命最后一道防线。危重症患者常伴有炎症风暴现象，出现呼吸困难、氧饱和度低，伴有心脏、肾脏功能的损害，在救治过程中需要气管插管、机械通气、血液净化治疗、ECMO等治疗。
思政元素	**思政元素1：社会责任** 新型冠状病毒（novel coronavirus，SARS-CoV-2）作为新发现的病毒，人群普遍易感，2019年12月在武汉出现了大面积的传播。疫情防控初期，病人收治矛盾凸显，党和政府始终贯彻"把人民群众生命安全和身体健康放在第一位，坚决遏制疫情蔓延势头"的方针，短时间内建成火神山、雷神山医院，以及10余家方舱医院。同时，全国调派医务人员和医疗物资驰援武汉、湖北，为提高新冠肺炎的收治率和治愈率打下了坚实的基础。不管是极短时间内建成收治烈性传染病的医院，还是全国医务人员、各行业精兵强将的调遣，充分体现了中国共产党始终把人民利益放在第一位的初心和决心，保证了新冠肺炎病人的应收尽收，应治尽治，诠释了以人为本的社会主义核心价值观。 **思政元素2：科技兴国** 出现疫情后，中国科学家第一时间甄别病原体，对病毒进行基因测序，于2020年1月2日获得了病毒的全基因组序列，并同世界卫生组织及相关国家和地区分享研究成果，为快速诊断、检测试剂、疫苗的研发做出了独特贡献。3月3日，军事医学研究院的科研团队在新冠肺炎疫苗研制方面取得了重要阶段性成果，团队专家组7名共产党员带头做临床测试。战胜疫病离不开科技支撑，在此次抗击疫情中科研院所、高校、企业等各方充分贯彻习近平总书记《在中央政治局常委会会议研究应对新型冠状病毒肺炎疫情工作时的讲话》精神，注重科研攻关和临床、防控实践相结合，与疫情赛跑，在科技的攻关助力下不论是溯源、预防、诊断，还是救治、控制、决策，都取得了阶段性胜利，实现了疫情的"可诊、可治、可防"，展示了我国在科学技术上的先进性，也体现了国家富强形势下的科学技术现代化。

<table>
<tr><td>思政元素</td><td>思政元素 3:职业道德
在以习近平同志为核心的党中央坚强领导下,抗击新冠肺炎疫情,其中有一群人,用生命担当使命,勇敢地站在抗疫斗争的最前线,他们就是被人民群众誉为白衣天使的医务工作者。截至 3 月 8 日,全国有 346 支医疗队共计 4.26 万人驰援武汉、湖北,有院士团队、医疗精英,也有 95 后的年轻护理人员,身边的学姐学长,通过新冠肺炎疫情防控战中的典型人物、感人故事、优秀事迹,引导学生树立正确的专业价值观和职业道德,把照顾好病人为己任,尽心尽责,佑护生命。爱岗敬业,是每个中国人的必修课。</td></tr>
<tr><td>“课程思政”实施路径</td><td>一、知识点—思政点—思政元素交互偶联

课程知识点 新冠肺炎思政点
致病因素 — 创伤/……/病毒感染 --- SARS-CoV-2 全基因序列;检测试剂、疫苗研究

SIRS
机　　制:炎症细胞激活,炎症介质释放。
临床表现:体温、呼吸、心率、……低氧血症。
救护原则:清除和拮抗炎症介质;……
护理措施:改善低氧血症;……
常规护理(休息;营养、心理护理);……
--- 轻型
医疗资源:方舱医院
防治要点:中医药治疗 心理干预

Sepsis
呼吸功能
循环功能
肾功能
消化系统
凝血功能
CNS
机　　制:炎症反应失控;……循环衰竭;呼吸衰竭。
临床表现:发热、……低血压、低氧血症、凝血异常、少尿、血肌酐增加、……等。
救护原则:循环支持;机械通气;肾脏替代治疗;……
护理措施:保持呼吸道通畅;氧疗、机械通气支持;……维持循环稳定;器官功能监测与护理。
--- 普通型、重型
医疗资源:火神山医院,等
救治要点:氧疗 机械通气 气管插管 人工气道护理

MODS
机　　制:炎症反应和抗炎症反应失控;二次打击等。
临床表现:≥2个器官功能衰竭。
救护原则:器官功能支持和维护;……。
护理措施:病情监测;器官功能监测与护理;感染预防与护理;……心理和精神支持。
--- 危重型
医疗资源:ICU、负压病房
救治要点:ECMD支持 肺移植

《新型冠状病毒肺炎诊疗》(试行第一版—第七版)

备注:全身炎症反应综合征(systemic inflammatory response syndrome,SIRS);脓毒症(Sepsis);多器官功能障碍综合征(Multiple organ dysfunction syndrome,MODS)。
1. SIRS 是由于细菌、病毒、创伤等因素作用于机体,导致炎症介质过度释放,引起的全身炎症性损伤综合征。病毒是其中的一种致病因素,由此展开讨论,新型冠状病毒(novel coronavirus,SARS-CoV-2)是否会导致 SIRS 的发生? SARS-CoV-2 是一种新发现的 β 属冠状病毒,与 SARS 同属于冠状病毒,可以导致全身炎症性损伤综合征的发生,其是不分节段的单股正链 RNA 病毒。中国是首个向全球发布病毒全基因组序列的国家,为快速诊断试剂、疫苗研发做出了独特贡献,展现了我国生物科学技术领域的进步和发展。由此指明思政元素“科技兴国”,以及科学技术现代化和国家富强。</td></tr>
</table>

"课程思政"实施路径	2.在SIRS部分知识点中,发热或体温不升、白细胞改变、呼吸增快、低氧血症等症状体征是其主要的临床表现。在此次全民参与的疫情中,作为当事人和护理专业的学生对新冠肺炎的临床特征、防控原则有一定程度的了解,结合课前布置的任务,通过提问、讨论的形式让学生参与教学,教师概括总结。并结合《新型冠状病毒感染的肺炎诊疗方案》展开轻症、重症患者的临床表现,以及医疗资源的配置、方舱医院、中药治疗等此次疫情防控中高频词汇的解惑答疑。 SIRS如果未能有效控制,可发展为Sepsis,出现威胁生命的器官功能障碍,尤其表现为呼吸功能、循环功能的障碍,需要机械通气支持,保持呼吸道通畅、氧疗等。由此知识点引出重症新冠肺炎患者的急性呼吸窘迫综合征表现,肺泡渗出性改变,影响气体交换,可急剧发展为ARDS。接着引导学生拓展知识,如何进行呼吸道传染病患者的机械通气、气道护理。由此引出,党中央统一领导、统一指挥、统一调度的全国一盘棋机制,广大医务人员无私奉献、英勇奋战。全国有346支医疗队共计4.26万人驰援武汉、湖北,接近全国重症医务人员资源的10%的重症专业医务人员负责重症的救治工作。世界卫生组织总干事谭德塞认为,"中方防疫行动速度之快、规模之大,世所罕见,这是中国制度的优势,有关经验值得其他国家借鉴。"这充分体现了社会主义制度的优越性,保证了新冠肺炎病人的应收尽收,应治尽治,充分体现了中国共产党始终把人民利益放在第一位的初心和决心,体现了以人为本的社会主义核心价值观,阐明思政元素"社会责任"。 3.医院的重症病房往往是生与死交锋最激烈的战场,也是救治MODS的主战场。MODS的救治包括器官功能支持和维护;器官功能监测与护理,包括循环系统、呼吸系统、肾功能、肝功能的监护和支持等,部分患者会使用持续肾脏替代治疗(CRRT)、体外膜肺(ECMO)。并指出在新冠肺炎的救治中,党和政府始终把人民群众生命安全和身体健康放在第一位,要全力救治患者。全国支援武汉不光集结了急危重的专家和精英,也配置了大量重症救治的仪器设备,其中ECMO近400台,有效地提高了抢救成功率。 高传染性是新冠病毒的特点,在ICU中医护人员克服种种困难,直面危险、不顾自我冲在抗疫战争的第一线,涌现出了一大批新冠肺炎疫情防控战中的典型人物、感人故事和优秀事迹,结合思政案例三阐明思政元素"职业道德",以及爱岗敬业。 **二、课前—课堂—课后延伸拓展** 1.课前阶段 教师导学,布置本节学习任务,引导学生课前自主学习,完成教材和文献资料的学习,以及相关的生理病理知识学习。指导学生收集关于新冠肺炎的临床特征、防控原则,以及疫情防控中感动你的人和事等资料,用于课堂讨论和分享。 2.课堂教学 课堂导入。通过向学生提问和课前测试检查自主学习效果。在重点、难点精讲环节中,通过知识点、思政点的交互,偶联思政元素,并将新冠肺炎危重型患者救治中心肺功能支持的重要手段ECMO作为知识关联和拓展开展教学。 3.课后学习 提供新冠肺炎案例资料,对《重症——新闻调查》视频资料进行课后小组讨论分析,加深学生对知识的理解和应用,培养学生沟通协作和团队合作精神。

绍兴文理学院"课程思政"
新冠疫情防控专题教学设计方案(医学影像学)

学　　院	医学院	课程名称	医学影像学
授课教师	夏瑞明	授课班级	康复治疗学 171、172、181
授课章节	第四章　呼吸系统　第四节　疾病诊断		
课程类别	A. 公共平台课　**B. 专业平台课程**　C. 专业选修课　D. 全校选修课		
教学目标	**一、知识目标** 熟悉肺炎的影像学表现。 **二、能力目标** 通过本部分内容的学习,初步学会分析阅读肺炎的影像图片,能对常见的各种肺炎包括新冠肺炎进行影像学的诊断和鉴别诊断。 **三、素质目标** 培养学生遵循医德规范,能根据病情需要正确选择合适的医学影像学检查方法。通过介绍新冠肺炎影像表现的最新认识,培养学生实事求是的科学精神。通过介绍校友参加抗疫斗争的事迹,培养学生仁爱仁心,始终将维护人民的健康利益作为自己的职业责任,引导学生在重大疫情面前奋勇向前的奉献精神。		
教学内容	一、肺炎的分类 二、大叶性肺炎的病理、临床、影像学表现、影像学诊断与鉴别诊断 三、小叶性肺炎病理、临床、影像学表现、影像学诊断与鉴别诊断 四、间质性肺炎病理、临床、影像学表现、影像学诊断与鉴别诊断 五、新冠病毒感染肺炎病理、临床、影像学表现、影像学诊断与鉴别诊断		
新冠疫情防控典型案例	**案例一:《新型冠状病毒肺炎诊疗方案(试行第七版)》来源:国家卫健委发布,2020-03-03** 从 2019 年 12 月疫情发生以来,随着对疾病的认识不断加深和诊疗经验的积累,国家卫健委已先后修订发布了 6 次诊疗方案。 为进一步做好新型冠状病毒肺炎病例诊断和医疗救治工作,国家卫健委组织专家在对前期医疗救治工作进行分析、研判、总结的基础上,对诊疗方案又进行修订,形成了《新型冠状病毒肺炎诊疗方案(试行第七版)》,与第六版不同的是,传播途径、病理改变、临床表现、实验室检查、诊断标准、临床分型、病例的发现与报告和治疗等中均有新增和调整内容。 **案例二:《影像学检查结果被纳入新冠肺炎临床诊断标准》来源:国家卫健委发布的《新型冠状病毒感染的肺炎诊疗方案(试行第五版)》,2020-02-04** 国家卫健委发布的《新型冠状病毒感染的肺炎诊疗方案(试行第五版)》中,湖北省增加"临床诊断"分类,并且将"疑似病例"标准修改为:无论有没有流行病学史,只要符合"发热和/或呼吸道症状"和"发病早期白细胞总数正常或降低,或淋巴细胞计数减少"这 2 条临床表现,便可考虑为疑似病例。		

新冠疫情防控典型案例	疑似病例具有肺炎影像学特征者,为临床诊断病例。 **案例三:《绍兴文理学院医学院百余位校友奋战在抗疫最前线》来源:绍兴晚报,2020-03-03** 据不完全统计,截至目前医学院共有43位校友驰援武汉,抗击疫情,绍兴新闻综合报道中的寿卫青医生就是其中一位。63位校友进入隔离病房,12位校友为隔离病人做影像检查,坚守抗疫一线;更有无数的校友捐钱捐物助力抗疫,有的甚至献出了生命。何旭峰,医疗仪器维修专业04届毕业生,这位80后是浙江省医疗器械有限公司的一名维修工程师,他以抗击疫情大局为重,关键时刻挺身而出,主动请缨第一时间蹲点口罩生产厂家调运防疫物资,连续29天奋战在防疫供应保障最前线,最终因连续作战、过度劳累不幸倒在了工作岗位上,年仅39岁。 

<table>
<tr>
<td>思政元素</td>
<td>
思政元素 1:实事求是、不断探索
随着对新冠病毒感染肺炎认识的不断加深和诊疗经验的积累,国家卫健委已先后修订发布了 7 次诊疗方案,通过介绍这些诊疗方案的修订情况,培养一种实事求是的严谨的科学精神。
思政元素 2:医者仁心、恪守医德
新冠肺炎选择 CT 检查即可,不需选择 MRI 或 PET/CT 检查,选择正确的影像学检查方法,不选贵的,只选合适的,教育学生要具有良好的职业道德。
思政元素 3:刻苦学习、掌握仁术
新冠肺炎在不同时期的影像学表现是不同的,不同的影像学表现可以反映出病情的严重程度,让学生体会到掌握精湛技术的重要意义,教育学生一定要努力学习,掌握影像学过硬的本领,将来更好为病人服务。
思政元素 4:奋勇向前、担当奉献
运用我校校友在抗击疫情中以大局为重,关键时刻挺身而出涌现出的典型事例,教育学生在重大疫情面前一种奋不顾身向前冲的大爱精神。
</td>
</tr>
<tr>
<td>“课程思政”
实施路径</td>
<td>
一、导入
根据课程安排,先介绍教材内容,包括大叶性肺炎、小叶性炎和间质性肺炎的病理、临床、影像学表现、影像学诊断和鉴别诊断。新增一个内容,介绍最新发生的新型冠状病毒肺炎(教材编写的内容永远落后于医学事业的发展,这次新冠病毒感染肺炎是突发的,相关知识需在临床实践中继续摸索,还未放入教材和教学计划中)。
二、采用案例一的内容介绍新型冠状病毒肺炎的病理、临床、影像学表现
新型冠状病毒肺炎诊疗方案
(试行第七版)
2019年12月以来,湖北省武汉市出现了新型冠状病毒肺炎疫情,随着疫情的蔓延,我国其他地区及境外多个国家也相继发现了此类病例。该病作为急性呼吸道传染病已纳入《中华人民共和国传染病防治法》规定的乙类传染病,按甲类传染病管理。通过采取一系列预防控制和医疗救治措施,我国境内疫情上升的势头得到一定程度的遏制,大多数省份疫情缓解,但境外的发病人数呈上升态势。随着对疾病临床表现、病理认识的深入和诊疗经验的积累,为进一步加强对该病的早诊早治,提高治愈率,降低病亡率,最大可能避免医院感染,同时提醒注意境外输入性病例导致的传播和扩散,我们对《新型冠状病毒肺炎诊疗方案(试行第六版)》进行修订,形成了《新型冠状病毒肺炎诊疗方案(试行第七版)》。
三、病理改变
根据目前有限的尸检和穿刺组织病理观察结果总结如下。
(一)肺脏。
肺脏呈不同程度的实变。
肺泡腔内见浆液、纤维蛋白性渗出物及透明膜形成;渗出细胞主要为单核和巨噬细胞,易见多核巨细胞。II型肺泡上皮细胞显著增生,部分细胞脱落。II型肺泡上皮细胞和巨噬细胞内可见包涵体。肺泡隔血管充血、水肿,可见单核和淋巴细胞浸润及血管内透明血栓形成。肺组织灶性出血、坏死,可出现出血性梗死。部分肺泡腔渗出物机化和肺间质纤维化。
肺内支气管黏膜部分上皮脱落,腔内可见黏液及黏液栓形成。少数肺泡过度充气、肺泡隔断裂或囊腔形成。
新型冠状病毒肺炎是一种新的疾病,人们对它的认识还在不断研究中,国家卫健委先后已发布了 7 版诊疗方案。本次介绍的内容是最新版诊疗方案的内容,也就是目前对该病的最高认识。随着研究的深入,对该疾病的认识还会不断加深,这些内容以后可能还有变化。
</td>
</tr>
</table>

<table>
<tr>
<td>“课程思政”实施路径</td>
<td>

三、采用病例二介绍新冠肺炎的影像学表现特点

介绍CT对新冠肺炎的诊断价值，运用收集到的新冠肺炎CT图片介绍新冠肺炎的影像学表现特点，在轻症、重症和危重症不同时期的影像学表现。

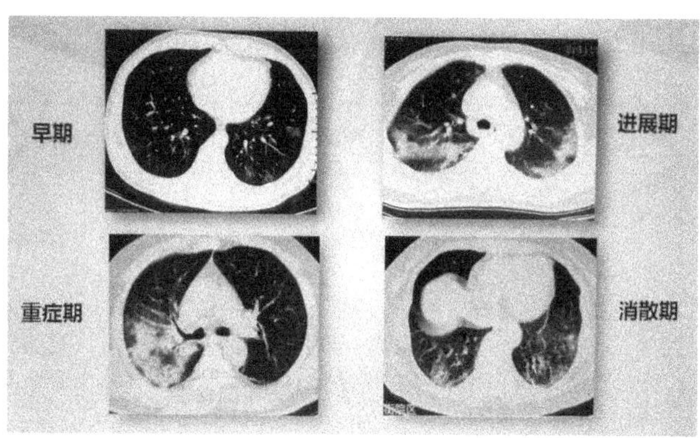

四、将案例三放在最后，在关于新冠肺炎知识讲完后用一张PPT介绍我校校友参加抗疫的情况，引发学生共鸣

</td>
</tr>
</table>

绍兴文理学院"课程思政"新冠疫情防控专题教学设计方案(全健排舞)

<table>
<tr><td>学　　院</td><td>教师教育学院</td><td>课程名称</td><td>全健排舞</td></tr>
<tr><td>授课教师</td><td>刘小明</td><td>授课班级</td><td>18、19级</td></tr>
<tr><td>授课章节</td><td colspan="3">第一首　《排舞32步》</td></tr>
<tr><td>课程类别</td><td colspan="3"><u>A.公共平台课</u>　B.专业平台课程　C.专业选修课　D.全校选修课</td></tr>
<tr><td>教学目标</td><td colspan="3">一、知识目标
通过学习了解排舞的一些舞步及名称,掌握一套锻炼身体的方式,促进身心健康。
二、能力目标
通过线上学习,锻炼学生的学习能力,能够独立、自信地展示所学全健排舞的整套技术动作,培养学生的自觉自控能力和规律的作息生活。
三、素质目标
能够连续多遍完成成套动作,锻炼心肺功能。培养学生健康、乐观、自信的心理品质,锻炼自我管理的能力,养成积极向上的生活态度。</td></tr>
<tr><td>教学内容</td><td colspan="3">一、教学指导思想
根据学校的"停课不停学"的指导思想,按照绍兴文理学院公共体育18版教学大纲,本学期在上学期的基础上继续进行学习和提高,通过本课程教学,使学生在了解排舞的一些专业术语基础上,基本掌握《排舞32步》,并通过几周的学习创编上肢动作。
二、教学方法
1.主要以教师主导,学生为主体进行教学,充分挖掘学生线上学习能力。
2.以线上为主,结合线上评定,提升教学效果和效率。
三、教学内容
"宅家健身、共同抗'疫'"排舞系列之《排舞32步》
音乐:《卡路里+健康歌》解晓东、赵露思
舞谱如下:
第一个八拍:1—4拍为摇椅步,5—8拍为开关步;第二个八拍:1—4拍为爵士盒步,5—8拍为糖果步+摇摆步;第三个八拍:1—4拍为藤步,纺织步;第四个八拍:1—4拍为查儿斯顿步,5—8拍为5拍右脚右踏,6—7扇形步,8收回右脚。
四、教学过程
教学主要是通过泛雅超星、钉钉、企业微信、QQ群、微信群等网络平台进行教学学习,并通过线上与同学们沟通。通过完成视频作业,了解同学们对技术动作的掌握情况。
第一步:掌握脚下基本步法,能够在口令下完成脚下成套动作,同时上传视频作业。
第二步:在掌握脚下基本动作的基础上,配音乐完成成套脚下动作,同时上传视频作业。
第三步:创编上肢动作,并在音乐的伴奏下完成上下肢配合的成套动作,同时上传视频作业。</td></tr>
</table>

<table>
<tr><td>教学内容</td><td>第四步:教师线上给予评定并反馈。
五、教学效果
通过一段时间的教学,大家完成的整体都不错,不过有些同学的方向学习反了,把正面教学理解成了镜面教学,在教师的提醒下及时改正。从视频作业来看,大家的精神状态整体不错。</td></tr>
<tr><td>新冠疫情防控典型案例</td><td>案例一:《医患共舞〈火红的萨日朗〉》来源:厦门晚报,2020-02-11
武汉方舱医院有些热闹,医护人员和患者一起随着音乐《火红的萨日朗》跳起了欢快的舞蹈。据悉,谢昭端所在的方舱医院内患者普遍症状较轻,具有生活自理能力,但有的患者情绪比较紧张和焦虑,在病房里跳一跳舞,可以让他们心情舒畅,提高免疫力,有利于病情恢复。谢昭端说,这种时候信心就像阳光一样重要,“我们希望通过这样的放松方式,给患者传递战胜疾病的信心!”

她说:“照片和视频都是院内患者们拍下的,有位大叔特地跟我说,要让家人看看照片记得我们,特别感谢我们千里迢迢来帮他们。”这就是我们中国的护士与患者的关系,不仅能向对待亲人一样对待每一位患者,还竭尽所能地点燃患者心中的生命之火,给他们送去的都是暖心的关爱和满满的正能量。
案例二:《跳舞的“大白鹅”》来源:红星新闻,2020-03-08
3月3日上午,性格开朗活泼、平日里就十分喜欢运动的患者刘女士,就在病房里教起了“90后”女护士张静跳起了广场舞。

</td></tr>
</table>

新冠疫情防控典型案例	就这样,张静穿着防护服跟着刘女士的示范,甩手、转身、扭胯、摆腿……一板一眼地学着跳了起来,很快就跳得有模有样了。张静说,这样的互动不仅使患者和医护人员之间的关系更加融洽,也让他们能更好地配合治疗,同时还能愉悦身心,缓解他们紧张、焦虑的情绪。穿着防护服的张静显得很是呆萌,后来网友还给身穿防护服的护士张静取了个呆萌的外号"大白鹅"。有网友调侃"大白鹅":"我除了要做好本职工作,还得会跳舞,我太难了。"我们的白衣天使不仅要护理每位患者,还向亲人一样考虑到患者的情绪,和他们一起跳舞,增进医患关系,在精神上给予他们无私的爱与力量。 **案例三:《终身体育的钟南山院士》来源:广东羊城晚报,2020-03-02** 82岁仍在医疗一线工作的钟南山院士,在繁忙工作之余坚持每周锻炼3次以上,甚至一口气还能做10个引体向上。他说:"运动对我保持身体健康起到了关键作用。""我是一名医生,很了解一个人的身体健康状况,锻炼对身体健康起到很关键的作用,让人保持年轻的心态。" 如今84岁的钟南山院士,依然在新冠疫情面前战斗。他身体健硕,神采奕奕,不管怎么看都不像一个年近90岁的老者。钟南山表示,健康饮食有两大原则,一个是"食不过饱",另一个是"早餐要吃好"。 健康的饮食加上长期坚持的体育锻炼,再有保持一颗年轻的心态,会自我管理自我控制,有这样的自律,才会有这样神采奕奕的钟院士。
思政元素	**思政元素1:注重锻炼,强身健体,乐观自信** 疫情期间居家锻炼首选方式——排舞,不仅能强身健体,还能排解烦躁的情绪,使人精神饱满,乐观向上,同时还能感染身边的人,给家人带来健康和正能量。 **思政元素2:饮食起居,作息规律,自我管理** 正如钟南山院士说的那样,要有一个健康的身体,要健康饮食,作息规律,管理好自己的身体,还要管理好自己的情绪。 **思政元素3:自觉自律,敢于担当** 作为全球性的疫情,我们每个人都有应该有担当,有责任,对自己负责,对社会负责,居家隔离,积极锻炼,为国家减少负担,尽自己的绵薄之力,为社会奉献自己的爱心。
"课程思政"实施路径	**一、传统与现代教学相结合** 借助网络平台,实施网络教学,在教学过程中我们采用以学生学为主,教师指导为辅,视频作业监督,网上交流互动为补的方式排舞教学。不仅同学们学到了技能,还锻炼了身体,填补了疫情期间多余的空闲时间,保证一定量的运动,促进睡眠。通过学习在音乐的伴奏下,能够独立展示所学排舞的整套技术动作,获得成就感,提升自信心。 **二、贯彻终身体育理念** 面对新冠疫情,我们一线的医护天使,秉着神圣的责任与担当,尽心尽力的医治每一位患者,和患者沟通,给他们送去温暖与希望。带着轻度新冠患者一起跳舞,排解烦躁的情绪,带给他们快乐与健康。正如钟南山院士所说那样:"锻炼对身体健康起到很关键的作用,让人保持年轻的心态。"他一直把终身体育的理念贯彻始终。 **三、坚持教学与育人相结合** 坚持在教学生掌握基本技能的同时,让同学们能够身体力行,疫情期间应当积极响应党的号召,居家隔离锻炼身体,保持良好的心态,是对自己和社会的负责。未感染的人居家隔离,管理好自己不被感染,就是节约了国家的物资,也是为战胜新冠疫情出了一份力,这也是爱,是贡献。

绍兴文理学院“课程思政”新冠疫情防控专题教学设计方案(语言学概论)

<table>
<tr><td>学　院</td><td>元培学院</td><td>课程名称</td><td>语言学概论</td></tr>
<tr><td>授课教师</td><td>孙　靓</td><td>授课班级</td><td>汉语言 1921/1922</td></tr>
<tr><td>授课章节</td><td colspan="3">第一章　导言</td></tr>
<tr><td>课程类别</td><td colspan="3">A.公共平台课　B.专业平台课程　C.专业选修课　D.全校选修课</td></tr>
<tr><td>教学目标</td><td colspan="3">一、知识目标
认识语言学概论课程的性质、语言学的研究对象和基本任务,初步了解语言学的基本分类和主要流派,对语言学在学科体系中的地位和功能有比较明确的认识。
二、能力目标
1.能区分语文学与语言学。
2.能掌握语言学各学派的观点、贡献、地位和代表人物。
3.能从学科的功能、研究对象、研究对象的时间范围为语言学分类。
4.提高语言表达能力和抽象思维能力,并把语言理论和方法运用到解决实际问题中。
三、素质目标
以全人类的语言为研究对象,通过介绍语言的性质、结构规律、演变规律以及语言与文字的关系等方面的内容,培养学生科学的语言观和世界观。
通过了解语言学的发展史和探究来源于实际生活中的语言现象,体验本学科与生活的联系,培养学生对语言的敏感性,学习兴趣有所提高,能积极思考,同时也加强社会责任感和民族自信心。</td></tr>
<tr><td>教学内容</td><td colspan="3">“导言”部分是本课程的概说。介绍语言学的性质、研究对象和基本任务,了解语言学的基本分类和主要流派,以及语言学在学科体系中的地位和功能。
一、语言学的对象和任务
(一)研究对象:简言之,语言学的研究对象就是语言。语言学概论的研究对象:相对于其他语言类课程而言,语言学概论的研究对象是整个人类的语言,因此它比其他语言类课程涉及的范围更宽泛、更基础。
(二)主要任务:语言学的主要任务就在于研究语言的本质、作用、结构和规律,使对语言的认识上升到理性阶段。
二、语言学简史
(一)语文学阶段
1.三大发源地:语言学是一门古老的学科,它有三大发源地,即古代印度、希腊—罗马和中国。
2.语文学与语言学的区别:从研究对象看,古代语言学只重视书面语言,把古代书面语作为语言的研究对象,而把当时社会普遍使用的口语看成是不登大雅之堂俚言俗语,不予重视。从研究任务看,古代语言学并不把描写语言的规律作为</td></tr>
</table>

<table>
<tr><td>教学内容</td><td>主要任务,而只重视为古代流传下来的政治、哲学、宗教、历史、文学等方面的经典作注解,其目的是让人们能够读通、读懂古代的经典。
总之,它还没有发展成为一门独立的学科,而只是经学的附庸。
(二)语言学阶段
现代语言学两百年来的发展经历了三个主要时期,历史比较语言学、结构主义语言学、形式语言学分别是这三大时期的代表。我们要求围绕这三大学派简要介绍有关内容,也就是各个学派的基本情况,如各学派的主要观点、贡献、地位、代表人物等。
三、语言学的分类与地位
(一)语言学的分类
语言学可以从各种不同的角度分类:一是功能角度,二是研究对象,三是从研究对象的时间范围分类。一般主要是从功能角度给语言学分类。从功能看,语言学首先可以分为理论语言学和应用语言学两大类;从研究对象看,可分为普通语言学与专语语言学;从时间范围看,可分为历时语言学和共时语言学。
(二)语言学的地位:桥梁与基础。
四、语言学的功能</td></tr>
<tr><td>新冠疫情防控典型案例</td><td>案例一:《齐鲁医院医疗队编写“武汉方言手册”》来源:央广网,2020-02-11
新冠肺炎疫情爆发后,全国各地的医疗队纷纷奔赴湖北抗“疫”一线。在抗击疫情的在治疗过程中,和患者的语言沟通成了件“头疼事”。为解决方言不通的问题,在进驻武汉 48 小时内,齐鲁医院医疗队立马组织编写了一套方言实用手册,并制作了方言音频材料,内容总共分为称谓常用语、生活常用语、医学常用语、温馨常用语等四个部分。武汉团队剔除发音与普通话接近的词汇、精简部分过于复杂的表述,最终为手册定稿,收录方言词句 100 余条,也就是现在网友看到的版本。同时,为了体现音调、轻重音,以及某些注音与方言的实际发音的差距,还邀请武汉本地人录了一份语音版。
案例二:《张文宏医生为什么这么红》来源:北京日报,2020-03-04
要问抗疫期间哪些专家最受老百姓欢迎,上海华山医院感染科主任张文宏一定榜上有名。“病毒被你闷死了”“流感不是感冒!就像老虎从来不是猫!”“不能欺负听话的人!”“不能让老实人吃亏”……每一句“硬核大白话”都像一颗定心丸,在答疑解惑的同时,提振着大家战胜病毒的信心。张文宏为什么火了?重要原因在于其话语直击人心,既拥有专业背景,又深谙受众心理,一下子拆除了专业知识和普罗大众之间的那堵墙。基本上他每次公开露面讲话,都会有“金句”流出,被广而传之。
他很真性情,不端架子,平易近人,语言风趣,而作派风风火火,言谈明快爽利,不矫情,不做作。他有真感情。他想常人之所想,对医护人员、病患、在家者和复工者的关怀与贴心时常可见,很多有人味儿的话,挺能引人共情。他还有很率真的表达,这种“真”没有任何包袱,就是想说就说。</td></tr>
<tr><td>思政元素</td><td>思政元素 1:民族自信
鲁迅先生说过:我们从古以来,就有埋头苦干的人,有拼命硬干的人,有为民请命的人,有舍身求法的人……这就是中国的脊梁。而以上两个案例,就是这句话的最好注解。引导学生在提高思想觉悟的同时,清楚地认识中华文化的优秀</td></tr>
</table>

思政元素	之处，从而对自己民族的文化充满自信心和自豪感。 **思政元素2:社会责任** 结合李兰娟院士与张文宏医生的事迹，引导学生热爱所学专业，教育同学们要读书，要多学习语言学的理论知识并用来指导自己的语言实践，多说老百姓“爱听的话”，未来才能成为对社会有用的人，树立正确人生导向。用知识去战胜危险，用勇敢和担当去化解危难。 **思政元素3:敬业精神** 敬业精神是人们基于对一件事情、一种职业的热爱而产生的一种全身心投入的精神，它的核心是无私奉献意识。齐鲁医院医疗队编写《武汉方言手册》的事迹，体现了我国医疗工作者们高度的主人翁意识与责任感，追求崇高、精益求精的工作态度。引导学生应该在平凡的岗位上以敬业精神完成伟大的事业。
“课程思政”实施路径	1.由“语言学概论的研究对象是全人类的语言，语言学概论主要研究语言理论”引出“学习本学科理论的重要意义——更好地为人民服务”，它是一种社会责任，结合了新冠疫情中的巾帼英雄李兰娟院士的求学历程。 2.由“语言学的学科地位和功能”引出“做学术研究是一种职业修养”，响应了习主席提倡把“论文”写在祖国大地的倡议，把科技成果应用在实现现代化的伟大事业中。结合了新冠疫情防控典型案例——齐鲁医院医疗队编写《武汉方言手册》。 3.由“语言学体现了一个国家的综合国力”引出“如何将语言理论应用到使用语言的实践当中去”，结合了新冠疫情防控典型案例——张文宏医生走红是因为专业修养“硬核”与修辞“硬核”的完美结合。 4.以上优秀代表人物都让我们产生强烈的文化认同感和民族自信心，从而激发爱国热情。

绍兴文理学院"课程思政"
新冠疫情防控专题教学设计方案(女装结构设计Ⅱ)

<table>
<tr><td>学　　院</td><td>元培学院</td><td>课程名称</td><td>女装结构设计Ⅱ</td></tr>
<tr><td>授课教师</td><td>劳越明、余　芳</td><td>授课班级</td><td>服装设计与工程 1801、1802</td></tr>
<tr><td>授课章节</td><td colspan="3">成衣款式变化纸样分析</td></tr>
<tr><td>课程类别</td><td colspan="3">A.公共平台课　<u>B.专业平台课程</u>　C.专业选修课　D.全校选修课</td></tr>
<tr><td>教学目标</td><td colspan="3">一、知识目标
熟练掌握服装制板领域的技术标准和规范,掌握服装款式变化中结构样板设计的基本原理及工程实践知识,掌握新冠疫情防控中出现的医用防护服结构。
二、能力目标
熟悉结构制板中数据采用与处理的技术方法,能够独立完成从样板到样衣试制,并对试穿中出现的结果进行分析与评价,对现有防护服穿用过程中出现的问题进行结构研究。
三、素质目标
熟悉服装产品的生产流程,弘扬工匠精神,有较强的创新意识和进取精神,提高自学能力,能运用科学的结构设计方法,联系实际,对防护服、口罩等相关纺织类医用物资能提出自己的见解。</td></tr>
<tr><td>教学内容</td><td colspan="3">一、内容概要
1.分析防护服穿用环境与要求,款式特征,确定防护服纸样设计的基本思路,包括其穿着方式、衣身廓型、款式松量、开身结构等。
2.确立防护服的结构纸样制板方法,放量设计、前后衣身平衡处理,分割、褶裥的设计,领袖帽兜样板的匹配设计。
3.从结构设计到工艺设计,包括对扣合方式、不同缝合(黏合)工艺的做缝设计、里料衬料样板设计。
4.复核纸样,综合考虑成衣所用面料、生产技术标准等指标,确认完整的设计纸样。
二、本章节重难点
1.从防护服的穿用环境与要求出发,运用服装人体工学原理,对其款式结构纸样进行分析。
2.防护服样板的放量大小设计,前后衣身平衡的把握。
3.联系防护服面料特性、生产技术标准,确认复合纸样的准确性与完整性。
三、教学设计
1.课前结合在线教学,通过设计发布专题讨论帖及防护服相关拓展资料,创设情境,引发思考,引导学生启发思维参与在线讨论。
2.课中从成衣款式变化纸样设计原理入手,引入案例,提出服装人体工学要求下的防护服功能设计,设难置疑,结合学生在讨论帖中的发言,展开防护服结构设计及创新。
3.课后布置进行防护服结构纸样设计创新的学习任务,建议有条件的同学进行样衣制作。</td></tr>
</table>

新冠疫情防控典型案例	**案例一:《习近平在分析新冠肺炎疫情形势研究加强防控工作的讲话》来源:新华社,2020-02-12** 习近平指出,新冠肺炎疫情发生以来,我们始终坚持把人民群众生命安全和身体健康放在第一位,按照坚定信心、同舟共济、科学防治、精准施策的总要求,全面开展疫情防控工作。在党中央集中统一领导下,中央应对疫情工作领导小组及时研究部署工作,国务院联防联控机制加大政策协调和物资调配力度。会议强调,要强化医疗物资等的供应保障,充分调动口罩、医用防护服生产企业的积极性,加快推动企业复工达产,鼓励有条件的企业扩大产能或转产,帮助解决缺员工、缺设备、缺原材料和资金紧张等问题。 **案例二:《创造条件也要上!大量纺织服装企业"转战"口罩、防护服生产》来源:新华社,2020-02-12** "没有条件,创造条件也要上。"在一线防疫物资,特别是医用防护服、口罩等仍然存在较大缺口的当下,很多纺织服装企业纷纷"转行",对生产进行大量的流程再造,车间采用特殊的通风设备,确保处于无菌状态。通过新建厂房、引进生产线等方式加入物资生产的"大军"。增强防护物资的保障能力,推动产业链关键核心环节企业复工复产,鼓励和推动相关企业转产医用物资。 **案例三:《不透气　不合身　不易穿脱　防护服能否兼顾安全与舒适》来源:中国科学报,2020-03-17** 新冠肺炎疫情期间,一线医护人员被防护服浸湿的头发、衣裤,被口罩勒破的脸颊频频出现在公众视野中。那么,是否有办法解决他们的困扰?防护效果和舒适性能否兼得?此次疫情给防护材料研究指出了新方向。像运动员穿的衣服,将同样的材料、结构用到防护服上来,是不是能够达到要求?再比如口罩的材料,如果能研发出恒应力的材料,就会减少对医护人员脸部的伤害。科研要真正面向需求,而不是在实验室中闭门造车。中国创造需要在细节上进行突破,有很多小创新、大市场的东西值得我们去做。
思政元素	**思政元素1:爱国主义** 在以习近平同志为核心的党中央坚强领导和科学部署下,中国人民上下同心、团结协作、顽强斗争,充分发扬伟大的中国精神,凝聚起众志成城抗击疫情的强大精神力量。这次疫情,让世界看到了中国的强大。生命重于泰山,疫情就是命令,防控就是责任。一声令下,各级政府部门制定周密方案,组织各方力量开展科学防控,做好疫情监测、排查、预警等工作,坚决维护社会大局稳定。 在疫情阻击战打响之初,口罩、防护服等医用物资供应面临很大的缺口。全国各地口罩生产企业提前复工,想尽办法提高产能,支持武汉。很多传统企业纷纷转产生产医用口罩和防护服,给抗战在疫情一线的英雄战士们提供了基本的生命安全保障。 **思政元素2:科技兴国** 针对此次疫情中医用口罩和防护服的产能提升及科研攻关,让学生了解纺织服装行业生产研发的重要性、生产先进性。使学生了解到国内纺织服装行业的产业升级,培养学生科学技术现代化理念,树立实现中国梦抱负,实现专业创新,牢记科学技术现代化是实现中国梦的第一推动力。科学技术在此次新冠疫情防控中发挥着关键性的作用,需要教导学生培养科学研究创新意识,努力学习专业知识,加深专业化,在国家需要的时候才能发挥重要的作用。

<table>
<tr><td>思政元素</td><td>思政元素3:公共意识
在疫情期间,要做好宣传教育和引导工作,以各地区各部门联防联控的措施成效和防疫抗疫一线的感人事迹展现中国人民团结一心、同舟共济的精神风貌,凝聚众志成城抗疫情的强大力量,让学生逐步树立公共意识,发挥主观能动性。
同时,提醒学生提高自身防范能力,保护好身体,要认识到居家隔离是责任,不能任性妄为。不为防疫抗疫添乱,积极传播正能量,为打赢这场抗疫大战做出青年人应有的贡献。疫情防控阶段需要配合好学校安排,做好防护和疫情报送。要坚定信心、同舟共济,大事小事从我做起,相信我们一定能打赢疫情防控阻击战。</td></tr>
<tr><td>"课程思政"实施路径</td><td>一、教学基本思路设计
课前:收集资料、论坛讨论、高度关注;
课中:线上线下混合教学、课堂讨论;
课后:复核样板、在线测试、模拟制作。
二、教学方法与实施过程
本次课教学实施路径设计如下。
1.预习导入:针对当前疫情,拓展医用防护服认识,分析防护服成衣穿用环境与要求。讲述防疫抗疫一线的感人事迹。针对纺织服装行业的纷纷转产复工加入防护服生产,融入思政元素,进行爱国主义情怀教育。
2.线上线下混合教学:使用浙江省在线平台,开展网络教学,分享资源,分析防护服的款式特征,确定成衣纸样设计的基本思路,包括成衣的穿着方式、衣身廓型、款式松量、开身结构等,确立医用防护服成衣的结构纸样。讲好中国抗击疫情故事,融入思政元素,加强学生的科技创新意识。
3.课堂讨论:针对当前疫情环境下医用防护服穿脱问题及长时间穿着对人体舒适度的影响,讨论放量设计、前后衣身平衡处理、省量与分割、褶皱的设计、领袖样板的匹配设计等。通过医护人员穿着防护服的体验与困境,思考结构、材料等优化问题,融入思政元素,强调科学技术现代化是实现中国梦的第一推动力。
4.模拟制作:通过案例分析,强化学生对知识的掌握;通过互动,增强学习氛围,提高学生的学习积极性。讲授从结构设计到工艺设计,包括对扣合方式、不同缝纫工艺的做缝设计、里料衬料样板设计。要求学生团队协作制作成衣,每组成员协作来完成任务,增强学生之间的协作精神。
5.总结提升:复核纸样,比较成衣穿着效果及舒适度体验,融入思政元素中的科技创新和责任与担当意识。</td></tr>
</table>

绍兴文理学院"课程思政"
新冠疫情防控专题教学设计方案(服装材料学)

<table>
<tr><td>学　　院</td><td>元培学院</td><td>课程名称</td><td>服装材料学</td></tr>
<tr><td>授课教师</td><td>张才前</td><td>授课班级</td><td>服装设计与工程 1801 班</td></tr>
<tr><td>授课章节</td><td colspan="3">第四章　服装用织物性能</td></tr>
<tr><td>课程类别</td><td colspan="3">A.公共平台课　<u>B.专业平台课程</u>　C.专业选修课　D.全校选修课</td></tr>
<tr><td>教学目标</td><td colspan="3">一、知识目标
向学生传授服装材料基础知识,包括纤维原料类别、用途、工艺流程及保养方式等。使学生了解服装材料的基本分类,掌握常见纺织品的主要性能,结合当前新冠防疫热点,掌握服装材料中可以用于疫情防控的材料以及防控方法和原理。
二、能力目标
让学生掌握分析、识别服装面料的能力,熟练运用仪器正确分析及评价面料,包括常规服装面料、辅料、皮革类材料分析、识别的能力,使学生掌握面料风格及特点。学习过程中让学生树立民族自豪感,感受服装行业蓬勃发展及其产业对人民生活及国家经济产生的重要贡献。
三、素质目标
通过讲解服装面料发展历程,树立学生的发展意识。通过服装碳标签的运用,树立学生的社会责任意识。通过服装面料生产流程的讲解,树立学生的敬业意识。通过意识提升,达到提高政治素质和科学素质的目标。将新冠肺炎疫情防控战中的典型人物、感人故事、优秀事迹融入教学全过程,帮助学生树立正确的世界观、人生观、价值观。</td></tr>
<tr><td>教学内容</td><td colspan="3">一、介绍服装面料的不同类别及特点。
二、介绍服装面料的基本性能及应用效果,包括纤维原料、纱线特征、面料组织及结构、面料基本物理机械性能等。
三、部分新款服装面料欣赏,介绍服装设计中服装面料的选择及应用方法。其中生产流程图如下:
服装设计加工　染色印花后整理　织布　纺纱
服装 —— 面料辅料 —— 织物(坯布) —— 纱线 —— 纤维
非织造</td></tr>
</table>

教学内容

通过引入新款服装面料，让学生树立发展意识，通过对中国服装工业规模及发展现状进行介绍，树立学生的民族自豪感。在讲授面料性能的相关知识点时，如涉及熔喷无纺布面料，可提及在新冠肺炎防治中普遍使用的口罩及防护服等材料，引出教学内容，讲解熔喷无纺布生产方法、生产流程及产品应用等，并结合实际讲授 N95 医用口罩与普通一次性口罩的区别。非织造布面料已成为继机织和针织布之外的又一新型面料品种，这种织物因其原料质量要求低、生产流程短、产品成本低而被广泛应用于生产生活的各个方面，尤其作为一次性纺织品被大量用于医疗卫生、产业用品等方面。

在讲授无纺布知识点时，合理融入思政元素：这些穿着一次性防护服、佩戴医用口罩的医护人员舍小家顾大家，勇于担当，无私奉献，没有他们，就没有这场战役的胜利！医护人员是勇挑重担的白衣战士，是这场无硝烟的战争中的逆行者。正是他们负重前行才换来我们的岁月静好。通过融入思政元素，让学生深刻认识到每个人都肩负使命，只有拥有强大的责任感，才能成为一名对社会、对国家有用的人。

在这次新冠病毒的抗疫过程中，一些之前不被大众熟知的用品成了网络热搜词，一次性防护服、N95 口罩是其中的典型代表。以社会热点事件为背景，自新冠肺炎暴发以来，全国人民同心对抗病毒，大批医护人员投身这场“没有硝烟的战争”，他们用实际行动诠释了逆行中的勇敢和坚守、责任和担当。科普纺织知识并将思政元素融入教学，既增加了学生的知识，又增强了学生的家国情怀。熔喷无纺布应用实例如下图所示。

产品应用

- 过滤材料

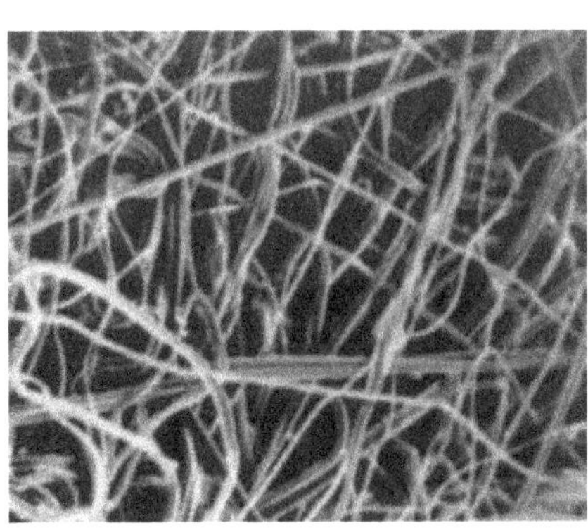

熔喷法非织造布扫描电镜照片

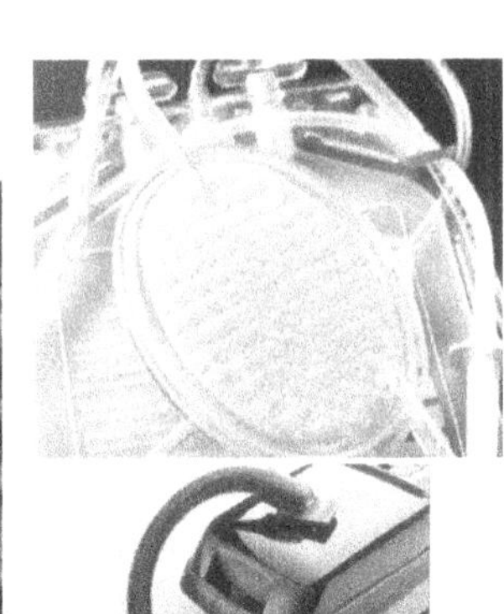

新冠疫情防控典型案例	**案例一:《工信部:30 多家口罩企业复产　产量一天 800 万只以上》来源:中国新闻网,2020-01-25** 工信部公布疫情防控物资保障有关工作情况。从目前了解的情况来看,在口罩生产供应方面,我国口罩最大产能是每天 2000 多万只。目前正在组织动员企业停止休假,加班加点生产,尽快恢复产能。现有 30 多家企业复产。产量达到一天 800 万只以上,保障市场供应有底气、有信心。在消杀用品生产、储备方面,有关企业克服春节用工困难,抓紧恢复产能,能够有效满足疫情防控需要。让学生通过案例了解我国纺织品服装行业的伟大,并树立民族自豪感,并提升对专业的归属感。 **案例二:《习近平在浙江考察调研》来源:新华社,2020-03-29** 阳春三月,习近平总书记赴浙江考察调研,释放出在疫情防控常态化条件下,加快恢复生产生活秩序、加快推动复工复产的鲜明信号。浙江省是纺织服装大省,加快恢复生产生活秩序对服装产业发展意义重大,通过案例树立学生对行业、产业的信心。
思政元素	**思政元素 1:科技兴国** 通过对静点驻极口罩滤材的介绍,让学生掌握通过科技手段,可化解过滤效率与口罩气阻的矛盾,树立学生科技兴国的思想。 **思政元素 2:职业道德** 通过课程的内容组织、案例实施,让学生充分了解、认识服装设计与工程专业的基本内容、学习方向和就业领域,通过新冠肺炎期间口罩材料介绍,增强学生专业兴趣及认同感。通过对专业更为全面的认识,树立正确的职业道德。 **思政元素 3:社会责任** 结合服装材料学中涉及的能源消耗、环境污染等问题,引导学生正确树立社会主义核心价值观,增强学生社会责任感。 **思政元素 4:文化传承** 将课程涉及原理、定理类的内容中蕴含着的中国优秀传统文化,如丝绸文化、纹样设计文化通过视频及图案引入课程,树立学生学习传统文化的热情,并建立促进传承发展的信念。
"课程思政"实施路径	将德育元素与教学内容融合。 **(一)融入社会主义核心价值观、社会责任感等** 课程中涉及服装材料基础原料时讲到,我国的能源消耗、碳排放已居世界第一,而且还将持续增加。如果不做恰当的引导,容易使学生产生我国对全球污染、地球变暖责任最大的误解,产生负面影响。 课堂中,应该引导学生正确看待此问题,从以下几个方面分析:第一,从历史角度看问题。不应只看当前几年我国是第一,应该把世界各国从工业化以来的累积能源消耗量进行比较,然后会发现我国的能源消耗和碳排放总量远小于欧美发达国家。第二,从人均角度看问题。如果以人均来计算,我国不只累积能源消耗和碳排放很少。当前,年人均能源消耗量同样少于其他发达国家。第三,从消费端来看问题。如果从消耗能源制造的产品最终被谁消耗了来看,则我国制造的很多产品是出口给国外,由其他国家消费了,这样看,我国的能源消耗量及碳排放也会降低很多。第四,从各国签订协定承诺积极性看问题。我国已经主动提出降低能源消耗,制定了碳排放峰值控制目标及调整能源结构等措施,并且愿意出资进行国际合作,表现出积极负责的大国风范。

“课程思政”实施路径	经过以上分析可得出,全球气候恶化的能源消耗和碳排放最多的国家不但不是我们,反而是我们还在不断制造产品给发达国家消费,在牺牲了自身环境的同时,被其他国家错误指责消耗能源太多。 **(二)中国优秀传统文化教育** 在涉及原理、定理类的课程内容中融入中国优秀传统文化,如将丝绸文化、纹样设计文化通过视频及图案引入课程,树立学生学习传统文化的热情,并建立促进传承发展的信念。 在服装面料防紫外性能测试上,面料对紫外线的吸收、透射和反射的总和保持不变,这部分也可以延伸到一个道理上,即时间也是一样,一天的时间总量是不变的,用在游戏上的时间多了,用在学习上的时间就少了,劝导学生少玩或不玩游戏,把精力放在学业上,潜心课业,不要虚度光阴。 在介绍服装面料测试大气环境的时候,明确在新冠肺炎期间,很多防护用品在不同环境下,防护效果会有显著差异。要稳定保持在65%相对湿度,当湿度偏高、偏低时对材料性能影响很大。通过水汽调节,湿度就可回到原来的平衡水平,否则会越偏越远。人生路上也是如此,偶尔犯一些小错误没关系,关键要“知错即改”,及时把自己拉回到正确轨迹上,同时通过“自律”这个水汽调节将偏差逐渐变小,直至最终回到正确的轨道上,这样人生路才不会走偏。此外还可以通过相对湿度偏差阈值,警示同学,有些红线是不能踩的,要注意在规定的范围内行事,否则就将一失足成千古恨。 **(三)中国特色社会主义的“四个自信”** 提升学生“四个自信”的思路是:(1)从被动“学”到主动“悟”,兴趣激发是核心。“四个自信”教育重在理念、思维、意识的培养,并不在于知识信息的简单传授。教师进行“四个自信”教育时,在遵循教学大纲、明确教学目的前提下,必须要对教学内容进行筛选、加工、提炼,脚踏实地从现实和学生生活中提取素材,课程设计要做到科学、合理、全面、生动,以生活世界作为教学的深厚根基和肥沃土壤,培养和激发学生的学习兴趣,做到“兴趣引领学习、在学习中领悟”。(2)从“知识传导”到“思想共鸣”,内心认同是根本。在讲授熔喷无纺布知识时,引出在新冠肺炎期间,服装材料对疫情防控起到了关键性作用。通过案例介绍,可增强学生的专业认同度及自豪感。在讲授服装材料学中化纤产业规模时,穿插观看轻纺城俯视图、萧山化纤城、大型企业生产现场,让学生从中感受到祖国的伟大,感受到做中国人的骄傲与自豪,感受到中华民族美好的未来。从更深一点的层面讲,希望学生在能够看到这些历史性成就的同时,也能多几分思考。

绍兴文理学院"课程思政"新冠疫情防控专题教学设计方案(刑法总论)

<table>
<tr><td>学　　院</td><td>元培学院</td><td>课程名称</td><td>刑法总论</td></tr>
<tr><td>授课教师</td><td>王　萍</td><td>授课班级</td><td>法学 18 级</td></tr>
<tr><td>授课章节</td><td colspan="3">第五章　违法要件　第六章　责任要件</td></tr>
<tr><td>课程类别</td><td colspan="3">A.公共平台课　<u>B.专业平台课程</u>　C.专业选修课　D.全校选修课</td></tr>
<tr><td>教学目标</td><td colspan="3">一、知识目标
通过对犯罪构成要件的学习,理解犯罪构成理论的逻辑体系,掌握成立犯罪的具体构成要件要素,了解哪些违反新冠疫情防控的行为可能构成犯罪,以及具备什么条件时会成立犯罪。
二、能力目标
能够利用犯罪构成要件判断某一具体行为是否构成犯罪,具备基本的认定犯罪的能力,能够区分罪与非罪、此罪与彼罪;能够结合新冠疫情防控中的典型案例,运用犯罪构成要件对违反新冠疫情防控的行为是否构成犯罪进行判断。
三、素质目标
做到在自己遵纪守法、遵守新冠疫情防控规定和措施的同时,利用所学法律知识进行普法宣传,影响周围的人在疫情防控期间严格遵守各项防控措施,提高社会责任感,发挥专业优势。</td></tr>
<tr><td>教学内容</td><td colspan="3">第五章　违法要件
第一节　构成要件符合性
一、行为主体
二、行为
三、行为对象
四、结果
五、因果关系
第二节　违法阻却事由
一、正当防卫
二、紧急避险
三、其他违法阻却事由
第六章　责任要件
第一节　责任要件符合性
一、故意
二、过失
三、目的与动机
第二节　责任阻却事由
一、责任能力
二、违法行认识的可能性
三、期待可能性</td></tr>
</table>

新冠疫情防控典型案例	**案例一:《四川首例!男子妨害疫情防控人员执行公务被判拘役4个月》来源:最高人民法院,2020-02-12** 2月4日14时许,仁寿县普宁街道办事处工作人员廖某某、邓某和仁寿县网格中心主任杨某某等人按照仁寿县新型冠状病毒感染的肺炎疫情联防联控工作指挥部文件要求,经普宁街道新型冠状病毒感染的肺炎疫情联防联控工作指挥部安排,到仁寿县普宁街道钟坝社区某小区外开展疫情联控工作。廖某某等人在拉警戒线、设置卡点时,因被告人王某的四轮电瓶车挡住了卡点进出口通道。廖某某向王某表明其系普宁街道办事处疫情防控工作人员身份后,要求其配合将车挪开。被告人王某拒不配合,与廖某某发生口角,并挥拳击打廖某某右脸,妨碍其执行公务。廖某某等人将王某控制后,王某仍然不听劝告,用手抓挠廖某某面部,致使其面部软组织损伤。2月11日上午,四川省眉山市仁寿县法院采用远程视频方式,由院长承办,以妨害公务罪判处被告人王某拘役四个月。这是四川省在新型冠状病毒感染的肺炎疫情防控期间,判决的首例针对疫情防控工作的妨害公务罪案件。 **案例二:《确诊病例苟某被西宁警方以涉嫌危险方法危害公共安全罪立案侦查》来源:青海日报,2020-02-02** 西宁市湟中县李家山镇汉水沟村村民苟某,长期在武汉务工,近日返西宁后,拒不执行西宁市新型冠状病毒感染的肺炎疫情防控处置工作指挥部关于"重点地区人员需向社区(村)登记备案,并主动居家隔离"的要求,故意隐瞒真实行程和活动,编造虚假返回西宁的日期信息,对自己已有发热咳嗽等症状刻意隐瞒,欺骗调查走访人员,且多次主动与周边人群密切接触。特别恶劣的是,苟某有意隐瞒其子与其一同从武汉返西宁的事实,其子也多次在外活动,并密切接触人群。 目前,苟某和其子已被确诊为新型冠状病毒感染的肺炎病例。苟某的行为违反《中华人民共和国刑法》《中华人民共和国传染病防治法》等国家有关法律法规和青海省西宁市新型冠状病毒感染的肺炎疫情防控处置工作指挥部通告,严重干扰破坏了疫情防控工作,现苟某因涉嫌以危险方法危害公共安全罪被公安机关立案侦查,并被隔离收治。 **案例三:《山西:首例涉疫情防控寻衅滋事案　被告人获刑两年》来源:新华网,2020-02-27** 2020年2月7日,被告人任某某酒后来到寿阳县温家庄乡大东庄村新冠肺炎疫情防控卡点。他明知被害人朱某某系该村执勤工作人员,仍对朱某某进行辱骂、殴打。经村干部和公安民警劝离后,被告人任某某又多次返回疫情防控卡点,对正在执勤的朱某某进行威胁,并手持菜刀将正在为村民登记信息的朱某某压倒在地,掐其脖子,进行殴打,致朱某某身体多处受伤。法院经审理认为,被告人任某某在新冠肺炎疫情防控期间,明知被害人朱某某是执勤人员而对被害人进行辱骂、威胁和殴打,扰乱了疫情防控工作的正常秩序,且情节恶劣,造成了严重的社会影响,其行为构成寻衅滋事罪。被告人任某某在案发后能如实供述犯罪事实,积极赔偿被害人损失,取得被害人的谅解。寿阳县人民法院一审依法判处被告人任某某有期徒刑两年。

<table>
<tr><td>思政元素</td><td>在发生突发公共事件时，法律治理应当发挥重要作用，通过疫情防控专题教育，将思政元素与专业学习相结合。
思政元素 1:法治意识
充分了解与疫情防控相关的法律问题和法律规定，做到自身严格遵守法律法规。在面对热点社会事件时，善于用法律思维思考问题。
思政元素 2:社会责任感
利用专业优势宣传疫情防控法律知识，为维护特殊时期的社会秩序贡献力所能及的力量。
思政元素 3:政治敏感度
疫情发生后，各种声音层出不穷，在没有充分了解事实的情况下，不盲从，不随便下结论。发表言论时也应当以事实为依据，以法律为准绳。
思政元素 4:制度自信
中国在疫情防控中的法律制度和措施，包括对违反疫情防控犯罪行为的制裁，对控制疫情发挥了重大作用，中国是目前司法防控疫情最成功的国家，对此应当树立制度自信。</td></tr>
<tr><td>"课程思政"实施路径</td><td>一、思政元素的切入点
以第五章、第六章作为"课程思政"的切入点，因为这两章的内容是关于犯罪的成立条件的，在讲解过程中选取疫情防控过程中的典型犯罪案例，运用构成要件理论进行分析、判断和认定，了解何种违反疫情防控的行为会构成犯罪，从而强化学生的法治意识。
二、思政元素融入课程内容
（一）刑法上的"行为"是指侵害法益的行为，至少要有侵害法益的危险，并非任何行为都能构成犯罪行为，因此，并非任何违反疫情防控规定的行为都会构成犯罪。现实中，一遇到违反疫情防控规定的行为，很多人出于恐慌，往往发表喊打喊杀的言论，认为要把不服从管控的人通通定罪判刑，这明显是脱离法律的评判，作为法律专业的学生应运用专业知识进行冷静判断。
（二）不同犯罪保护的法益不同。对于违反疫情防控规定的案件，在定罪中出现了不同罪名，有的认定为妨害公务罪，有的认定为寻衅滋事罪，有的认定为以危险方法危害公共安全罪，这需要运用刑法构成要件理论进行研习。
（三）构成犯罪在主观上需要具备故意或过失。对于一些因自身携带病毒造成传播的行为，只有当传播者明知自己患有新冠肺炎仍违反防护规定，或者故意瞒报信息等时，才有可能构成犯罪。
（四）刑法的功能之一是保障人权，认定犯罪应当遵循罪刑法定原则。在疫情防控中，对犯罪的认定也是根据刑法明文规定的犯罪构成要件进行定罪处刑的，针对西方国家对中国防控措施侵犯人权的质疑，运用所学法律知识进行分析后，应有充分的制度自信。
三、教学措施
（一）线上教学
利用超星学习通、腾讯课堂等教学平台开展线上教学，同时，学生利用互联网可以获取丰富的教学资料和与疫情防控有关的大量素材，可以在社交平台运用专业优势进行普法宣传，发挥正能量。</td></tr>
</table>

“课程思政”实施路径	(二)案例教学 将供学生讨论的案例与学生搜集的案例相结合,充分利用案例教学的优点,将抽象的理论与社会实践相结合,推动学生关注社会问题,关心国家大事,学以致用。 (三)小组讨论 对疫情防控过程中发生的一些热点事件和典型案例,以及引起广泛讨论、争议的现象或观点,布置学生以小组为单位展开讨论,运用法律思维思考问题,可以增强法治意识,提高政治觉悟,树立制度自信,避免人云亦云、盲目跟风、陷入对国家和社会不利的舆情之中。在学生的认识提高的同时,为当前舆情提供正面影响。

绍兴文理学院"课程思政"
新冠疫情防控专题教学设计方案(生药学)

学　院	元培学院	课程名称	生药学
授课教师	孙小红	授课班级	药学1801/1802/1803/1804
授课章节	第六章　生药的鉴定		
课程类别	A.公共平台课　B.专业平台课程　C.专业选修课　D.全校选修课		
教学目标	**一、知识目标** 掌握生药常用的鉴定方法:来源鉴定、性状鉴定、显微鉴定和理化鉴定;熟悉生药鉴定的一般程序与方法;了解生药鉴定对于保障新冠肺炎中药材品质的作用。 **二、能力目标** 能掌握生药鉴定品质评价的方法和程序技能,能执行《中国药典》有关规定;能掌握治疗新冠肺炎相关中药质量监管手段和方法。 **三、素质目标** 让学生了解中医药这一中华民族瑰宝在新冠肺炎疫情防控中发挥了重要作用,增强民族自豪感;对新冠肺炎相关中药材的品种真伪鉴别和品质优劣评价对于保证中药质量具有深远意义,培养学生社会责任感。		
教学内容	**一、教学内容** 本次授课内容为生药鉴定。生药鉴定是综合利用传统的和现代的检测手段,依据国家药典、有关政策法规及相关专著和资料对生药进行真实性、纯度和品质优良度的评价,以确保生药的真实性、安全性和有效性。 (一)生药鉴定的意义及一般程序 (二)生药鉴定内容 1.生药的基源鉴定 2.生药的性状鉴定 3.生药的显微鉴定 4.生药的理化鉴定 5.生药的定量分析 6.生药的常规检查 **二、教学安排的设计** 通过设计课程学习任务清单,课前规定具体预习任务,将其发布在学习通平台;课中介绍生药鉴定过程与方法并根据学生的学习效果与反馈把握教学进度与节奏;课后安排在线测试,检查学生对知识点的掌握程度,并下达线上线下学习任务。介绍上述知识点时,创设情境,引发思考;引入案例,启发思维;设难置疑,引发思辨。		

新冠疫情防控典型案例	**案例一:《张伯礼院士:防治新型冠状病毒肺炎 中医药应发挥更大作用》来源:学习强国,2020-01-23** 张伯礼认为,通过几千年与疫病的斗争,中医药积累了丰富的经验。十几年前在SARS的临床治疗中,中医在减轻发热症状、控制病情进展、减少激素用量、减轻并发症等方面疗效显著,经过世界卫生组织(WHO)专家组考查,推荐相关治疗方案在全球推广。而后对SARS病毒的实验表明,一些中成药确实具有抑杀冠状病毒的功效。因此,在此次新型冠状病毒肺炎的防治中,中医药应该发挥更大的作用。此外,在药物研究方面,将针对此次新型冠状病毒开展体外筛选实验,寻找有针对性的药物,以便临床推广应用。张伯礼谈到,有可能参与实验的药物包括连花清瘟、抗病毒口服液、金花清感、藿香正气、热毒宁、清瘟败毒散等。 **案例二:《中医药向新冠肺炎亮剑——国家中医药管理局发布“清肺排毒汤”的意义和作用》来源:学习强国,2020-02-24** 国家中医药管理局及时寻找“武器”,推出了“清肺排毒汤”。组方为麻黄9g、炙甘草6g、杏仁9g、生石膏15～30g(先煎)、桂枝9g、泽泻9g、猪苓9g、白术9g、茯苓15g、柴胡16g、黄芩6g、姜半夏9g、生姜9g、紫菀9g、冬花9g、射干9g、细辛6g、山药12g、枳实6g、陈皮6g、藿香9g。 **案例三:《新冠肺炎治疗的中西药质量如何?国家药监局的回应来了》来源:澎湃新闻,2020-03-12** 针对新型冠状病毒肺炎诊疗方案中所推荐的中药品种,国家药监局如何把控质量?袁林在发布会上肯定了这次在防控新冠肺炎疫情工作中,中医药特别是中药发挥了巨大的作用。对于中药的质量监管,袁林介绍,国家药品监督管理局有针对性地强化药品质量监管,特别是针对中药。围绕陆续出台的各版《新型冠状病毒肺炎诊疗方案》中推荐的中药品种,还有一些是中药注射剂,针对这些重点品种,特别是针对这些生产企业,也包括相关的经营企业,国家药监局分级分类、精准施策,全面加强监督检查和质量监管。
思政元素	**思政元素1:树立文化自信** 结合教学内容,体会中医药文化的博大精深,增强对中华传统中医药文化、中医药作用的认同感和自豪感,坚定文化自信。 **思政元素2:增强社会责任感** 针对中医药对新型冠状病毒防治的作用,让学生利用专业知识宣传中医药,将发扬光大中医药的作用作为自己社会责任的一部分。 **思政元素3:增强职业认同感** 针对新型冠状病毒肺炎诊疗方案中所推荐的中药品种,从职业角度了解中药鉴定专业技能在工作中的重要性,强化学生的职业使命感。

“课程思政”实施路径

一、基本思路

从中药在肺炎防治过程中发挥的作用出发，通过各种治疗新型肺炎的方剂，以角色模拟的方式使学生触碰中药材质量鉴定，并在分析研究的基础上升华认识，实现思政目标。

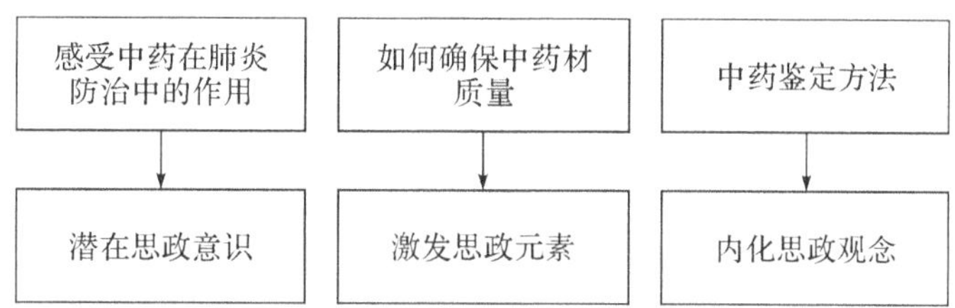

二、教学方法

线上与线下混合式、角色模拟、案例法等。

线上：
1.布置作业：收集中药载预防治疗新型冠状病方案。
2.提供PPT、视频等理论资料。
课前

线上（目前）与线下（今后）：
1.结合理论探讨中药质量鉴定方法。
2.通过角色模拟引导学生思考，并融入思政元素。
课中

线上：
1.结合理论内容完善作业。
2.检验思政元素的融入情况，并根据结果调整下次实施的具体措施与手段。
课后

三、教学措施

（一）课前：资料收集以及中药鉴定方法的学习

通过学习通平台提交相关材料以及微课，提醒学生提前预习，并布置作业“中医药预防以及治疗新型冠状病方案，经常用到的是哪几种中药材？以其中一个为例，说明如何确定其真伪优劣”。每位学生先去搜集相关资料，然后以小组的形式，提交一份报告。在此过程中，每个学生可以了解到中医药在新型冠状肺炎预防及治疗中的应用，提升思政元素融入的可能性，达到“润物细无声”的效果。

（二）课中：组建课程学习小组开展团队合作探究学习

课程线上与线下混合式教学，活跃课堂互动氛围，要求组建团队学习小组，规定分组与取名规则。

1. 小组人数：5人一组，以药学专业81人为例，可组建16个小组。
2. 成员组成：组员学习成绩必须涵盖优等生、中等生和困难生等三类。
3. 互帮互助：某组员回答问题、团队汇报时，其他成员可帮助补充修改。
4. 成绩共享：组员进行汇报、答题、分享等情况，其他成员共享成绩。

四、教学举措

（一）利用学习通平台线上资源，开展网络教学。

（二）布置在线测试闯关考试，开展线上考核。

绍兴文理学院“课程思政”新冠疫情防控专题教学设计方案(摄影)

<table>
<tr><td>学　　院</td><td>元培学院</td><td>课程名称</td><td>摄影</td></tr>
<tr><td>授课教师</td><td>孙华强</td><td>授课班级</td><td>视觉传达设计 1911</td></tr>
<tr><td>授课章节</td><td colspan="3">纪实摄影</td></tr>
<tr><td>课程类别</td><td colspan="3">A. 公共平台课　<u>B. 专业平台课程</u>　C. 专业选修课　D. 全校选修课</td></tr>
<tr><td>教学目标</td><td colspan="3">一、知识目标
了解纪实摄影的概念,以及纪实摄影按主题、信息、动机等分类方式;认识纪实摄影的历史、社会、美学价值;理解纪实摄影作品的赏析标准。
二、能力目标
通过本课程学习,引导学生用专业理论知识评析纪实摄影作品;掌握纪实摄影的创作思路以及拍摄的各种技巧方法,学会独立完成作品拍摄。
三、素质目标
在掌握纪实摄影拍摄技能的基础上,培养学生良好的创作素养,践行“知行合一”,在纪实摄影创作中展现社会责任感与使命感,通过作品真实呈现社会现实,体现人文关怀,引导人们关爱社会,向善向真,促进社会进步。</td></tr>
<tr><td>教学内容</td><td colspan="3">一、纪实摄影的概念与分类
(一)按主题
(二)按动机
二、纪实摄影的价值与评析
(一)历史价值
(二)社会价值
(三)美学价值
三、纪实摄影的拍摄技巧与方法
(一)主题
(二)主体
(三)画面
四、经典纪实摄影作品大师赏析
重点结合当前新冠疫情防控期间纪实摄影作品。
五、纪实摄影拍摄创作</td></tr>
</table>

新冠疫情防控典型案例	**案例一:《钟南山院士接新华社专访　谈他对疫情的最新看法》来源:新华网,2020-01-28** 1月28日,钟南山院士接受新华社专访。尤其当他说道:我有一个学生,他提供了一个信息,他说他听到(武汉)老百姓唱起国歌,很感动……84岁的他哽咽了,双唇紧闭,鼻子抽搐了一下,透过眼镜,我们都能看到他眼角的泪花。半晌,他接着说:所以,这个劲头上来了,很多事情都能……武汉本来就是一个英雄的城市。有全国,有大家的支持,武汉肯定能过关! **案例二:《喇叭响了　心里亮了——吕梁山区农村一线防疫见闻》来源:新华网,2020-02-01** 2月1日,新华社记者柴婷拍摄的照片显示,汾阳市阳城乡董家庄村工作人员手动升起升降杆让车辆出村。"戴口罩、勤洗手,大街小巷别乱走;来势猛,传染凶,大家千万别发蒙。"村里好久不用的大喇叭响起了"防疫"快板书。"体温合适,进!"村口值班人员一挥手,旁边人把坠着一块石头的木杆子升起来,这是"村民版"自动升降杆。当前疫情防控进入关键期,记者在吕梁山区汾阳市的农村实地走访发现,面对困难,当地干部和村民摸索的一些"土办法"既方便又管用。 **案例三:《为最美"逆行者"造像》来源:新华网,2020-02-24** 2月21日21时许,湖北武汉,华中科技大学同济医学院附属同济医院中法新城院区,来自北京中日友好医院的国家医疗队9位医护人员在完成了4个小时的紧张工作后,来到病区外的清洁区,在中国摄影家协会主席李舸的镜头下屏住呼吸,摘下口罩,在数秒间留下一张留有面部防护设备压痕和皮肤伤痕的特写肖像照。他们上岗前,李舸还为他们每人拍下一幅全副武装、几乎看不清面容的照片。
思政元素	纪实摄影教学内容能与思政元素充分融合,可实现德育与智育的统一。 **思政元素1:社会责任** 纪实摄影作为社会的见证者,可为人类社会留下不可磨灭的、有价值的历史见证。这要求摄影师有同情心、有爱心、有正义感。这样的作品能触动人们有向善的改变,促进世界变得更美好。而这正是摄影师的社会责任。疫情防控期间大量的优秀纪实作品在记录历史的同时,用作品触动、激励着人们相互关爱、共同抗疫,展现出奉献、责任和担当。 **思政元素2:实事求是** 纪实摄影是对人类社会进行的真实记录,它的题材内容是具有社会意义和历史文献价值的。纪实摄影需要摄影者保持公正的眼光和角度,公平地记录所发生和看到的真实现象,保持对人性的关注。由于数码技术的出现和飞速发展,纪实摄影的真实性正受到挑战。在新冠疫情防控中也出现过出于某种不良目的数码加工过的假"纪实摄影",给社会造成了不良影响。 **思政元素3:家国情怀** 纪实摄影体现对人类的生活命运的人文关怀,体现的是家国情怀。纪实摄影表现摄影家对环境的关怀、对生命的尊重、对人性的追求。结合防疫期间的摄影作品赏析可以帮助学生理解摄影作品的意义以及摄影师的责任,尤其是体现在作品中的摄影师的人文关怀精神和对社会、人类的悲悯同情之心。 **思政元素4:知行合一** 摄影本质上是一种实践技能,理论必须与实践结合。纪实摄影的理论素养不仅仅是摄影技术理论,更是摄影师的良知,其与技能完美结合,即"知行合一",方能创作优秀的纪实摄影作品。

"课程思政"实施路径	特殊时期,本课程在教学方式上充分利用线上教学模式与资源,着重培养学生的自主学习能力;转变传统以讲授为主的形式,是以学生讨论自主探究形式为主,教师引导为辅;教学内容突破教材,充分利用新媒体教学资源,更注重结合当下新冠疫情防控的现时性内容,使得专业知识学习跟学生的自身当下生活紧密联系。并以案例讨论、启发提问、理论分析、实践创作、网络展览等一系列渐进式实施路径,将"课程思政"元素与教学内容自然融合,实现"知行合一"目标。 **一、课前准备** 利用在线教育资源,让学生自主阅读纪实摄影经典作品和与新冠疫情相关的各类纪实摄影作品。 **二、课程内容展开** (一)思政元素切入点1 人类在面对重大事件时,比如战争、灾难、疫情等,摄影师何为?摄影作品的意义何在?摄影在信息传播中的价值与意义如何?展示案例中的防疫期间的宣传媒体中的一些典型的优秀照片,让同学们开展讨论,通过摄影作品的直观感受,自然地引出摄影师的社会责任与担当的课程思政元素1。 (二)思政元素切入点2 以小组合作的形式对疫情防控中的众多纪实摄影作品进行赏析,逐渐概括形成纪实摄影的概念、分类等知识点。其概念核心是对人类社会进行真实的记录。结合案例二,自然引出思政元素之"实事求是"。而针对新冠疫情,纪实摄影应该是实事求是地呈现疫情下的社会生活。纪实摄影应该如实地记录人们的生活百态,如同历史文档一般地客观呈现。纪实摄影需要摄影者保持公正的眼光和角度,公平记录所发生和看到的真实现象。实事求是也是摄影者的职业道德和良知。 (三)思政元素切入点3 纪实摄影作为对社会现状的视觉描写,其中自然流露出拍摄者的情感。纪实摄影表现摄影家对环境的关怀、对生命的尊重、对人性的追求。通过影像,达到宣传鼓动,进而促进社会变革,使人间更美好的目的。案例1正是体现出纪实摄影的人文关怀,"家国情怀",对人类的命运、苦难的悲悯之心,展现出的是深刻的人性力量,也激发人们向善、向真。 (四)思政元素切入点4 如何拍出优秀的纪实摄影作品?"知行合一"!摄影师的良知决定了摄影作品最后的高度,决定了摄影师的眼力与视角,最终通过诸如构图、用光等知识与摄影艺术表现技能,深入"战场"拍摄创作出实现"知行合一"的作品。通过对摄影史上的大师经典之作与新冠疫情防控优秀作品的主题、主体、画面等方面的分析讲解,深入理解"知行合一"。在赏析作品之后,小组开展主题性纪实摄影拍摄练习。 **三、课后交流** 根据要求完成作业后,利用网络设备开展班级网上展览,展示学生纪实摄影作品与创作心得文献,通过学生相互留言与教师评价,检验与反思课程教学与"课程思政"效果。

绍兴文理学院"课程思政"
新冠疫情防控专题教学设计方案(商务英语Ⅱ)

<table>
<tr><td>学　　院</td><td>元培学院</td><td>课程名称</td><td>商务英语Ⅱ</td></tr>
<tr><td>授课教师</td><td>毛勇玲</td><td>授课班级</td><td>外国语言文学类19级学生</td></tr>
<tr><td>授课章节</td><td colspan="3">第二章　The Business Context in Intercultural Communication</td></tr>
<tr><td>课程类别</td><td colspan="3"><u>A.公共平台课</u>　B.专业平台课程　C.专业选修课　D.全校选修课</td></tr>
<tr><td>教学目标</td><td colspan="3">一、知识目标
在学习霍夫斯泰德文化维度的基础上,全面理解和掌握世界各国跨文化交际的不同特点,能较好地运用霍夫斯泰德文化维度来剖析现实生活中的跨文化交际失败现象,并进行科学辩证的分析。
二、能力目标
通过本部分内容的学习,在切身感受中国政府和世界其他各国在防控新冠疫情中采取的不同措施和取得的不同成效,使学生能够从霍夫斯泰德文化维度的五个主要层面,理论联系实际地分析抗击疫情过程中各国政府决策取向背后的文化价值观,在互动讨论中提升学生灵活运用所学知识的能力,特别是分析能力和表达能力。
三、素质目标
通过分析世界各国防控新冠疫情互相合作的新闻,培养学生的家国情怀,树立人类命运共同体的意识。同时,通过学习中国新冠肺炎疫情防控战中的典型人物、感人故事、优秀事迹,倡导大爱无疆、众志成城的人文精神。最后,通过把当下与防控新冠疫情有关的政策引入课堂,帮助学生及时了解中国和世界其他各国的抗疫相关政策,同时分析美国对中国抗疫努力的污蔑行径,培养学生的时代使命感和社会责任感。</td></tr>
<tr><td>教学内容</td><td colspan="3">一、教学内容
(一)霍夫斯泰德的五个文化维度,即个人主义、权力等级、不确定性规避、男性主义和时间取向。
(二)中国、美国、韩国、伊朗、意大利、日本、德国和法国在防控新冠疫情中出台的政策。
(三)中国、美国、韩国、伊朗、意大利、日本、德国和法国文化价值取向与其出台的抗疫政策之间的紧密联系。
二、教学重点和难点
教学重点:霍夫斯泰德的五个文化维度,即个人主义、权力等级、不确定性规避、男性主义和时间取向。
教学难点:通过霍夫斯泰德文化维度,分析中国、美国、韩国、伊朗、意大利、日本、德国和法国文化价值取向与其出台的抗疫政策之间的紧密联系。</td></tr>
</table>

教学内容	**三、教学方法** 自主学习法;自测法;讨论法;案例分析法。 **四、教学工具** 计算机、钉钉应用软件、学习通应用软件。 **五、教学步骤** (一)霍夫斯泰德文化维度课堂测试 通过学习通网络平台,学生线上自主学习微课霍夫斯泰德文化维度。然后在课堂上限时开展课堂测试,通过客观题自动批阅功能,及时了解学生对该理论的掌握情况。同时对测试中重点和难点题目通过钉钉网络直播方式进行讲解。 (二)分析中国政府和世界其他各国在防控新冠疫情中出台的政策 通过 China Daily,VOA,BBC 等网络平台搜集整理中国政府和世界其他各国在防控新冠疫情中出台的政策,要求学生在学习通平台线上自主学习,然后通过钉钉网络直播平台进行线上讨论,开展对比分析。 (三)运用霍夫斯泰德文化维度理论,分析中国和世界其他各国出台抗疫政策背后的文化价值取向 通过霍夫斯泰德的五个文化维度,即个人主义、权力等级、不确定性规避、男性主义和时间取向,分别以中国、美国、韩国、伊朗、意大利、日本、德国和法国为例,通过钉钉网络直播平台,与学生进行线上讨论,分析各国文化价值取向与抗疫政策之间的紧密联系。 (四)分析中国政府和世界其他各国在防控新冠疫情中紧密合作的相关新闻 通过学习通平台线上自主学习相关新闻,运用钉钉网络直播方式进行线上讨论,帮助学生逐步树立地球村、人类命运共同体的理念。 **六、教学评价与反思** (一)教学亮点 1.充分运用学习通教学平台,开展线上线下混合式教学,实现课堂翻转,体现“金课”的教学理念。 2.课程开展从理论分析到实践运用,体现学院应用型人才培养目标。 3.运用当下各国政府对抗击新冠疫情采取的不同措施,对世界各国文化价值观进行剖析,生动有趣地让学生接受了一次思政教育。 (二)不足之处 1.课前预习任务比较重,对学生自主学习能力要求能力比较高。 2.教师和学生自身文化价值观的局限性,可能会使课堂讨论的效果打折扣。

新冠疫情防控典型案例	**案例一:《习近平在中央政治局常委会会议研究应对新型冠状病毒肺炎疫情工作时的讲话》来源:求是网,2020-02-03** 新华社北京2月3日电　习近平指出,疫情防控要坚持全国一盘棋。各级党委和政府必须坚决服从党中央统一指挥、统一协调、统一调度,做到令行禁止。坚决服从中央应对疫情工作领导小组及国务院联防联控机制的指挥。各地区各部门采取举措既要考虑本地区本领域防控需要,也要考虑对重点地区、对全国防控的影响。各地区成立了党政主要负责同志挂帅的领导小组。 各党政军群机关和企事业单位等紧急行动、全力奋战,广大医务人员无私奉献、英勇奋战,广大人民群众众志成城、团结奋战,打响了疫情防控的人民战争,打响了疫情防控的总体战,全国形成了全面动员、全面部署、全面加强疫情防控工作的局面。 **案例二:** Trump's dangerous move to spin virus risk, By Chris Hawke, China Global Television Network, Feb 28, 2020 After US health officials warned this week that more cases of the coronavirus are inevitable and people and institutions at all levels should prepare, US President Donald Trump held a media conference in which he repeatedly emphasized the risk to Americans is "very low", the spread of the virus is "not inevitable". He took the lead role in the outbreak away from Secretary of Health and Human Services Alex Azar and gave it to Pence after alarming statements about the risk of the coronavirus to Americans earlier in the week. Trump tried to walk back the urgency of these remarks at his media conference on Wednesday, saying the coronavirus disease is "like the flu" but with far fewer deaths. He repeated many times that the risk to Americans remained low, pointing out that there were very few infected cases in the country, and their health was improving. Trump asked several public health officials to speak at the media conference, who all praised the President's response to the crisis, and repeated his assessment of the risk—with caveats. Trump has long complained that his administration officials have been undermining his policies and public statements. 译文:美国疾控中心指出冠状病毒会在美国蔓延,希望相关政府部门能够引起重视。但是美国总统特朗普指出病毒在美国蔓延的概率非常小,而且强调病毒的传播也不是不可以避免的。 同时,卫生和公共服务部部长亚历克斯·阿扎尔因为向公众发布冠状病毒疫情在美国即将恶化的言论而被撤职。特朗普对于预测美国冠状病毒疫情严重性的言论都不屑一顾,认为这不过是一种死亡率很低的流感,而且一直强调美国的感染率非常低。同时,特朗普要求一些公共卫生部门的官员在跟媒体沟通中赞同总统对于冠状疫情做出的反应及其对冠状病毒风险的评估。特朗普还一直指责部分官员诋毁他的政策和言论。

新冠疫情防控典型案例	**案例三:UN chief calls for global"solidarity"in fight against COVID-19,Xinhua,April 1,2020** United Nations (UN) Secretary-General Antonio Guterres said that the COVID-19 pandemic is the most challenging crisis since the Second World War as it represents a threat to everybody. The pandemic "represents a threat to everybody in the world and.... it has an economic impact that will bring a recession that probably has no parallel in the recent past," Guterres said on Tuesday at the virtual press launch of the UN report"Shared responsibility,global solidarity:Responding to the socio-economic impacts of COVID-19." The UN is setting up a Trust Fund for COVID-19 Response and Recovery to support low- and middle-income countries"to respond to the emergency and recover from the socio-economic shock," he said. Guterres called for a coordinated and comprehensive multilateral response amounting to at least 10 percent of global gross domestic product (GDP). 译文:联合国秘书长安东尼奥·古特雷斯声称新型冠状病毒是人类自第二次世界大战以来面临的最具挑战性的危机。3月31日,古特雷斯在虚拟媒体发布会上作了名为"共同责任,全球团结:回应社会经济"的联合国报告,指出该传染病会威胁世界上的每一个人,而且它造成的经济危机是近年来绝无仅有的。 联合国即将成立一个专门应对新型冠状病毒的信托基金,帮助中低收入国家应对由此引发的危机,恢复社会经济的稳定。古特雷斯呼吁国内生产总值占全球至少10%的各个国家能够协调统一,全面合作。
思政元素	**思政元素1:家国情怀** 通过学习中国政府和世界其他各国在防控新冠疫情中紧密合作的相关新闻,拓展自身的国际视野,树立地球村和人类命运共同体的理念,积极主动地参与国际文化交流。 **思政元素2:人文精神** 通过学习新冠肺炎疫情防控战中的典型人物、感人故事、优秀事迹,高度珍视中国共产党领导下的中国公民在抗疫过程中展现的大爱无疆、众志成城等优秀品质。 **思政元素3:社会责任** 通过学习中国政府在防控新冠疫情中出台的各项具有中国特色的抗疫政策和美国政府污蔑中国抗疫努力的各种行径,唤醒学生传承中华文明的历史责任感和时代使命感。

"课程思政"实施路径	**一、课前** 通过学习通网络平台，学生线上自主学习微课霍夫斯泰德文化维度。 **二、课中(钉钉直播)** (一)课堂测试 限时开展霍夫斯泰德文化维度课堂测试，通过客观题自动批阅功能，及时了解学生对该理论的掌握情况，同时对测试中重难点题目进行讲解。 (二)课堂讨论1 学生在学习通平台线上自主学习中国政府和世界其他各国在防控新冠疫情中出台的政策，然后通过钉钉网络直播平台，就中国、美国、韩国、伊朗、意大利、日本、德国和法国各自开展的抗疫政策和有效性进行线上讨论。教师通过具体分析中国在新冠肺炎疫情防控战中的典型人物、感人故事、优秀事迹，倡导学生培养大爱无疆、众志成城的人文精神。同时具体分析美国政府把新冠病毒称为中国病毒的污蔑行径，呼吁同学们树立为中国正名的社会责任感。 (三)案例分析 通过霍夫斯泰德的五个文化维度，即个人主义、权力等级、不确定性规避、男性主义和时间取向，以中国、美国、韩国、伊朗、意大利、日本、德国和法国在第二环节中各国出台的抗疫政策为依据，通过钉钉网络直播平台，与学生进行线上讨论，分析各国抗疫政策与这五个文化维度之间的紧密联系。 教师以案例教学法的方式，对比分析中美两国在抗疫中出台的不同政策，经过对比发现，由于中国具有权力等级高、集体主义、不确定性规避高的特点，因此在出台抗疫政策中具有如下特点： 1.各级党委和政府坚决服从党中央统一指挥、统一协调、统一调度。 2.广大人民群众众志成城、团结奋战，打响了疫情防控的人民战争。 3.在疫情向全国迅速蔓延之前，党中央印发了一系列抗疫方针、政策和指南。 而美国具有权力等级低、个人主义、不确定性规避低的特点，因此在出台抗疫政策中具有如下特点： 1.美国联邦政府内部针对新型冠状病毒疫情意见相左，矛盾不断，因此缺乏政府的统一指挥。 2.美国人信奉个人主义，因此对于"众志成城，团结奋战，对抗疫情"的政策抱有怀疑的态度，因此在疫情大规模爆发前仅有少数人在公众场所戴口罩。 3.在疫情席卷美国之前，美国政府一直低估疫情的严重性，没有出台相应的防疫政策。 (四)课堂讨论2 学生在学习通平台线上自主学习中国政府和世界其他各国在防控新冠疫情中紧密合作的相关新闻，运用钉钉网络直播方式进行线上讨论，帮助学生逐步树立地球村、人类命运共同体的理念。教师引用联合国秘书长安东尼奥·古特雷斯提出的全球合作，对抗疫情的倡议以及中国和世界其他各国发出的抗疫合作声明，倡导学生树立人类命运共同体的意识。 **三、课后** 将课堂讨论的具体内容和结果，以小组合作的形式，写成一篇200字左右的英语作文，题目自拟。任务完成后上传学习通网络教学平台。

绍兴文理学院“课程思政”
新冠疫情防控专题教学设计方案(天然药物化学)

<table>
<tr><td>学　　院</td><td>化学化工学院</td><td>课程名称</td><td>天然药物化学</td></tr>
<tr><td>授课教师</td><td>高晓忠</td><td>授课班级</td><td>药学 171,172</td></tr>
<tr><td>授课章节</td><td colspan="3">绪论</td></tr>
<tr><td>课程类别</td><td colspan="3">A. 公共平台课　<u>B. 专业平台课程</u>　C. 专业选修课　D. 全校选修课</td></tr>
<tr><td>教学目标</td><td colspan="3">一、知识目标
1. 掌握天然药物的分类、生物合成途径。
2. 熟悉各类天然药物的提取分离方法及其分离类型、材料和各自的优缺点。
3. 了解天然药物发展的历史。
二、能力目标
要求学生掌握天然药物的相关基本概念,了解天然药物化学课程的重要性,为本课程后续章节的学习奠定基础。
三、素质目标
1. 培养学生对天然药物研究的认识。
2. 激发学生对天然药物化学的学习兴趣,注重理论联系实际。
3. 培养实事求是的科学态度以及严谨的科学作风。</td></tr>
<tr><td>教学内容</td><td colspan="3">一、教学主体内容
(一)天然药物的历史
1. 古代药物使用
2. 近代天然药物开发
3. 现代天然药物设计改造
(二)天然药物的相关概念
1. 有效成分和无效成分
2. 初级代谢和初级代谢产物
3. 次级代谢和次级代谢产物
4. 吸附和分配
(三)天然药物的提取分离方法
1. 提取方法:溶剂法、水蒸气提取法、升华法
2. 分离方法和相应的分离材料
(四)天然药物结构鉴定方法
1. 纯度测定
2. 谱学方法
3. 结构解析程序</td></tr>
</table>

<table>
<tr><td>教学内容</td><td>二、思政元素融入途径 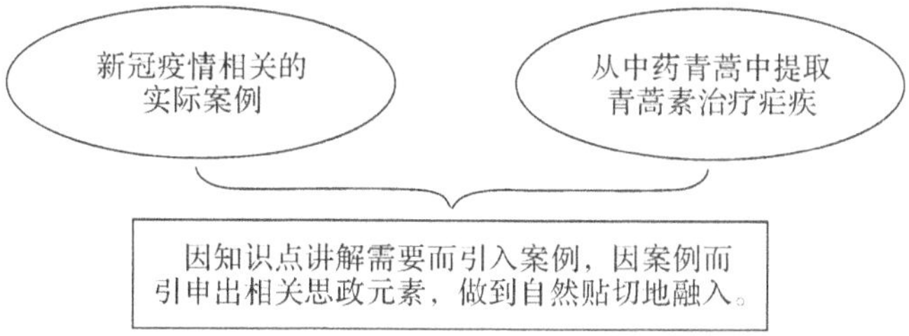
新冠疫情相关的实际案例
从中药青蒿中提取青蒿素治疗疟疾
因知识点讲解需要而引入案例，因案例而引申出相关思政元素，做到自然贴切地融入。</td></tr>
<tr><td>新冠疫情防控典型案例</td><td>案例一：《习近平主持召开中央全面深化改革委员会第十二次会议强调完善重大疫情防控体制机制，健全国家公共卫生应急管理体系》来源：人民网，2020-02-14
要加强药物研发的投入，从现有天然药物中寻找有效药物是一条途径。从古至今，传染病对人类的生存一直是一个重大威胁，甚至影响到世界各国王朝的更迭。而中华民族能够保存至今，中医中药发挥了不可低估的作用。
案例二：《习近平在中央政治局常委会会议研究应对新型冠状病毒肺炎疫情工作时的讲话》来源：人民网，2020-02-03
加大科研攻关力度。战胜疫病离不开科技支撑。要科学论证病毒来源，尽快查明传染源和传播途径，密切跟踪病毒变异情况，及时研究防控策略和措施。</td></tr>
<tr><td>思政元素</td><td>思政元素1：科技兴国
宣扬做一名具有严谨科学治学精神的科研工作者，加强天然药物研发正能量激励教育。
思政元素2：职业道德
在天然药物研发上，做一名知法、懂法，明辨是非和弘扬舆论正能量的新时代大学生。
思政元素3：社会责任
引导学生热爱自己的专业，鼓励学生积极考研深造，为我国的科研事业作出贡献。</td></tr>
</table>

“课程思政”实施路径	**一、本次课程思政元素的切入点详解** 注重思政元素融入的自然性,切忌生搬硬套。因此,在课前,教师对课堂知识点和需要融入的思政元素及案例有一个充分的准备,看似自然,实则需要巧妙的设计,在不经意间,做到“润物细无声”。 (一)引导学生做一个具有严谨治学精神的科研工作者。本次疫情中涉及两个潜在有效药物瑞德西韦和膦酸氯喹。不少舆论都倾向对危重病人直接使用这些药物进行救治,但作为药学专业学生,应该懂得药物不能随便使用,这两个药物要大规模使用必须经过合理的临床试验,否则有可能适得其反。教育同学们一定要有严谨的治学、研究态度。 (二)引导学生热爱自己的专业,鼓励学生积极考研深造。适当引入本次疫情的确诊及死亡病例,说明药物对疾病救治的重要性,从侧面反映出药学专业还是一个朝阳产业,目前还有相当多的疾病有待于开发有效的药物进行治疗,因此,药学专业是一个值得我们终身投入的行业。此外,通过对青蒿素、奎宁、瑞德西韦等药物的适当介绍,引出要从事药物研发还需要同学们进一步深造,读研读博,而不能把眼光局限在当前,只有让自身变得很强大,才能为周围、为社会带来光环。课堂上也可以将钟南山和李兰娟院士作一句话介绍,为同学们树立正能量榜样。 **二、教学方法与措施:线上教育,案例法,团队学习** (一)课前:本课程的教学方式之一是团队学习和案例学习,教师将全班同学分成若干团队,每个团队由5名同学组成。要求每个团队在课前制作一个和本章节相关的案例分析PPT,然后在课堂上讲解,教师根据案例的选取、PPT的制作和课堂讲解等情况现场给出分数作为平时成绩。针对本次课程,教师可以要求同学们制作和疫情相关的案例PPT。 (二)课堂中:首先,带着问题听课,通过学生讲解自己的案例PPT(控制在5分钟以内),教师进行点评,在点评过程中可以将疑难点以问题的形式列出,在授课过程中,让学生自己了解答案。其次,教师在讲课时会引入案例,针对本次新冠疫情的案例,教师在课前已经有充分的准备,包括内容,思政元素点以及上下文衔接等。最后,在课堂上,充分利用学习通和钉钉软件,开展在线测试,及时掌握同学们的学习动态。 (三)课后:布置作业,总结本次课程的内容。

绍兴文理学院“课程思政”新冠疫情防控专题教学设计方案(分析化学)

<table>
<tr><td>学　院</td><td>化学化工学院</td><td>课程名称</td><td>分析化学</td></tr>
<tr><td>授课教师</td><td>盛国栋</td><td>授课班级</td><td>应用化学191</td></tr>
<tr><td>授课章节</td><td colspan="3">分析化学——绪论</td></tr>
<tr><td>课程类别</td><td colspan="3">A.公共平台课　<u>B.专业平台课程</u>　C.专业选修课　D.全校选修课</td></tr>
<tr><td>教学目标</td><td colspan="3">一、知识目标
1.了解分析化学学科的发展历程、分类、任务等。
2.认识分析化学课程在专业学习中的作用。
二、能力目标
培养学生对于数据信息的敏感性,理解在学习、生产、生活中量的相关概念和应用。
三、素质目标
1.培养学生科学严谨的学习、工作、生活态度。
2.培养学生学会全面分析问题,查本溯源,合理解决问题的能力。</td></tr>
<tr><td>教学内容</td><td colspan="3">一、教学主体内容
(一)分析化学概述
1.分析化学的概念、分类同化学学科的关系。
2.分析化学课程的特点。
3.分析化学课程的核心教学目的。
(二)分析化学的发展历程
1.分析化学的起源和发展阶段。
2.分析化学学科的发展现状。
3.分析化学学科的发展前瞻。
(三)分析化学的作用和意义
1.分析化学在相关领域的应用实例。
2.分析化学技术与方法对于学科发展的重要性。
3.通过本次疫情中相关的案例来阐述分析化学的关于生产生活的重要性和意义。</td></tr>
<tr><td>新冠疫情防控典型案例</td><td colspan="3">案例选取原则:结合学科专业和课程内容,挑选合适案例。
案例一:《习近平在中央政治局常委会会议研究应对新型冠状病毒肺炎疫情工作时的讲话》来源:人民网,2020-02-03
加大科研攻关力度。战胜疫病离不开科技支撑。要科学论证病毒来源,尽快查明传染源和传播途径,密切跟踪病毒变异情况,及时研究防控策略和措施。我在2016年就提出,关键核心技术攻关可以搞揭榜挂帅,英雄不论出处,谁有本事谁就揭榜。</td></tr>
</table>

<table>
<tr><td>新冠疫情防控典型案例</td><td>案例二:国家卫健委官网发布《新型冠状病毒感染的肺炎防控方案(第二版)》2020-01-22
标本采集与检测。采集的临床标本包括病人的上呼吸道标本(如咽拭子、鼻拭子等)、下呼吸道标本(如深咳痰液、呼吸道吸取物、支气管灌洗液等)、抗凝血和血清标本等。临床标本应尽量采集病例发病早期的呼吸道标本(尤其是下呼吸道标本)和发病7天内急性期血清以及发病后第3～4周的恢复期血清。</td></tr>
<tr><td>思政元素</td><td>通过提取上述案例中蕴含的思政元素,将其结合到相关知识点,提炼出需要融入的以下思政元素。
思政元素1:热爱祖国、科研报国。
思政元素2:跟踪学术前沿,终身学习。
思政元素3:严谨、科学治学精神。
思政元素4:发扬团队精神,攻克科研难题。</td></tr>
<tr><td>“课程思政”实施路径</td><td>一、思政元素的切入点
(一)案例分析
学生受限于知识和生活经验的缺乏,很难对于专业知识存在全面的认知,无法准确地理解所修课程对于自身专业、日常生活以及社会发展的准确定义。因此,完整地对学生普遍认知的案例结合学科进行分析,能够让学生清晰地理解,专业知识在事件发展历程中的组成和作用,从而引出相关的结论。
(二)感同身受
受到本次疫情的影响,学生亲身参与了一次有关社会发展的重大事件。通过深刻剖析事件发展的关键点,结合学科的具体知识,能够提高学生对于事件的参与度,明确个人未来的发展方向。
二、教学实施
受疫情影响,课程结合线下视频、课件等学习资料,采用线上直播教学。
(一)教学案例1:三鹿奶粉事件
分析方法应用和缺陷。为什么会产生三鹿奶粉事件,三聚氰胺提高蛋白质含量的原理是什么,凯氏定氮法的缺陷和解决方案。
(二)教学案例2:二噁英致癌
二噁英(dioxins)是一类多氯代三环芳香化合物,其毒性相当于氰化钾的百倍以上,1盎司(约28.35g)二噁英可置100万人于死地。人体暴露到二噁英中的允许值为10^{-12} g/kg·day。分析介绍检测方向、检测源头、解决方法,分析方法的发展方向和作用。
(三)教学案例3:人类基因组检测
人类社会的发展往往伴随着分析检测技术的发展。本次疫情中传播的有关人种的适应问题,虽然并不一定可靠,但也存在着重大的现实意义。
三、新冠肺炎疫情相关教学案例
亲身经历的本次疫情,是学生人生经历中重要的一环,但其不应该仅仅只是参与者,更应该从中学习到丰富的人生经验和专业知识。病毒虽然带来了伤痛,但它无法停止中国人民发展的步伐,只会让我们变得更加成熟。</td></tr>
</table>

"课程思政"实施路径	（一）科学防疫的概念深入人心，不仅仅是让大家通过正确的方法比如戴口罩、好的卫生习惯来隔离病毒，减少传染，更凸显了科技在疫情防控中的重大作用。包括病毒有效分离、基因信息的快速确认、RTPCR对于核酸信息的确认，都体现了科技对于重大社会事件的重要意义，引导学生拥有正确的价值观，提升学生对于科研事业的认可和尊重。 （二）信息的准确度和及时性对于本次防疫的具有关键作用。疫情危害性的重要一环在于容易造成社会性恐慌，从而带来更多不确定的人为因素。及时获取和公布准确的有效信息，对于控制恐慌有重大作用。而这些信息的获取则需要通过合理有效的分析方法进行检测，并以适当的形式进行公布。这些都是分析化学课程涉及的核心内容。 （三）疫情前期造成的恐慌心理，很大程度上来源于核酸确诊基因试剂盒的短缺和确证的时间较长。发展高效、耗时短的检测方法，可以消除由于信息不及时带来的恐慌，这是本次防疫工作的一个重要经验，凸显了分析工作的重要性。 （四）疫情的当前阶段，关于假阴性的讨论（即准确性）讨论的是消除疫情隐患的关键。这个问题也是针对分析方法的缺陷提出的，主要包括了采样环节和分析测试的样品处理环节，还包括测试原理环节。采样的代表性、样品分离前处理的合理性以及核酸实时荧光检测的方法对于高突变RNA病毒检测的有效性都是重要的因素，而这些因素则贯穿化学分析的具体步骤中。这些都是本课程需要讨论的关键，也是学生在日后的生产生活中常见的因素。

绍兴文理学院"课程思政"新冠疫情防控专题教学设计方案(公共政策学)

<table>
<tr><td>学　　院</td><td>商学院</td><td>课程名称</td><td>公共政策学</td></tr>
<tr><td>授课教师</td><td>程　隽</td><td>授课班级</td><td>公管 181/182</td></tr>
<tr><td>授课章节</td><td colspan="3">第一章　绪论结论
第一节　公共政策概述</td></tr>
<tr><td>课程类别</td><td colspan="3">A. 公共平台课　<u>B. 专业平台课程</u>　C. 专业选修课　D. 全校选修课</td></tr>
<tr><td>教学目标</td><td colspan="3">一、知识目标
从科学、专业和政治角度理解学习公共政策学的意义，明确把握公共政策的概念，描述公共政策概念的基本要素，从公共角度、市场角度理解公共政策，并对公共政策的特征进行辩证分析。
二、能力目标
在学生感受新冠疫情防控政策的基础上，能够厘清疫情防控的基本脉络，从专业的角度认识现行防疫政策，能够理论联系实际地分析疫情防控中出现的各种现象以及隐含的政策，在此过程中培养学生的公共政策思维能力，并通过互动提升学生的协作能力、表达能力、沟通能力等；通过事先布置对防控疫情相关政策的收集与讨论，提升学生搜集信息、分析信息与处理信息的能力。
三、素质目标
通过对防控疫情政策的整合开阔学生的思路，培养学生对现实政策的敏感度(尤其是特殊时期的政治敏感性与觉悟)，能够理解防控疫情各类政策出台的来龙去脉，更加理解决策者基于"公共性"所做出的全局性选择；能够区分出台的防控疫情政策中的受益群体与受损群体，并在此过程中树立"为人民服务"的理念；并建议学生进行角色模拟，站在未来公共事务管理者的角度思考新冠疫情防控过程中相关事务处理的公共政策目标，尤其是公共政策"为了谁?"的问题，逐渐树立学生的公共意识、责任意识、敬业意识，形成较高的人文素养、科学素养和政治素养。</td></tr>
<tr><td>教学内容</td><td colspan="3">一、教学主体内容
《公共政策学》绪论
第一节　公共政策概述
具体包括：
1. 公共政策学的地位
(1)公共政策学在学科体系中的位置
(2)公共政策与公共管理、行政管理、公共事业管理等之间的关系
2. 研究公共政策的缘由
(1)科学的角度
(2)专业的角度
(3)政治的角度
3. 公共政策的概念(重点内容)
(1)公共政策的概念(注意与相关概念的区别)</td></tr>
</table>

<table>
<tr><td>教学内容</td><td>
(2)公共政策的构成要素
(3)公共角度、政治角度与市场角度的理解
4.公共政策的特征
(1)公共性
(2)强制性
(3)政治性
(4)时效性
二、思政元素融入途径:理论与实践的结合
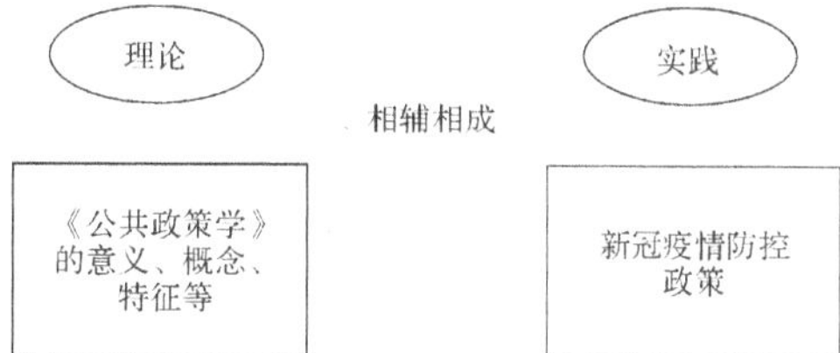

《公共政策学》的理论部分较为枯燥,需要案例的支撑;平时的案例真实但遥远,具有距离感。新冠疫情防控的政策,基于每个人的亲身经历,从他们所见、所闻、所感出发,更容易获得他们的接受与认可。
新冠疫情防疫政策本身完美解释了为什么要制定公共政策。无论是从科学角度、专业角度还是从政治角度,政策都会对公众产生重大影响,因此,作为未来的政府工作人员,在通过政府这只"看得见的手"对公共事务进行管理时,都需要树立公共意识,从确保公众利益最大化的角度来思考问题。
公共政策的概念是本次内容的重点,其包括公共政策主体、客体、目标等内容。结合防疫政策对相关内容进行一一剖析,并在剖析中融入责任意识、敬业意识、服务意识、奉献精神、诚信意识等相关思政元素,做到不强行灌输,而是通过适当引导让学生自觉领悟,将思政元素从外化向内化转变。在对公共政策进行理解时,通过公共职能、公共问题、公共利益、公共权力、公共秩序等的分析使学生对防疫政策的公共属性有更加全面深刻的认识。
公共政策的特征包括公共性、强制性、政治性等,通过"武汉封城"的政策选择可以很好地阐释强制性这一公共政策的特征,并在对政治性分析时引入政治体制的优越性。
</td></tr>
<tr><td>新冠疫情防控典型案例</td><td>
案例一:《要把人民群众生命安全和身体健康放在第一位,坚决遏制疫情蔓延势头》来源:人民日报,2020-01-21
案例内容:习近平总书记指示,各级党委和政府及有关部门要把人民群众生命安全和身体健康放在第一位,制定周密方案,组织各方力量开展防控,采取切实有效措施,坚决遏制疫情蔓延势头。要全力救治患者,尽快查明病毒感染和传播原因,加强病例监测,规范处置流程。李克强总理批示,各相关部门和地方要以对人民群众健康高度负责的态度。
案例应用:公共政策的公共角度理解。主要表现在对公共利益的理解上,通过对国家领导人讲话的使用,并由学生自主讲述身边的抗疫故事,使学生切实感
</td></tr>
</table>

新冠疫情防控典型案例	受到“公共利益能够有效解释国家存在的正当性”这句话的切实内涵,使学生能够热爱国家,关注公众利益,并希望他们今后成为政府工作人员时能够将这一理念践行下去。 **案例二:《家乡战“疫”背后的基层社会治理现代化转型》来源:澎湃新闻,2020-02-18** 案例内容:有的地区借助横幅、广播、传单、民歌、新媒体等形式,加强健康知识宣传以强化居民的防控意识,以柔性手段逐一排查武汉返乡人员并进行潜伏期内集中隔离安置,取得了良好效果。但与此同时,不少地区(尤其在农村较为突出)则出现泄露武汉返乡人员信息,对其加以“污名化”,甚至人身攻击,通过堵门、封村、挖路等简单粗暴的“硬核”手段以求阻断病毒传染源。 案例应用:研究公共政策的缘由的专业角度。通过政策执行的对比分析,使学生理解“用政策知识解决具体问题”的重要性,激励学生在基层社会治理朝向现代化转型的今天,更要认真学好课程,在今后的公共政策制定中将理论知识与实践更好地结合,服务于人民。 **案例三:《一条时间轴纵览习近平的战“疫”日志》来源:中国共产党新闻网,2020-02-17** 案例内容:新冠肺炎疫情发生以来,党中央高度重视,自 1 月 7 日以来,习近平总书记亲自部署、亲自指挥,多次召开会议、听取汇报、作出重要指示,要求各级党委和政府及有关部门制定周密方案,组织各方力量开展防控;并与多国领导人通话,会见世界卫生组织总干事谭德塞等。 案例应用:研究公共政策的概念。通过习近平总书记战“疫”日志的展示,一方面使学生看到领导人战“疫”的决心与辛苦,真正树立“为人民服务”的理念;另一方面,通过习近平总书记的系列活动,使学生理解公共政策概念中的社会公共权威、特定情境、行动方案等的具体内涵。
思政元素	作为公共事业管理专业的学生,未来的职业发展定位主要是公共部门的工作人员,他们需要对大量的公共事务进行处理,对思政元素的介入需要与他们未来的职业相契合。 **思政元素 1:公共意识** 关注学生思考问题的角度,逐渐跳出从自身角度、从小群体角度思考问题的思考方式,能够站在公众角度,思考公共利益的实现。 **思政元素 2:社会责任** 通过对武汉早期政策的分析,让学生察觉政策失效导致的严重后果;以及与浙江省一级响应机制的对比,使学生能够自觉树立起公共责任的意识,改变“不求有功、但求无过”的错误观点,在未来的工作中敢于承担责任、接受挑战。 **思政元素 3:职业道德** 通过公共政策特征的分析,尤其是公共政策的公共性与强制性,使学生意识到未来职业的神圣与崇高,进而引导他们树立正确的职业观,遵守职业规范,坚守职业伦理,实现职业价值,并在此过程中强调作为未来政府工作人员的奉献精神以及诚信意识。 **思政元素 4:服务思想** 登哈特的“新公共服务”、毛泽东的“为人民服务”与现在政府提出的“服务型政府”同出一源,通过公共政策构成要素的学习,“润物细无声”地塑造服务意识。 **思政元素 5:爱国理念** 通过对防疫政策的描述,使学生意识到国家的伟大,从而树立以国为本的理念,在未来的公共事务管理中以国为先,确保对国家的忠诚。

“课程思政”实施路径

1.基本思路

从公共政策感受出发，通过角色模拟使学生触碰公共政策，并在分析研究的基础上升华认识，实现思政目标。

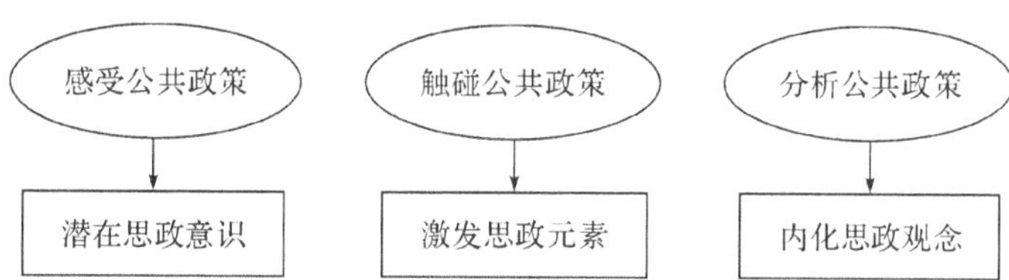

2.教学方法

线上与线下混合式、角色模拟、案例法等。

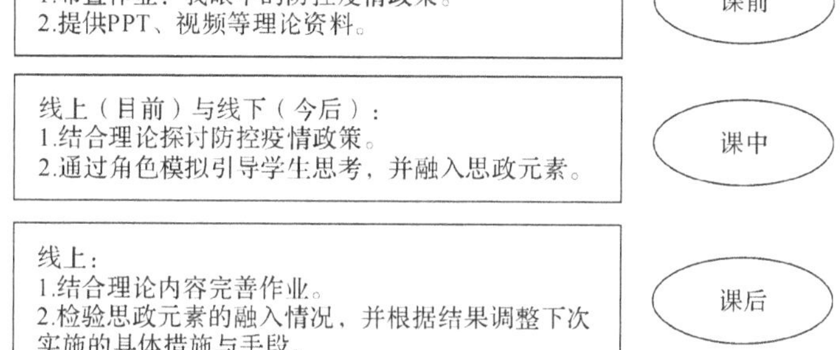

3.教学措施

(1)课前：资料收集。

通过学习通平台提交相关理论材料，提醒学生提前预习，并布置作业“我眼中的防控疫情政策”，建议学生先去搜集相关资料，可以不用形成书面文件。在此过程中，每个学生对防疫政策的收集方向是不同的，接触的材料是大量的，他们最终选择的防疫政策材料是学生愿意接受并认可的，这提升了思政元素融入的可能性，可达到“润物细无声”的效果。

(2)课中：网络课堂的沟通。

首先，明确公共政策与公共管理、公共事业管理与行政管理的关系。从现有作业收集情况来看，学生们对几者的关系认知并不完全清楚，需要率先明确公共政策的概念以及在学科体系中的定位才能进行后续内容的开展。

接着，讲授学习《公共政策学》的意义。

第一环节：投票。

你认为在此次疫情中，表现最为优异的个人或组织是什么？		
A.人民群众	D.新闻媒体	B.医护人员
E.公益组织	C.公共管理者	F.科研工作者

<table>
<tr>
<td>"课程思政"
实施路径</td>
<td>根据选择结果随机询问学生，通过相互交流使更多学生看到疫情中的大人物、小人物的典型事例，除了解学生对防控疫情公共政策的掌握情况外，还可以据此解读出学生所认可的价值观，推测出可被激发的思政元素。
第二环节：提出问题"我们为什么要学习公共政策?"
学习公共政策的意义可以从专业角度、科学角度和政治角度来分析，结合防控疫情案例进行具体分析。
专业角度：第一，通过1月29日习总书记《牢记宗旨 勇挑重挑 为打赢疫情防控阻击战作出贡献》中的内容突出专业化的重要性；通过1月20日钟南山宣布新冠病毒的真实消息与前期部分专家对消息进行隐瞒的对比(此处仅选择官宣消息)，以及医护人员在此次疫情中的付出体现决策者从科学角度分析问题的重要性，引导学生形成尊重专业人员的意识，实现从政治官僚向技术官僚的转变。
第二，通过学生现场探讨"我眼中的防控疫情政策"，以及展示的各类战"疫"行动，学生看到不同的政策执行后产生的效果间的差异，从而引出《澎湃新闻》中的《家乡战"疫"背后的基层社会治理现代化转型》相关内容，使学生意识到战"疫"行动检验基层社会治理能力和水平，鼓励学生认真学好公共政策的理论知识，并以公共政策思维去分析防控疫情政策，形成理论与实践的更好结合与相互促进。
科学角度：通过浙江创造性成果——健康码的展示，分析技术在政策应用中的重要性，使学生看到科学化的理论与方法对政策形成的重要性，让学生对敬业精神有更深刻的了解，敬业不仅是踏实肯干，还要专业能力强，敢于创新，乐于奉献，勇担责任；通过对乡村不科学政策的展示(例如部分乡村直接挖路导致救援受阻；因家庭内部打麻将被扇耳光等)，学生体会到不科学政策的危害，从而引导学生在今后的政策执行中以服务为主，并有足够的法治意识，而非简单粗暴的管制手段。
政治角度：通过对疫情公布时间(SARS防控的时间轴和新冠疫情防控的时间轴)的对比，学生看到我国在公共危机处理政策上的进步，并站在政府角度思考政策处理可能出现的滞后性，从而能够更理解政府部分政策背后的无奈，坚定爱国的信心。
第三环节：公共政策的概念。
以《一条时间轴纵览习近平的战"疫"日志》作为引导案例，进行公共政策概念的分析。
第一，公共政策概念的内涵。通过与"法"的概念相比较，学生明确国家领导人(习近平总书记、李克强总理)的口头或书面指示、政府的大型规划、具体行动计划及相关策略等都是公共政策。
第二，公共政策的组成要素。公共政策的制定主体是公共权威机构，这是部分学生未来可能的工作机构，他们中的部分人甚至会决定着今后部分甚至全局政策的走向；在授课中，通过让学生了解习总书记的战"疫"日志，引导学生形成对未来职业的敬畏感，逐渐培养学生的诚信意识、责任意识等；同时引入习总书记在此次疫情中的重要讲话，一方面使学生感受到党和国家对此次疫情的重视，以及对老百姓根本利益的保障，从而树立学生为人民服务的意识；另一方面为学生们树立榜样，理解执政者应该做什么，如何才能把事情做好，进而重塑自己的意识与行为，使其与党和国家保持一致，从而成为未来合格的公共机构工作人员。</td>
</tr>
</table>

“课程思政”实施路径	公共政策的客体是公众。一方面，通过对各地出台防疫政策的对比，例如温州官员对数字精准掌握的视频与黄冈官员一问三不知视频的对比，以及一些具有代表性地区政策的对比，和产生政策后果的展示，学生意识到政策会对公众的利益产生影响，成为利益的受益群体或受损群体；另一方面，邀请学生讨论他们的亲身经验，他们的切身感受更能够体现政策对他们的影响，从而引导他们换位思考，作为未来可能的政策制定者，尽可能减少利益的受损群体，“在其位、谋其政”，实现公共目标，将老百姓的利益放在第一位。通过黄冈官员问责，湖北、武汉换帅，学生更清楚地了解我国的问责机制，逐渐培养学生的责任意识。 公共政策的行动准则具有指导性和原则性，例如习总书记的系列指示与批示，行动方案要求具体与可操作，例如各地的防疫方案。 第三，从公共、政治与市场角度理解公共政策。“公共”要求公共权威机构进行规范与干预，它包括公共职能、公共问题等内容。《习总书记：要把人民群众生命安全和身体健康放在第一位　坚决遏制疫情蔓延势头》体现明确的公共利益导向，这是不容置疑的事实。在对习总书记指示分析的基础上，引导学生发现更多政府利用公共权力发现疫情防控中的公共问题，以公共利益为根本目标，维护公共秩序、履行公共职能、实现公共治理的各类政策措施，并在此过程中，鼓励学生树立正确的职业观，真正将“公共”作为未来的职业追求。“政治”角度指公共政策是解决冲突性要求并为合作提供激励的一种行动模式，浙江在线的《以疫情防控成色检验社会治理底色》、学习强国的《提升社会治理能力，以“江苏之治”筑平安之堤》等体现了防控疫情的政策是“为了确保一致性目标的实现而提供的一种理性激励”，提醒学生权力手段应用时的克制，以及交易和博弈时的合作导向，并且核心是“为了谁”。通过学生切身感受到的口罩供应量的变迁、居家隔离对经济的影响等分析“看得见的手”与“看不见的手”间的博弈，激发学生学习专业课程的兴趣。 第四环节：公共政策的特征。 公共性已经无数次提及，此处不再进行展开分析，而是引导学生思考政策如何体现公共性。通过对此次疫情防控政策的总结，学生逐渐提出自己认可的“内化于形”的公共性，并在思想的冲撞争鸣中逐渐得以提升，并从对此次疫情防控政策的公共性，到公共危机政策的公共性，再引申到一切公共危机事务处理的公共性，从而牢固树立学生“天下为公”的思想与意识。 武汉封城、谣言处理等体现了公共政策的强制性，引导学生对比思考强制性的利与弊，做到坚持服务意识，永远把人民群众的根本利益放在首位，在强制性的范围与强制性的度上寻找均衡点，既能够维护政策执行的有效性，又能够保障公民利益的合法性，同时减少特殊事件的出现。 与政治体制相联系，尤其是与美国 H1N1 防控的对比，显示防疫中我国政治体制的优越性，可以众志城成，上下一心，在较短的时间内较好地达到了防疫的效果。通过与其他国家的对比，使学生能够树立民族自豪感，更加热爱祖国。 通过对武汉百步亭事件的分析，使学生看到政策滞后可能产生的后果，引导学生注意信息收集、整理以及处理的及时性，思考即使在必然“黑箱”的客观环境下如何能够采取真实有效的政策，保障公众的利益。 (3)课后：通过作业的形式检测与学生最初发言间的区别，若无太大改变，通过调查研究方法分析背后原因，下次授课过程中予以改正；若出现变化，找出变化的关键点，可以在此基础上进一步完善。

绍兴文理学院“课程思政”
新冠疫情防控专题教学设计方案(公共组织行为学)

学　　院	商学院	课程名称	公共组织行为学
授课教师	陈锦文	授课班级	公管 191、192 班
授课章节	第一章　认识公共组织——性质、类型与结构		
课程类别	A. 公共平台课　B. 专业平台课程　C. 专业选修课　D. 全校选修课		
教学目标	**一、知识目标** 本章以新冠疫情防控期间的公共组织——世界卫生组织为案例的教与学,使学生:(1)了解组织的内涵和构成要素;(2)掌握公共组织的含义、性质、类型;(3)理解公共组织与私营组织的差异性。其重点是公共组织的含义、性质、类型的阐述;难点是公共组织与私营组织差异性比较分析。 **二、能力目标** 通过本章的教与学:(1)在提高学生专业能力方面,重视学生对公共组织基本概念与理论的阐释能力,公共组织目标、行为动机与实践的辨析能力,以及突发公共事件的治理能力;(2)在促进学生综合能力方面,加强学生角色定位与目标管理能力,风险社会的正确反应与及时行动能力,团队学习的有效沟通与积极创新能力。 **三、素质目标** 通过本章的教与学,积极培育与践行“文明、和谐、爱国”等社会主义核心价值观。(1)在培养学生专业素质方面:融入思政元素“以人为本”,使学生正确树立公共组织行为的价值取向;融入思政元素“依道而和”,使学生笃实坚定全球治理体系中新型伙伴关系包容性发展的理想信念,以期进一步提高公共管理学科素养。(2)在培养学生社会素质方面:融入思政元素“时代精神”,使学生激发孕育基于人类命运共同体的公共精神,勇于承担社会公共责任,为相关工作领域完善职业品格进一步积淀。		
教学内容	**一、课前** 创设情境:新冠疫情防控期间的公共组织——世界卫生组织(世界卫生组织官网:https://www.who.int/zh)。 **二、课中** 导入问题:什么是公共组织? 它有哪些特点? 置身情境:“世界卫生组织紧急会议”视频学习。 (一)组织的内涵与构成要素 1.组织的内涵:组织是为了达到特定的共同目标,拥有特定资源,经由各部门分工合作和不同层次的权力和责任制度规范而合理协调人群活动的社会实体。 2.组织的构成要素:社会结构、目标、参与者、技术。 讨论问题:世界卫生组织的目标是什么? 有哪些参与者? 参考分析:世界卫生组织(英文名称:World Health Organization,缩写 WHO,		

<table>
<tr>
<td>教学内容</td>
<td>
中文简称世卫组织)的宗旨是使全世界人民获得尽可能高水平的健康。它是联合国下属的一个专门机构,总部设置在瑞士日内瓦,只有主权国家才能参加,是国际上最大的政府间卫生组织。
(二)公共组织的含义、性质、类型
1.公共组织的含义:以管理社会公共事务,提供公共产品和公共服务,维护和实现社会公共利益为目的,拥有法定的或授予的公共权力的所有组织实体。公共组织应包括政府与非营利组织。
2.公共组织的性质:主要体现在公共组织行使的是公共权力;公共组织的目标是实现并维护公共利益;公共组织不以营利为目的为社会公众提供公共物品与公共服务;公共组织的目标确立在价值上体现多元性。
3.公共组织的类型:依据公共组织所在领域可分为政治性公共组织、经济性公共组织、军事性公共组织、文化性公共组织和社会性公共组织。
讨论问题:世界卫生组织属于哪一类公共组织?根据所学"公共组织行为分类"它在新冠疫情防控中体现了哪几类公共组织行为?
参考分析:世界卫生组织的主要职能包括促进流行病和地方病的防治,提供和改进公共卫生、疾病医疗和有关事项的教学与训练,推动确定生物制品的国际标准。因此,依据世界卫生组织体现的公共组织的职能与目标,它属于社会性公共组织,在新冠疫情防控中它体现了应急处置行为、舆论引导行为、发展促进行为等。
(三)公共组织与私营组织的差异性比较
1.所面临的外部环境差异:经济诉求不同;权力来源与法律约束程度不同;政治因素影响程度不同。
2.与外部环境的互动方式及程度差异:强制力不同;影响范围不同;受公众监督程度不同;公众期望不同;与媒体关系不同。
3.组织内部结构与程序差异:组织目标不同;权责体系特性的不同;组织绩效侧重点不同;激励机制不同;组织成员的要求不同。
拓展情境:参与新冠疫情防控期其他公共组织,如各级政府、红十字会、慈善基金组织等体现了哪些公共领域的组织行为?发挥了哪些作用?其组织行为有哪些共同性与差异性?
小组讨论:新冠疫情防控期间,以世界卫生组织为例的公共组织与以阿里巴巴集团公司为例的私营组织在行为目标、与外界环境互动方式上有何差异?
参考分析:在新冠疫情防控过程中,我们应充分尊重公共组织、私营组织基于不同组织性质而体现的积极行为表现,比较分析其行为的成因,理解其不同的社会功能,明确多种类型组织协同参与新冠疫情防控治理体系的意义与价值。同时,引导学生正确理解公共组织由于其属性导致的局限和功能的局限,对新冠疫情防控过程中存在的消极行为进行成因辨析与行为纠偏。
三、课后
社会调研:新冠疫情防控期间的公共组织目标与行为分析。
巩固练习与作业:1.复习本章知识点,预习下一章。
2.撰写社会调研报告:选择其中一类公共组织,分析其参与新冠疫情防控的组织目标定位与行为规律。
3.完成本章在线测试与在线讨论。
</td>
</tr>
</table>

新冠疫情防控典型案例	**案例一:《世界卫生组织宣布将新型冠状病毒疫情列为国际关注的突发公共卫生事件》来源:人民日报,2020-01-31** 世界卫生组织总干事谭德塞宣布,主要基于中国感染者数量增加、多个国家都出现疫情两个事实,宣布将新型冠状病毒疫情列为国际关注的突发公共卫生事件。 谭德塞说,中国采取了超常规的有力措施,中国在很多方面为应对疫情提供了榜样。此次将新型冠状病毒疫情列为国际关注的突发公共卫生事件不是对中国没有信心,相反,世界卫生组织相信中国的疫情一定能得到遏制。由于病毒的传播仍然还有很多未知数,世卫组织担忧中国之外的疫情会有恶化,这无关感染数量,关系到人的健康和生命。 **案例二:《国际商会与世界卫生组织共同呼吁社会各界协调一致抗击新冠肺炎疫情》来源:中国国际商会网站,2020-03-19** 北京时间3月16日晚,国际商会和世界卫生组织发布联合声明,表示将在防治新冠肺炎方面密切合作。声明表示,新冠肺炎作为国际公共卫生紧急事件,需要各国政府、企业和个人立即采取有效行动。企业在防范病毒传播、降低疫情对社会的影响方面发挥着重要作用。声明呼吁全球各界协调一致,通过采取提高重视程度、协调各方资源、加强国际合作、利用世卫组织专项基金等各种必要举措,立即行动起来抗击疫情。国际商会也将采取具体措施协调全球工商界抗击疫情,包括定期向其4500万多家会员企业提供建议,通过对全球私营部门的调查来绘制全球企业应对措施图等,助力企业获取最新信息,采取有效措施,稳定企业信心,支持全球工商界共同战“疫”。 **案例三:《习近平论中方积极支持国际组织发挥作用》来源:学习强国,2020-04-01** 习近平2020年3月26日在二十国集团领导人应对新冠肺炎特别峰会上的讲话表示,要积极支持国际组织发挥作用。中方支持世界卫生组织发挥领导作用,制定科学合理防控措施,尽力阻止疫情跨境传播。建议二十国集团依托世界卫生组织加强疫情防控信息共享,推广全面系统有效的防控指南。要发挥二十国集团的沟通协调作用,加强政策对话和交流,适时举办全球公共卫生安全高级别会议。中国将同各国一道,加大对相关国际和地区组织的支持力度。
思政元素	**思政元素1:以人为本** 在新冠疫情防控中,作为公共组织的世界卫生组织(WHO)在突发公共卫生事件中的行为表现与功能发挥都是遵循其组织愿景与宗旨——使全世界人民获得尽可能高水平的健康。学生应学习其坚持以人为本、科学防控的价值取向,提高深入基层调研、认真履行组织职能的目标的管理能力,充分认识公共组织的内涵与构成要素是基于人类命运共同体的公共意识与公共精神的激发与孕育。 **思政元素2:依道而和** 作为社会性公共组织——世界卫生组织在新冠疫情防控期间的一系列应急处置行为、舆论引导行为、促进发展行为具有非营利性特点。为努力推动全世界人民获得尽可能高水平的健康的权利与机会平等,程序与结果的公正,它与其他组织一起呼吁各国政府、企业和个人采取有效行动与协同合作,以人类命运共同体的理念构建新冠疫情防控与治理体系。学生应正确理解新冠疫情防控过程中各类公共组织的性质、类型,以及与私营组织的差异性等,明确公共组织角色定位,既尊重自身运行规律,又依据协同和合作原理,在新型治理伙伴关系中实现包容性发展的理想信念树立与升华。

思政元素	**思政元素3:时代精神**　正如世界卫生组织所言:中国分享新冠肺炎防控经验很重要。作为新时代大学生在新冠疫情防控期间应正确树立人类命运共同体的大局意识,积极传承勇于担责的时代精神。通过课后社会调研,从公共组织的组织属性和行为规律视角,分析公共组织参与新冠疫情防控的治理问题、成因和对策,为全球新冠疫情防控提供中国方案和智慧而贡献自己的力量。学生应坚决维护与执行新冠疫情防控指挥,运用所学知识进行学理分析,这是为政府提供决策参考的社会责任担当与爱国理念延伸。
“课程思政”实施路径	**一、课程总体教学思路** 本课程基于西方“整合教育”理念,运用“线上与线下混合式”教学模式,从“创设情境引入问题”—“运用知识分析问题”—“采用案例探究问题”—“社会调研理解问题”的教学思路展开(如图1所示)。 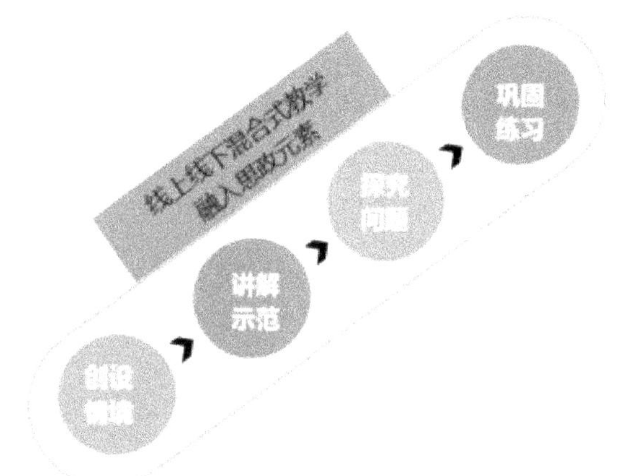 图1　课程总体教学思路 **二、“课程思政”实施路径** “课程思政”的实施紧紧围绕本章教学的主要环节与方法开展(如图2所示)。 (一)课前引入思政元素:以人为本 课前,在学习通平台引入关于世界卫生组织的案例学习,促进学生了解新冠疫情防控中世界卫生组织体现的“以人为本、文明互助”的组织行为导向,引导学生正确认知公共组织行为应体现基于组织目标维护公共利益,提供公共服务的价值取向。 (二)课中融入思政元素:依道而和 课中,通过QQ直播平台在线讲授公共组织的含义、性质和类型等。同时运用比较分析法,对新冠疫情防控中如世界卫生组织、红十字会、阿里巴巴等组织行为案例进行探究,分析不同类型公共组织与私营组织行为目标、规则等的差异性。进一步引入习近平2020年3月26日在二十国集团领导人应对新冠肺炎特别峰会上的讲话“中方积极支持国际组织发挥作用”,理解其对构建全球治理体系中新型伙伴关系的意义,帮助学生积极树立“依道而和、和谐共治”的包容性发展理想信念。

“课程思政”实施路径	(三)课后延伸思政元素:时代精神 课后,通过学习通线上平台要求学生完成在线练习与在线讨论巩固所学知识,并开展关于“新冠疫情防控期间公共组织目标与行为分析”的社会调研,撰写社会调研报告1篇。这是鼓励学生在新时代基于人类命运共同体勇于承担具有“时代精神、家国情怀”的社会责任,为构建新冠疫情防控治理体系提供自己的智慧与方案。 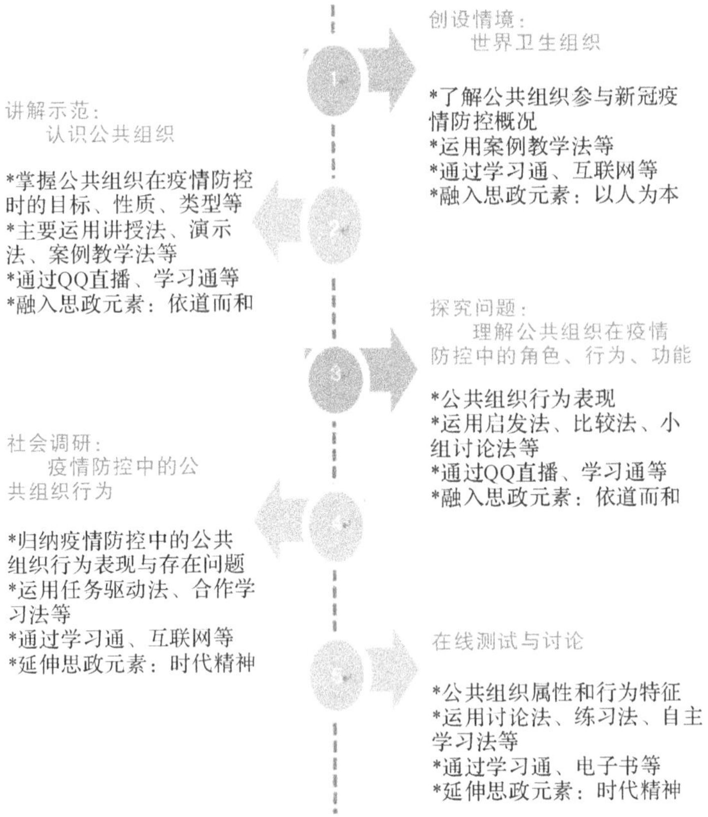 1 创设情境:世界卫生组织 *了解公共组织参与新冠疫情防控概况 *运用案例教学法等 *通过学习通、互联网等 *融入思政元素:以人为本 2 讲解示范:认识公共组织 *掌握公共组织在疫情防控时的目标、性质、类型等 *主要运用讲授法、演示法、案例教学法等 *通过QQ直播、学习通等 *融入思政元素:依道而和 3 探究问题:理解公共组织在疫情防控中的角色、行为、功能 *公共组织行为表现 *运用启发法、比较法、小组讨论法等 *通过QQ直播、学习通等 *融入思政元素:依道而和 4 社会调研:疫情防控中的公共组织行为 *归纳疫情防控中的公共组织行为表现与存在问题 *运用任务驱动法、合作学习法等 *通过学习通、互联网等 *延伸思政元素:时代精神 5 在线测试与讨论 *公共组织属性和行为特征 *运用讨论法、练习法、自主学习法等 *通过学习通、电子书等 *延伸思政元素:时代精神 图2 教学主要环节与“课程思政”路径

绍兴文理学院“课程思政”
新冠疫情防控专题教学设计方案(管理经济学)

<table>
<tr><td>学　　院</td><td>商学院</td><td>课程名称</td><td>管理经济学</td></tr>
<tr><td>授课教师</td><td>王云松</td><td>授课班级</td><td>会计专硕 19 级</td></tr>
<tr><td>授课章节</td><td colspan="3">第二章　需求与供给分析</td></tr>
<tr><td>课程类别</td><td colspan="3">A. 公共平台课　<u>B. 专业平台课程</u>　C. 专业选修课　D. 全校选修课</td></tr>
<tr><td>教学目标</td><td colspan="3">一、知识目标
深刻理解供求定理、需求价格弹性与厂商总收益的关系、价格动态调整与市场均衡。
二、能力目标
能够运用供求理论，分析疫情期间物资供求问题并思考相应的解决方案。
三、素质目标
通过本课程的学习，具备基本的经济学思维能力，理性面对现实社会经济问题，具备社会责任感，坚定有国才有家的信念，承担起维护祖国核心权益的使命。</td></tr>
<tr><td>教学内容</td><td colspan="3">一、教学主体内容
重点内容：需求、供给的影响因素；市场均衡分析。
难点内容：需求价格弹性与厂商总收入的关系分析；税收、最高限价、最低限价对市场均衡的影响。
二、主体内容体系框架
供求理论与均衡价格机制
— 需求及影响因素
—— 影响需求的因素 — 商品价格、偏好、收入、相关商品价格、预期
—— 需求函数
—— 需求变动与需求量变动
— 供给及影响因素
—— 影响供给的因素 — 价格、技术与管理水平、要素价格、相关商品价格、生产者预期
—— 供给函数
—— 供给变动与供给量变动
— 均衡价格机制
—— 供求定理 — 需求与均衡价格反向变动；供给与均衡价格同向变动
—— 均衡价格的变化对经济活动的调节作用
— 弹性理论
—— 需求价格弹性
——— 公式：$E_d=\frac{dQ}{dP}\frac{P}{Q}$ — $E_d=0$，$E_d<1$，$E_d>1$，$E_d=1$，$E_d\to\infty$
——— 弹性与收入关系 — $E_d>1$价格与收入成反比；$E_d<1$价格与收入成正比；$E_d=1$价格与收入变动无关
—— 需求收入弹性
——— 公式：$E_m=\frac{dQ}{dM}\frac{M}{Q}$ — $E_m>1$奢侈品；$1>E_m>0$必须品；$E_m<0$劣等品
——— 恩格尔定理
—— 需求交叉弹性
——— 公式：$E_{xy}=\frac{dQ_X}{dP_Y}\frac{P_y}{Q_x}$ — $E_{xy}<0$，互补品；$E_{xy}>0$，替代品；$E_{xy}=0$，无关
—— 供给弹性
——— 公式与分类</td></tr>
</table>

<table>
<tr><td>新冠疫情防控典型案例</td><td>案例一:《这是这辈子求人最多的一次》来源:澎湃新闻,2020-02-02
在“岂曰无衣,与子同袍”的精神感染下,一批批防护物资陆续送到医务人员手中。2020 年 1 月 31 日凌晨,在寒风中,四川航空的一架国际班机降落在成都双流机场。四川省成都市第五人民医院的工作人员已在等待。他们翘首以盼的防护物资——600 个医用护目镜和一批医用手套从大洋彼岸一同抵达。这些物资很快分给了成都市的三家医院。2 月 2 日清晨,又一批防护物资随川航班机运达。同一天,在湖北、山东、重庆、浙江,数百吨消毒液、医用外科口罩、防护服、药品等防疫救急物资在爱心企业家和志愿者的帮助下,陆续分发到了一线医务人员手中。
案例二:《成都出台 12 条措施加强疫情防控物资生产供应保障》来源:四川在线,2020-02-20
2020 年 2 月 18 日,成都市人民政府办公厅关于印发成都市进一步加强疫情防控物资生产供应、保障的 12 条政策措施,鼓励成都市有关疫情防控物资生产企业开足马力、加班生产、扩大产能,鼓励商贸流通企业多采多销。
四川在线消息(记者　程文雯)2 月 19 日,记者从成都市人民政府官网获悉,为进一步加强疫情防控物资生产供应保障,成都市人民政府办公厅印发了《成都市进一步加强疫情防控物资生产供应保障 12 条政策措施的通知》,要求市级有关部门、各区(市)县政府加大力度,支持引导企业加快生产医用口罩、民用口罩、医用防护用品、电子测温设备、消毒用品等疫情防控急需物资及其上下游配套产品,力争成都市口罩日产能突破 100 万只。</td></tr>
<tr><td>思政元素</td><td>作为经过经济学系统训练的学生,对于纷繁复杂的市场变动应以理性的思维进行思考,运用相关的经济理论结合现实问题进行多维度分析,客观且全面地得出相应结论。
思政元素 1:面对国家、民族的危难,勇担使命
在我国处于疫情早期时,巨大的医疗物资缺口并没有使国家陷于困境,海内外华人积极行动,不断将世界各国的医疗物资运送回国,面对国家、民族的危难,他们勇担使命,充分体现了对祖国与人民的热爱。这是一种不计报酬与代价的理性行为的体现,因为有国才有家,国家稳定才能有经济的进一步发展。
思政元素 2:具备强烈的社会责任感
面对口罩等医疗物资的缺口,很多企业迅速进行转产,利用自身工业能力的兼容性,保证了医疗物资的供应,在很大程度上弥补了超额需求,这些企业承担了重要的社会责任。
思政元素 3:维护国家核心权益
疫情已对全球经济产生了系统性影响,未来全球经济也将面临各种不确定性的外来冲击,各种声音纷至沓来,作为经济管理类专业的学生,此时要提升自身学习能力,运用相关经济理论分析复杂的经济问题,形成自己的观点,以维护国家核心权益为原则,对于违背事实、违背客观规律的不当言论予以有力的回击。</td></tr>
<tr><td>“课程思政”实施路径</td><td>一、课程导入
1.课前导学:下发教学内容思维导图
课前两天下发教学内容思维图,令学生掌握学习脉络,产生自学动力,带着问题去听课,与教师形成正向互动与反馈。
2.课上导入:理论层面导入
无论在东方还是在西方,政府往往对一些产品规定法定价格,这种价格高于</td></tr>
</table>

"课程思政"实施路径	或者低于均衡价格，此时经济工作者必须了解和分析实行法定价格而可能带来的后果，以便拟定政策。 （1）政府规定最高价格（最高限价，产生超额需求）。在战时由于物资短缺或在平时由于通货膨胀很容易引起一些基本生活资料的涨价，这时政府为了保障人们的基本生活水平，往往对一些基本的消费品规定低于均衡价格的最高价格。 （2）政府规定最低价格（最低限价，产生超额供给）。典型的例子是世界上许多政府为农产品规定支持价格，或称保护价格。我国对重点粮食品种实行最低收购价格制度，以保护农民种粮的积极性，防止粮价波动谷贱伤农。 **3.课上导入：融合思政元素导入** 疫情的爆发使得世界各地出现囤货与抢购风潮，短缺成了关键词，尤其是以口罩为代表的医用物资出现了巨大的供给缺口，导致其上下游的产业链价格全部上涨。面对此种供不应求，市场价格不断上涨的情况，市场是如何进行调节的，政府应采取哪类政策，以实现一方面保护市场，另一方面保障国计民生的目的，这是我们应该重点讨论的问题。由以上三个层面导入本次课的主体内容。 **二、主体教学内容展开** **1.依托超星课程讲解** 需求、需求的影响因素、需求的变动与需求量的变动、供给、供给的影响因素、供给的变动与供给量的变动、供求定理与市场均衡。 **2.需求方提问** 面对口罩短缺，市场价格飞涨，结合供求理论，政府应采取什么方法应对？ 两种方案讨论： （1）实名制限购，防止囤积涨价。 （2）口罩价格由市场供求决定，政府给居民以补贴。 学生还可以提出自己的解决方案。 **3.供给方提问** 以五菱等大型制造型企业快速转产，大批量生产口罩引出思考，如何提高我国制造型企业的兼容性，兼容路径依托的是什么，哪类企业应加快兼容性步伐？ **4.课程总结** 供求理论是市场机制的体现，但是市场机制并不完美，面对各种不确定性，政府的适度调节可以引导市场回归均衡。在本次疫情中，我国政府快速反应，迅速合理地配置医疗物资，避免了民众的恐慌。同时对市场进行适度调节，一方面使得很多制造型企业挖掘了自身的潜力，体现了我国制造大国的能力；另一方面也使民众产生了供给会逐步满足需求的预期，在此预期下市场整体趋于平稳，没有出现急剧波动，给人民生活造成伤害，维持了社会的稳定性。 **5.课后阅读与拓展** 引导学生学习《新结构经济学》，令学生进一步理解市场与政府之间的关系。

绍兴文理学院“课程思政”
新冠疫情防控专题教学设计方案(中外饮食文化)

学　　院	上虞分院	课程名称	中外饮食文化
授课教师	林小燕	授课班级	酒店管理181
授课章节	第2章　饮食文化的理论探讨 第一节　饮食方式		
课程类别	A.公共平台课　B.专业平台课程　**C.专业选修课**　D.全校选修课		
教学目标	**一、知识目标** 了解饮食文化发展的五个阶段,分析饮食文化形成与发展的制约性因素,了解个体在饮食文化形成与发展的过程中的突出作用。 **二、能力目标** 通过本部分内容的学习,学生感受到了更有效地开发环境,给人类提供更多的物质享受,发展更复杂的社会文化整合系统,是人类历史自古以来发展的总方向。但不可忽略的问题是,工业化也带给人类一定的问题,导致了空前的破坏。引导学生分组讨论新冠疫情发生的原因,理论联系实际地分析疫情防控中出现的各种现象,培养学生的思维能力,并在讨论互动中提升学生的协作能力、表达能力、沟通能力等。 **三、素质目标** 通过了解饮食文化的发展阶段,探究来源于实际生活中的饮食方式,体验文化与生活的联系,使学生的学习兴趣有所提高,能积极地思考并逐渐形成与他人交流合作的学习习惯。 培养学生的职业意识、社会责任感。		
教学内容	**1.教学主体内容** (1)环境与文化多元性 (2)重点:文化对环境的影响 (3)饮食文化的发展阶段 (4)食物变迁的原因 **2.思政元素融入途径:理论与实践的结合** 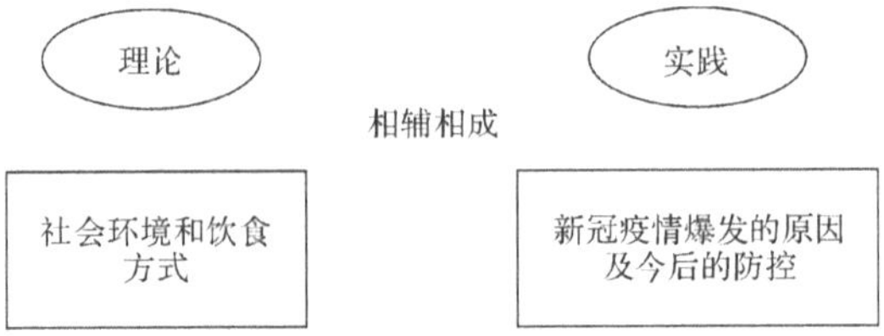 理论　　实践 相辅相成 社会环境和饮食方式　　新冠疫情爆发的原因及今后的防控		

<table>
<tr><td>新冠疫情防控典型案例</td><td>

案例一:《毛俊响:新冠病毒疫情拷问人类良知》来源:环球时报,2020-02-07

武汉暴发的新型冠状病毒疫情引起了国际社会普遍关注。世界卫生组织1月30日宣布,这一疫情已经构成"国际关注的突发公共卫生事件"。对人类来说,疾病始终如影随形。传染病是人类的大敌,它可能降临任何地域、任何民族。在人类历史上,天花、鼠疫、霍乱、麻风、结核、麻疹、狂犬病、疟疾、黄热病等传染病对人类产生过极大的威胁。仅在20世纪,天花就夺去了3亿人的生命。1918年4月—1919年5月爆发的西班牙病毒,导致2500万至4500万人死亡,而整个第一次世界大战的死亡人数是1600万人。2009年3月底,在墨西哥和美国加利福尼亚州、得克萨斯州爆发的甲型H1N1流感,持续了一年多,波及214个国家和地区,造成约28.45万人死亡。传染病造成的死亡数量,比战争或其他天灾人祸加起来造成的死亡数量的总和还要多。

案例二:《马来西亚知名病毒学家表示新冠病毒来自野生动物,支持中国抗击新冠疫情》来源:国际在线,2020-02-20

国际在线报道(记者　孙牧宁):2月18日,国际权威医学期刊《柳叶刀》在线发表了一篇通讯文章,来自8个国家的27名知名公共卫生科学家签署声明:"支持中国抗击新型冠状病毒肺炎的科研、公共卫生、医务工作者。"这27位科学家称,有压倒性证据证明新冠病毒来源于野生动物。本台记者采访了27名科学家之一、马来西亚知名病毒学家林世杰教授。林教授表示,国际科学界能够得出上述结论,要感谢中国同行们的奋斗和分享。

案例三:《关于在打赢疫情防控阻击战中有针对性地开展精神文明教育的通知》来源:人民网,2020-02-07

该通知特别强调,要运用媒体公益宣传等多种形式增强人们的自我防护意识和能力,加强对健康理念和传染病防控知识的了解,教育人们养成讲文明、讲卫生、讲科学的健康生活方式。

新冠肺炎疫情折射了"共餐制"的弊端。在疫情汹汹的当下,它会给病毒制造传播渠道。这种不太科学、不够卫生的饮食习惯对于防疫抗疫是不利的。"飞沫传播"是病毒的一大传染途径。不只是新冠病毒,春季传染病多发,"共餐制"脱不了干系。新冠肺炎疫情的肆虐为我们敲醒了警钟,让我们不得不反思传统的共餐习惯。

"分餐制"给我们的文明就餐提供了借鉴。中国早在周秦汉晋时代就已实行"分餐制"。"分餐制"的饮食习惯能在很大程度上减少病毒传播,有利于人们的身体健康和公共卫生。目前尽管国内的"分餐制"尚未风行,但饮食使用"公筷"蔚然成风,为人们实施"分餐制"奠定了良好基础。

</td></tr>
<tr><td>思政元素</td><td>

作为酒店管理专业的学生,未来的职业发展定位主要是高星级酒店部门的工作人员,他们需要对大量的公共事务进行处理,介入的思政元素需要与他们未来的职业相契合。

思政元素1:爱护环境、保护资源意识　关注学生思考问题的角度,使他们逐渐跳出从自身角度、从小群体角度思考问题的思考方式,能够站在公众角度,思考公共利益的实现。

思政元素2:责任与服务意识　主要是公共责任的意识,使学生意识到"不求有功、但求无过"错误观点所造成的严重后果,从而自觉树立起责任意识;登哈特的"新公共服务"、毛泽东的"为人民服务"与现在政府提出的"服务型政府"同出一源,通过学习,"润物细无声"地培养学生的服务意识。

</td></tr>
</table>

<table>
<tr><td>思政元素</td><td>思政元素 3:敬业意识 从业者应具有良好的职业道德。要使学生意识到未来职业的神圣与崇高,让他们树立正确的职业观,逐渐形成敬业意识,并在此过程中强调作为未来酒店工作人员的奉献精神以及诚信意识。</td></tr>
<tr><td>"课程思政"实施路径</td><td>1.基本思路
从饮食文化感受出发,通过角色模拟使学生触碰饮食文化发展阶段,并在分析研究的基础上升华认识,实现思政目标。 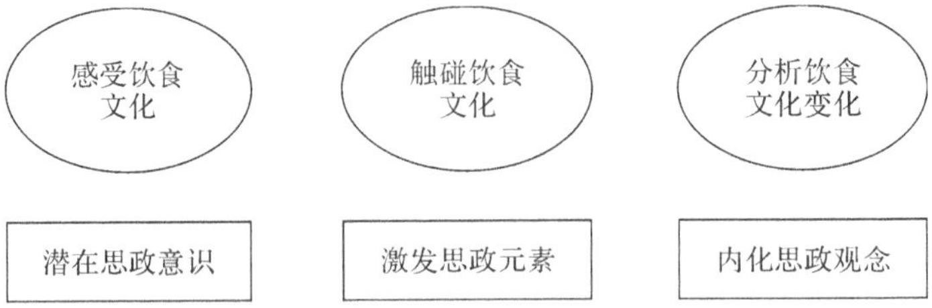
感受饮食文化 → 潜在思政意识
触碰饮食文化 → 激发思政元素
分析饮食文化变化 → 内化思政观念
2.教学方法
线上线下混合式、角色模拟、案例法等。 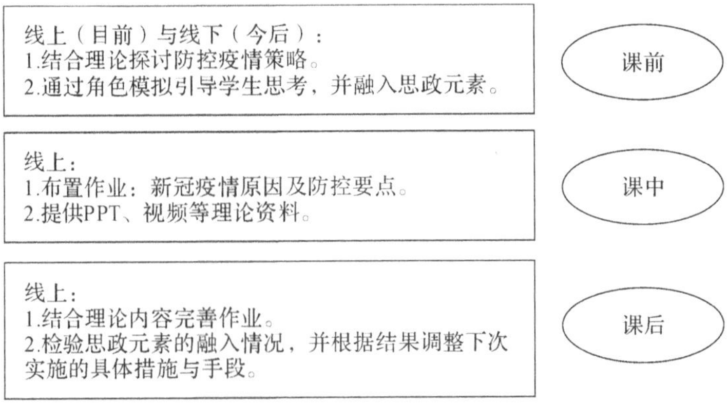
课前:线上(目前)与线下(今后):
1.结合理论探讨防控疫情策略。
2.通过角色模拟引导学生思考,并融入思政元素。
课中:线上:
1.布置作业:新冠疫情原因及防控要点。
2.提供PPT、视频等理论资料。
课后:线上:
1.结合理论内容完善作业。
2.检验思政元素的融入情况,并根据结果调整下次实施的具体措施与手段。
3.教学措施
(1)通过学习通平台提交相关理论材料,提醒学生提前预习,并布置作业"新冠疫情原因及防控要点",建议学生先去搜集相关资料,可以不用形成书面文件。在此过程中,每个学生收集的方向是不同的,接触的材料是大量的,他们最终选择的材料是学生愿意接受并认可的,这提升了思政元素融入的可能性,可达到"润物细无声"的效果。
(2)使用企业微信,开展在线直播。
(3)布置线上测试和讨论,开展线上考核。</td></tr>
</table>

绍兴文理学院"课程思政"
新冠疫情防控专题教学设计方案(幼儿园课程)

<table>
<tr><td>学　　院</td><td>上虞分院</td><td>课程名称</td><td>幼儿园课程</td></tr>
<tr><td>授课教师</td><td>孙　燕</td><td>授课班级</td><td>学前191、192班</td></tr>
<tr><td>授课章节</td><td colspan="3">第一章　幼儿园课程的基本理论</td></tr>
<tr><td>课程类别</td><td colspan="3">A.公共平台课　<u>B.专业平台课程</u>　C.专业选修课　D.全校选修课</td></tr>
<tr><td>教学目标</td><td colspan="3">一、知识目标
1.学习并理解幼儿园课程的性质和特点,课程形态和课程设置的基本理论,了解当前幼儿园课程改革的趋势。
2.学习国内外著名的幼儿园课程模式,重点掌握蒙台梭利课程,陈鹤琴、张雪门的教育思想,初步理解幼儿园课程的发展过程。
二、能力目标
1.能在理解幼儿园课程基本理论的基础上分析和评价当前幼儿园正在实施的课程内容、课程形态和课程模式。
2.能利用国内外著名的幼儿园课程模式指导当前课程实践,根据所学内容对幼儿园课程案例开展评价和反思。
三、素质目标
1.热爱儿童,热爱教育事业,树立正确的幼儿教育观和课程教学观。认识到幼儿教师职业的社会价值与意义,为幼儿教师的职业感到自豪,具有深厚的教育理论素养和教育情怀。
2.注重学习和积累,乐于探索和钻研。善于从优秀的幼儿园课程案例中汲取有益经验。树立认真严谨的科学精神和职业精神。</td></tr>
<tr><td>教学内容</td><td colspan="3">一、本章教学的基本内容
(一)幼儿园课程概述
1.幼儿园课程的定义和内涵。
2.幼儿园课程的性质和特点。
3.幼儿园课程的形态和三级设置。
4.我国幼儿园课程的发展历程和趋势。
(二)国内外经典课程方案
1.陈鹤琴课程方案——五指活动课程;整个教学法;活教育思想。
2.张雪门课程方案——行为课程。
3.蒙台梭利的课程方案——儿童观;教学观;教师观;儿童之家;蒙台梭利教学法;蒙氏教具;敏感期理论。
4.瑞吉欧的课程方案——方案教学。
二、本章教学提供的教学资源
受新冠肺炎疫情的影响,传统的教室授课改为线上教学,为了帮助学生更好地学习和掌握本章内容,同时为了提高学生的自主学习能力,本课程在学习通平台上建立课程,并提供了丰富的课前阅读材料和课后补充材料。本章教学提供的教学资源有参考电子书、教学案例、人物介绍视频、网页链接等共计21个任务点,</td></tr>
</table>

教学内容	可以为拓展学生学习本章内容的视野,引导他们在理解、思考的基础上掌握幼儿园课程基本理论发挥积极的作用。
新冠疫情防控典型案例	**案例一:《上虞区东关幼儿园课程故事〈不一样的年〉》来源:上虞学前教育公众号,2020-01-31** 因为新冠肺炎疫情的影响,幼儿园无法开学。小朋友长时间宅在家里怎么办?上虞区东关幼儿园的老师们积极开动脑筋,通过线上教研开展研讨,以陈鹤琴先生"活教育"思想为指导,从幼儿生活出发,确定了《不一样的年》的主题活动。在活动中通过丰富有趣的形式,引导幼儿园小朋友认识病毒,加强锻炼,开展游戏,快乐宅家。 启示:一线幼儿教师们用专业知识和爱心,为学前专业学生提供了一次绝佳的课程示范。 **案例二:《太有才!湖州幼师用漫画为孩子科普疫情》来源:浙江新闻,2020-02-03** 1月31日,湖州第一幼儿园老师王思杨用自己手中的画笔,创作出一幅幅漫画作品,为孩子们科普新型冠状病毒感染的肺炎,表达对抗击疫情的必胜信心。 启示:学好专业知识,练好专业技能是做好工作的基础和必要条件。
思政元素	**思政元素1:敬业钻研** 教学是一门艺术,课程中不仅要学习教学的技能与技巧,更要研习教学的艺术。幼儿园课程的魅力来自幼儿的生活,取材于幼儿的直接经验。就像科学家百折不挠研制疫苗一样,作为一个教育工作者应该刻苦钻研,深入思考,做精课程,领会教学的奥秘。 **思政元素2:教育情怀** 在这次疫情中,为了让医护人员在一线安心工作,教育系统组织了对医护人员家庭的关爱行动。中小幼儿园共同行动起来,为孩子们提供教育上的帮助。教育者应该有育人的情怀。培养一个有情怀的教师不容易,这需要学生有远大的追求,有踏实的作风。通过课程学习去感受当前幼儿教育发展的大背景,增强教育的责任感和使命感,把个人的进步融入职业生涯成长的过程中。 **思政元素3:认真严谨** 此次新冠病毒的防疫工作涉及医护、社区人员、交警、后勤保障人员,每一步的严格把控使疫情控制取得阶段性成果。学习这种认真严谨的态度和作风对课程学习有很大帮助。主要表现在课程学习要有明确的目标,认真的态度,坚持不懈的精神,听好每一堂课,积极参加每一次实践训练,在教学活动中勇于实践锻炼自己,一步一个脚印,取得进步。

“课程思政”实施路径

一、结合专业育人特点开展“课程思政”

学前教育专业主要培养专业基础扎实、实践能力强、热爱幼教职业、师德为先、具有专业发展意识和成长后劲的高素质技能型的幼儿教师。幼儿教师是一份崇高的职业，承担着教养祖国未来的责任。在人才培养过程中，本专业十分注重对师范生品德、知识和能力的全面培养，形成了以幼儿园陈鹤琴“活教育”思想为指引的“三育人”培养模式，其中文化育人部分，就是充分发挥了课程思政的功能，达到育人目标。

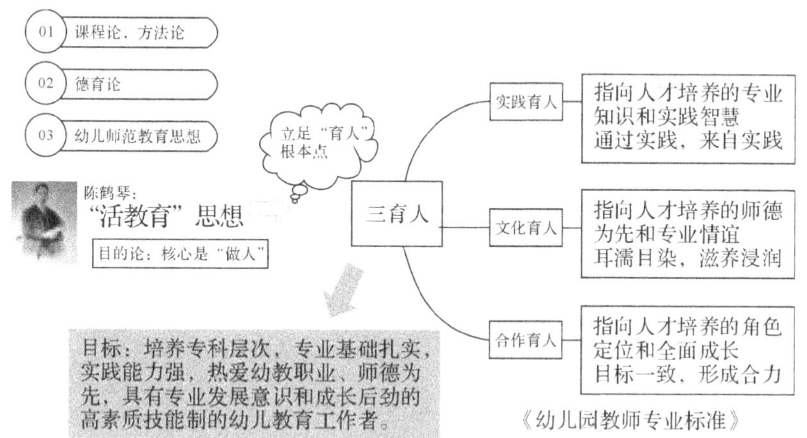

二、结合本课程特点开展课程育人

本课程是学前专业的基础平台课程，要为后续课程的学习奠定基础。本课程具有基础性与综合性、理论性与实践性并重的特点，因此在课程教学中应始终将“懂基本理论、会灵活运用”作为本课程教学的出发点，引导学生深入理解幼儿园课程、幼儿园教育活动的特点和意义，结合幼儿园课程和教育活动的实际发展，理解和体会幼儿园课程和教育活动设计的一般理论，为后续学习奠定扎实的理论基础，同时为教育实践提供方法论基础。在实际的课程教学中，结合课堂教学内容，引入“课程思政”案例，通过有针对性地分析和讨论，达到潜移默化、润物细无声的育人效果，有助于提升师范生的思想觉悟、师德水平和教育素养。

同时，在课程教学中以实践性和开放性作为课程内容选择的基本原则，密切关注幼儿园课程和教育活动发展的实际情况，精心组织和设计教学实践活动，让学生在活动中体会课程理论，在实践中积累教学经验，在课程教学中贯彻“精讲多练、讲练结合”的教学原则，通过多种形式的教学活动的组织和实施，实现“能力导向”的课程教学目标。通过学习通平台上的内容，落实课程思政专题作业，让学生完成资料阅读—理解思考—作业感悟的流程。

“课程思政”实施路径	**三、结合学情开展“课程思政”** 本课程开设于第二学期,教学对象是学前专业(专科)大一学生。作为00后,学生们的思维敏捷,易于接受新事物,敢于尝试。他们中大多数热爱本专业,对今后将要从事的幼儿教师工作既期待又迷茫。他们通过第一学期的学习已经具备了一定的专业理念,但对于本课程的地位和作用缺乏认识,对本课程中的理论学习部分存在一些畏难情绪,一时之间认识不到本课程学习所具有的实践指导意义。“课程思政”中的案例具有具体性、生动性、形象性的特点。本次关于疫情的案例又具有极强的时效性,能充分调动学生学习理解的热情,从而达到情感上的共鸣,达到课程思政的育人目的。同时,00后的学生一般比较自我,喜欢独立思考,对填鸭式的满堂灌特别反感和排斥。本课程通过精选与本课程教学内容有一定关联度的“课程思政”案例,动之以情,晓之以理,自然而然地发挥育人功能,同时传达本课程“精讲多练,能力导向”的教学价值观,收到了良好的教学效果。 **四、结合线上教学的特点开展“课程思政”** 针对本次疫情,各大高校提出了“停课不停学,停课不停教”的应对措施,各大平台为保障教学提供了多种工具。对于学生来说,一边是沉闷的疫情,一边是热火朝天的线上教学。课堂上云端,教师变主播,互动靠线上工具,为教学探索提供了多种可能。本课程把“课程思政”的案例放在学习通平台上,通过提供链接,设置讨论,开启交流,布置作业等为同学提供了话题。经调查,学生对老师提供的关于疫情的课程思政案例比较认可,认为质量很高,与课程学习的连接比较紧密,避免了为思政而思政。这种崭新的学习方式给课程思政注入了活力,实现了新的价值。

绍兴文理学院"课程思政"新冠疫情防控专题教学设计方案(会议口译)

<table>
<tr><td>学　　院</td><td>外国语学院</td><td>课程名称</td><td>会议口译</td></tr>
<tr><td>授课教师</td><td>沈　阳</td><td>授课班级</td><td>全校</td></tr>
<tr><td>授课章节</td><td colspan="3">第一章　第一节　会议口译概述</td></tr>
<tr><td>课程类别</td><td colspan="3">A.公共平台课　B.专业平台课程　<u>C.专业选修课</u>　D.全校选修课</td></tr>
<tr><td>教学目标</td><td colspan="3">1.知识目标
能了解会议口译的基本概念和常用术语,了解会议口译的不同形式,了解会议口译的基本原则和需要的基本技能。
2.能力目标
能掌握会议口译训练的基本方式,尝试主题口译,并通过新冠肺炎疫情的主题口译训练,了解会议口译对译员的基本要求。
3.素质目标
能了解外交场合译员需具备的素养,坚持政治正确,树立文化自信,并能在口译训练中准确把握中国政府的外交立场,准确翻译中国政府采取的政策和获得的成就。</td></tr>
<tr><td>教学内容</td><td colspan="3">第一章　第一节 会议口译概述
一、关于口译
介绍口译的定义和种类、口译和笔译不同之处、口译的种类和译员的角色。
二、会议口译基本知识
会议口译的定义和相关术语、会议口译的不同形式、会议口译的基本原则和需要的基本技能。
三、口译练习(在线测试)
通过口译测试的方式引导学生了解个人的口译能力,进一步熟悉会议口译的训练方式和基本要求。
四、自评/互评
在预测试后,学生通过学习通平台互评作业的形式对自己和配对的同学根据会议口译的基本要求展开自评/互评。</td></tr>
<tr><td>新冠疫情防控典型案例</td><td colspan="3">案例一:《王毅出席慕尼黑安全会议并发表演讲视频》(中文演讲,英文同传)2020-02-17
王毅在演讲中讲述了中国人民在中国领导人的坚强领导下,众志成城抗击新冠肺炎疫情的故事,表示中国政府采取的严格彻底举措正在显现效果,中国完全有信心、有能力、有把握战胜这场疫情,相信疫情过后,中国经济将在更健康和可持续的轨道上阔步前行,中国人民将以更坚定的步伐实现全面小康,摆脱绝对贫困,迈向中华民族的伟大复兴。疫情让人们再次认识到,这是一个传统安全与非传统安全相互交织的时代,也是一个局部问题和全球问题彼此转化的时代,任何国家都不可能独善其身。各国命运休戚与共,紧密相连。加强全球治理,增进国际协调是当务之急。我们有必要摆脱东西方的划分,超越南北方的差异,真正构建人类命运共同体。</td></tr>
</table>

<table>
<tr>
<td>新冠疫情防控典型案例</td>
<td>

案例二:《驻英国大使刘晓明举行中外记者会实录视频》(英文)2020-02-06

刘晓明大使就抗击新冠肺炎疫情发表讲话,并现场回答记者的提问。以下为部分中文节选。

大家上午好!今天,我们举办中外记者会,通报中国防控新型冠状病毒肺炎疫情的最新情况。

疫情发生以来,中国政府果断采取一系列有力的防控举措,行动之快、力度之大、范围之广,举世罕见。我认为,可以从“三个高度”看中国政府采取的有力措施:

一是高度重视。习近平主席多次作出重要指示,始终把人民群众的生命安全和身体健康放在第一位;两次召开中共中央政治局常务委员会会议,成立应对疫情工作领导小组,全面部署防疫工作。李克强总理受习主席委托,亲赴武汉指导疫情防控工作。中国举国上下,已形成全面动员、全面部署、全面加强的防控工作局面,全力打赢疫情防控阻击战。

二是高度负责。疫情发生之后,中国政府采取了最全面、最严格的防控举措,很多举措远远超出《国际卫生条例》要求,这不仅是对中国人民的生命安全和身体健康高度负责,更是对维护世界人民的健康和全球公共卫生安全作出的最大努力。

三是高度合作。中方始终本着公开、透明、负责任的态度开展疫情防控国际合作。

女士们、先生们,中国政府遏制疫情扩散的决心是坚定的,措施是有力的,将继续把疫情防控作为当前最重要的任务。

案例三:《世卫组织总干事韩德塞新闻发布会答记者问视频》(英文)2020-01-30

在讲话中,世卫组织总干事韩德塞对中国防控措施给予大力赞扬,以下为节选中英文讲话平行文本。

As I have said repeatedly since my return from Beijing, the Chinese government is to be congratulated for the extraordinary measures it has taken to contain the outbreak,despite the severe social and economic impact those measures are having on the Chinese people.

正如我从北京回来以后反复说过的那样,中国政府为遏制疫情采取的非同寻常的措施值得赞扬,尽管它们对中国人民造成了严重的社会和经济影响。

We would have seen many more cases outside China by now and probably deaths if it were not for the government's efforts,and the progress they have made to protect their own people and the people of the world.

如果不是中国政府的努力以及他们在保护自己的人民和世界人民方面所取得的进展,那么,我们现在可能会看到在中国境外发生更多的病例,甚至死亡病例。

The speed with which China detected the outbreak, isolated the virus, sequenced the genome and shared it with WHO and the world are very impressive, and beyond words. So is China's commitment to transparency and to supporting other countries.

中国发现疫情、分离病毒、测序基因组并与世界卫生组织和全世界共享的速度令人印象深刻,这是无法用语言形容的。中国对透明度及支持其他国家的承诺也是如此。

</td>
</tr>
</table>

<table>
<tr><td>思政元素</td><td>思政元素 1:责任意识
通过了解口译从业人员的职业道德,树立正确的职业观,逐渐形成责任意识,并在此过程中强调作为译员服务国家、服务政府、服务社会的奉献精神以及诚信意识。
思政元素 2:制度自信
通过习近平主席的讲话以及相关英文报道,通过口译世卫组织总干事的发言,了解中国政府在本次疫情中体现出来的高度领导力和中国人民的高度凝聚力,提高学生思想觉悟和认同感,更清楚地认识我国政治体制和社会制度的优越性,从而对国家、民族更加充满自信心和自豪感。
思政元素 3:大国外交
通过口译中国驻英大使刘晓明的发言,了解中国外交的基本原则,牢记会议口译外交领域的使命和责任。</td></tr>
<tr><td>“课程思政”实施路径</td><td>1.结合案例一导入会议口译的形式和译员素质
(1)会议口译形式主要分为交传和同传。在会议口译概述中,教师以案例一中王毅外长在慕尼黑安全会议的讲话为材料,为学生同时展示交传和同传两种不同形式。首先,教师播放王毅外长的中文演讲视频,以交传的形式请学生尝试记录关键信息并做接续口译;然后,教师点评学生译文,并播放王毅外长现场英文同传,最后展示同传和交传的相同和不同之处,并总结交传和同传的特点和对译员的要求。
(2)结合该案例分析外交场合译员的基本素养和口译从业人员的职业道德。通过现场同传和学生译文的比较,讲解如何在一些关键词的英文翻译上把握中国的外交立场,坚持政治正确,强调作为译员服务国家、服务政府、服务社会的奉献精神以及诚信意识。同时,也通过此案例说明译前准备及对话题的了解是每一位译员的必备功课,对于口译产出的质量影响甚大,使学生树立正确的职业观,培养责任意识。
2.结合案例二讲解会议口译基本技能
在此环节,教师播放驻英大使刘选明中外记者会实录视频,从信息提取、口译笔记、信息重组三方面切入,讲解会议口译基本技能。
(1)信息提取。教师播放刘选明大使英文讲话节选之一,现场请学生概述讲话内容。
(2)口译笔记。教师播放刘选明大使英文讲话节选之二,请学生尝试口译笔记,并根据笔记复述所记录的内容。
(3)信息重组。教师播放刘选明大使答记者问时的问答环节,请学生尝试翻译所听到的信息。
在点评学生的译文时,通过分析中国驻英大使刘晓明的英文发言,重点讲解中国对外宣传高频词的翻译规范,使学生了解中国外交的基本原则,进一步强化会议口译外交领域的使命感和责任感。</td></tr>
</table>

“课程思政”实施路径	**3.结合案例三进行在线测试** 通过译前学习中英文平行文本和观看相关视频(课前在课程网站预习)、在线预测试、自评/互评三个阶段,结合世卫组织总干事韩德塞新闻发布会答记者问视频,引导学生开展口译能力预测试,使学生了解自己的口译能力,进一步熟悉会议口译的训练方式和基本要求。 (1)译前准备 在教师的引导下,学生通过预习学习通平台上的课程资料,预先学习相关新冠肺炎疫情的中英文词汇和表达;学习相关疫情新闻发布会的视频,以及中英文平行文本。 (2)在线测试 学生在学习通平台上完成世卫组织总干事韩德赛答记者问发言的口译测试。教师现场抽取学生口译音频在直播课堂中进行讲解和评析。 (3)自评和互评 学生再次回顾自己的译文,并将教师提供的新冠肺炎新闻发布会原文文本和自己以及同学的译文相对比,按教师所给的评价指标,开展自评和互评,并写下译后反思。 在此环节,通过口译世卫组织总干事的发言,使学生了解中国政府在本次疫情中体现出来的高度领导力和中国人民的高度凝聚力,提高学生的思想觉悟和认同感,更清楚地认识我国政治体制和社会制度的优越性,从而对国家、民族充满自信心和自豪感。

绍兴文理学院"课程思政"
新冠疫情防控专题教学设计方案(二外(日语)2)

学　　院	外国语学院	课程名称	二外(日语)2
授课教师	梁红梅	授课班级	英语 18 级
授课章节	第 13 課　机の上に本が3 冊あります		
课程类别	A. 公共平台课　B. 专业平台课程　C. 专业选修课　D. 全校选修课		
教学目标	**一、知识目标** 学习并掌握常用的数词、量词;数量词不同组合的读法;数量词在句子中的位置;中日同形异义常用数量词。 **二、能力目标** 能正确朗读常用的数量词组合,并能在句子中正确运用。在具体使用中能正确区分使用中日同形异义常用数量词。 **三、素质目标** 数量词的运用不仅能体现语言的准确性,在特定情况下还能起到强调或是通过夸张对比等表达情感的修饰作用。通过结合当下中日两国新冠疫情的进展情况,特别是两国民间的互相鼓励以及抗疫物资的互赠,引导学生进一步了解日本以及中日交流的渊源,培养学生的国际视野与人文情怀,增强跨文化交际能力,逐步形成对多元文化的包容意识。		
教学内容	**1. 学习内容总结回顾** 在教师指导下梳理并复习重点、难点;讲解易错题等,以唤醒记忆有机衔接学习内容。 **2. 本课重点:数量词及其在句子中的使用** (1)数的读法有两种:汉字词读法? いち、に、さん、し、ご、ろく、しち、はち、く、じゅう? 固有词读法? ひとつ、ふたつ、みっつ、よっつ、いつつ、むっつ、ななつ、やっつ、ここのつ、とお?。 (2)数词与量词的读法:组合不同,读法也会发生变化。常见的有促音变和浊音变。 ①促音变　当基数词"一、六、八、十、百"与以行假名"ka、sa、ta、ha"为首的量词结合时,基本上本身最后的一个假名发生促音变。另外 ha 行假名为首的量词也相应音变为半浊音。 ②浊音变　当基数词"三、何"与某些行假名"ka、sa、ha"为首的数词或量词结合时,以行假名"ka、sa、ba"为首的词要发生浊音变。 (3)询问数量时的读法:在「何? 的后面加量词。 (4)数量词在句子中的位置:数量词放在动词前面。 (5)中日量词的使用异同。有的量词表达与汉语不一致,容易混淆。如"枚(まい)""着(ちゃく)""匹(ひき)""本(ほん)"等。 **3. 助词的用法** に:(1)表示频率　7 時間働きます		

教学内容	(2)表示目的　荷物を出しに行きます で:表示计量的基准,即用于不称重量而以数个售物。例:このケーキは3個で500円です。 **4.课文内容理解** 结合语法、助词以及词语表达等理解课文含义。
新冠疫情防控典型案例	**案例一:《加油中国! 日本各地向中国捐赠医疗物资》来源:海外网,2020-02-03** 近期,湖北武汉出现新型冠状病毒肺炎,牵动着世界人民的心。日本部分地区和中国各大都市保持交流,并向中国捐赠医用口罩、防护服等,为中国加油。日本多次向中国驰援物资,一些日本地区在捐赠时,特意用中文留言"中国加油!""山川異域,風月同天"等。日媒称,支援中国的圈子在日本不断扩大。 **案例二:《中方紧急向日本捐赠一批新冠病毒核酸检测试剂盒》来源:人民网,2020-02-20** 近来,日本国内新型冠状病毒肺炎疫情持续发展。中方对此高度关注,感同身受。得知日方新冠病毒核酸检测试剂不足后,中方立即向日方表达提供协助的意愿,并采取行动。经过多方协调,近日,我们通过中国深圳华大基因科技有限公司和深圳市猛犸公益基金会紧急向日本国立传染病研究所捐赠一批新冠病毒核酸检测试剂盒。病毒没有国界之分,需要国际社会共同应对。中方愿继续向日方提供力所能及的帮助,密切开展沟通合作,携手早日战胜疫情,共同维护两国人民的健康安全以及地区和世界公共卫生安全。 **案例三:《中国回赠日本防疫物资;日本网友盛赞:大国风范》来源:人民网,2020-03-04** 日本进入新冠肺炎疫情防控关键期。中国驻日本大使馆官方推特近日发布了关于中国向日本捐赠5000件防护服和10万只口罩的推文:"为支持、协助日本应对新冠肺炎疫情,在无偿提供检测用试剂盒之后,中国又捐赠了5000件防护服及10万只口罩,其中一部分已于2月27日、28日完成交付。今后我们也将根据日本方面的需求,在力所能及的范围内提供支援与帮助,和日本的大家一起共渡难关。" 3月2日下午,马云公益基金会和阿里巴巴公益基金会通过社交媒体宣布,向日本捐赠100万只口罩。3日,100万只口罩抵达东京成田机场时,装有防疫物资的纸箱上还贴着"青山一道,同担风雨"的字样。 许多日本网友在推文下表达了感谢之意,甚至有人用中文发表了感谢的评论。
思政元素	**思政元素1:文化自信** 文化是一个国家、一个民族的灵魂。文化兴则国运兴,文化强则民族强。在"四个自信"中,文化自信是更基础、更广泛、更深厚的自信。中华民族是一个拥有5000多年优秀文化传统的伟大民族,中国文化是中华民族最清晰的精神标识,是流淌在亿万中华儿女内心最热腾的精神血液,是支撑中华民族屹立于世界民族之林的最顽强的精神脊梁。 **思政元素2:友善协作** "天下一家。"中国人民与世界各国人民的命运息息相关、休戚与共。针对印尼海啸、海地大地震、非洲埃博拉疫情,中国政府和人民都给予受灾国无私的帮助与支援。针对非典疫情、汶川大地震、新冠肺炎疫情,世界各国纷纷伸来援助之手。正是这样的彼此支持、相互信任,呈现了一幕幕真情交融、命运交织的感人故

思政元素	事,生动诠释着人类命运共同体的理念。在全球化时代,唯有同舟共济、携手合作,才能共同战胜一个又一个挑战,才能实现人类社会和平安全、共赢发展、共同繁荣的美好愿景。 **思政元素3:家国情怀** 人无精神不立,国无精神不强。家国情怀突出体现为爱国奉献的精神,堪称一种精神坐标。爱国不能停留在口头上,而应体现在行动之中。家国情怀更体现为一种时代责任。在当今全球抗击疫情战役中,当代青年应勇于担当,在奉献青春的能量中实现自身价值。
"课程思政"实施路径	**1.案例1与文化自信思政元素的结合** "山川異域,風月同天""豈曰無衣、与子同裳""青山一道同雲雨,明月何曾是両卿""辽河雪融,富山花开;同气连枝,共盼春来"。在抗击新冠肺炎疫情中,中国得到了世界各国的援助。尤其是邻国日本在捐赠物资上的附言更是触动国人的泪点,引起情感上的强烈共鸣,从中感受到了邻国人民的暖暖情谊。其主要原因是日语中的汉字是由中国传入的,而且上述文字原本就出自中国古诗。这反映出文化无国界,中日文化交流的源远流长,博大精深的中华文化魅力无限。 **2.案例2、3与数量词教学相结合** 本课重点:数量词及其使用。 在具体教学中除了传授本课要求掌握的内容以外,结合疫情防控加入与中文"套""件""只"等相对应的日语量词及用法。 例:(成套)检测试剂盒:検査試薬 (キット) 口罩(只):マスク (枚) 防护服(件):防護服 (着) **3.讲解课文内容时,结合思政元素举例说明** 数量词在句子中的用法: (1)(～は～を)数量詞……ます (2)～は時間名詞……ます (3)～は～に数量詞……ます 例:①中国が日本に新型コロナウイルスPCR検査試薬キットを緊急寄贈 ②日本ハルビン総商会が寄贈したマスク2千枚が現地に到着 ③中国から日本への防護服5000着とマスク10万枚の寄贈 ④馬雲氏から日本への「返礼」、マスク100万枚を寄贈 (4)～へ～を動詞「ます」/具有動詞詞性名詞に行きます/来ます/帰ります (5)名詞(数詞)+で **4.学习并掌握与时事新闻相关的新词** 新型コロナウイルス:新冠肺炎 検査試薬キット:成套检测试剂盒 マスク:口罩 防護服:防护服 返礼:回礼(回赠) 寄贈:捐赠 ボランティア:志愿者(结合思政元素3,向同学们介绍在疫情防控期间外国语学院师生在高铁站等作为志愿者协助当地有关部门开展入境人员疫情防控工作,其中就有本班同学参与志愿工作。)

绍兴文理学院"课程思政"新冠疫情防控专题教学设计方案(写作2)

学　　院	外国语学院	课程名称	写作2
授课教师	项凤靖	授课班级	英语181、182、183、184、185
授课章节	Unit 5　Exposition　第五单元　说明文写作		
课程类别	A.公共平台课　**B.专业平台课程**　C.专业选修课　D.全校选修课		
教学目标	**一、知识目标** 帮助学生掌握英语说明文的特征和写作技巧;了解说明文的结构特点和展开方法;学会撰写一篇内容切题、结构严谨、条理清楚、语言通顺的说明文。 **二、能力目标** 培养学生获取和运用知识的能力、分析问题的能力;能独立思考和提出见解的能力;能用英语进行熟练的书面表达和跨文化沟通能力。 **三、素质目标** 通过范文学习和抗击疫情的新闻阅读,提高学生明辨是非、探究真理的科学素养;树立保护环境、合作进步的发展理念;培养责任与担当意识、关心弱势群体的人文关怀素质。		
教学内容	**一、英语说明文定义及类型** 说明文是以说明为主要表达方式,用来说明事物,阐明事理的一种文体。说明文可分为两种:(1)事物说明文;(2)事理说明文。 **二、英语说明文的结构特点** 可分为三个部分:第一部分一般是文章的第一段,提出文章的主题;第二部分是文章的主体,可由若干个段落组成,对文章的主题进行展开说明;第三部分是结尾段,对文章的主题作归纳总结。 **三、英语说明文展开的写作方法** 常见方法有:定义法、举例法、分类法、比较法、因果法等。		
新冠疫情防控典型案例	**案例一:《疫情当前,中国的这波操作被CNN盯上了》来源:中国日报双语新闻,2020-02-27** 中国科技发展赋能抗疫攻坚战。当地时间24日,CNN刊登了一篇题为《无人机、消毒机器人、超级计算机——新冠肺炎疫情是对中国技术企业的一次测试》的文章,一一列举了中国疫情中用的一些新技术。中国高科技抗疫引起国外媒体广泛关注和热烈讨论,在西方舆论场中形成一个新热点。本篇报道总结了包括CNN在内的多家外媒对中国高科技抗疫的报道,内容新颖,观点明确。作者认为外媒关于中国科技的报道越来越多,用词也越来越走向正面,这一波中国高科技抗疫的报道就是典型。这一转变的背后,是中国科技扎扎实实的进步,而这一进步是几代科技工作者的努力换来的。		

新冠疫情防控典型案例	**案例二:《〈纽约时报〉报道中国抗疫经验,世卫专家:想要复制,需要速度、金钱和政治勇气》来源:中国日报双语新闻,2020-03-07** 多家外媒刊登了对世界卫生组织(WHO)访问中国的团队负责人布鲁斯·艾尔沃德(Bruce Aylward)博士的专访。艾尔沃德博士把他的所见所闻客观地讲述给外国媒体,让西方知道,中国为抗击疫情付出了怎样的努力。艾尔沃德承认自己也曾对中国的防控措施有过偏见,但实地考察后,就"路转粉"了,并大力宣传中国做得好的地方。而部分外媒通过对他的采访,也开始发布一些客观看待中国防疫举措的文章。《纽约时报》从专访中整理了各国可以借鉴的7条"中国经验"。美国VOX新闻网也得出了"速度很关键"的答案。随着疫情在全球升级,人们更深刻地体会到世界是一个命运共同体,在这一时刻,只有放下偏见,携手应对,才能战胜人类共同的敌人——疫情。 **案例三:《双语全文!习近平在G20领导人特别峰会上发表重要讲话》来源:中国日报双语新闻,2020-03-27** 国家主席习近平26日晚在北京出席二十国集团领导人应对新冠肺炎特别峰会并发表题为《携手抗疫 共克时艰》的重要讲话。习近平强调,面对突如其来的新冠肺炎疫情,中国政府、中国人民不畏艰险,始终把人民生命安全和身体健康摆在第一位,按照坚定信心、同舟共济、科学防治、精准施策的总要求,坚持全民动员、联防联控、公开透明,打响了一场抗击疫情的人民战争。经过艰苦努力,付出巨大牺牲,目前中国国内疫情防控形势持续向好,生产生活秩序加快恢复,但我们仍然丝毫不能放松警惕。当前,疫情正在全球蔓延,国际社会最需要的是坚定信心、齐心协力、团结应对,携手赢得这场人类同重大传染性疾病的斗争。中方秉持人类命运共同体理念,愿向其他国家提供力所能及的援助,为世界经济稳定作出贡献。
思政元素	**思政元素1:科技兴国** 在过去的几十年中,中国始终致力于发展高科技产业。当前,面对公共卫生危机,中国科技公司走上一线对抗新冠病毒。通过了解中国科技进步及积极抗疫举措,培养学生的民族自豪感及坚定的爱国情怀,体会科技兴国来之不易。 **思政元素2:包容团结** 艾尔沃德用自己在中国的所见所感向全世界客观、全面地介绍了中国的抗疫情况。面对疫情,造谣治不了病,排挤也阻断不了病毒。人类只有消除歧视,放下对彼此的偏见,相互包容,团结起来对抗疾病,才能取得最终的胜利。 **思政元素3:社会责任** 习近平主席在讲话中介绍中国经验,阐述中国主张,提出中国倡议,做出中国贡献,展示了中国负责任的大国担当,为开展国际抗疫合作、提振市场信心注入了重要动力。这可使学生深刻了解责任、奉献、担当的意义,强化其家国情怀与人类命运共同体观念。

"课程思政"实施路径	**课前:基于企业微信平台和学习通平台,完成预习任务** 教师在企业微信课程群和学习通平台提供第五单元的学习资料,包括斯蒂芬·霍金的《公众的科学观》以及三篇新闻报道的资料链接导入资源,布置阅读任务,提出思考问题。学生可在平台上完成课前阅读等学习预热,为在线课堂教学的开展,打下坚实的基础。 **课中:基于企业微信直播平台,通过教师提问、线上讨论等方式实现"课程思政"元素输入** 1.英语说明文定义及类型与案例1的结合 课程导入:用案例1中国高科技在抗疫中发挥的积极作用引导学生思考公众对科学的认知和态度,导入思政元素1,导出今天的课程内容是学习一篇围绕科技主题的说明文,即斯蒂芬·霍金的《公众的科学观》。阐述说明文的功能,同时指出案例1是一篇事物说明文,文章客观报道了无人机、消毒机器人、超级计算机等具体的高科技产品在抗疫中的作用;而《公众的科学观》则是事理说明文,其阐述了公众应该如何培养正确的科学观。 2.英语说明文的结构特点和展开方法与案例1、2、3的结合 让学生结合案例1和自身对科技进步带来的人类社会变化的体验来理解《公众的科学观》的第一部分背景介绍(Introduction):Knowledge and techniques can't just be forgotten. Nor can one prevent further advances in the future. 第二部分是文章的主体段(Body),对文章的主题进行展开说明,结合作者在阐述公众对科学存在偏见并持有完全不同态度时引入案例2,导入思政元素2,阐述事理说明文时需要客观公正评价,以事实和数据为依据,摈弃偏见,有理有据地阐述自己的观点。展开方法可以是举例、对比等,这也是霍金文章中说明如何培养正确科学观的写作方法。 第三部分是结尾段(Conclusion),结合案例3习主席在报告中说的"新冠肺炎疫情在世界多国多点暴发再次表明,人类是一个休戚与共的命运共同体。国际社会唯有守望相助、同舟共济,才能彻底战胜疫情,迎来人类发展更加美好的明天"的内容,导入思政元素3,对霍金文章的结论部分进行深入理解:The world today is filled with dangers... But I have sufficient faith in the good sense of the public to believe that we might prove this wrong. 阐明说明文的结论部分要总结归纳、提升主题。 教师最后总结:努力学习科学知识,正确对待科技进步并使之为人类发展服务;树立共担责任、团结合作的发展理念。 **课后:基于iWrite平台,实战练习、巩固知识** 在阅读新闻案例和讲解说明文写作案例的"输入"之后,学生在学习英语说明文写作技巧的同时,对科技创新与社会发展之间的关系以及人类命运共同体有一些深层次的思考,接下来学生的落脚点应在"产出"。教师将基于iWrite平台向班级学生布置写作练习,要求结合上面的范文和三篇新闻报道写一篇有关"What Will Science Bring to Us?"的说明文,阐述个人对科学和人类社会未来发展的关系认识,进一步了解学生的写作理论掌握情况。

绍兴文理学院"课程思政"
新冠疫情防控专题教学设计方案(马克思主义政治经济学)

学　　院	马克思主义学院	课程名称	马克思主义政治经济学
授课教师	袁海平	授课班级	思政 191
授课章节	第二讲　第三节　价值规律		
课程类别	A. 公共平台课　**B. 专业平台课程**　C. 专业选修课　D. 全校选修课		
教学目标	**一、知识目标** 在学习商品与货币相关知识点的基础上，全面理解价值规律的含义、表现形式与作用，掌握价值决定规律和价值实现规律。 **二、能力目标** 通过本部分内容的学习，能较好地运用价值规律剖析现实经济生活中的经济现象，并进行科学辩证的分析。结合疫情，引导学生能够科学认识防疫和发展"两手抓，两手都要硬"的重要性，特别是在互动讨论中提升学生的分析能力和表达能力。 **三、素质目标** 通过将当下与新冠疫情有关的政策和信息引入课堂，引起学生共鸣，培养学生对现实政策的敏感度和经济活动的关注度，引导学生树立全局观念和发展意识；培养学生关注国家大政方针，关心社会发展的基本素养，形成较高的政治素养、人文素养和科学素养。		
教学内容	**一、价值规律的基本内容** 商品的价值量由生产商品的社会必要劳动时间决定，不同商品的交换按照等价原则进行。价值规律包括价值决定规律和价值实现规律。 **二、价值规律的表现形式** 价格始终围绕价值上下波动。 **三、价值规律的作用** 价值规律既有积极作用，也有消极作用。在现实经济生活中，只要遵循价值规律办事，经济发展就能顺利推进，反之，经济发展会受到不利影响。		
新冠疫情防控典型案例	**案例一：《咬定青山不放松，不破楼兰终不还——习近平总书记在统筹推进新冠肺炎疫情防控和经济社会发展工作部署会议上的重要讲话引发强烈反响》来源：人民日报，2020-02-25** 习近平总书记的讲话强调要增强信心、坚定信心，有序恢复生产生活秩序。国家市场监管总局局长、党组书记肖亚庆表示，市场监管总局将认真履职尽责，切实加大执法力度，强化口罩、食品药品等防疫物资和生活必需品的质量安全监管，全力维护好市场秩序。同时，习近平总书记的讲话也明确了要善于化危为机，努力实现今年经济社会发展目标任务。不少受访企业的负责人表示，随着各项新技术的发展应用，中国制造业整体自动化水平早已大大提升，抗风险和修复能力大		

<table>
<tr><td>新冠疫情防控典型案例</td><td>大增强。“在党委政府、企业以及社会各界的共同努力下,中国一定会重新焕发活力,一定能够保持经济社会的良好发展势头。”
案例二:《口罩价格难倒经济学家　买平价口罩如买车摇号需靠抢》来源:新浪财经,2020-02-21
从销售环节看,新冠肺炎疫情发生后,因口罩奇缺,摇号、限购成为销售口罩的特别方式,有些口罩价格最高时已经10倍于正常价格。从生产环节看,口罩原材料一天一个价,劳动力成本是原来的两三倍,口罩的成本至少是过去2倍以上。从市场监管看,一边是巨大的市场需求,一边是消费者对“黑心商家”的抱怨,市场监管部门陷入了两难的境地。之前全国多个城市对“哄抬价格”的口罩销售商家进行了处罚,最高罚款300万元。定价过高涉嫌哄抬物价,定价过低则是“赔本儿赚吆喝”,企业陷入两难选择。从经济学观点看,有人认为不限价可以增加供应,有人提出,市场也有失灵的时候,但在重大社会危机面前,人的行为不是只受经济学规律支配,激励商业世界的不仅仅只有利润,还有社会责任和荣誉感。
案例三:《广东“机器人口罩生产线”投产 哪些新技术成为抗“疫”生力军?》来源:央广网,2020-02-10
位于广东省广州市高新区的广州普理司科技有限公司,原本是一家生产3C产品质量检测机的科技企业。为了提高口罩生产效率,为口罩生产企业提供智能型生产设备,普理司公司加快科技攻关和技术改造,仅用了3天时间将原有机器改造为柔性AI视觉全自动口罩机,实现“机器人口罩生产线”24小时不间断地量产口罩。董事长林小博介绍:“这款‘众智’口罩机是全国首发柔性AI视觉口罩机,它可大大提高口罩的生产效率,实现120片/分钟,24小时不间断生产,日产超15万片。整个口罩的生产过程集‘过程质量检测、机器人引导、定位、识别、信息采集管理和自动化生产线集成应用’于一体,搭载视觉检测设备保证每个出品都是合格的产品。”</td></tr>
<tr><td>思政元素</td><td>思政元素1:中国制度,中国道路
在当下的疫情危机中,中国社会主义制度的优越性,如中央统一部署集中力量办大事、基层治理创新助力治疫、社会民众的主人翁意识等得到了越来越多人的认同。大灾面前有大爱,大灾面前有大悟,爱国主义情怀油然而生。
思政元素2:社会责任,共同协作
追求利润最大化是资本的本质,但没有国哪有企业,哪有家。在社会危机之前,经营者有需要承担的社会责任,如根据市场需要组织生产、不断进行技术创新、正确处理国家、集体和个人的关系等。
思政元素3:职业道德,诚实守信
在市场经济条件下,产品价格随行就市,但作为经营者有基本的职业道德,所谓“君子爱财,取之有道”,诚实守信是中华民族的传统美德。</td></tr>
</table>

"课程思政"实施路径	1.导入 因为目前尚处于疫情期间,口罩还是大家的生活必需品,通过引导学生结合生活实际讲讲发生在自己身边的有关口罩的故事,引发学生进行思考:为什么小小的口罩突然成为紧俏货?当下的口罩价格你觉得合理吗?为什么?怎么办?这些问题的答案大家可以在今天学习的内容——价值规律中寻找。 **2.案例二与价值规律表现形式的结合** 在讲述"价值规律的表现形式"这一内容时,通过钉钉和学习通平台向学生提供一则与口罩相关的新闻《口罩价格难倒经济学家 买平价口罩如买车摇号需靠抢》,引导学生利用所学的价值规律内容进行新闻分析,得出结论:当前,因疫情导致口罩严重供不应求,口罩价格如果完全由市场来决定价格,必将引发口罩价格飞涨,也有可能引发社会的不稳定。 引发学生进行积极思考:结合当前疫情防控的严峻形势和社会稳定的需要,口罩生产供应应该如何做?口罩售卖价格应该怎么定?口罩是否应该采取限价措施?与口罩产业相关的生产厂商应该怎么做?应该承担什么责任?并组织学生自由发表观点。最后得出结论:在市场济条件下,商品价格在价值规律的作用下随行就市,随着供求关系的变化而变化,但在特殊情况下会出现"市场失灵"问题。为此,在特殊时期,需要政府加强宏观调控,通过各种措施对商品生产和价格进行适当调控。 当前,既需要政府采取综合措施保证经济社会正常运行和发展,也需要企业生产者、消费者承担更多的社会责任,严格遵守法律法规,不囤积居奇,不哄抬物价,共度时艰。在此过程中,结合经济秩序、社会秩序,职业道德、诚实守信、社会责任、企业责任等思政元素进行分析引导。 **3.案例一和三与价值规律作用的结合** 在讲述"价值规律的作用"时,结合案例一分析,在做好防控工作的前提下,各级政府部门要全力支持和组织推动相关生产企业复工复产,扩大产量,并组织其他企业在条件允许的前提下转产,增加与防疫工作相关的产品生产和市场供应,缓解市场短缺压力,平抑相关产品价格,激发企业的社会责任和荣誉感。结合案例三,强调在价值规律作用下,市场会引领企业不断开展技术创新,不断提高劳动生产率,从而在竞争中立于不败之地。在此过程中,说明中国制度优势及技术创新对产品生产和供应的影响,彰显"中国道路"和"中国智造"的优势。

绍兴文理学院“课程思政”
新冠疫情防控专题教学设计方案
(毛泽东思想和中国特色社会主义理论体系概论)

<table>
<tr><td>学　　院</td><td>马克思主义学院</td><td>课程名称</td><td>毛泽东思想和中国特色社会主义理论体系概论</td></tr>
<tr><td>授课教师</td><td>章越松</td><td>授课班级</td><td>汉语言文学 181、182</td></tr>
<tr><td>授课章节</td><td colspan="3">绪论　马克思主义中国化是重大时代课题</td></tr>
<tr><td>课程类别</td><td colspan="3"><u>A. 公共平台课</u>　B. 专业平台课程　C. 专业选修课　D. 全校选修课</td></tr>
<tr><td>教学目标</td><td colspan="3">一、知识目标
能够了解马克思主义中国化的原因与发展过程,重点掌握两大理论成果之间的内在关联。
二、能力目标
能够运用所学理论分析和理解马克思主义是发展的科学以及具有与时俱进的理论品格。
三、素质目标
坚定中国特色社会主义理论自信、道路自信、制度自信、文化自信。</td></tr>
<tr><td>教学内容</td><td colspan="3">一、马克思主义是发展的科学
从“真理的味道非常甜”案例引出《共产党宣言》,回答什么是马克思主义,再从“千年伟大马克思”案例引出马克思主义具有与时俱进的理论品格。
二、马克思主义为什么必须中国化
从贝塔斯曼关店殃及中国 150 万书友和佛教中国化两个案例说明,其作为外来文化,要融入当地,必须民族化与大众化。由此,回答实现马克思主义中国化是解决中国问题的现实需要,是马克思主义理论的内在要求。
三、什么是马克思主义中国化
从马克思主义中国化的预期目标出发,引申出马克思主义中国化的内涵,由此概论马克思主义中国化的含义。
四、马克思主义如何中国化
从五四新文化时期关于“问题与主义”之争引出,中国共产党人对马克思主义中国化的思考经历了一个长期过程:从建党到遵义会议,从遵义会议到六届六中全会,从延安整风到党的七大,从毛泽东思想到中国特色社会主义理论体系(邓小平理论、“三个代表”重要思想、科学发展观、习近平新时代中国特色社会主义理论体系)。
通过上述内容,归纳学习“毛泽东思想和中国特色社会主义理论体系概论”课程的方法,达成坚定中国特色社会主义的理论自信、道路自信、制度自信、文化自信的目标。</td></tr>
</table>

<table>
<tr><td>新冠疫情防控典型案例</td><td>

案例一:《钻石公主号事件带来哪些警示》来源:法制日报,2020-02-14

1月20日,钻石公主号邮轮从日本横滨港出发,承载着来自56个国家和地区的2666名乘客以及1045名船员。这时一名80岁的男性已经咳嗽了一天。25日,钻石公主号抵达香港,停留期间这位80岁的男性乘客下船回家,并于5日后因发烧入院接受隔离治疗。此后,钻石公主号前往越南、中国台湾、日本冲绳等地。2月3日,船长第一次向全体乘客通报疫情,当天邮轮到达横滨。所有人都要留在船上,接受"厚生劳动省"的检疫。检测结果有10人确诊了感染。2月5日,钻石公主号开始了为期14天的海上隔离。2月10日,确诊人数为135人。情况开始变得糟糕起来,邮轮上的药品和食物变得短缺,于是有人在社交媒体上说"这,就是个高级监狱"。2月19日,首批500名乘客隔离期满下船。2月20日,据日本NHK报道,日本政府官员披露最新消息称,停泊在日本横滨港的钻石公主号邮轮有两名患新冠肺炎乘客于当天死亡,这是该邮轮首次出现死亡病例。

案例二:《歌诗达邮轮赛琳娜号的24小时:中国人民打的一场漂亮的海上战"疫"》来源:澎湃新闻,2020-02-27

2020年1月,在大家关注武汉火神山、雷神山修建情况的时候,在天津的海面上,中国人民打赢了一场教科书级的海上抗"疫"战。1月20日,赛琳娜号邮轮满载3706名游客和1100名船员,从天津国际邮轮母港出发,赴日本进行6天5晚往返航程。海上行程中"风云突变",先后有15人出现发热症状,其中包括2名儿童和10名外籍船员,船上还有140多位湖北籍游客。全船4806人的健康安全告急!歌诗达赛琳娜号告急!25日凌晨1时,"天津战区"发出作战指令。5时30分,在天津国际邮轮母港码头,工作人员搭乘拖轮登上赛琳娜号,分两组开始对全体游客和船员逐一测量体温。经排查,146名湖北籍旅客均未出现发热症状,最终确认了17名发热游客、船员,他们近14天内均无武汉旅居史!经过24小时的奋斗,17份样本检验结果全部为阴性,排除新型冠状病毒感染肺炎。徘徊在海上的赛琳娜号准备靠港!

</td></tr>
<tr><td>思政元素</td><td>

思政元素1:四个自信

理论自信、道路自信、制度自信、文化自信。

思政元素2:三爱

爱祖国、爱人民、爱社会主义。

</td></tr>
</table>

<table>
<tr><td>“课程思政”实施路径</td><td>本课程作为思想政治理论课程,教学内容具有丰富的思政元素。绪论“马克思主义中国化是时代的重大课题”这一讲内容是根据教材“前言”部分,并结合2015版教材的特点设立的。这一讲教学内容“课程思政”的目的达成主要表现为应该坚定“四个自信”,放飞青春梦。同时这一目标贯穿了课程的始终。
一、课前准备
第一步:结合这次新冠疫情发生,在课前上传若干素材,让学生在课后阅读。
新冠疫情教学素材:两个视频,两则报道。同时,鼓励学生自己找案例和素材。
第二步:学生课后阅读,并完成相关素材,结合课程教学的内容和课程本身属性,写出评论,要求500字。
第三步:小组发言交流。学生在小组交流观点,形成思维碰撞。小组为课程社会实践小组(每组4~6人)。
第四步:撰写评论体会。由小组长负责整理各位同学交流的观点,在此基础上成稿。
二、课中教学
第五步:教学班级课堂上进行交流,教师负责点评。
三、课后目标达成
1.通过这次疫情,让学生能够充分体会到中国特色社会主义的制度优势,从中国之“制”到中国之“治”。
2.通过中外社会制度对比以及经济发展实力,强调中国的举国体制优势,增强坚定“四个自信”。</td></tr>
</table>

绍兴文理学院"课程思政"
新冠疫情防控专题教学设计方案(食品营养学)

学　　院	生命科学学院	课程名称	食品营养学
授课教师	彭　祺	授课班级	酿酒工程 1811
授课章节	第一章绪论　第一节　食品营养学概述		
课程类别	A. 公共平台课　B. 专业平台课程　C. 专业选修课　D. 全校选修课		
教学目标	**一、知识目标** 掌握营养素的基本原理和基础知识、各类食品的营养价值及加工贮藏对食品营养素的影响。熟悉不同人群对食品的营养要求及合理膳食的构成。 **二、能力目标** 通过本部分内容的学习,理解营养素和人体健康的关系,掌握不同食物营养素在人体内的消化吸收状况。利用所学知识对实际生产、生活中的营养相关问题进行分析和评价,对个人、特体或群体进行膳食指导。 **三、素质目标** 认识食品营养与安全的重要性。民以食为天,食品安全是民生安全的重要保障。积极培养学生对于食品卫生法律法规的自觉意识、责任意识、民生关怀等。		
教学内容	正确理解食品的营养特点和营养价值及其影响因素,掌握营养价值的评价方法,了解营养素食物(动物性食物来源)和参考摄入量。 1. 动物性食物的营养特点; 2. 畜禽肉的主要营养成分及组成特点; 3. 野生动物与驯化动物肉的营养成分对比。		

新冠疫情防控典型案例	**案例一:《科学论证病毒来源》来源:《求是》杂志,2020-02-16** 中共中央总书记、国家主席、中央军委主席习近平的重要文章《在中央政治局常委会会议研究应对新型冠状病毒肺炎疫情工作时的讲话》指出,要科学论证病毒来源,尽快查明传染源和传播途径,密切跟踪病毒变异情况,及时研究防控策略和措施。 **案例二:《中科院武汉病毒所:新型肺炎病毒或来源于蝙蝠》来源:长江日报,2020-01-29** 武汉病毒所石正丽团队在 bioRxiv 预印版平台上发表题为《一种新型冠状病毒的发现及其可能的蝙蝠起源》(Discovery of a novel coronavirus associated with the recent pneumonia outbreak in humans and its potential bat origin)的文章,提出新型肺炎病毒或来源于蝙蝠。文章首次证实了该新型冠状病毒使用与 SARS 冠状病毒相同的细胞进入受体(ACE2),并发现新型冠状病毒与一种蝙蝠的冠状病毒的序列一致性高达 96%,为后续病毒致病机理、病毒溯源等研究提供了重要依据。 **案例三:《新冠肺炎疫情背景下野生动物资源的刑法保护研究》来源:中国科学网,2020-01-21** 生态系统是一个统一的整体,除珍贵动物、濒危野生动物、三有动物是这个整体中重要组成部分之外,其他一般野生动物同样在这个整体中不可或缺,每一种动物都在维持物种平衡方面扮演着重要角色,缺少对其中任何一个物种的保护都可能会给人类和自然界带来难以预料的灾难。比如蝙蝠,绝大多数的蝙蝠并不在重点保护动物名录中,而这个携带着诸如 SARS、埃博拉、亨德拉等致命病毒的自然宿主经 2020 年 1 月 21 日《中国科学》发文称,武汉新型冠状病毒的自然宿主也可能与 SARS 一样,都是蝙蝠。可以说,正是由于当前法律调整野生保护动物对象上存在的漏洞,才造成了今天惨痛的教训。
思政元素	**思政元素 1**:人类与自然和睦相处,要呵护生命、善待自然。 **思政元素 2**:合理消费、适度消费,树立健康文明的生活理念。 **思政元素 3**:遵纪守法是现代公民的基本素养,大学生更应身体力行。
“课程思政”实施路径	1. 立足于对理论知识的运用上,培养学生运用已学的理论知识去分析、解释自己身边的公共事件和现象。 2. 让学生在了解科学规律的基础上,深入理解疫情斗争的科学性、严峻性和复杂性,培养学生基本的运用法治思维和法治方式解决问题的能力,牢固树立专业思想,不断学习专业理论知识并提高技能水平。 3. 实践教学的形式“立足于”应用性上,培养学生学习能力和解决实际问题的能力,把方法能力、社会(能力)责任与专业能力培养有机结合起来。

绍兴文理学院“课程思政”新冠疫情防控专题教学设计方案(中药养生)

<table>
<tr><td>学　　院</td><td>生命科学学院</td><td>课程名称</td><td>中药养生</td></tr>
<tr><td>授课教师</td><td>徐　笑</td><td>授课班级</td><td>校公选课</td></tr>
<tr><td>授课章节</td><td colspan="3">绪论:中医中药概述——《内经》谈生命;</td></tr>
<tr><td>课程类别</td><td colspan="3">A.公共平台课　B.专业平台课程　C.专业选修课　<u>D.全校选修课</u></td></tr>
<tr><td>教学目标</td><td colspan="3">一、知识方面
通过课程学习,学生能够复述中医药学关于生命起源和消亡的观点,能够理解《内经》中常出现的阴阳之术、藏象学说、五行等术语的内涵,能够讲述几个医书典籍记载的脍炙人口的中医药故事。
二、能力方面
通过课程学习,学生能够以中医药语言和视角形成天人合一、维持生命平衡稳态的思维模式。
三、素质方面
通过课程学习,激发学生对中华国粹传统中医药学的理解和认同,并身体力行,积极传扬国医和国药文化,积极影响同龄人、身边人,提高全民族对中医药的认识,提升中医药在医疗和日常生活中的重要地位,提振中华民族的精、气、神。</td></tr>
<tr><td>教学内容</td><td colspan="3">1.《黄帝内经》由来和各界的评价。
2.五行之术与脏腑之论。
3.阴阳学说。
4.中医药经过历朝历代沉淀的哲思与文化。</td></tr>
<tr><td>新冠疫情防控典型案例</td><td colspan="3">案例一:《习近平总书记在北京考察新冠肺炎防控科研攻关工作时的重要讲话指明方向催人奋进》来源:新华网,2020-03-03
3月2日,在北京考察新冠肺炎疫情防控科研攻关工作时,习近平总书记指示,坚持中西医结合、中西药并用,加快推广应用已经研发和筛选的有效药物。
案例二:《北京市新冠肺炎中医药治疗率约为87%》来源:人民网,2020-02-25
截至22日,新冠肺炎中医药治疗率总体为87%。在中医药治疗患者中,使用中药汤药比例为82%。中医药治疗总有效率为92%。</td></tr>
</table>

新冠疫情防控典型案例	**案例三:《专家:湖北地区确诊病例中医药参与率达75%以上》来源:中国新闻网,2020-02-15** 湖北地区确诊病例中医药参与率达75%以上,其他地区超过90%;从中医治疗效果看,越早介入效果越好;"清肺排毒汤""肺炎一号方"中药方剂在治疗新冠肺炎中取得良好临床疗效。
思政元素	**思政元素1:文化自信** 感悟祖国医学文化之博大精深,坚定民族自信、文化自信。 **思政元素2:和谐文明** 践行中庸和谐之道,注重天人合一、可持续发展的理念。 **思政元素3:忘我精神** 历朝历代优秀中医药工作者的执着、坚守、争分夺秒救死扶伤、忘我的精神境界。 **思政元素4:中医文化** 中医中药在防治新冠病毒疫情中的贡献突出,弘扬了中医药文化。
"课程思政"实施路径	以专业课程教学为主线,选准切入点;以案例选取为关键,结合专业教育,结合德育目标达成,重点解决思政元素切入、与专业教学有机结合的要求。 **1.教学实施理念** 首先,"课程思政"内容必须要与教学目标和人才培养目标一致,要碎片化、细化、具体体现在课程内容讲解过程中,切勿出现脱离课程本身、生硬插入、与前后课程内容无法关联的现象。 其次,"课程思政"内容必须要深入挖掘好的素材,不能一字不漏、完完整整照搬照抄新闻媒体的相关评述,要把事件具体化、具象化,从学生的角度出发,找到思政元素与个人的衔接,明确潜在而不可小觑的重要作用。 第三,巧思妙想实施方法,不露痕迹,避免少数同学出现抵触心理,让思政元素以"学"为中心,不单纯停留在老师教上。这既要求学生能够主动思考,发挥主观能动性和自我效能感,又要求学生能够自我感知、自我探索、自我约束。 第四,注重教师的"身教"大于"言传",注重同伴的相互影响。课堂氛围需要营造,集体的意识形态也需要长期感化、启迪与培养。教师需要不断提升自我的师德师风、修养修为,同时,及时发现集体中可培养、具影响力的学生代表,鼓励学生带动学生,以逐步营造好的氛围。

“课程思政”实施路径	**2.教学思路** 设计、拟定合理的教学思路就好比一部电影有一个好的剧本。好的教学思路能提高学生学习兴趣，有助于知识的传递，带动课堂气氛，最高效地达到教学目标，最大限度地完成对学生的培养，最大化实现教师的教学愿景。 本人习惯“以问题为导向”的教学模式。在课程前5分钟，以“头脑风暴”或“一句话分享”的形式达到激活课堂的目的，这个环节设计的问题诸如：你看过哪些中医中药典籍？哪些中医药界的历史人物给你你印象最深刻？用一句话概括他们的故事，等等。（在分享中医药界的历史人物、经典流传的典籍及家喻户晓的中医药故事时，带入思政元素1和3，提高学生民族自信和文化自信，并通过历朝历代优秀中医药工作者的精神境界鼓励学生见贤思齐。） 通过简短的开场引入课程涉及的教学任务，通过学习内容，以学生的角度描述预期达到的学习目标。 讲述从西汉到清末中国至少发生过321次大型瘟疫，对于每一场疫情，中医从不缺席。（引入思政元素4，用5个典型案例说明中医药在本次新冠疫情“阻击战”发挥的重要作用。） 阐述《黄帝内经》中对生命的起源、形成、发展、变化、终结这一过程的探索。（引入思政元素2，强调“天人合一”的人与自然和谐关系，倡导当下的可持续发展的理念。） 在课程最后的5分钟，填写“出门卡”：(1)用3个词语形容我眼中的中医药世界；(2)一句话描述“抗击新冠疫情过程的中医药力量”。（推动学生自我反思，同时达到教师对教学成果测评的目的。） **3.教学方法** 本课程主要借助企业微信平台，以碎片化语音形式进行直播授课，组织学生抢答、投票和互动讨论，同时，借助学习通平台上传所有学习资料和课程相关资料，进行问卷调查和讨论，设立PBL(基于研究项目学习的教学模式)分组和立项，以3～5人的小组为单位完成中药养生小课题。 **4.思政元素的载体及呈现形式** (1)课程思政元素以历史人物和历史故事为载体，用故事讲述的形式传递给学生，使学生既能从鲜活的事例中思考和感受，又能在人物品质特征和救死扶伤情节上突出重点。 (2)课程思政元素以习总书记重要讲话、新冠疫情新闻报道和中医药实施具体数字为载体，以观看相关小视频和阅读新闻的形式讲述正在发生的实例，使学生的感受更加真切，在全民共同抗疫的时代大背景下，更易激发起学生的民族自豪感。 (3)课程思政元素以中医药理论体系的哲学思辨展开，以历朝历代及现今中医药专家对“天人合一”思想的解读来呈现，通过学者们的想法引导学生思考，体悟中医药文化的博大精深。

绍兴文理学院"课程思政"新冠疫情防控专题教学设计方案(中外饮食文化)

<table>
<tr><td>学　　院</td><td>生命科学学院</td><td>课程名称</td><td>中外饮食文化</td></tr>
<tr><td>授课教师</td><td>李银平</td><td>授课班级</td><td>校选课</td></tr>
<tr><td>授课章节</td><td colspan="3">绪论(合理的饮食观、理性消费观、健康生活以及珍爱生命)</td></tr>
<tr><td>课程类别</td><td colspan="3">A.公共平台课　B.专业平台课程　C.专业选修课　D.全校选修课</td></tr>
<tr><td>教学目标</td><td colspan="3">一、知识目标
使学生了解环境与文化的多元性以及饮食文化的发展和变迁的原因,了解世界饮食文化和中国饮食文化的区域性,掌握中外饮食民俗、中外饮食礼仪、中外茶饮文化和中外酒文化中的基本情况,了解中外饮食文化交流的历史和现状,以及饮食文化交流的障碍和途径。
二、能力目标
使学生学会从地理环境、地域文化和社会变迁等角度来分析世界各国饮食文化和中国饮食文化发展和变迁的原因,能够客观辩证地看待世界各国的饮食文化形成过程。
三、素质目标
使学生增长知识、扩大视野,掌握中外饮食文化的特点及其内涵,接受中外优秀饮食文化的熏陶,提升人文素养。</td></tr>
<tr><td>教学内容</td><td colspan="3">首先介绍"瘟疫与饮食",重点讲解此次新冠病毒的来源、主要病症、个人防护等知识,并组织学生就"关于禁食野味的个人意见和建议"展开讨论。
接着讲授饮食文化的概念,中国饮食文化和世界饮食文化大概的现状和特点。</td></tr>
<tr><td>新冠疫情防控典型案例</td><td colspan="3">案例一:《新冠肺炎病毒来自野生动物》来源:中国经济网,2020-01-25
目前报道的新冠病毒的来源是野生动物,人类在食用野生动物之后感染了寄宿在野生动物身上的新冠病毒。
案例二:《习近平在中央政治局常委会会议研究应对新型冠状病毒肺炎疫情工作时的讲话》来源:求是网,2020-02-03
第三,提高收治率和治愈率,降低感染率和病死率。这是当前防控工作的突出任务。集中收治医院要尽快建成投入使用,继续根据需要从全国调派医务人员驰援武汉、驰援湖北,同时保护好医务人员身心健康。要统筹做好人员调配,尽量把精兵强将集中起来、把重症病人集中起来,统一进行救治,努力降低病死率。发病率高的地区,有条件的可以采取"小汤山"模式加强救治工作力度。要及时推广各医院救治重症病人的有效做法。</td></tr>
</table>

新冠疫情防控典型案例	第四，加大科研攻关力度。战胜疫病离不开科技支撑。要科学论证病毒来源，尽快查明传染源和传播途径，密切跟踪病毒变异情况，及时研究防控策略和措施。我在2016年就提出，关键核心技术攻关可以搞揭榜挂帅，英雄不论出处，谁有本事谁就揭榜。对抗击疫情所需要的疫苗、药品等研发，要调动高校、科研院所、企业等各方面的积极性，注重科研攻关和临床、防控实践相结合，在保证科学性基础上加快进度。对相关数据和病例资料等，除有法律规定需要保密的外，在做好国家安全工作的条件下，要向我国科技界开放共享，组织临床医学、流行病学、病毒学等方面的专家，研究病毒传播力、毒性等关键特性，尽快拿出切实管用的研究成果。要鼓励专家学者增强担当精神、职业责任，在科学研究的前提下多拿出专业意见和建议。
思政元素	**思政元素1**：以文明和谐为价值导向，引导学生建立健康合理的饮食观念。 **思政元素2**：围绕文明富强的价值导向展现物质现代化、科学技术现代化、综合国力、中国梦等德育元素，展现现代科学技术发展对人类饮食等产生的影响。 **思政元素3**：围绕文明平等的价值导向展现社会平等、众生平等和权利平等德育元素，展现人类在饮食中应当注入的可持续观念。
"课程思政"实施路径	首先，介绍"瘟疫与饮食"，重点讲解此次新冠病毒的来源、主要病症、个人防护等知识。然后，组织学生就"关于禁食野味的个人意见和建议"展开讨论。接着，总结学生的讨论结果，引导学生建立健康合理的饮食观念，杜绝野味的买卖和食用野生动物。同时，进一步引导学生建立合理的消费观念和行为，提倡不买皮草等奢侈品，这些奢侈品是用很多动物的生命换来的。"没有买卖就没有杀戮"。 最后，讲授饮食文化的概念；中国饮食文化和世界饮食文化大概的现状和特点。 瘟疫在中国和世界饮食文化发展过程中，一直扮演着一个反面角色。它一定程度上影响着人类饮食的发展。针对此次中国应对瘟疫的情况（政府的各种政策、企业家的反应、社会各界的付出、医务人员的无私奉献等），引导学生认识作为一个中国人是多么骄傲的事情，激发学生强烈的爱国热情。有国才有家，引导学生明白在面对来自大自然的灾难的时候，有一个强有力的国家来保护人民是多么幸福的事情。

绍兴文理学院“课程思政”
新冠疫情防控专题教学设计方案(外来生物入侵与防治)

学　　院	生命科学学院	课程名称	外来生物入侵与防治
授课教师	金　参	授课班级	全校
授课章节	第八章　生物入侵与人类疾病		
课程类别	A.公共平台课　B.专业平台课程　C.专业选修课　**D.全校选修课**		
教学目标	**一、知识目标** 了解生物入侵的现状、发展趋势及入侵机理,结合相关案例,了解生物入侵与人类健康的关系。 **二、能力目标** 理解生物入侵引起重大疾病的寄主、传播途径、症状和防治方法。 **三、素质目标** 充分了解生物入侵对人类健康的危害,培养学生良好的生活习惯,提高学生保护生态环境和国家安全意识。		
教学内容	**一、本章节的教学内容** 1.生物入侵的原因、现状和危害。 2.入侵物种导致的常见疾病。 3.疾病的宿主、传播途径、症状和防治措施。 **二、讲授环节** 1.曾经袭击人类的疫情回顾,展示在人类历史上造成重大人员伤亡的疾病。 2.10人一小组,发一份课堂小测试给每位学生,记录学生对由生物入侵引起的疾病的种类、传播途径、症状以及救治等4方面的了解。 3.汇总后,由老师给各个小组挑选一种常见的人类疾病,让小组成员从寄主、传播途径、症状以及救治方法等4方面查阅资料并绘制海报。 4.小组组长展示海报并进行5分钟的汇报,其他成员进行点评和补充。 5.教师进行最后的汇总。 **三、讲授重点** 病毒性疾病:非典型肺炎、禽流感 1.非典型肺炎 症状:发热、干咳、胸闷、呼吸衰竭。 历史:2003年全球。 传播途径:飞沫和密切接触。 预防措施:通风、消毒、个人卫生、加强锻炼、一旦发热及时就医。 2.禽流感 病原体:A型病毒、B型病毒、C型病毒。 症状:早期表现类似普通流感,主要为发热、流涕、鼻塞、咳嗽,体温持续39℃以上。 传播途径:病毒通过家禽分泌物、排泄物和尸体等,通过直接接触和间接接触感染,呼吸道和消化道是主要感染途径。 防治措施:展示卫生部推荐治疗禽流感的药物清单。		

<table>
<tr><td>新冠疫情防控典型案例</td><td>案例一:《国家林草局将加快调整〈国家重点保护野生动物名录〉》来源:新华网,2020-02-27
新华社北京2月27日电(记者胡璐) 记者27日从国家林业和草原局了解到,国家林草局将加快调整《国家重点保护野生动物名录》《国家保护的有重要生态、科学、社会价值的陆生野生动物名录》和地方重点保护野生动物名录,积极扩展保护管理范围。
案例二:《穿山甲为新冠病毒中间宿主,责任依然在人类自身》来源:人民日报,2020-02-08
华南农业大学于2月7日召开新闻发布会,公布了一项科研成果。据称,科研人员的最新研究表明,穿山甲为新型冠状病毒的潜在中间宿主。攻关团队通过分子生物学检测,揭示穿山甲中β冠状病毒的阳性率为70%;进一步对病毒进行分离鉴定,电镜下观察到典型的冠状病毒颗粒结构;最后通过对病毒的基因组分析,发现分离的病毒株与目前感染人的毒株序列相似度高达99%。
案例三:《把生物安全纳入国家安全体系意味着什么》来源:光明日报,2020-03-02
近日,习近平总书记在中央全面深化改革委员会第十二次会议上强调:“要从保护人民健康、保障国家安全、维护国家长治久安的高度,把生物安全纳入国家安全体系,系统规划国家生物安全风险防控和治理体系建设,全面提高国家生物安全治理能力。”这个论述丰富了国家安全体系的内容要素,完善了国家安全体系的顶层设计,同时也为维护国家生物安全明确了路径。</td></tr>
<tr><td>思政元素</td><td>思政元素1:践行生态文明,保护绿水青山
在现实生活中,有些人为了单纯追求经济利益最大化,无视生态环境保护,肆意地破坏生态环境,生物多样性急剧下降,使得生物入侵事件不断发生。绿水青山就是抵制生物入侵的天然屏障,保护绿水青山,践行生态文明建设是解决生物入侵的根本方法。
思政元素2:健全和完善国家安全保障体系
这次新冠疫情充分显示了生物安全事关人民健康、社会安定和国家利益。要把生物安全纳入国家安全体系,系统规划国家生物安全风险防控和治理体系建设,全面提高国家生物安全治理能力。要尽快推动出台生物安全法,加快构建国家生物安全法律法规体系、制度保障体系。</td></tr>
<tr><td>“课程思政”实施路径</td><td>一、在讲解“生物入侵的原因、现状和危害”内容时,指出由于现阶段过分追求经济增长,破坏森林植被、捕杀野生动物导致生物多样性急剧下降,从而使得生物入侵事件频发,从而引出践行生态文明建设,保护绿水青山的重要性。
二、在讲解“回顾人类历史上造成重大人员伤亡的疾病”内容时,结合2003年的非典疫情、2014年的H7N9禽流感疫情以及2020年新冠肺炎疫情,指出生物安全事关人民健康、社会安定和国家利益。着重指出提高国家生物安全治理能力,尽快推动出台生物安全法,加快构建国家生物安全法律法规体系、制度保障体系的重要性。</td></tr>
</table>

绍兴文理学院“课程思政”新冠疫情防控专题教学设计方案(室内设计)

<table>
<tr><td>学　　院</td><td>艺术学院</td><td>课程名称</td><td>室内设计(商业空间)</td></tr>
<tr><td>授课教师</td><td>汪　伟</td><td>授课班级</td><td>环境设计 172</td></tr>
<tr><td>授课章节</td><td colspan="3">第一章</td></tr>
<tr><td>课程类别</td><td colspan="3">A. 公共平台课　<u>B. 专业平台课程</u>　C. 专业选修课　D. 全校选修课</td></tr>
<tr><td>教学目标</td><td colspan="3">一、知识目标
能够熟悉有关经济、文化、艺术事业的方针；熟悉国家相关政策和法规。能够熟练运用商业空间设计的基础理论和专业知识；树立“原创”设计意识、具有较强的创新、创意设计的能力；具备独立从事商业空间设计等项目设计能力，并全面学习了解餐饮、娱乐空间设计的历史发展；了解餐饮、娱乐空间设计与人文环境；掌握餐饮、娱乐空间设计的基本原则与流程。
二、能力目标
具备创新设计思维；掌握设计方法与步骤、掌握设计表现手法、掌握创意形式语言、独立完成方案制作；通过实践项目课题，能够学生掌握餐饮、娱乐、零售空间设计中的空间设计，装饰装修设计，陈设设计的方法；通过深入课题的研究，学生能够具有可持续设计理念，重视生态环境保护，具体把所学的理论运用到设计过程当中，从基础开始入手并逐渐深入，了解商业空间设计的各个步骤和过程；完善课题设计，增强思维逻辑能力的培以及对作品的表述能力和组织能力；具有商业空间设计项目实施和管理的基本能力；具有扎实的专业技能和综合的艺术修养；熟练地运用手绘效果图和计算机制图能力进行专业创意设计表达及室内外施工图、效果图的制作。
三、素质目标
具有坚定的政治信念，弘扬爱国主义；培养学生热爱工作，良好的科学态度、职业道德、心理素质、勇于承担责任、较强的团队合作精神；培养学生良好的科学态度与沟通协调能力；使学生认识和了解商业空间的方法与步骤，具有爱岗敬业、诚实守信、勤奋刻苦、奉献社会的精神和严谨求实的职业作风。</td></tr>
<tr><td>教学内容</td><td colspan="3">1. 商业空间设计概论。
2. 商业空间设计与人文环境。
3. 商业空间盛世铜艺馆、咖啡馆等实践案例作品讲解。
4. 线条灯与磁吸轨道灯的流行趋势。</td></tr>
</table>

<table>
<tr>
<td>新冠疫情防控典型案例</td>
<td>

案例一:《绍兴文理学院老师用绘画向防疫英雄致敬》来源:越牛新闻,2020-02-01

绍兴文理学院艺术学院吕国钢老师告诉记者,这次疫情来得太突然,而且正值新春佳节,广大医护人员奔赴一线,日夜救护,精神、行为令人感动,于是他创作了一系列画作,以表达对奋战在抗击新型冠状病毒肺炎疫情一线的白衣战士们的敬意。他的这些画如速写,言简意赅,短小精悍。如"逆行者",表达一个背影,当他(她)直面危难时,给我们的那种力量,如坚山盘石,这是英雄的象征!钟南山院士令人感动敬仰,高龄的他还一直坚守在一线战场,是人民健康的真正卫士。在吕国钢心目中钟院士是民族的英雄。他小时候经常喜欢画民族英雄岳飞,于是他把钟院士也画成岳飞的样子,铁甲盾牌,一只手警告人们不要食用野生动物,另一只手持盾,保护人民生命健康安全!

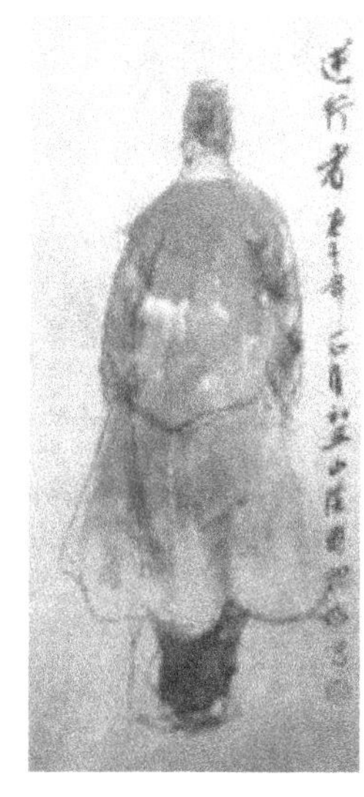

案例二:《这张车票,看哭了很多人!》来源:新华网,2020-03-21

</td>
</tr>
</table>

新冠疫情防控典型案例	这是钟南山院士当时逆行去武汉的车票,出发时间:1 月 18 日,起点和终点分别是:广州南站、武汉站,无座、补票。身份证信息里的“1936”说明了:这是一位已 84 岁高龄的老人。你一定还记得那张钟南山院士在高铁餐车上满面倦容的照片。 当时他建议:“我总的看法就是没有特殊的情况,不要去武汉。”然而他自己还是义无反顾地赶往武汉防疫最前线。现在我们回头看这张小小的车票依然让人很受触动。如今国内疫情形势好转,钟南山院士的笑容更让人动容。 哪有什么天使,只不过是有那么一群像钟南山院士一样的人愿意不畏艰险、不辞辛劳地为我们拼命!
思政元素	**思政元素 1:职业道德** 把对学生职业道德的培养贯穿在本课程的教学中,以事例鼓舞同学们的士气,使他们努力奋斗,勤奋刻苦学习,学好专业技能,早日为国效力。 **思政元素 2:社会责任** 在课程教学中坚持原创设计,把“立德树人”作为首要环节,坚持“职责、创新、服务”。改善人居环境、建设美好家园是设计师的社会责任,不忘初心,牢记使命,做一名有担当、有社会责任的设计师是每个设计师的初心与使命。
“课程思政”实施路径	在室内设计(商业空间)教学中以树立正确的人生导向、以设计师的社会责任为主线。在授课过程中讲解商业空间设计案例——铜艺馆设计,引入抗疫作品案例,把设计方案与抗疫作品结合,以抗疫作品为元素、以人性化设计为切入点,选取“典型抗疫事例”“抗疫作品”作为课堂的启发与激励。在课程中结合现实的实践设计作品,把“抗疫”元素融入具体的项目设计方案中,以故事式、启发式、互动式、讨论式、案例式、项目式、调查式方法进行教学实施。

绍兴文理学院“课程思政”
新冠疫情防控专题教学设计方案(声乐)

<table>
<tr><td>学　　院</td><td>艺术学院</td><td>课程名称</td><td>声乐</td></tr>
<tr><td>授课教师</td><td>黄耀文</td><td>授课班级</td><td>音乐系171、182班</td></tr>
<tr><td>授课章节</td><td colspan="3">爱国歌曲《大地情深》和抗“疫”歌曲《爱的长城》</td></tr>
<tr><td>课程类别</td><td colspan="3">A.公共平台课　<u>B.专业平台课程</u>　C.专业选修课　D.全校选修课</td></tr>
<tr><td>教学目标</td><td colspan="3">一、知识目标
通过学习,掌握歌曲的基本知识点和内容。
二、能力目标
能够完整且有表现力地演唱这两首创作歌曲。
三、素质目标
提高音乐素养、道德素养和基本认知能力。结合爱国歌曲和疫情歌曲的演唱,思考在新冠疫情影响之下,应该以怎样的态度理解和面对疫情给国家、给世界以及社会生产、人民生活造成的严重影响。全国人民在党和政府的坚强领导下是如何克服重重困难战胜疫情,进而帮助全世界80多个国家,和世界各国命运与共、守望相助,与病魔抗争。</td></tr>
<tr><td>教学内容</td><td colspan="3">《大地情深》是一首爱国歌曲,所表达的是大地对人民的哺育,人民对大地的深情回馈。《爱的长城》是我在疫情期间应学校的要求创作的抗疫歌曲,深刻地表达了在疫情爆发时,全国人民团结一心,铸就爱的长城,众志成城,战胜疫情的信心和决心。
教学设计:
一、引导有演唱能力的学生深刻理解两首歌曲的思想内涵、情怀和气质特点,熟练掌握歌曲的基本内容(词、曲)。
二、通过教师的指导,调整适合演唱这两首歌曲的歌唱状态,从声、情、字、味、形等方面入手,引导学生有情感、有表现力地进行反复练习与演唱。
三、疫情期间实行网络教学,要求学生把平时在家的练习和演唱以手机录音和录视频的方式发送老师试听,提出改进意见,或以视频直播的方式指导教学,不断改进与提高,最终能够完整且有表现力地演唱。</td></tr>
<tr><td>新冠疫情防控典型案例</td><td colspan="3">案例一:《全国文艺战线创作大量抗“疫”文艺作品》来源:央视网、学习强国等
疫情爆发以来,全国文艺战线都以各自不同的方式创作了大量的文艺作品,吹响战“疫”号角,为抗击疫情加油鼓劲,表达内心的深切体会与感受,歌颂和赞美英雄人物和感人事迹,表达对祖国母亲爱人民的感恩之情。就以我熟知和关注的抗疫歌曲创作而言,每日在全国不同的网络媒体(官方媒体和自媒体)发表的作品就不计其数。</td></tr>
</table>

新冠疫情防控典型案例	本人也在疫情期间的1月29日晚,应学院要求,约请词作家创作歌词,连夜创作了战"疫"歌曲《爱的长城》,并进行了音乐制作。由于当时绍兴所有的录音棚关闭,本来请在绍的艺术学院声乐老师们录唱该歌曲的愿望未能实现,后来辗转请外地的朋友录唱了该作品,效果良好。后来湖北仙桃电视台、校宣传部还为该歌曲制作了音乐MV,并在艺术学院党总支和校宣传部、仙桃电视台的推介下上传学习强国、浙江新闻、今日头条、中国教育网、浙江音乐家协会等网络平台,进行了宣传与报道。本人后来又陆续创作了《命运与共》《守望相助》等近20首歌曲,表达心声与个人感受。 **案例二:《中国"清零",世界"爆发"》来源:知名自媒体网络** 3月15日以后的连日来,国内多家权威媒体报道中国新增病例为零,这是中国人民在以习近平总书记为总指挥的党中央坚强领导下,14亿国人团结一心、闭门不出、攻坚克难而取得的胜利成果,实属来之不易,国家和广大人民群众为此也付出了沉痛的代价。与此同时,世界各地疫情爆发,多国政府无以应对,中国在自身伤痛还未痊愈的情况下,又投身于支援80多个国家的战斗中,与世界人民命运与共、守望相助,这是怎样的胸怀与担当,真正体现了人类命运是一个共同体。在此期间,本人创作了《命运与共》和《守望相助》两首歌曲表达心声。
思政元素	**思政元素1:科技兴国** 通过这次疫情,深刻体会到科技兴国、实业兴邦的道理。同时,科技兴国又离不开教育。高校专业教育是科技兴国的保证,做好教育是我们教育从业者的光荣使命。 **思政元素2:职业道德** 职业道德是每个人立足社会的根本,有了良好的职业道德,做人做事才能精进、长久。 **思政元素3:社会责任** 为社会尽职尽责是每个社会人的良知和义务。每个人都有强烈的社会责任感,国家才会发达、强大,人们才会生活得更加幸福。
"课程思政"实施路径	将若干案例观察、感化、分析、讨论、总结、实施于声乐教学。学生通过教师的引导、案例讨论、分析和学习,提高了知识、能力和素养,提升了认知社会、认知事物的能力,并作用于声乐专业课程的学习。要让学生认识到,在新冠肺炎影响之下,全国人民支援武汉上下一心的精神认同,从而增强民族自豪感和个人幸福感,并对国外正在爆发的疫情深表忧虑。促使大家更加珍惜生命,热爱祖国,更加努力地工作和学习!

绍兴文理学院“课程思政”
新冠疫情防控专题教学设计方案(设计实训2)

学　　院	艺术学院	课程名称	设计实训2
授课教师	夏飞英	授课班级	视觉传达172班
授课章节	创意设计		
课程类别	A.公共平台课　B.专业平台课程　C.专业选修课　D.全校选修课		
教学目标	**一、知识目标** 要求学生能灵活应用专业理论知识解决相关专业的实际问题,如能熟练应用相关专业软件进行实际课题(项目)设计,设计成果达到一定的水平,能够参加相关的竞赛或达到完成实际项目的要求。 **二、能力目标** 课程注重理论与实践相结合,注重知识结构的合理性,通过理论学习、优秀作品评析、课题设计训练,不断激发学生的创意力度,进一步深入理解并掌握相关实践知识和技能。 **三、素质目标** 通过对图形和文字的探讨,提高学生的设计审美意识,增强学生的综合艺术素质和艺术设计的表现与创新能力。通过特定课题的训练,增强学生的社会责任感,增强文化自信。培养学生良好的团体协作能力和爱国情怀。			
教学内容	**教学重点**:根据实题进行综合性设计实训,增强学生多方面的设计能力,提高实际项目的分析与设计能力,为以后的综合设计奠定基础。 **教学难点**:结合当前的社会背景,通过相应的实际课题,发挥并提高创意能力,完成设计并取得良好的社会影响。 **教学过程**: 1.导入本次课程的设计内容,对全国大学生广告艺术大赛中多个课题进行分析,特别是针对公益课题“战疫”,鼓励学生用最真挚的热情与智慧,以信心为马,以创意为剑,怀揣必胜的决心,正确引导疫情防控,汇聚社会正能量,用健康积极向上的视觉语言,用高质量的原创作品凝人心、聚合力,为早日战胜疫情贡献绵薄之力。 2.讲授创意的方法,利用头脑风暴法对设计主题进行创意,利用多种创意形式,让作品具感染力与冲击力,充满正能量。对比前几届的获奖作品,让学生了解不同课题不同要求,需要进行针对性设计。对于自己设计时要展现的作品特点做到一目了然。参考目前已收集的“战疫”作品,分析作品的优劣,使作品更有创意。			

教学内容	3. 组建学习小组进行互动，通过创意发布进行作品互评，实施1+1大于2的效果，让团体创意发挥作用。让创意转化为指导的力量，让正能量涌现，齐心协力打赢这场战“疫”！同时也为参加大广赛交出优秀的作品。 4. 教师个体指导，集体讲评，激发学生更多创意灵感，促进设计作品的完整性，良好地协助学生完成实训实践。
新冠疫情防控典型案例	**案例一:《呼吸·共生——2020全球抗击疫情国际平面设计展》来源:新青年设计师联盟,2020-02-13** 中国在全国人民辞旧迎新之际，遭受了从武汉向全国蔓延的新型冠状病毒感染肺炎疫情。习近平主席作出重要指示，要求紧紧依靠人民群众坚决打赢疫情防控阻击战。全国上下紧急部署动员，打响了“防控感染，抗击疫情”的战斗，书写了一个又一个感人的故事。在这个万众一心、同抗疫情的重要时刻，新青年设计师联盟、合肥平面设计联盟等联合国内高校、设计机构呼吁全球设计师群体，以“呼吸·共生”为主题设计作品，大家“同呼吸、同命运”，用设计力量抗击“新冠肺炎”，讴歌抗疫精神、宣传防疫知识、倡导人与自然和谐共生。整个设计活动于目前为止进行了12期，出现了一大批优秀的作品。 **案例二:《团结就是力量——2020抗击新型冠状病毒国际公益海报设计作品》来源:青山四维观象,2020-02-08** 2月1日，团结就是力量——2020抗击新型冠状病毒国际公益海报设计邀请展正式面向全球设计师发出邀请，受到设计界、美术工作者及院校师生的高度重视，大家坚定信心，打响了创意抗疫阻击战。在此特殊时刻，传递精神力量，传播防疫知识、为中国加油打气或是致敬前线工作者，均有极大的意义。弘扬正能量，是创意人义不容辞的责任和重托。染病在身仍关爱他人者令我们动容，舍小家奔赴一线者让我们深切感动，中国人面对困苦时的团结和坚韧，正是千百年来我们民族基因的底色。我们的基因，我们的热血，永远不会被病魔战胜。愿疫病不再传播，愿能感染我们的只有炽热的爱和奉献。到目前为止该活动已经办了10期，设计师生们用创意不断进行斗争。 **案例三:《停课不停教，停课不停学——助力战“疫”，我们在行动》来源:大广赛,2020-02-05** 由全国大学生广告艺术大赛组委会和中国网络视听节目服务协会共同发布的公益命题《战“疫”》，得到全国高校师生的大力支持和积极响应，截至目前仅过去21小时，已有69所高校参与创作，提交作品。作为举办单位之一的中国传媒大学高度重视公益命题的内容设计，有针对性地给予意见指导，提前谋划，线上发题，在精神层面给予师生深度陪伴，确保广大师生在特殊时期“停课不停教，停课不停学”，在响应国家号召的同时增强学习实效。以敏锐的触觉和独到的视角，设计创作出更多内容丰富、题材多样化的作品，用自己的专业技能为抗击疫情做出贡献，让青春在与肆虐的病毒抗争中绽放。

<table>
<tr>
<td>思政元素</td>
<td>思政元素 1:自律自强
在停课不停学中,要做好主动学习,线上上课不松懈。增强自我学习能力,自我约束能力。不断提高设计能力。
思政元素 2:文化自信
在设计实践中,不断加强自我设计水平,从优秀作品中品味传承,用创意转化文化观念,增强文化自信。
思政元素 3:社会责任
此次课程中导入的设计课题正是目前阶段全国人民抗新冠的议题“战疫”,一场全民的运动,作为新时代的新青年,用创意参战,培养学生的爱国精神和集体主义精神。</td>
</tr>
<tr>
<td>“课程思政”实施路径</td>
<td>一、课程开始阶段,首先导入案例一《呼吸·共生——2020 全球抗击疫情国际平面设计展》,向学生介绍疫情下的设计力量,让学生通过 12 期的优秀设计作品了解社会热点,关心身边发生的事物,用设计力量来表现我们的社会责任感。同时更加明确公益海报和商业广告的区别。
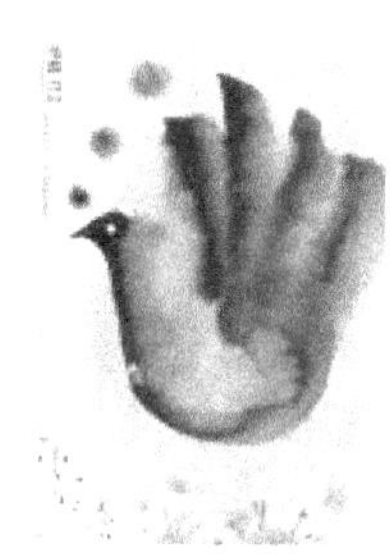 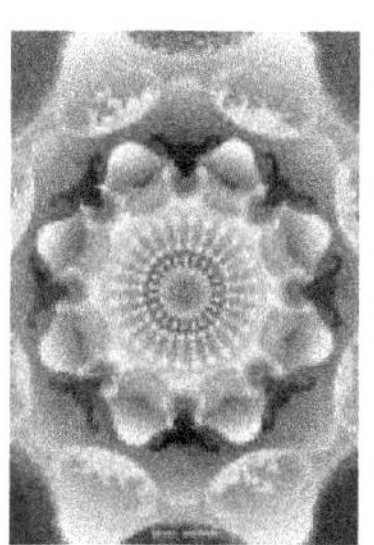  
二、创意设计方法分析,利用案例二《团结就是力量——2020 抗击“新型冠状病毒”国际公益海报设计作品》10 期中展示的优秀作品进行分类讲解,引出创意的思维方式——联想、想象、解构、同构等。组织学生进行创意思维拓展,利用大脑地图以及默写式头脑风暴法进行思维联想练习,不仅锻炼学生个体的创意能力同时也培养学生团体协作的创意能力,培养学生文化自信,力求设计的独创性和强大的视觉表现力。
联想类作品如下:
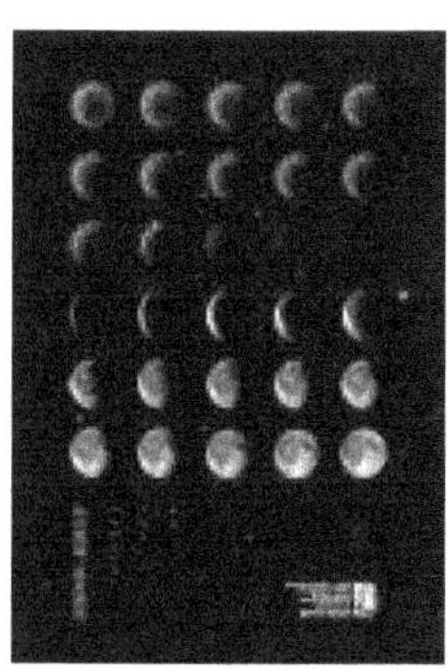 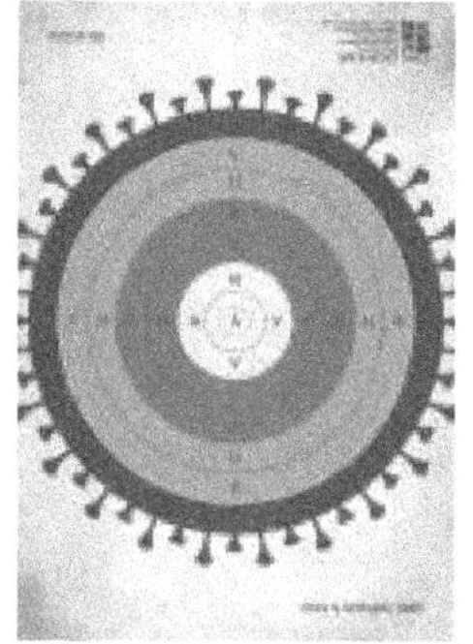 </td>
</tr>
</table>

“课程思政”实施路径	想象类作品如下：    三、实践课题下达阶段，结合大广赛课题，导入案例《停课不停教，停课不停学——助力战“疫”，我们在行动》通过对获奖作品的分析，学生能更好地抓住设计主题，展开创意。以敏锐的触觉和独到的视角，设计创作出更多内容丰富，题材多样化的作品，用自己的专业技能为抗击疫情作出贡献，更好地完成公益课题“战疫”的设计，激发学生的爱国情怀，让青春在与肆虐的病毒抗争中绽放。  结合超星学习通、企业微信等学习平台，把案例转化成设计资源，利用更多平台资源充实学生学习，加强自学，培养自律，拓展设计视野，让创意落地开花。

绍兴文理学院“课程思政”
新冠疫情防控专题教学设计方案(创意表情包设计)

<table>
<tr><td>学　　院</td><td>艺术学院</td><td>课程名称</td><td>创意表情包设计</td></tr>
<tr><td>授课教师</td><td>邹元元</td><td>授课班级</td><td>全校选修</td></tr>
<tr><td>授课章节</td><td colspan="3">表情包概述</td></tr>
<tr><td>课程类别</td><td colspan="3">A.公共平台课　B.专业平台课程　C.专业选修课　D.全校选修课</td></tr>
<tr><td>教学目标</td><td colspan="3">一、知识目标
使学生了解动态表情包设计的基本定义与特点，了解表情包的演变和影响、表情的形式分类，掌握动态表情包的制作流程与步骤，把握表情包设计规范与注意事项。学生在玩中学，在学中玩，从而体会表情符号语言的魅力，产生设计学习兴趣。
二、能力目标
表情包是表达情绪的一种形式来，易于被年轻人接受。课程旨在结合潮流趋势拓展学生的知识框架，打开创意设计思路，提高学生的想象力、创造力，培养学生的动手能力与表现能力，让学生不仅能设计出个性独特、美观时尚的表情包，而且能体现表情包的语境和时代内涵，进而提高学生的洞察力和感知力，拓展艺术眼界。
三、素质目标
通过循序渐进地学习，在实践中接触社会，积累知识，开阔视野，引导学生认真观察与思考，感悟艺术的“真、善、美”，树立正确的设计意识与责任意识，增强道德判断力和道德荣誉感，完善自我对传统文化的解读和升华，树立文化自信，开发学生多元思维创想力，培养独立和创新的能力，提高综合素质。</td></tr>
<tr><td>教学内容</td><td colspan="3">一、教学主体内容
1.表情包的定义。
2.认识表情包由静态到动态的历史演变及分支发展。
3.表情包的影响、传播特点与营利模式。
4.表情包的面部表情分类与表情形式分类。
5.案例解析：“钟老说”微信表情包。
6.实践操作：CDR矢量软件图形绘制和填充工具，对象的编辑处理工具。
二、思政元素融入途径 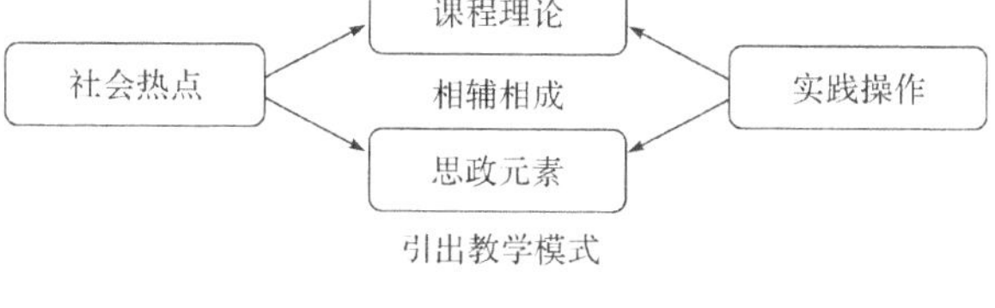
课程理论
社会热点　相辅相成　实践操作
思政元素
引出教学模式</td></tr>
</table>

新冠疫情防控典型案例	**案例一:《叮！全国首创战“疫”医护表情包上线了!》来源:长江日报** 叮!叮!叮!3月3日,战“疫”医护表情包在武汉江汉开发区方舱医院正式推出啦!发布战“疫”医护表情包的设想,源于武汉协和医院副院长、武汉江汉开发区方舱医院的院长张进祥。他说,方舱医院的医护工作者每天在舱内救治病友时,都穿着厚厚的防护服、戴着密闭严实的口罩。表情包正是他们的可爱化身。这些生动形象的表情包处处体现着医护人员对患者的关怀。 **案例二:《中国石油辽阳石化创作战“疫”表情包》来源:中国石油报** 一个疫情肆虐的寒冬,一个有史以来最长假期的春节,病毒隔开了彼此的距离,却隔不断心中的真情。在抗击疫情期间,小编无数次被抗疫一线负重前行的无名英雄们感动,我不知道你是谁,但却知道你为了谁。作为石油员工,此时保障企业安全生产,保障社会供应,做好个人安全防护,就是对国家和社会的贡献,思虑许久,辽阳石化官微策划并绘制了一组属于石油人自己的科普表情包,谨以此为决胜战“疫”贡献绵薄之力。 **案例三:《为战疫加油！紫金山防疫表情包上线》来源:紫金山新闻** 当前,防疫工作已进入关键阶段。打赢疫情防控阻击战,需要每一个人的努力,大喇叭、小喇叭、顺口溜、短视频等多种宣传方式丰富多彩。近日,紫金山新闻客户端推出了防疫微信表情包,童趣的表情、接地气的语言,以卡通人物“小金”的口吻号召大家增强防控意识和自我保护能力。人们在微信上聊着天,就能轻松学到一波防疫知识。首批原创防疫表情包共有16款,戴上了口罩的“小金”萌萌哒的形态表情,配上幽默诙谐的段子,表情包既俏皮有趣又耐人寻味。把新冠肺炎疫情防控工作融入日常微信聊天使用语中,表情可爱,满满的正能量。
思政元素	**思政元素1:服务时代** 艺术是反映时代的,也服从和服务于时代,让同学们在艺术创作中学习感悟。时代题材经过学生的艺术创作,变成表情包、动画、插画等,以其特殊的方式反映着时代,引领着价值,成为符合当代人审美的、传播性很强的艺术作品。引导学生增强道德判断力和道德荣誉感,并树立正确的设计意识与责任意识,弘扬奉献精神。 **思政元素2:哲匠精神** “像哲人一样思考、像匠人一样劳作”的“哲匠精神”,践行心手合一、知行合一的价值观念,充分发挥实践育人的作用,使“劳作上手、读书养心”的传统成为学生的一种学习生活方式。新时代大学生的能力是在实践中体现,思维在实践中发展,个性在实践中张扬。在课程实践中不断完善学生自我对传统文化的解读和升华。 **思政元素3:情感建设** 在高校开设艺术课程,除了专业知识和技巧的传授以外,更重要的是教会学生欣赏艺术,以入脑入心的方式,让学生在艺术欣赏中涵养人文精神和道德情怀,追求艺术的最高价值“真、善、美”,传递向上向善的价值观。选择艺术欣赏对象时,结合其产生的历史背景和特点,将主流社会价值观作为选择标准,既有一定形式的欣赏价值,又蕴含值得人们去咀嚼和回味的思想精华,着重思考艺术作品所表达的情感及创作者对于人性的追问,对国家、社会和人民的价值,让学生在思考中将艺术欣赏体会转化为对主流社会价值观的认同,进而向往和追求讲道德、尊道德、守道德的生活。

思政元素	**思政元素 4:文化自信** 有机引入中国传统文化、中华传统元素、社会主义核心价值观等具有中国元素、中国文化、中国形象的文化元素,拓宽学生的思维与眼界,树立文化自信。引导学生传承和弘扬中华美学精神,传承和弘扬中华优秀传统文化。引导学生树立和坚持正确的历史观、民族观、国家观、文化观。
"课程思政"实施路径	**1.导入环节** 为同学们展示和解说以"抗击疫情"为主题的创意表情包设计作品,让同学们通过课程的学习凝聚设计的力量,弘扬正能量,鼓舞斗志,传播科学,同心聚力,共抗疫情,用生动有趣的表情包,为抗击疫情带来更坚实的信念与力量。  **2.讲授环节** 以专业课程教学为主线,通过线上与线下混合教学模式拓展课堂教学内容,由浅入深讲述本章相关知识点,精准把控正确的政治导向,使思政元素与课程进行有效的、潜移默化的融合。采用"双引出"的教学模式,以社会热点引出课程知识点,进行深入讲解;并由此社会热点为基础,引出思政元素。两者相辅相成,无缝连接,无论对课程内容本身还是对思政内容的理解与掌握,以及德育目标的达成都起着至关重要的作用。 课程内容与冠状病毒疫情中所展现出来的很多正能量的实际案例都有着浑然天成的相同思政元素切入点。思政元素的穿插,不仅能够自然引出知识点,增强课堂活跃性,引起学生学习兴趣,也加深了学生对课程的了解,让学生认识到表情包在推动社会文明建设中的重要作用。 **3.案例解析环节** 钟南山院士是阻击疫情的领军者,全国人民都无比信任。通过向同学们展示并讲解山东工艺美院师生创作团队设计的一套以钟南山院士形象为原型制作的"钟老说"微信表情包,深挖其创作思想根源及创作历程,让同学们深刻体会到表情包设计的重要影响力,了解表情包的演变,掌握传播特点与形式分类。引导学生树立正确的设计意识与责任意识,以画传神,传递朴素道理,从自我做起,为阻击疫情贡献自己的一份力量。

<table>
<tr>
<td>“课程思政”实施路径</td>
<td>掌握CDR矢量软件的图形绘制与填充工具，对象的编辑处理工具。利用所学工具，学习制作几个简单的静态表情包五官造型，造型以单纯的线条为主，色彩以黑白红为主，突出单纯、可爱的造型特点。过程中要注意线条的流畅，注意表情五官的主要特征，信息传递的准确性，可以进行自我喜好的改造。
4.实践操作环节
 不聚餐！  多运动！  武汉英雄城市！  中国加油！  勤通风！  勤洗手！
不信谣！ 遵医嘱！ 戴口罩！ 配合检查！ 早隔离！  少外出！</td>
</tr>
</table>

"课程思政"学生课堂随感

新冠肺炎疫情防控的特殊时期，学生按照教师课堂讲授的"课程思政"内容，结合自己的学习体会和感悟，填写《"课程思政"学生课堂随感——老师在课堂上的一句良言》，并上传至"课程思政"微信小程序，进一步检验学生学习"课程思政"的效果。

“课程思政”学生课堂随感(女装设计)

——老师在课堂上的一句良言

学　　院	纺织服装学院	班　　级	服装与服饰设计专升本191班
姓　　名	曹牧秋	授课时间	2020-03-11
授课教师	胥筝筝	课程名称	女装设计
课程育人切入点(课程内容)	女装设计着重掌握基础的设计原理,并进行大量的基础训练,包括大量的服装单品设计训练和品牌设计训练,从而使自身对于女装的时尚潮流变化有更加清晰的认识,思路更加活跃。此外,教学与市场要相互结合,服装最终是要回归市场的,只有更好地研读和分析市场,才能设计制作出更加称心如意的服装。		
一句良言	不要假装努力,因为结果不会陪你演戏,一切努力都会有回报。		
核心价值观与做人做事道理	行业和人生是一样的,我们对于自身的学习也同样不能间断。企业时刻关注市场的变化和产品的更新,我们同样要跟随时代的脚步更新我们的知识。作为个体,我们对于社会而言就是运转的齿轮,只有齿轮的啮合越来越精准、越来越坚固,社会的运转才会更加顺畅。这也是我们作为社会接班人的责任。		
体会、感悟	服装设计是一门开阔思路的学问。在此次疫情中,各类医疗物资严重不足,尤其是医用口罩和防护服,对于抗击疫情产生了极大的影响,因此医用口罩和防护服的产能提升以及科研攻关至关重要。但是现在的我们能做的就是打好学习基础,只有底层架构稳固之后,上层构建才能更加可靠和坚实。服装设计是一个积累和运用的过程,我会好好地反思自己的作业并更加努力地去开阔思路。		

"课程思政"学生课堂随感(创新创业项目发掘与提升)

——老师在课堂上的一句良言

学　　院	化学化工学院	班　　级	药学 181 班
姓　　名	陈桂鹏	授课时间	2020-03-25
授课教师	杜　奎	课程名称	创新创业项目发掘与提升
课程育人切入点(课程内容)	创新的重要性。		
一句良言	没有创新就缺乏竞争力,没有创新也就没有价值的提升。		
核心价值观与做人做事道理	从方法论的角度看,创新有两层含义:其一,从无到有;其二,新的排列组合。从无到有指的是,原来没有的东西,我们把它发明出来,比如电灯。爱迪生把原来没有的东西发明出来,这是创新。新的排列组合指的是,已有两个或多个事物,有心的发明家把它们通过一定的手段,组合在了一起,创造了新的使用价值,比如MP3 手表。手表是已有的事物,MP3 也是已有的事物,有心的发明家把两者通过一定的手段组合在了一起,产生新的使用价值,这也是创新。		
体会、感悟	学习是创新的基础,没有学习作为基础的创新,恰如春水不至的艨艟巨舰。原因很简单,春水积累不厚,必然无力漂浮大舟。学习基础不牢,创新就没有根基。只有不断地加强学习,加强创新型思维的培养,久而久之,才能增长创新能力,才能适应当代社会的需要。因此,要推进国家的自主创新和加快社会主义建设事业的发展,必须把学习放在首位,而创新之中的科技创新对于当前的社会建设尤为重要。在疫情严重的当下,一方面是运力严重不足,另一方面是一线工作人员受到极大的感染风险。无人科技的优势很快就凸显出来:一方面,它可以减少直接接触,减少病毒传播途径,降低感染风险;另一方面,它释放了劳动力,缓解了人力的紧张。另外,科研对病毒本身的研究以及对疫苗方面的研发创新等等、科研工作和科技创新在这场没有硝烟的战争中显得尤为重要。"择木无利刃,羡鱼无巧纶。"科技创新能力强不强,就要看它在关键时刻、紧要关头能不能支撑国家和人民闯关过坎。当前中国形势虽好,但从世界上看还不容乐观。如何化危为机就是当前科技界面临的难题,需要科技界不断创新,方可勇往直前。		

“课程思政”学生课堂随感(分析化学)

——老师在课堂上的一句良言

学　　院	化学化工学院	班　　级	应用化学191班
姓　　名	陈化签	授课时间	2020-03-30
授课教师	盛国栋	课程名称	分析化学
课程育人切入点(课程内容)	运用分析化学原理讲述试样的采集,将其引申到不同职位的人应该各司其职。我们应该做好自己的事,工作中遇到不懂的地方需要虚心学习。		
一句良言	物质特点有很多,我们根据它不同的特点采取不同的方式进行分析,各个特点的分析都需要专业人员来进行。各司其职在我们生活中同样随处可见。		
核心价值观与做人做事道理	每个人都有每个人的作用,我们应当各司其职,谦虚学习。采样过程涉及不同的地区、不同的环境、不同的风俗,我们分析的仅仅是做到了整体环节中的某一部分。寻求样品的过程则需要专业的人去帮助我们探索。各司其职在我们生活中也很重要,这不仅仅体现在分析化学方面,联想到此次新冠疫情,全国人民都在努力地同病魔做斗争,医生护士在医院里不分昼夜、舍生忘死地抢救患者,党员志愿者不顾自身安危站在了抗疫的第一线……我们国家能够做到这么及时的防控,正是因为他们的各司其职,坚守岗位。		
体会、感悟	我们学习“分析化学”这门课,就应该坚守分析的方法,并且积极地向外界学习。疫情将我们困在家中,我们每天都能通过各种媒体收到各地传来的疫情消息,疫情带来了人们心中的真善美,不少人都被白衣天使所感动,被那些党员、志愿者的行为所折服。我们也明白各司其职的重要性,坚持下去,我们一定能够获得巨大的成功。		

"课程思政"学生课堂随感(windows 程序设计)

——老师在课堂上的一句良言

学　　院	机电学院	班　　级	计科 171 班
姓　　名	林津民	授课时间	2020-03-31
授课教师	戴振中	课程名称	windows 程序设计
课程育人切入点(课程内容)	一开始讲解了上周小测验的难题,后面讲授了 WinForm 编程中"拖放"等有关的知识和技巧。		
一句良言	我们要站在用户的角度去设计程序。		
核心价值观与做人做事道理	我们要站在用户的角度去设计程序,做事情要学会换位思考。在这次疫情的非常时期,一些防控措施即便严一些、紧一些,我们作为群众也要换位思考,积极配合。		
体会、感悟	我们不仅要在课堂上跟着老师学习新知识,更要在课后结合课堂上的内容自学。在完成作业或实验时,应尽可能站在用户的角度进行设计,完善好程序,注意细节,充分考虑程序的实用性。很多东西要学会自己去深度挖掘,要编好程序需要足够的耐心与细心。新冠肺炎疫情发生以来,我们的思绪时刻被疫情牵动着,人们的心情也在发生波动。在疫情面前,没有一个人是旁观者。为了夺取这场战"疫"的全面胜利,我们作为大学生也要与"新病毒"进行斗争,避免情绪对立,不妨多些换位思考,多些相互体谅,多些将心比心,齐心协力共渡难关。		

“课程思政”学生课堂随感(中国书法史1)

——老师在课堂上的一句良言

学　　院	兰亭书法艺术学院	班　　级	书法191班
姓　　名	许雨捷	授课时间	2020-03-02
授课教师	王晓亮	课程名称	中国书法史1
课程育人切入点(课程内容)	从先秦书法史开始,讲述书法的演变和文字的发展。		
一句良言	知晓古今文化经典,珍惜当下学习机会。		
核心价值观与做人做事道理	在疫情的影响之下,我们更要珍惜自己来之不易的学习机会。珍惜当下,珍惜所拥有的具有传统文化氛围的学习环境。		
体会、感悟	在疫情影响的大环境下,王老师在线上授课过程中依然能生动有趣地将文字与历史联系起来,让我们感受到线上课堂不一样的氛围,感受到书法的魅力。他以历史为切入点,通过文字、书法史的发展脉络,让我们更好地了解古人书法中的经典之处。在技法实践的基础上,用丰富的理论知识滋养我们,促使理论和实践的更好融合。在这样特殊的线上课堂中,老师告诉我们:要时刻珍惜学习机会,上好每一节课,学好专业知识,贡献自己的青春力量!		

"课程思政"学生课堂随感(行书2)

——老师在课堂上的一句良言

学　　院	兰亭书法艺术学院	班　　级	书法181班
姓　　名	罗世杰	授课时间	2020-03-20
授课教师	刘小华	课程名称	行书2
课程育人切入点(课程内容)	由魏晋至唐宋行书的发展。		
一句良言	与古为徒,传承中创新。		
核心价值观与做人做事道理	做人和写字一样,都是在继承优良的学习品质中不断地提高自己,使自己的个人品行不断提高,从而更好地践行新时代社会主义核心价值观!这次疫情来得突然,我虽然不能像医护人员那样到前线救死扶伤,但我也应该做一些力所能及的事情来回报社会、服务社会、感恩社会。抗击疫情也是我们当代大学生在国家危机之际爱国主义精神的体现。我们坚信萤火汇聚成星河,只要我们坚定信念、齐心协力、共克时艰、守望相助,最终必将打赢这场疫情防控阻击战!		
体会、感悟	学艺先学德。身为传统文化继承者的我们,在当今社会中要扮演好新时代社会主义新青年的角色,我们要学习古人优秀的道德品质,不断地提高自己的修养。我们应努力展现新时代青年学生的使命和担当,点亮青春最靓丽的底色,为抗疫工作注入青春的动能和温暖人心的力量!我们应该拒绝享乐,选择扎根基层、服务群众,所以哪怕有害怕、有担忧,我们依然坚定地用还不算坚实的肩膀扛起应担的责任,用忠诚的担当努力诠释青春的力量。		

“课程思政”学生课堂随感(公共组织行为学)

——老师在课堂上的一句良言

学　　院	商学院	班　　级	公共事业管理 191 班
姓　　名	杨鹏辉	授课时间	2020-03-31
授课教师	陈锦文	课程名称	公共组织行为学
课程育人切入点(课程内容)	新冠疫情防控中的公共组织行为。		
一句良言	爱与希望,比病毒蔓延得更快,每一份爱,都会由公共组织的脉搏泵进需要它的地方。		
核心价值观与做人做事道理	疫情一天未结束,公共组织就要继续在为社会谋公益的岗位上守护人们的健康。公共组织不仅拥有法律授予的公共权力,也承担着社会公共事务。		
体会、感悟	同舟共济,以爱战“疫”。无论是英雄驰援湖北的逆行背影,还是人们送别勇士的感恩泪水,抑或是中国人民支援他国的忙碌身影,都是爱的接力和传递,都坚定着人们战胜疫情的必胜决心。武汉本来就是一座英雄的城市,中国本来就是一个英雄的国家,相信长夜终将过去,黎明就在眼前。		

"课程思政"学生课堂随感(管理经济学)

——老师在课堂上的一句良言

学　　院	商学院	班　　级	会计 1901 班
姓　　名	董　芳	授课时间	2020-03-04
授课教师	王云松	课程名称	管理经济学
课程育人切入点(课程内容)	疫情期间开展线上课堂,王云松老师深入开展教育教学改革,将"课程思政"落到实处。除了要求我们掌握基本的理论知识外,通过结合社会热点问题(美联储量化宽松与美元流动性问题),引导我们学会发现问题、分析问题和解决问题的方法,培养和提升科学的经济学思维,更深层次地解读国家相关政策。		
一句良言	留意生活,培养科学的经济学思维。		
核心价值观与做人做事道理	在抗击新冠肺炎疫情的关键时期,围绕线上教学工作的开展,通过在课堂中分析探讨经济学原理和经济案例中蕴含的对价值观、素质教育、人才品质培养的要求,结合思政理论和教育方法,深入挖掘和提炼专业课程所蕴含的思政格局,引导我们在获得专业知识的同时受到启发,对职业活动和职业道德获得切身的感悟,使自己的职业意识向社会要求的方向发展,提升个人的价值追求和思想道德修养。		
体会、感悟	多留意生活,就会发现生活中处处都有经济学。比如疫情期间口罩因短缺而价格上涨,可能不只是简单的无良商家为了发国难财,这背后是由市场规律决定的。经济学带领我们学会透过现象看本质,引发对社会发展、经济问题进行独立思考。		

“课程思政”学生课堂随感(经济法)

——老师在课堂上的一句良言

学　　院	上虞分院	班　　级	会计 181 班
姓　　名	蒲虹琏	授课时间	2020-02-25
授课教师	彭春艳	课程名称	经济法
课程育人切入点(课程内容)	1.法与法律的概念; 2.法的本质和法的四个特征; 3.法律关系和法律事实; 4.法的形式和分类。		
一句良言	没有无义务的权利,也没有无权利的义务。		
核心价值观与做人做事道理	做事先做人,做人要讲诚信、讲是非,但不要太计较利害;做事要讲利害,但不要太害怕是非。对人,要往好处想;对事,要往远处想、往大处看。		
体会、感悟	“经济法”这门课程要记的内容非常多,老师上课时讲了很多例子,便于我们理解和记忆知识点。 讲到法律事实时,老师说:“前段时间抖音上出现了一些‘要求房东减租’的视频,大部分人的评论意见是‘减免是情分,不减是本分’。”从法律角度来讲,新冠疫情属于不可抗力,当租户受到影响,难以维持营业,进而造成资金紧缺问题,导致按租赁合同支付租金存在严重困难时,若将疫情带来的全部租金损失由租户一人承担,则不符合公平原则,故租户可据此申请减免租金。但能否减免租金,需要评估房产所在地环境是否适宜复工、租户是否因延迟复工陷入经营困境等多种因素,故疫情期间,房东即使不减租,也不存在违法。所以抖音上大部分人的评论其实和法律规定也是大同小异的。		

“课程思政”学生课堂随感(财务会计)

——老师在课堂上的一句良言

学　　院	上虞分院	班　　级	会计 192 班
姓　　名	卜怡婷	授课时间	2020-02-24
授课教师	徐群飞	课程名称	财务会计
课程育人切入点(课程内容)	开学第一课,老师将新冠疫情给我们带来的影响引入新课的学习。停课不停学,我们应该在困难磨砺中不断成长。		
一句良言	你所在的地方,正是你的中国。你怎么样,中国便怎么样。你是什么,中国便是什么。		
核心价值观与做人做事道理	核心价值观:责任、爱国。作为大学生,要有责任与担当,要有深厚的爱国情怀,因为一个具有强大凝聚力的国家是无数幸福小家的坚强后盾。 做人做事道理:敬畏自然,尊重生命,心怀感恩,潜心学习。		
体会、感悟	开学第一课,徐老师和我们聊了新冠疫情。一幅幅抗疫画面,让我们看到,在疫情面前党和政府展现出坚定的政治决心,从中央到地方再到基层,政府以迅速的决策力、高度的执行力采取了及时有力的举措,社会各界纷纷行动。作为当代大学生,我们也应该展现新时代大学生的使命与担当。 这些天,我们见证了“中国速度”,见证了 90 后走向战场,见证了舍小家为大家的“逆行者”。在这场没有硝烟的战争中,没有哪一个人是旁观者,我们每个人都是责任人。		

“课程思政”学生课堂随感(中外饮食文化)

——老师在课堂上的一句良言

学　　院	上虞分院	班　　级	酒管181班
姓　　名	周小艳	授课时间	2020-02-27
授课教师	林小燕	课程名称	中外饮食文化
课程育人切入点(课程内容)	第一章　中国饮食文化		
一句良言	饮食是文化,请从自我文明做起,万事有因果,饮食要有内在的节制。		
核心价值观与做人做事道理	作为青年的我们要倡导文明饮食,要敬畏生命,常规不恶俗,创新不猎奇,求“鲜”不求刺激,追求卫生第一,文明第一,健康第一,更要以此疫情防控为契机,树立正确的饮食观,杜绝“祸起舌尖”。		
体会、感悟	“中外饮食文化”这门课程不仅让我了解到博大精深的饮食文化,更让我深深地认识到我国饮食方面存在的陋习与弊端。新冠肺炎疫情折射出“共餐制”的弊端。在疫情汹汹的当下,这恰恰给病毒制造了传播渠道。这种不太科学、不够卫生的饮食习惯,对于防疫抗疫是不利的。“飞沫传播”是病毒的一大传染途径,不只是新冠病毒,春季传染病多发,跟共餐制脱不了干系。新冠肺炎疫情的肆虐为我们敲醒了警钟,让我们不得不反思传统的共餐习惯。 “分餐制”给我们的文明就餐提供了借鉴。中国早在周秦汉晋时代就已实行“分餐制”。“分餐制”的饮食习惯能在很大程度上减少病毒的传播,有利于人们的身体健康和公共卫生。目前尽管国内的“分餐制”尚未风行,但饮食使用“公筷’已蔚然成风,为人们实施“分餐制”奠定了良好的基础。前途漫漫,任重道远,但只要坚定地、驰而不息地从一点一滴处改变,我们相信,饮食陋习一定会从餐桌上消除,此类疫情将不再上演!		

"课程思政"学生课堂随感(幼儿园课程)

——老师在课堂上的一句良言

学　　院	上虞分院	班　　级	学前教育191班
姓　　名	许歆慧	授课时间	2020-03-09
授课教师	孙　燕	课程名称	幼儿园课程
课程育人切入点(课程内容)	陈鹤琴的课程方案(做人,做中国人,做现代中国人)。		
一句良言	疫情就是命令,防控就是责任。同心战"疫",向阳而生。每个人都是社会的一份子,应在不同岗位上承担不同的责任。		
核心价值观与做人做事道理	今天学习了陈鹤琴先生的课程思想,他孜孜不倦地追求,把一切献给幼儿教育事业,为开创本土化、中国化的幼儿教育做出了卓越的贡献。他的课程思想和理念到现在仍然具有很强的现实意义和实践指导意义。这次疫情给我深刻的启示是:作为一名当代大学生,应该向许许多多战斗在一线的白衣天使、社区工作者、交警同志等学习,始终把集体的利益放在首位,全心全意为他人服务,坚持爱国、敬业等核心价值观,为报效祖国贡献自己的力量。		
体会、感悟	由于疫情的影响,我们在家过了一个不一样的年。作为一名学前教育专业的学生,我特别关注这次疫情期间无法上学的小朋友们。我在网上看到很多幼儿教师从幼儿教育理念出发,开展网络远程指导,精心设计课程内容,运用绘画、游戏等方式表现病毒的样子,积极引导幼儿认识病毒、了解病毒的来源和危害,帮助幼儿在家快乐生活、积极锻炼,为保障幼儿身心健康做出不懈的努力。在他们身上,我看到了幼儿教师职业的责任担当。虽然我们不能像医护人员一样冲到前线,但职业分工有不同,作为幼儿教师可以在自己的专业领域内做好工作,这同样是为国家做贡献。我希望通过自己的亲身实践获得经验,在学习上钻研思考,提高自己的专业能力,进一步提升自己的品质修养,在人生价值观的指引下为未来的职业发展打好坚实的基础。		

“课程思政”学生课堂随感(综合英语)

——老师在课堂上的一句良言

学　院	上虞分院	班　级	商务英语181班
姓　名	李诗音	授课时间	2020-03-25
授课教师	夏维青	课程名称	综合英语
课程育人切入点(课程内容)	疫情防控战线上的工作人员用行动阐释了爱岗敬业、担当作为、攻坚克难的优秀品质。无论信息科技发展如何日新月异,智能汽车的普及对价值观带来前所未有的冲击,美好品质一直是人们学习钦佩的标杆。		
一句良言	Adversity is the trial of principle. Without it, a man hardly knows whether he is honest or not. 逆境足见操守。不然,人不知道自己是否诚实。		
核心价值观与做人做事道理	面对灾难与逆境,不顾生死安危,挺身而出,冲锋在前的“逆行者”鼓舞着全国人民。他们用生命守护着我们静好的岁月。一场战“疫”是一面“镜子”,照出了操守、照出了作风意志、照出了能力和本事,坚定了年轻人的使命感、正义感和爱岗敬业的崇高感,带给人们心灵的冲击和震撼,在人们心中播下希望的种子。		
体会、感悟	夏老师上课语言幽默风趣,态度认真负责,专业词汇张口就来,让我们学到了很多没接触过的词汇。在讲述单词的时候,她的思维拓展也比较广,不管是横向纵向都能说出相关联的很多单词,PPT清晰,容易理解,讲课生动有趣,课外知识拓展也很丰富,扩大了我们的词汇量。讲文章时,她总能把作者想要表达的细节之处给我们讲解出来,经常会给我们讲些人生道理和学习方法,上课也能及时调动同学们的积极性,张弛有度,辛苦了,夏老师,你是最棒的。		

"课程思政"学生课堂随感(中药养生)

——老师在课堂上的一句良言

学　　院	生命科学学院	班　　级	科学教育(师范)172班
姓　　名	谢梓靖	授课时间	2020-03-11
授课教师	徐　笑	课程名称	中药养生
课程育人切入点(课程内容)	中药养生有着独特规律。		
一句良言	中医的最高境界是养生,养生的最高境界是养心。所以,就养生而言,下士养身,中士养气,上士养心。		
核心价值观与做人做事道理	1. 中药养生就是通过调理饮食、练形体、养精神等方法去实现的,是一种强身健体的活动。在新冠疫情发生以后,武汉以中国速度建成了方舱医院,在医护人员的悉心照料下,病房里不乏欢声笑语:患者们跳起了广场舞,跟新疆医生学民族舞、和海南医生摇摆儋州调声……通过这些方式来达到强健身体的目的。 2. 正确的观念能有效地帮助患者预防和消除疾病。有了正确的观念,你就会有正确的决定、行为,就可以预防许多疾病的发生。 3. 人的健康状况的调节是靠人体本身所具有的调节修复系统来完成的,而不是靠外部因素,外部因素只能起辅助作用。		
体会、感悟	在这次疫情中,我国认识到新冠病毒的严重性,立即采取有效措施,号召人们不外出聚集、少出门、佩戴口罩、勤洗手等,最终才使得疫情控制得十分顺利。我们在家隔离期间也要注重锻炼与调理,保证身体健康与做好安全防护。		

“课程思政”学生课堂随感(常微分方程)

——老师在课堂上的一句良言

学　　院	数理信息学院	班　　级	数学 182 班
姓　　名	林杨楠	授课时间	2020-04-01
授课教师	魏雪蕊	课程名称	常微分方程
课程育人切入点(课程内容)	解的延拓定理以及解对初值的连续性和可微性定理。		
一句良言	对一件东西的爱好是由知识产生的,知识愈准确,爱好也就愈强烈。		
核心价值观与做人做事道理	魏老师在钉钉上展示了自己的笔记。魏老师即使已从教多年,仍然兢兢业业、勤勤恳恳地做好每一份笔记,以便有更清晰的思路教授学生。魏老师的教学行为也在告诉我们,即使处于疫情的特殊阶段,我们也应尽早进入学习状态,应该脚踏实地完成学习这件事情。上常微分课需要勤记笔记,一方面可以防止思想开小差,另一方面可在脑中第二遍过滤知识点。作为学生,我们每天都在做着同样的一件事情,但其实每个阶段的学习内容、方法和要求与过去均不相同,大学的学习和中学的学习又存在着诸多差异,这要求每个人本着求真务实的精神做好学习这件事。		
体会、感悟	2020 年注定是一个不平凡的开端,一场疫情从内陆腹地开始,迅速席卷全国。为了不耽误我们的学习进度,学校开展了线上教学活动。开展线上教学,学生和老师在教学观念和教学习惯上都需要一个渐进的转变和适应过程。所以我们必须恪守“认真学习、严于律己、情绪稳定”原则,尽量让每一天都有迹可循。此外,我们可以运用“艾宾浩斯记忆法”进行周期复习;采用爱德加·戴尔的“经验之塔”中的高效率学习方式。实质上,疫情就是课堂,我们应认真学习抗疫精神,成为有理想的中国特色社会主义接班人。待吾学成之日,便是报国之时。		

"课程思政"学生课堂随感(钢结构设计)

——老师在课堂上的一句良言

学　　院	土木工程学院	班　　级	土木 172 班
姓　　名	刘思懿	授课时间	2020-03-30
授课教师	袁夏炜	课程名称	钢结构设计
课程育人切入点(课程内容)	钢架柱整体稳定计算、檩条设计、墙架构件设计等。		
一句良言	不知道自己无知,乃是双倍的无知。学在苦中求,艺在勤中练。		
核心价值观与做人做事道理	学习是要靠自己而不是靠别人的,书本上的知识要靠自己理解体会,老师给你领路,剩下的还是要凭自己的努力。人生不要被安逸所控制,决定你成功的是奋斗。		
体会、感悟	停课不停学,为此我校开展了全新的线上课堂教学。线上课堂更能够体现出个人学习的自觉性和自学能力,没有了老师的监督,所有的知识得自己线下仔细推敲研究,再结合老师所教授的学习方法和知识,才能够不被当前特殊条件所影响。依靠自觉性,在家就像在学校一般,用心学好一门课程,不要让疫情危机成为阻碍我们进步和学习的借口。作为即将走入社会的大学生,越是在困难的时候越要自强自律,等疫情过去,学习生活还将继续。		

“课程思政”学生课堂随感(中国建筑史)

——老师在课堂上的一句良言

学　　院	土木工程学院	班　　级	建筑181班
姓　　名	叶铭清	授课时间	2020-04-02
授课教师	宋　源	课程名称	中国建筑史
课程育人切入点(课程内容)	本次课程讲解了中国古代传统的民居形式,并就北京四合院的形制特点具体展开,同时就北京四合院的传统表达如何在现代建筑中的延续和创新继承做了案例分析,凸显文化的创新继承与发展,增强了文化自信。		
一句良言	传统文化在现代社会中发展,需一定的创新延续。		
核心价值观与做人做事道理	文化会随着社会的变化而有所改变,一个时代的文化延续往往会有其时代特征,关键在于创造一个古与新之间的平衡点,既让人能联想到古,却又不失新的特点。而我们应在社会主义先进文化方向的指引下,发挥我们的积极性和创造性,对传统文化有所继承,又有所创新发展。		
体会、感悟	中华文化博大精深。我们对于传统建筑文化也好,其他文化也罢,都需要有所继承发展,其背后是源于我们的文化自信。中华优秀传统文化是中华民族的精神命脉,面对新冠肺炎疫情的巨大挑战,一批又一批的“逆行者”用最美的身影彰显了中华优秀传统文化的精神定力,厚植爱国主义文化情怀。我们要坚持社会主义先进文化方向,调动广大人民群众的积极性和创造性,使传统文化在现代社会中有新的发展、新的体现,增强我们的文化自信!		

“课程思政”学生课堂随感(基础护理学2)

——老师在课堂上的一句良言

学　　院	医学院	班　　级	护理学1806班
姓　　名	史璐璐	授课时间	2020-03-30
授课教师	潘一楠	课程名称	基础护理学2
课程育人切入点(课程内容)	注射术(皮内注射、皮下注射、肌肉注射、静脉注射)。		
一句良言	在护理工作过程中,一定要严格执行护理操作,对病人负责。		
核心价值观与做人做事道理	不论做什么事,都要认真细致,对自己的每个病人负责。操作中的一点小失误,都有可能引发不可挽回的结果。但是,如果发生意外情况,也应该采取应对的措施,沉稳不乱。		
体会、感悟	疫情当前,秉持着“停学不停课”的原则,网络教学展现出了优势。在基础护理学2的教学过程中,老师给我们讲了一线医护人员英勇抗击疫情的感人故事,让我们认识到了作为医护人员的使命与责任。作为未来的护理工作者,我会积极向抗疫一线的前辈学习,以健康所系、性命相托为己任,努力学习,无私奉献,为国家的医疗卫生事业奋斗终生。		

“课程思政”学生课堂随感(女装结构设计Ⅱ)

——老师在课堂上的一句良言

学　　院	元培学院	班　　级	服装1801班
姓　　名	楼佳薇	授课时间	2020-03-16
授课教师	劳越明	课程名称	女装结构设计Ⅱ
课程育人切入点(课程内容)	分析了解防护服、口罩等医用物资的结构与工艺,让同学分享老师眼中理想的口罩型,引起关于人体和服装关系的思考。		
一句良言	抗击疫情,服装学子也不能掉队,树立实现中国梦的抱负,牢记专业创新、科技兴国。		
核心价值观与做人做事道理	劳老师针对此次疫情,结合医用口罩和防护服的产能提升及科研攻关,让学生了解纺织服装行业生产研发的重要性,也使我了解了国内纺织服装行业的产业升级。科学技术在此次新冠疫情防控中发挥着关键性的作用,教导我们培养科学研究创新意识,努力学习专业知识,加深专业化,在国家需要的时候才能发挥重要的作用。		
体会、感悟	当疫情爆发的时候,作为一个中国人挺难受的,觉得自己除了好好在家待着、捐一些力所能及的钱财,也没有什么能为国家、为受苦受难的人们分担。后来开课学习了,我了解到原来口罩的核心材料是熔喷布,它其实是属于纺织业的。老师教我们设计口罩和分析不同款式的口罩,我才猛地发现,原来我能做的远不止我觉得的那些,我可以去了解防护材料,可以设计口罩,以后去做研究。经过这些提点,我对自己的专业选择真的感到挺欣慰的。我又想到,其实各行各业的人们都可以做出一些贡献。我知道这一场战役一定不会打垮我们,不会打垮我们中国人。		

"课程思政"学生课堂随感(大学生心理健康)

——老师在课堂上的一句良言

学　院	元培学院	班　级	法学1901班
姓　名	陈　超	授课时间	2020-03-26
授课教师	俞爱月	课程名称	大学生心理健康
课程育人切入点(课程内容)	疫情防控相关知识。		
一句良言	克服心理上的恐惧,朝霞般美好的理想,在向你们召唤。		
核心价值观与做人做事道理	面对这次突如其来的疫情,学习了这门课之后,我们知道保持对信息的敏感固然是一件好事,但也要避免谣言与恐慌乘虚而入,要克服各种情绪造成的负面影响。过度的恐慌不仅是谣言的温床,也可能促使人们做出一些不理性的举动,例如盲目就医、抢购物资等。这些举动不仅会影响医疗秩序,冲击物价,还可能会造成交叉感染,使疫情进一步恶化。所以我们要不恐慌,不造谣,不信谣,理智地面对,正确地处理。		
体会、感悟	良好的心理素质、健康的心理状态,有助于大学生体验到自己存在的价值,对自己的优缺点做出恰当、客观的评价。只有心理健康的大学生,才能充分发挥聪明才智,具备适应环境的能力,在学业和事业上取得一定的成功,更好地报效祖国,完成历史赋予的使命。开设"大学生心理健康"这门课是非常必要的,这门课让我了解到不同的人的不同特性,每种性格都有着好的或坏的一面,我们不能偏激地朝着一个方面去生活;也让我明白了自己属于哪一类人,我们对于自己的定位与自己实际的定位有怎样的差距,我们应该如何认识自己的人生及性格,以不一样的方式去发现一个不一样的自我。这门课帮助我们找到真实的自己,打开自己心灵的钥匙。		

“课程思政”学生课堂随感(有机化学)

——老师在课堂上的一句良言

学　　院	元培学院	班　　级	药学 1902 班
姓　　名	曹卓华	授课时间	2020-03-28
授课教师	杜轶君	课程名称	有机化学
课程育人切入点(课程内容)	将新冠疫情与有机化学相结合,在学习有机化学知识的同时普及新冠肺炎的知识,树立正确的价值观。		
一句良言	感受有机化学世界的绚丽,认识生命活动中有机化学分子的魅力,理解有机反应,让生活更加便捷美好。		
核心价值观与做人做事道理	严谨科学的学术态度与学习作风。 热爱科学,热爱学习,热爱生活。 关心身边的国家大事,关心新冠疫情发展,将专业课学习与生活相结合。 乐于奉献,勇于做时代的先驱者。		
体会、感悟	“有机化学”是一门非常有趣、生动且重要的课程。它从分子层面阐明了有机物的结构、构象以及反应的具体机理,对生产生活和科技进步起着独一无二的作用。 有机化学在新冠疫情阻击战中起着至关重要的作用,药物瑞德西韦的应用、新冠疫苗和特效药的研发都离不开有机化学。 我们要认真学习科学知识,养成艰苦奋斗的学习习惯,将自己塑造成一名符合时代特征、勇于奉献、敢于攻坚克难、有理想有信念的新青年,为研发药物、奉献祖国和造福全球人民出一份力。		

"课程思政"学生课堂随感(电路原理)

——老师在课堂上的一句良言

学　　院	机械与电气工程学院	班　　级	自动化类192班
姓　　名	竺飞天	授课时间	2020-04-02
授课教师	赵伟强	课程名称	电路原理
课程育人切入点(课程内容)	赵老师通过生活的例子引入题目,不是直接告诉我们答案,而是让我们自己去思考,一步一步地引导我们自己找到解题方法。在课堂上教给我们的许多解题方法,不仅让我们学会了电路原理,更让我们了解了许多解决问题的方法和角度。		
一句良言	为天地立心,为生民立命,为往圣继绝学,为万世开太平。		
核心价值观与做人做事道理	核心价值观:人活在世界上,要有精神力量支撑自己,有不可磨灭的信仰警示自己,科学看待人生的根本问题,认识人与社会的辩证关系,掌握人生观的基本理论。 做人做事的道理:人生的价值首先在于奉献,从而在工作中尽心、尽力、尽责。在追求有意义的人生中保持积极进取、乐观向上的精神状态。 就拿本次新冠肺炎疫情来说,我们首先肯定国家在本次疫情中的对待方法,并予以支持;其次,不能对患者们抱有歧视的眼光,要对他们提供帮助,不自私自利;再者,作为大学生,要明白在学习阶段应当注重学习,除了为社会出力做志愿者外,还应当努力完成学业,在家也不落下学习;最后,应当对这次疫情抱有乐观向上的精神状态,坚信我们中华民族能顺利攻克难关。		
体会、感悟	我们当代大学生思考与规划自己的人生之路,要科学地看待人生的各个问题,要有积极进取、乐观向上的人生观。在任何环境下,都要做到保持初心,不忘礼义廉耻,用科学的思考方式去看待每个问题、做每件事。譬如在如今的疫情下,我们不应慌乱,而应该听从党的指挥,配合党的工作,积极响应党的号召,做一个对社会有用的人。		

“课程思政”学生课堂随感(全健排舞)

——老师在课堂上的一句良言

学　　院	教师教育学院	班　　级	小教183班
姓　　名	陈　雯	授课时间	2020-03-17
授课教师	刘小明	课程名称	全健排舞
课程育人切入点(课程内容)	学习视频和音频内容,在规定时间内上交理论作业和排舞视频。		
一句良言	理想指引人生方向,信念决定事业成败。没有理想信念就会导致精神上的“缺钙”。		
核心价值观与做人做事道理	刘老师在上课的时候,会给每个学生发来体育视频并提出意见,挑选优秀作业给我们观看,教会我们互相学习、互相借鉴、互相帮助。这让我学会如何编排广播体操,如何从别人那里吸取经验,能让自己编的广播体操更加完美。这也是这次疫情教会我的。 虽然只能通过网课学习理论知识,但是刘老师非常认真地教我们如何学会排舞,怎么样提升身体素质。老师还会拍摄一系列视频动作,让我们观看与学习,这体现出了排舞课的团结协作精神、拼搏进取精神、友谊合作精神。		
体会、感悟	在我眼中体育最重要的作用就是增强体质,这也是体育的基本作用。刘老师在平时上课的过程中也经常向我们强调体育运动的重要性。体育对于我们大学生来说最直接的影响就是提高身体素质,这会在每学期的体育测试中体现出来。在疫情面前,在这个紧要关头,增强体质显得尤为重要。很多新型肺炎患者被治愈,一是因为感染的病毒不太重,二是自身体质好,三是自身免疫力较强。这三点因素中后两点与我们自身的体质是分不开的。 缺少体育锻炼的人会表现出免疫力低下,身体很容易被各种细菌、病毒、真菌感染后患病,每次生病都要很长时间才能恢复,而且常常反复发作。长此以往很容易导致身体和智力发育不良,还易诱发重大疾病。所以,趁疫情隔离在家期间,我们也需要时常进行锻炼,要学习刘老师积极向上的良好心态,在心理健康发展的同时提高自己的身体素质。		

"课程思政"学生课堂随感(公体健身与防卫)

——老师在课堂上的一句良言

学　　院	教师教育学院	班　　级	小教183班
姓　　名	唐　佳	授课时间	2020-03-23
授课教师	向武云	课程名称	公体健身与防卫
课程育人切入点(课程内容)	借助学习通平台,观看视频和理论知识,练习脚步动作。		
一句良言	年轻人是中国未来的脊梁,在疫情面前要发挥年轻人的价值。		
核心价值观与做人做事道理	人一定要有理想,这个理想源于人的需要。我们必须要努力奋斗,这样方可实现自我价值和社会价值。这次疫情让我们看到了许多年轻人的身影,他们已经成长为有担当的一代。希望自己可以好好学习,在祖国的危难时刻,用自己所学的知识和技能为祖国做出自己的贡献。		
体会、感悟	即使是在疫情期间,我们也应该非常重视体育锻炼,不能只是应付老师布置的作业,要想着两年后自己就是要步入社会的人了。即使是在上网课,这门课程的技术动作示范教学不利于我们学习,我自己也应该在课后花时间去掌握。 我们大学生的体育运动虽然受到了一定的限制,但是基本的体育运动都可以自己在室内室外完成。在家期间,我会观看向老师之前的一些视频以及学习通平台上的视频。在家里进行一些高抬腿等基本的热身运动,学习脚步、手部动作。此外,和父母一起做一些像打羽毛球、跳绳的简单运动。在提高自己身体素质的同时也可以丰富自己的技能,这有利于人体骨骼、肌肉的生长,改善我们的血液循环系统,有利于我们的生长发育。只有提高自己的身体素质,我们才有能力为自己的国家、民族做出贡献。		

“课程思政”学生课堂随感(中国古代文学 2)

——老师在课堂上的一句良言

学院	人文学院	班级	汉语言文学 185 班
姓名	郭薇薇	授课时间	2020-03-30
授课教师	邢蕊杰	课程名称	中国古代文学 2
课程育人切入点(课程内容)	两汉乐府诗是指由朝廷乐府系统或相当于乐府职能的音乐管理机关搜集、保存而流传下来的汉代诗歌。如何超越个体生命的有限性,是古人苦苦思索的重要作品,两汉乐府诗在这个领域较前代文学作品有更深的开掘,把创造主体乐生恶死的愿望表现得特别充分,对当代人如何理解生与死也有着很好的启示。		
一句良言	情况是在不断变化的,要使自己的思想适应新的情况,就得学习。		
核心价值观与做人做事道理	文化是一个国家软实力的集中体现,是引领一个民族面对风险和灾难进行顽强抗争的精神力量。在此次战“疫”中,广大医护工作者和党员干部展现出的无私奉献、爱岗敬业精神令每个中国人感动,这充分证明中国人民具有伟大奋斗、伟大团结的精神,这归根结底是爱国主义的生动体现,是中国文化的核心内容。		
体会、感悟	中国古代文学不仅集合了中国古代文化,而且还对现代文化有着重要的启发,使我们对中国文化有了更进一步的了解和接触,培养了对中国博大精深文化的爱好,扩大了知识面,提高了思维能力和明辨是非的能力。里面的许多知识可以作为背景知识,增强文化自信,使我们在新冠肺炎这场灾情面前,铭记并不断践行中华优秀传统文化。		

三、“课程思政”示范课程建设

为进一步提升教师“课程思政”能力与水平，经个人申报、学院推荐、专家组评选、学校批准，绍兴文理学院目前已开展两批“课程思政”示范课程建设，共确立了21门课程为“课程思政”示范课程建设A类项目，51门课程为“课程思政”示范课程建设B类项目。授课教师用生动的教学实例，展示了自己如何结合专业课程的特点梳理和提炼思政元素，如何进行“课程思政”教学设计，如何实施“课程思政”等。本节收录了五门不同学科“课程思政”示范课程视频，可以扫码观看，以分享经验、交流心得、示范引领。

定积分的概念

一、教学目标

【知识目标】通过求曲边梯形的面积和变速直线运动的路程，了解定积分的背景；借助几何手段直观理解定积分的概念和基本思想，学会用“分割、近似、求和、取极限”的方法来解决“非均匀分布总量的问题”。

【能力目标】通过问题的探究，体会逼近、以直代曲的数学思想方法，理解定积分概念中的“分割、近似、求和、求极限”四部曲的微积分思想，逐步培养学生分析问题、解决问题的能力和辩证思维能力。

【德育目标】定积分定义中“变与不变，近似与精确”的思想可以向学生揭示辩证唯物主义思想中量变到质变的本质规律。引导学生提炼蕴藏于教学内容中的马克思主义哲学思想：由“直”与“曲”(“常”与“变”)这对矛盾在一定条件下的转化，印证“对立统一”是宇宙的根本规律；由几何、物理例子推广到一般的“非均匀分布总量的问题”，印证个别和一般是对立的统一。

二、教学重点

掌握曲边梯形的面积及变速直线运动的路程等“非均匀分布总量问题”的解决方法——分割、近似、求和、取极限。

理解定积分的概念。

领会定积分的思想——化整为零、近似代替、积零为整、无限逼近。

三、教学难点

对定积分概念形成过程的理解。

四、教学方式

问题驱动法、直观演示法、讨论法、练习法。

五、预期学习成果

定积分概念中的“分割、近似、求和、求极限”四部曲的微积分思想，是伟大的科学家牛顿对数学的重要贡献。对这一思想的理解直接关系到能否灵活应用积分解决现实问题的关键。在教与学的过程中，能够落实培养“会学习、会应用、会创新、会做人”的人才的目标，培育人的理性思维品格和思辨能力，能启迪智慧，开发创造力，形成不畏艰难、勇于探索的科学信念；培养唯真求实、尊重数据的科学态度；让学生的学习方式从被动到主动再到自主转化。

在定积分这节内容课程学习中，我们对学生进行以下核心价值观的培养。

1.文明:实事求是、严谨深入的科学精神

微积分的创立是数学史上具有划时代意义的一个创举，而定积分是微积分教学的重点也是难点。在定积分概念的教学中，让学生理解定积分的本质，培养学生的数学思维，激发学生的想象力和创造力，提高解决实际问题的能力是非常重要的。在学习过程中可以培养学生严谨深入的科学精神。

2.和谐:辩证逻辑思维能力

定积分定义中“变与不变，近似与精确”的思想可以向学生揭示辩证唯物主义思想中量变到质变的本质规律。在整堂课程中贯穿以不变代变、化整为零、积零为整的哲学思想，揭示概念中的辩证关系。

3.和谐:以客观辩证唯物主义和发展眼光看待问题

通过“曲边梯形的面积”和“变速直线运动物体的路程”求解，以直代曲，不仅增强学生对极限思想的理解和不规则量的求法的把握，同时也加强学生对现实世界客观现象的认知，培养学生客观辩证唯物主义和谐观。

数学来源于实际，又服务于实际。运用辩证关系去研究其他概念。如利用定积分定义可以处理许多实际问题:求平面图形面积，立方体体积，曲线段长度，物体中心等几何物理问题等。联系实际生活案例，培养学生用发展的观点看问题、用辩证的思想处理问题的思维方式。

4.敬业:坚持、专注

任何事情是一个定积分“积零为整”“迭代递归”的过程。这是一个每天迭代的过程,因此人的能力是一个不断积累迭代递增的变化量。如果专注度高,就意味着每天的有效工作累计更多;工作积累多,就意味着能力提升得快;而能力提升得快,又进一步增进每一天的有效工作累积。最终发现,起决定作用的不再是初始的能力,而在于日积月累的提升。结合实际教学内容加强思想教育,让同学做好学生本分,努力刻苦,坚持不懈,必定会成功。

5.爱国:担当

介绍数学的名人轶事能够帮助学生对其成长追本溯源,也潜移默化地给予他们意外的收获和前进的榜样,并借此引导学生树立高远的志向,历练敢于担当的精神。

六、教学内容

教学环节	教师活动	学生活动	设计意图
导入:引入问题创设情境	思考提问:(1)如何计算曲边梯形的面积? 从学生熟悉的求平面几何的面积引入,之后给出一些不规则图形,如湖泊的水面、小区的花坛等。让学生考虑如何求面积,以此引出曲边梯形的概念	思考讨论,探究式教学。 学生考虑如何求曲边图形面积	创设问题情境,激发学生思考
启发探究	回忆圆的周长由来(割圆术)	思考回答	引入极限思想
	回到引例:如何求曲边梯形的面积? 通过动画演示,学生体会到以曲代直的思想方法。对于如何求曲边梯形的面积,要考虑以下几个问题:能否直接求出面积的准确值?用什么图形的面积来代替曲边梯形的面积呢?三角形、矩形、梯形?……	猜想论证:分割、近似、求和、求极限。 鼓励学生大胆设想,使用什么方法,可使误差越来越小,直到为零。等学生考虑之后,利用多媒体演示用一个、两个、四个、无数个矩形的面积,来近似代替曲边梯形的面积,让学生感受以曲代直、无限逼近的渐变过程	培养学生的逻辑思维能力,知识迁移能力,培养创新精神。体会量变到质变的哲学思想,提示学生理解“四步骤”

续表

教学环节	教师活动	学生活动	设计意图
类比探究	(2)做变速运动的物体在一定时间经过的路程怎么计算?	思考讨论	培养学生用类比的方法解决相似问题
导出概念、提炼概念	归纳定积分的概念。 共同分析两个案例,抛去它们的实际意义从数学的角度研究,二者都是特殊的和式极限,并都能写出模型	思考分析,师生合作共同分析两个案例	帮助学生理解:局部规则图形代替不规则图形;以直代曲,以已知代替未知,取极限消除整体误差
	抓定义本质,设置疑问,不同的分割方法、不同的矩形高度计算,对曲边梯形的面积是否有影响?		
	从几何的角度来看定积分的定义,给出它的几何意义	思考讨论	通过分析坐标系中不同区域图形面积的求法,让学生进一步理解定积分的定义,培养学生数形结合的思想
归纳总结、巩固重点	例题演示:由图形到公式举例,由公式到图形举例。 精讲例题,总结利用定义计算定积分的步骤,加深对定积分定义的理解	思考分析, 讲练结合	巩固新知识,提高学生的思维能力
作业布置	概论所学内容	回顾总结	通过回顾加深理解,坚持各教学目标完成情况

七、教学达成情况与教学反思

1.教学达成情况

在本节课的教学中,应用了由特殊到一般的数学思想,通过对两个实际问题的分析与解决,抽象出定积分的定义,同时也借助于几何直观让学生体会定积分的基本思想,这样的教学设计比较适合学生的学情,因此学生对定积分的理解很透彻,几何意义也顺其自然地得出。通过例题的设计,学生熟练地运用“四部曲”来求定积分,也加深了对定义的理解与深化,达到了本节课的目标。

在整个教学过程中,着重培养学生的探索、发现、抽象思维等方面的能力,在问题设置上尽量让学生能通过自己的努力探索独立完成,通过独立思考与合作探索相结合来完成本节课的学习任务。

2. 教学反思

在以往的教学中发现有部分学生对"以直代曲""以不变代变"的思想方法理解不够深刻，对定积分的定义只停留在记忆"四部曲"上，使得学生在后面利用定积分思想解决实际问题时会出现困难。所以，这里我们加强了对两个例子的分析与解决，重点是让他们掌握求曲边梯形面积的解题思路，所以在教学设计时注意问题设置的逻辑性以及对学生的引导，在探究环节，让学生自己深刻地探究体会"以直代曲"这种逼近的思想方法，从而解决上述问题。

（授课教师：魏雪蕊）

视频链接：http://kcsz.usx.edu.cn/info/1042/2275.htm

扫描二维码，观看本视频

多器官功能障碍

一、教学目标

【知识目标】能准确说出全身炎症反应综合征、脓毒症、多器官功能障碍综合征的概念、临床表现和护理要点。能解释全身炎症反应综合征的发病机制,以及和脓毒症、多器官功能障碍综合征之间的联系。

【能力目标】能制订全身炎症反应综合征、脓毒症、多器官功能障碍综合征患者的监测、护理方案。

【德育目标】尊重和关爱生命,具有正确的职业价值观和社会责任意识,具有慎独、严谨的工作作风和科学精神。

二、教学重点

全身炎症反应综合征、脓毒症、多器官功能障碍综合征的概念、临床表现和护理要点。

三、教学难点

全身炎症反应综合征、脓毒症的发病机制;各器官功能监测与护理;结合案例制定监测和护理方案。

四、教学方式

采用以案例为基础的CBL教学和线上线下混合式教学模式。学生采用自主学习和小组学习的模式。

五、预期学习成果

对照课程教学目标与专业的毕业要求,学生基本能达到:

1. 尊重和关爱生命,体现人道主义精神和平等博爱的专业精神,具有人文关怀意识和能力,具有慎独、严谨、求实的工作态度。

2.掌握全身炎症反应综合征、脓毒症、多器官功能障碍综合征的救治与护理知识，能够结合临床案例制定监测和护理方案，具有临床决策和分析解决临床实际问题的能力。

3.以小组为单位，完成课后学习任务，具有良好的沟通能力、团队合作精神和一定的评判性思维。

六、教学内容

全身炎症反应综合征、脓毒症、多器官功能障碍综合征是各种致病因素作用于机体，机体在应激和应对过程中表现出来的不同程度的生理和病理改变、脏器功能损伤，是疾病发展过程中的不同阶段。

（一）全身炎症反应综合征

全身炎症反应综合征（systemic inflammatory response syndrome，SIRS）在危重病患者中有较高的发生率。其发病机制与炎症细胞被激活，释放大量炎症介质，导致免疫功能失调，产生一系列的病理生理效应有关。临床表现主要为体温改变，>38℃或<36℃；呼吸>20次/分，或 $PaCO_2$<32mmHg；心率>90次/分；白细胞>12×10^9/L<4×10^9/L或未成熟粒细胞>0.10；为高代谢状态；高循环动力；低氧血症等。

救治原则包括原发病治疗、控制和纠正原发病所导致的病理生理异常、清除和拮抗炎症介质、器官功能支持。

护理措施包括保持呼吸道通畅、改善低氧血症、建立静脉通路、保证液体、药物输入等，还有常规护理、器官功能监测与护理、并发症观察等。

（二）脓毒症

脓毒症（sepsis）是SIRS病情的进一步进展，出现威胁生命的器官功能障碍。其发病机制与炎症反应失控及免疫功能紊乱、循环衰竭和呼吸衰竭、肠道细菌/内毒素移位及金黄色葡萄球菌外毒素、内皮细胞受损及血管通透性增加、内环境紊乱等有关。临床表现为发热、感染、低血压、高乳酸血症、低氧血症、少尿、血肌酐增加、凝血异常、肠鸣音消失等，可出现呼吸功能和循环功能的障碍。

救治原则包括紧急生理支持、液体复苏、循环支持、机械通气、肾脏替代治疗（CRRT）、营养支持。

护理措施包括保持呼吸道通畅、氧疗、机械通气支持、建立静脉通路、液体复苏、血管活性药物使用、维持循环稳定、常规护理、高热者物理降温、血糖控制、免疫调理等，以及器官功能监测与护理。护理措施包括即刻护理措施、液体复苏，预防呼吸衰竭、留置导尿、常规护理、器官功能监测与护理、血管活性药物使用的护理、感染的防治与护理、并发症的观察与护理。

(三)多器官功能障碍综合征

多器官功能障碍综合征(multiple organ dysfunction syndrome,MODS)是机体在严重创伤、休克、感染等急性损伤因素打击下所诱发的,出现两个或两个以上重要器官和/或系统发生可逆性的功能障碍,死亡率高。其发病机制有多种学说,主要是炎症反应和抗炎症反应失控共存、二次打击等。临床表现为两个及以上器官功能衰竭。

救治原则包括器官功能支持和维护、感染预防与护理、心理和精神支持等。

护理措施包括严密病情监测、器官功能监测与护理、循环系统功能监护和支持、呼吸系统功能监护和支持、肾功能监护、肝功能支持及其他器官系统功能监护等。

备注:

1.课前,学生自主学习,完成本章节教材和补充文献资料的学习。

2.课前,学生熟悉课堂讨论所用临床案例资料。

3.课中,以小组学习形式讨论完成临床案例分析,制定监测和护理方案。

4.课后,以临床案例为基础,小组共同讨论完成急危重症患者救治护理案例一份,并以模拟演练的形式呈现。要求问题分析、判断正确,护理评估全面,救治护理措施针对性性强,能体现良好的人文关怀和团队合作。

七、教学达成情况与教学反思

以临床案例为载体较好地串联了知识、技能和人文素养和思政元素,起到了保持教学内容的系统性和寓道于教的作用。

在教学设计中采用了分阶段递进式实现教学目标的方式。本章节中容易理解的知识点以及补充的文献资料、临床案例采用自主学习的方法。课后通过小组学习任务,达到了知识应用、技能训练、和综合能力培养的目的。

视频链接:http://kcsz.usx.edu.cn/info/1042/2276.htm

扫描二维码,观看本视频

(授课教师:赵伟英)

歌曲《爱的长城》

一、教学目标

【知识目标】学生能够了解所学歌曲《爱的长城》的创作背景、创作动机，了解歌曲的旋律特点。

【能力目标】通过声乐专业课一对一指导，学生能够掌握歌唱的基本方法，即正确的姿势、呼吸、发声、共鸣、吐字。在演唱歌曲《爱的长城》时，能基本做到声区统一、声音连贯、吐字清晰、情感饱满，较完整地演唱本首作品。

【德育目标】在声乐教学课堂中及时地根据当下发生的疫情选取优秀的、反映时代主流价值取向的作品《爱的长城》，在教学过程中将歌曲题材、创作背景、创作动机与此次新冠疫情中所发生的感人事迹、模范人物结合起来，提炼为奉献观、敬业观、爱国观等思政元素。在对现实问题的深入思考及演唱实践中与情于声，树立正确的社会主义核心价值观，提升当代大学生的道德素养，为立德树人把好思政大关。

二、教学重点

能掌握歌曲的演唱，要求演唱自然畅通，声音连贯、音色圆润、咬字清楚。

三、教学难点

学习过程中做好演唱的情感体验，情感表达顺畅，符合歌曲创作主题。

四、教学方式

案例教学法：教师分享与歌曲主题相关艺术作品引入教学歌曲。
练习法：教室引导学生课堂练习，巩固学生演唱技巧。
直观教学法：教师在歌曲教学过程中示范演唱，变教学知识抽象为具体。

五、预期学习成果

学生通过学习这首作品,能够掌握基本的声乐知识和表演技能,建立正确的歌唱意识,能运用科学的方法进行演唱,并能控制气息进行歌唱。歌唱中能基本做到声区统一、声音连贯流畅、吐字清楚。通过学习新冠肺炎疫情防控相关案例,力求较完整地表达歌曲的思想感情,更好地把握歌曲精神内涵,从而提炼出思政元素。

六、教学内容

1.课堂发声练习,指导学生演唱2～3条练声曲进行声音训练(10分钟)

打嘟噜练习:放松嘴唇及咽喉

5　4　|　3　2　|　1—|

嘟————————

母音练习(闭口音与开口音的结合练习):使学生体会发声的正确部位和方法,锻炼横膈肌的弹性和气息的灵活性,为接下来演唱歌曲做热身准备。

5　3　|　4　2　|　1—　|

mi ____　ma ____　mi ____

2.歌曲介绍(3分钟)

了解本节课所学曲目《爱的长城》的创作背景,分析歌曲的调性调式、旋律特点及创作结构。

此曲为艺术学院黄耀文老师应学院党委要求为新冠肺炎创作的作品。来势汹汹的疫情牵动着全国人民的心,也牵动着绍兴文理学院艺术学院每位师生的心。已放假回到甘肃老家的黄耀文老师饱含对祖国和人民的爱,连夜创作了这首《爱的长城》,表达了抗击疫情祖国必胜、人民必胜、武汉必胜的坚定信念。

3.歌曲演唱练习(10分钟)

放慢速度分段歌词朗诵。在演唱过程中逐句校正音准、节奏。此曲中低声区部分较多,声音始终在鼻口喉咽腔立住,说着唱,这样嘴巴就更加放松,咬字松开牙关,更加清晰、自然,声音始终不离开咽腔,更加集中透亮。

4.歌曲风格把握(10分钟)

在演唱练习整首歌曲时,学生虽已掌握了科学的发声方法和一定技巧,但完成作品时显得过于苍白,此时要将教学重点放到加强学生的歌曲演唱的艺术表现力上。作曲家写作的歌词是静止无声的,在帮助学生熟读乐谱的同时通过分享新冠疫情中发生的典型事迹及感人故事,分句结合案例解读歌词意义,挖掘出感情因素,使学生理解歌曲内涵,加强演唱表现力,准确把握歌曲风格。

此曲第一段演唱时情感把握首先是饱含深情的，如第一句歌词"又一次，面对安危，半步不后退"。

结合案例：在齐心协力打赢疫情防控战役的过程中，一线医护人员冲锋陷阵，以职业操守和专业能力守护着人民群众，在危急时刻，无畏前行，传递着生命的力量。

第二段的感情基调是由深情过渡到坚定。可以结合学习习总书记在中共中央政治局常务委员会 2 月 12 日召开会议中的讲话，把我们同舟共济，无坚不摧的坚定信念表达出来。

5. 作业布置（3 分钟）

请学生观看相关视频，将视频内容与歌曲精神相结合，要求学生在接下来演唱歌曲时配上手势、眼神表演，更好地领会、传达歌曲的精神内涵。

6. 归纳总结、完整演唱（4 分钟）

六、教学达成情况与教学反思

学生通过本节课程学习可以了解以下内容。

1. 歌曲的创作背景

2. 歌曲的演唱技巧

学生能够正确认识发声的位置、咬字的位置、气息的位置、歌唱时建立声音通道获得声区统一这四个相关概念，并在课堂演唱练习中较熟练地运用。

3. 歌曲的情感体验

通过学习新冠肺炎疫情防控相关案例，更好地把握歌曲精神内涵，从而提炼出以下思政元素：

爱国观，学生树立以国为本的理念，在今后成为一名音乐教师的过程中忠诚党的教育事业，为教育发展、国家繁荣和民族振兴努力奋斗。

奉献观，学生认识到作为一名当代大学生要做到跳出从自身角度、从小群体角度思考问题的传统方式，学会能够站在公众角度，思考公共利益的实现。

敬业观，学生可以意识到未来音乐教师职业的神圣与崇高，使他们树立正确的职业观，逐渐形成敬业意识。

评估方式：教师采用一对一教授并提问学生，学生在课堂中及时对讲授的演唱技巧进行课堂口头反馈，即回答相关问题，加上肢体动作完整演唱歌曲中相关段落。

教学反思

1.案例与内容间的关系:在学生学习表达歌曲的内涵时,大量引用的防控疫情典型人物故事,有助于学生形成直观的思维,有利于对歌词的理解与认知,但授课时间是有限的,当更多的时间用于案例分析时,用于演唱练习的时间将会减少,这在今后进行歌唱技能练习与歌唱情感把握时将会逐渐凸显。

2.典型故事展开度:既不能对学生已知的故事讲解得过于详细,又不能对有些故事一笔带过,这对老师是个很大的考验。

3.在习书记的系列讲话作为情感元素被提及时,使学生意识到领导人的讲话也是可以作为声乐歌曲演唱情感表达参考的标准,但如何将内容与演唱结合起来,也需要老师进行思考。

4.声乐课堂的思想品德教育是在潜移默化中进行的,在评价时,要注意评价原则,更多地遵循发展性评价原则,着眼于学生的学习进步和动态发展。尤其是在声乐作品的演唱中,要在演唱进行的同时把握好所有的音乐元素,又要有词曲情感体验的内化与表达,要有克服心理表达障碍的思想。因此声乐演唱的情感表达是教学的重点,也是教学的难点,需要教师把握好。

(授课教师:宋凯琳)

视频链接:http://kcsz.usx.edu.cn/info/1042/2277.htm

扫描二维码,观看本视频

行政处罚——行政处罚的适用

一、教学目标

【德育目标】注重培养学生的思想道德素养，大力推进中国特色社会主义法治理论进教材进课堂、进头脑，将社会主义核心价值观教育贯穿法治人才培养全过程各环节。

【专业目标】1. 让学生掌握行政处罚的目的；

2. 让学生掌握行政处罚的设定规则；

3. 让学生掌握行政处罚的种类；

4. 让学生掌握行政处罚的程序问题；

5. 让学生掌握行政处罚的听证程序；

6. 让学生了解行政处罚中的前沿问题；

7. 让学生具备分析行政处罚个案的能力。

【能力目标】训练、提升学生的知识能力、检索能力、思辨能力、写作能力、讲说能力与规划能力。

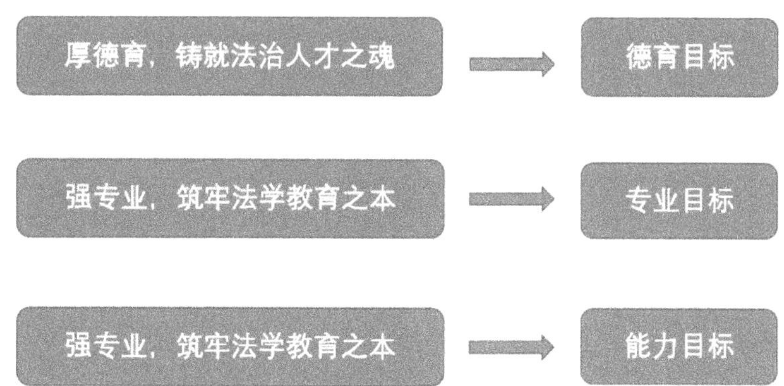

二、教学重点

1. 行政处罚与国家治理的关系。

2.行政处罚种类及其设定规则，重点介绍行政处罚的种类，及其设定与法律保留之间的关系。

3.违法事实的认定与行政处罚的法律适用。

4.行政处罚程序与听证程序。

三、教学难点

主要难点有三方面：

1.行政处罚的设定与法律保留原则；

2.行政处罚中的事实认定与法律适用；

3.行政处罚事例与判例的研判。

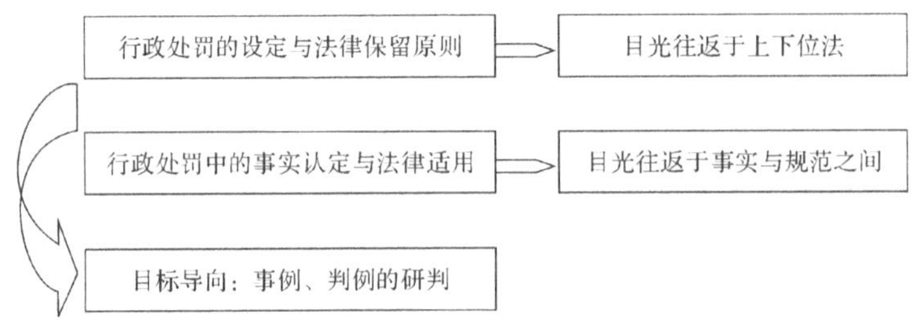

四、教学方式

线上概念、体系讲授，线上案例(事例＋判例)讲解分析；线下判例研读(由学生组织、主持、报告与评议)。

五、预期学习成果

1.学生能够掌握行政处罚适用的相关概念与概念对应的制度体系。

2.学生能结合所学知识评析相关案例，并形成报告。

3.学生了解行政处罚与国家治理的关系，行政处罚法治，自由的限度与违法行为的惩戒。

六、教学内容

1.本讲以相关案例导入，从实践问题导向概念、体系的讲授。

如韦某治安管理处罚案。通过该案讲授行政处罚的适用前提——是否存在违法行为，及违法行为认定的相关问题。

2.由概念、体系讲授转向实践问题的分析。

如外卖骑手交通违法处理中的执法创新案例。由学生结合行政处罚适用的目标、平等原则、执法证据等概念进行分析研判,培养学生的知识运用能力。

3.关注行政处罚中的前沿问题,由教师引导学生演讲

如行政处罚制度能为优化营商环境做些什么?从规范中心主义的立场,结合《行政处罚法》中的相关条款进行解说。由"教师为主的讲授"转向"学生演讲+教师评议"模式。

七、教学达成情况与教学反思

1.教学达成情况

由课后总结提问及课后作业可知,本课程教学目标、本讲教学目标基本完成。学生能够针对实践中的行政处罚事例给出分析与评价,可以基本述说行政处罚制度相关的内容。同时,学生结合自身,明白了守法的重要性。

另外,定期举行课后线上、线下判例的研读会,检验学生的知识储备量,及对知识的运用能力。

2.教学反思

与学生的互动有待加强,概念、体系讲授与运行中的法治的衔接待改进。

(授课教师:徐肖东)

视频链接:http://kcsz.usx.edu.cn/info/1042/2278.htm

扫描二维码,观看本视频

抗菌防臭纤维及纺织品

一、教学目标

【知识目标】掌握抗菌整理剂的分类及其抗菌机理;掌握天然抗菌纤维、掺杂型抗菌纤维以及共混型抗菌纤维的制造技术;掌握抗菌纺织品和消臭纺织品的生产技术;了解抗菌整理剂的配置方法,了解纤维加工或织物后整理过程中以物理、化学、生物等方法改性或几种方法结合进行的抗菌改性;了解新冠疫情防控中出现的各种抗菌、抗病毒纤维产品,如抗菌防护服、石墨烯口罩等。

【能力目标】能够通过不断改性、创新或方法的集成而取得突破,应用于不同领域的新一代高技术和高性能纤维材料;能够理论联系实际,将所学的抗菌知识应用于新冠疫情防控中。

【素质目标】牢牢把握和围绕思政元素,践行社会主义核心价值观。养成团队合作意识与团队协作能力,培养有效的沟通交流能力,养成遵守职业规范的习惯,提高学生学习能力,在教材中学习内容,突破内容,有自己的创新意识或见解。

二、教学重点

掌握抗菌剂的种类,抗菌纤维的制造技术以及后整理技术。

三、教学难点

理解抗菌剂在纺织纤维上的作用机理;了解抗菌剂的发展历程及研究进展;了解新型冠状疫情防控下的产品应用推广情况。

四、教学方式

1.强化案例教育,坚定理想信念

开展案例教育是一种行之有效的悟初心的教育方式。案例教育比一般的教育方式更具说服力和震撼力。以案为镜、以人为镜、以事为镜,用身边事教育身边人,可以知得失，震撼方能深远。在新冠疫情防控期间，涌现了一批先进群体、典型事迹和先进个人。在纤维加工技术授课过程中，通过显性插播与隐形植入相结合的方式，加强正能量宣传，充分发挥先进典型示范引领作用，团结引领大家齐心协力战胜疫情。

2.注重言传身教，以己身为标杆

常言说得好，打铁还需自身硬，如果教师自己都不理解"课程思政"的意义或者没有较好的专业理论基础，也就无法将"课程思政"教育运用到专业知识教育中。因此，在新冠疫情防控期间，教师应该加强新冠疫情防控主题教育，以己身为标杆，对学生起到示范、标杆和引导性作用。这是新冠疫情防控期间"课程思政"教学改革最终结果是成绩斐然还是流于形式的一个关键。

3.理论联系实际，也要与时俱进

促进大学生理论联系实际，加强学生国情、社情和专业背景教育，在学习完纤维加工技术的基础理论后，增加实验环节。通过实验环节的学习，学生才能体会到什么是理论联系实际，为什么要在实践中探索、检验真理。这种理论联系实际并与时俱进的思想应该同时应用在此次疫情防控过程中。COVID-19 是一种新型冠状病毒，其来源、疫情发展、传播途径、新药和疫苗的研发都有着不确定性。在这种环境下，我们应遵循国家的大政方针相结合，充分发挥专业课教学中的价值引导功能。

五、预期学习成果

抗菌防臭纤维及纺织品是本次课程的重点内容，其中抗菌剂的种类、抗菌纤维的制造技术及后整理技术等内容，可结合新冠疫情中口罩、防护服生产等内容展开，并通过售卖假口罩等反面典型案例来融入科学技术现代化、中国梦、依法治国、纪律意识等相关思政元素，做到不强行灌输，而达到专业课程与思政元素的有机结合。通过适当引导学生自觉领悟，将思政元素融入专业课程的血液中。"纤维改性技术"虽然是一门专业较强的课程，但通过此次新冠病毒疫情防控实施，思政元素被完美地导入了化纤行业。

在抗菌防臭纤维及纺织品这节内容课程学习中，我们培养学生以下核心价值观。

1.爱国：大局意识，政治意识

培养学生的大局观，强化政治觉悟。培养大学生从大局看问题，把工作放到大局中去思考、定位、摆布。在新冠疫情防控期间，教导学生要遵守党组织和学校对于防控疫情的规章制度，不提前返校，每日及时汇报自身的身体状况，让学校放心、父母放心。同时,对于网上的各种谣言,要教导学生做到不信谣、不传谣,辩证地看待网络上不同的声音,在疫情防控的关键时刻不随便发表言论,承担起一名合格大学生的责任。

2.富强:科学技术现代化,中国梦

培养学生科学技术现代化理念,树立实现中国梦的抱负。科学技术在此次新冠疫情防控中发挥着关键性的作用。病毒的来源、传染源和传播路径、病毒变异情况都需要紧紧依靠科学技术来研究论证,疫苗和药品的研发,同样需要一线的科研攻关和临床实践相结合。因此,需要教导学生科学技术现代化是实现中国梦的第一推动力,应努力学习专业知识,加深专业化,在国家需要的时候才能发挥重要的作用。

3.法治:依法治国,纪律意识

培养学生依法治国的理念,加强组织纪律性。新冠肺炎疫情发生以来,国家高度重视依法防控,强调要在党中央集中统一领导下,始终把人民群众的生命安全和身体健康放在第一位,从立法、执法、司法、守法各环节发力,全面提高依法防控、依法治理能力,为疫情防控工作提供有力法治保障。因此要教导学生在疫情防控期间一定要严格遵守疫病防控相关要求,对利用疫情哄抬物价等扰乱社会秩序、销售假冒伪劣疫情防控药品物资等违法犯罪行为坚决抵制。

4.文明:精神文明,优秀传统文化

培养学生的精神文明,弘扬中华民族传统文化。中华优秀传统文化是在历史发展中对物质、精神等方面的整合与凝结,蕴含着高度的民族认同感,能够影响国人的言行,增强人们的爱国主义精神和集体主义意识。中医是中华优秀传统文化之一。在抗击新冠肺炎疫情中,中医药正发挥着重要作用,受到广泛的关注和认同。因此,在教导学生过程中要努力宣扬中华民族优秀传统文化,从而在引导我们自身言行的同时不断增强我国优秀传统文化的社会影响力,从而逐渐提高我国的文化实力和国际地位。

六、教学内容

教学环节	教师活动	学生活动	设计意图
创设情境　抛砖引玉	一问：请问什么是抗菌？日常生活中通过哪种方式进行抗菌？哪种产品需要进行抗菌处理？ 将学生日常生活中熟悉的抗菌液、抗菌剂引入课程，之后给出一些常用抗菌剂、抗菌液、医用敷料等	思考讨论，探究式教学 学生考虑本课程中抗菌剂的种类和一些抗菌应用。	创设问题情境，激发学生思考
	二问：请问制备功能型纤维主要通过哪些途径？ 从学生熟悉的制备功能型纤维出发，引出熔融纺丝，母粒法等制备抗菌纤维的制备方法	思考讨论，探究式教学。 学生考虑本课程中抗菌纤维的制造方法。	创设问题情境，激发学生思考
	三问：请问常用织物后整理方法有哪些？ 从学生熟悉的制备功能织物出发，引出表面涂层法，浸一扎法等制备抗菌纺织品	思考讨论，探究式教学。 学生考虑本课程中抗菌织物的后整理制造方法。	创设问题情境，激发学生思考
探究新知　概况归纳	通过逐步介绍的方式，使学生正确的评价和选择抗菌剂。掌握抗菌剂的分类情况及其作用机理	思考分析， 讲练结合， 思考讨论	帮助学生理解：抗菌剂，抗菌纤维以及抗菌纺织品的基础内容，以及其在日常生活中发挥的作用
	通过结合例图或视频，以及逐步介绍的方式，使学生准确掌握本征型抗菌纤维以及共混法制造抗菌纤维的方法		
	通过结合例图或视频，以及逐步介绍的方式，使学生准确掌握如何通过后整理以及涂层的方法制备抗菌型纺织品		
小结作业	概述所学内容	回顾总结	通过回顾加深理解，坚持各教学目标完成情况

七、教学达成情况与教学反思

1. 在本节课的教学中，主要介绍了四大部分内容，分别是抗菌剂的背景以及种类介绍、抗菌剂在织物上的抗菌机理、抗菌纤维的生产过程以及抗菌纺织品的生产以及应用。通过教学案例的设计，学生可以通过图例的方式有效地熟悉抗菌纤维和抗菌纺织品，从而加深对抗菌纺织品的理解与深化，达到了本节课的目标。

在整个教学实践过程中，重点培养了学生发现、探索、实践以及科研思维等能力。在提出的问题上教师着重结合科研过程中发现创造的方式，通过结合独立思考、团队合作探索以及科学研究方法来完成本次课程的主要内容。

2. 教学反思

(1) 如何灵活运用显性插播、隐形植入等教学手段将思政元素导入专业课中，相关教学技巧有待提高。

(2) 如何更好发挥线上教学手段，特别是不能完全按照课堂教学形式，手段有待提高。

（授课教师：叶　锋）

视频链接：http://kcsz.usx.edu.cn/info/1042/2279.htm

扫描二维码，观看本视频